JN068025

〈政治思想研究　第22号〉

新時代のデモクラシー

政治思想学会 編

風行社

まえがき

『政治思想研究』第二二号をお届けする。特集のテーマ「新時代のデモクラシー」は、二〇二一年五月二二日・二三日にウェブ上で開催された政治思想学会第二八回研究大会の統一テーマに準じている。研究大会は当初九州大学伊都キャンパスにて開催される予定であったが、前回第二七回大会と同様、新型コロナ禍の影響のためウェブ開催となった。とはいえ、突如降りかかってきたパンデミックという未曽有の災厄を前にほとんど準備期間も与えられぬまま、いわば緊急避難的に学会ホームページ上での書面にもとづく発表・質疑という開催形態を余儀なくされた前回大会とは異なり、第二八回大会はZoomを用いた同期型リモート会議という形態でおこなわれた。直に相まみえることは叶わずとも、報告者各位の力のこもった研究発表をリアルタイムで視聴し、活発な議論を交わすことができたことは、まことに喜ばしい。その概要は【二〇二一年度学会研究大会報告】にあるとおりだが、冒頭で山岡企画委員長が述べているように、開催形態のみならず、テーマと企画内容そのものが、コロナ禍という現実の危機と真摯に切り結ぶ中で練り上げられたものである。そのお蔭で私たち会員は、統一テーマにもとづくシンポジウム「デモクラシーの原義とその変容」およびび「デモスとは何か?」、オックスフォード大学のジョナサン・ウルフ教授による講演、さらに緊急特別シンポジウム「パンデミック以降の政治思想」、といった多彩な柱から成る充実した研究大会を楽しみ、様々に学び、考えを深めることができた。本号は、そのうち四人の報告者が発表をもとに執筆した論文を、【特集】および【特別寄稿】として収録している。困難な事態の中、大会開催に力を尽くされたすべての方々、鋭意健筆を振るって下さった執筆者の方々に、心より御礼申し上げる。

【公募論文】には、七本の論文を収めている。いずれも厳正な審査を経て掲載にいたった力作であり、うち四本が政治思想学会研究奨励賞の受賞作となった。タイトルを見るだけで、対象とする時代や地域、また視角や研究方法が驚くほど多様であることが分かり、今日の政治思想研究の豊かな広がりを感じさせる。そうした実りがまず各執筆者の功績に帰せられることは言うまでもないが、同時に、労をいとわず審査に当たって下さった匿名査読者各位の尽力を忘れてはなるまい。審査する側に回った経験をもつ者だれもが知るとおり、査読において試されるのは、対象論文の質や水準ばかりではない。査読者自身の研究者としての見識や眼力、そして学問的誠実さが問われることになる。とりわけネガティブな評価を下す場合、すなわち構成の不備、論理の矛盾、文献の不足、等々を指摘して投稿者に修正を要求する、もしくは掲載不可を宣告するといった場合には、かかる判断が学問的に正当であることを、当該査読者自身が意を尽くして論述しなければならないのである（ごくまれに、そうした誠意の不足を疑わざるを得ない査読報告書に接して落胆することもないではないが）。編集委員となって早六年、査読審査とは、相まみえることなき投稿者と査読者との間で交わされる濃密な学問的対話なのだ、という思いを強くしている。惜しくも掲載に到らなかった投稿者各位におかれては、匿名査読者からのコメントを糧として、志を新たに研鑽にはげみ、再チャレンジしていただきたい、と切に願う。

【書評】では、過去二年以内に出版された会員による学術的な著作のうち、八冊の著作を取り上げている。査読審査について右で述べたことは、書評についても当てはまると思われる。限られた字数のなかで健筆を振るい、原著の意義と魅力を存分に引き出そうと意を尽くして下さった書評者各位に、心より御礼申し上げる。また、対象書籍の献本の求めに快く応じて下さった出版社各位にも、御礼申し上げげたい。

さて、査読について偉そうなことを書いてみたものの、私自身は査読を受ける側に回ったことがない。本号をもってめでたく編集委員を離れることでもあるし、心機一転、公募論文に初挑戦してみよっかなー……んなことはさておき、えーかげんで頼りない主任を支えて下さった方々、わけても副主任の犬塚さんはじめ編集委員の皆さんに、心からの感謝を。

本号の編集と刊行にあたっては、学会の外部からも、多くの皆様のご協力をいただいている。犬塚満氏はじめ風行社の編集の方々には、今回も大変お世話になった。また、一般財団法人櫻田會からは、これまで同様に出版助成を賜っている。変わらぬご支援に、あらためて、心より御礼申し上げる。

編集主任　森川輝一

新時代のデモクラシー（『政治思想研究』第22号）〈目　次〉

【書評】

【二〇二一年度学会研究大会報告】

代表に抗する代表制
——ポピュリズムの中の代表制デモクラシー

●——早川　誠

一　本稿の目的と構成

本稿は、代表と代表制を区別し、代表制に固有の問題構成を識別することを目的とする。代表制デモクラシーは、代表者を伴うデモクラシーとして理解されることが多い。代表者たる議員が被代表者たる有権者とどのように結びつくのか、が問われるのもそのためである。しかし、たとえばポピュリスト的な政治家は有権者と直接的な結びつきを持つが、他方で議会・政党のあり方や社会における分断・熟議の性質によって制約も受ける。この意味では、代表制デモクラシーとは単に代表者を伴うデモクラシーではない。むしろ代表者の制約も可能にするような制度や慣習を含めた総体が、代表制デモクラシーとして理解されることになる。この点を明らかにするために、以下では、代表論・代表制論が論じられる社会的・政治的背景、社会的・政治的背景に応じて代表論・代表制論はどのように論じられているか、代表論・代表制論と本人‐代理人モデルの関係、代表論と区別される代表制論で何が問題となるのか、代表制論は歴史的にどのように形成されてきたか、ポピュリズムと大統領制化論は代表制デモクラシーとどのように関係するのか、現代日本の問題に関する若干の言及、の順に議論を進めていく。

二 代表論・代表制論の背景

一九九〇年代以降、それまで必ずしも顕著とは言えなかった代表をめぐる研究が、政治理論でたびたび重点的に取り上げられるようになってきた。その潮流は、現在に至って、政治理論の「代表制論的転回（representative turn）」と呼ばれるようになっている[1]。その中では、「デモクラシーにとっての代表の価値を回復する」ことが課題とされる[2]。代表制民主主義の「危機」については以前から繰り返し論じられてきたが、代表される者の意向を代表者たる政治家が十分に反映していないという不満の声は、確かに現在においてとりわけ大きい。その現実に対応するための理論の見直しや再編成が必要とされるのはもっともだろう。たとえば、被代表者の選好と代表者の見解や行為の間に「代表の裂け目（representational gap）」が生じ、参加の低下が生じているとの指摘がある。さらに、政党や政治家への信頼低下が民主的制度全般への懐疑をもたらし、それによって一方では政治的無関心とポピュリズムが生み出される。また他方では、メディアを通じたイメージ重視の政治を通じて、カリスマ的指導者の人格への依存や政治の劇場化が進行する。グローバル化も従来一国内で完結していた代表者と被代表者の関係を切断して応答性を妨げており、国境を越えた人の移動によって、代表されるべき市民の範囲が不明確になっている、なども論じられる[3]。

もっと踏み込めば、問題は、政治家や政府に対する不信ですらないという。代表者たる政治家が信頼されるにせよされないにせよ、そもそも代表者が被代表者たる市民の生活と何の関連も持たないとさえ見られ、脱政治・反政治的兆候が生じているというのである。実際、政党政治の現状を考えても、市民参加の低下と短期的動機による投票行動の不安定化が同時に進行している。政党はその状況に包括政党化で対応しようとするが、結果として政党間の政策差は消失し、政治の大統領制化と独立機関の地位上昇が生じる。政党は社会から市民を動員し統治へと糾合していく代表機能を弱め、統治に専念する集団へと変質し、市民は自身の特殊利益を表出する民間団体に結びついて観客として政治を鑑賞する。こうして代表と市民との伝統的な代表関係は失われていく[4]。

日本でも、こうした状況と大差はない。一九七〇年頃には、国政選挙の投票率も比較的高く、市民運動・住民運動やデモなどのエリート挑戦的抗議活動も比較的盛んだった。しかし、一九九〇年前後を境に政治参加は継続的な低下を示し、他の先進民主主義諸国と同様に投票や選挙活動などの衰退が見られる。そのうえ、日本の場合には他国と異なり、デモなどの非制度的・非従来型参加形態も退潮傾向であり、「最小参加社会」となっている。さらに参加格差については、一九八〇年代までの実証研究で農村部の動員を中心に低学歴層の政治参加が確認され、政治参加における社会経済的平等の存在が主張されていたが、現在は組織動員力の低下や、政党間の政策的差異の認識が困難になったことによる低学歴層等への認知的コストの上昇に起因する参加の低下が見られ、社会経済的地位が高い層が強い政治的影響力を持つ(国際的には標準的な)格差構造が生まれているという[5]。公式の代表機能の衰退に加え、その周囲を取り巻く活動も低調であり、しかも政治的影響力に格差が存在するという状況下では、代表制の働きに期待する有権者が多いとは考えられない。

三　代表論・代表制論をめぐる動向

代表論・代表制論の動向も、このような政治的・社会的変容を背景に論じられる。焦点となっているのは、代表者と被代表者の関係性の回復である。

すなわち、投票率や政党への忠誠心の低下、ポピュリズムや非政府組織の存在感の高まり、国境の不明瞭化などに対して、代表制論的転回は三つの対策を提示する。第一に、意思(will)ではなく判断(judgment)の重視である。熟議論の立場からは、決定よりも熟議を重視すること、と言ってもよい。市民の意思を所与とするのではなく、討論や創造的思考の中から生まれる判断に依拠することによって、一国内の公式の統治機構に縛られることなく、メディアや国際機関などにも目を向けながら熟議が促進され、あるいは政治への創造的な視野が開拓されるという。第二に、代表は構成主義的（constitutive）だと見なされる。政治的争点が国際化し、ステイクホルダーが国境を越えて存在する環境では、誰が各争点の有権者団となるのか自明ではない。有権者団はむしろ、統治機構内外に出現する代表者がそれぞれ独自に提示する争点や利害を軸として事後的に構成される。そのため、代表者の役割がこれまでよりも重くなる一方で、代表者それ自体についてては分散化が進み、社会領域に存在するＮＧＯなども代表論の視野に入ってくる。さらに、代表者による被代表者の構成作業が継続し常態化するならば、そのような代表の在り方を構築主義的（constructivist）と表現してもよい。この場合、あらゆる人や集団には代表者として代表関係を構築する可能性が開かれるため、参加デモクラシーと代表制デモクラシーを明確に区別することはできなくなる。第三に、社会に広く拡散する判断のための熟議の場と、これも統治機構外部を含めて遂行される代表関係の構成を重視するならば、代表の発生は選挙の場に限定されない。選挙は一定の地理的領域、すなわち国家を前提としているため、選挙結果が国境と無関係に成立する代表関係と一致するとは限らない。したがって、非選挙型（non-electoral）の代表も、選挙による代表と同等に重視されることになる。(6)

さらに最近では「構築主義的転回」という括りも用いられるが、構築主義的な代表はオキュパイやポデモスなどの制度外運動や非従来型政党を背景としており、選挙に矮小化された委任型代表（mandate representation）に対抗するものだと論じられる。民主政治には何らかの形で代表が必要だという点は承認されるが、ただし資本や労働や利益集団など社会的基盤を持つ所与としての被代表者は想定されない。ＥＵのような超国家型制度による一国的政治制度外での代表の発生や、選挙での委任を要しない専門家の地位の上昇に対応するために、集団や利益を与件とせず、逆にそれを権力関係の変更や闘争の出発点とすることが主張される。実際に実証研究では、選挙キャンペーンの中でも、市民の選好は所与ではなく構築されることが判明している。市民が争点についての最終的な解釈権を持つ以上、政治家が勝手に振舞えるというわけではないが、選好形成の主導権は代表する側に置かれる。ただしその場合の代表には、標準的な政党政治の主役である既成政党だけではなく、非公式・グローバル・自己任命的な代表者たちも含まれる。(7)

実証研究で代表者たる政治家への信頼低下が指摘され、民主主義理論で代表者と被代表者の関係性の揺らぎが強調されている以上、現在の代表論が代表者と被代表者をどのように結びつけるかという論点に収斂していくのは自然である。現代代表制統治の「標準モデル」は、本人‐代理人関係（principal-agent relationship）として代表を理解しており、一定領域内で代表者と被代表者間の応答性を確保することが課題となるから、本人‐代理人関係をいかにして回復、補填、あるいは代替するかが主たる論点となる。[8]

四　代表論と代表制論

しかし、本人‐代理人関係、委任関係、応答性を基礎とした代表理解によって、代表制の理解が尽くされるわけではない。以下では、代表制統治の歴史的変化についてのマナンによる記述を追いながら、この点を確認する。[9]

マナンによれば、代表制統治は、公職への就任機会の平等性を目的とするくじ引きが廃れ、自然法理論およびローマ起源で中世に流布していたＱＯＴ（Quod omnes tangit, ab omnibus tractari et approbari debet＝全ての人びとに関わる事柄は全ての人に考慮され承認されるべきである）原則を基礎とする同意が正統化の源泉として支配的位置を占めたことに端を発する。くじ引きは同意を示さないが、選挙は被統治者の同意を示す。もし公職の分配それ自体が課題であれば、同意ではなくくじ引きを採用した方が適切だろう。しかし、公職の分配の方法が課題であり、その方法が人々の意思と同意を尊重すべきだと考えるならば、くじ引きは適切ではない。くじ引きは意思ではなく偶然に依拠した分配方法であり、選挙のように同意を通して政治的正統性を導出することはできないからである。こうして、平等性とは、公職につく平等な機会ではなく、権力に同意する平等な権利を意味するようになった。[10]

このように選挙による同意には公職配分の不平等性が含まれていたが（ただし、他方で同意の平等性も含まれている）、さらに代表者たる統治者が被統治者よりも高い社会的地位を占めるという卓越性の原則（principle of distinction）による不平等が加わる。この卓越性の原則は、立候補資格についての財産制限を典型としていたが、各国でその態様は異なり、英国では法や文化規範などの複合によって、フランスでは法によって、アメリカでは代表者が才能・富・徳などにおいて有権者と異質であり区別されるべきだという主張によって、支持されていた。[11]

これに対し、一九世紀から二〇世紀初頭にかけて、投票権の拡張と財産制限の撤廃という、人民統治への進展を示す動向が生じる。実際には、投票者が候補者を平等に扱う保証はない。選挙という制度自体も、選択行為を内包する以上は、卓越性や顕著な特徴がある人を選出するという特徴を捨て切れない。さらに、選挙運動で情報を拡散・流通させるにもコストがかかるため、コストを負担できる者が優位に立つ。それでも、政治的平等の著しい進展は代表制統治を民主政と同一視させるに十分であり、それが選挙貴族政（elective aristocracy）、民主的貴族政（democratic aristocracy）であることは充分に意識されなかった[12]。

とはいえ、この民主的貴族政という形を取った代表制統治が、人民・有権者の政策選好を全く無視していたわけでもない。マナンのこの研究は、前半部のくじ引きに関する詳細な分析からロトクラシーの先行研究として引用されることも多い一方、後半部が選挙中心の代表制論であることからエリート主義的文脈に位置づけられることもしばしばである。だがいずれにしても、少なくとも議論の趣旨がエリート主義擁護にあったわけではない[13]。代表制統治は、①代表者の部分的独立（命令委任は許されないが、有権者から完全に独立するわけではない）、②自由な公論（政府を拘束はしないが、政府は反対意見の拡大を考慮に入れざるを得ない）、③選挙の反復（代表制統治は、統治者の選挙ではなく、統治者の定期的選挙を要する）、④討論による審理（代表機関は歴史的に集合的機関であり、その討論で多数を得なければ同意に至らない）、という仕組みを通じて、間接的な人民統治とは言えないまでも、代表者が政治共同体の評決に服するように組み立てられてはいるからだ[14]。

こうして生まれた代表制統治は、上記の四つの仕組みを保ちながら、しかし性質を変化させつつ、歴史的に議会中心主義（Parliamentarianism）から政党民主主義（Party democracy）、さらに観客民主主義（Audience democracy）という各理念型へと順次移行していったとされる。議会中心主義では、代表者は共同体内の伝統的紐帯から帰結する個人的信任関係に基づいて選ばれた名望家であり、自身の判断に従って投票する自由を持つ部分的に独立した受託者である。有権者が議員を個人的に信頼して任せた以上、有権者自身が重視する争点の表出は議会外での自由な言論に委ねられるため、自由な公論は議会と人びととの対決という形を取る。議会は完全な意味での審議機関となり、議員たちは討論による審理を通じて意見を変更し、合意を形成していく。これに対して政党民主主義では、参政権の拡張により有権者と代表者の個人的関係は消失する。有権者は政党のネットワークによって動員され、活動家と政党官僚が統治を担う。有権者の選好における社会経済的要因が重要性を増し、代表は階級分化など社会構造を反映するため、安定した選挙が営まれる。代表者の行動は綱領により拘束されるものの、与野党に妥協の余地がなければ暴力的な対立が生じてしまうため、代表者の部分的独立は完全には撤廃されない。部分的独立は、政党指導層による妥協の判断と、綱領をどこまで実現するかの判断の自由に具現化される。公論は政党間対立に沿って構造化され、メディアも系列化されている。そのため、自由な公論は、議会と社会を貫通する縦の溝を前提とした、野党による反対の自由という形を取る。討論による審理は、厳格な投票規律が支配する議会内ではなく、政党内部での事前の意見交換を通じて、また政党指導者間での議論を通じておこなわれる。この政党民主主義は、先に述べた「標準モデル」に相当する理念型と言ってもよいだろう。だが、近年になると観客民主主義がそれに取って代わる。メディアの力が強くなったことと、統治の領域が拡大し複雑化したことから、候補者の人格が選挙に強い影響を与えるようになり、社会経済的要因の影響力は低下する。そのため、ある意味で議会中心主義時代の個人的な信任・受託モデルが復活する。大統領選挙の重要性が増し、議院内閣制下でもリーダーを軸とした選挙運動が顕著になるのはこのためである。統治の予見可能性が低下したことにより、選挙ではイメージを基盤とした選択が行われるため、代表者はいったん選出されると行動の部分的な独立性を得る。また、メディアは多様化・中立化され、政党との構造的結びつきを失うので、選挙での対立軸と公論の対立軸は一致しなくなる。そのため、公論の自由は議会中心主義の時代と似通った様相を示す。ただし世論調査が発達して無関心な市民の声まで拾うとともに平和的な意見表明の機会を与えるため、公論の自由はより平和的で日常的なものとなる。このように有権者が情報に多く接することもあって、討論による審理は今や議会内や政治的・社会的分断間ではなく、公衆内部で浮動票をめぐっておこなわれることになる。(15)

マナンによる分析の各部分の詳細は、本稿の関心ではない。焦点は、代表制統治の中心的要素が選挙であるとしても、代表制統治を成立させている要素は本人‐代理人関係に尽くされない、ということにある。政党民主主義では、代表たる政治家は政党を媒介として本人たる有権者とつながるため、それに応じて代表者の部分的独立は政党指導層の行動に結びつく。自由な公論は議会内ではなくいわば柱状化した社会的亀裂に沿い、討論による審理は政党内部へと移行する。社会的亀裂に沿って政治の在り方全体がこのように構造化されるからこそ、本人‐代理人間の委任関係が代表制統治の中心をなす。これに対して、代表制統治の原形である議会中心主義では、いわば地盤に基づいた名望家への信頼が基礎にあり、それに応じて議員の部分的独立や議会内での討論による審理、議会外での自由な公論が可能になっていた。代表制統治の中心が信託関係に近づくのは、こうした社会的基盤や議会内外の関係を前提としてのことである。観客民主主義はこの原形に回帰している側面を持つ。イメージによる代表の部分的独立は、信託による名望家の独立と似た意味を有するからである。そして、参政権の拡大に応じたメディアの発達と公論の拡大とが、その背景をなす。いわゆる「代表制の危機」の中で、本人‐代理人間の委任関係が崩れているように見えるのは、このような観客民主主義の構造による。ただ、仮に政党を媒介とした委任関係が崩れているとしても、それで代表制統治が崩壊するわけではない。なぜなら、「草創期の枠組みにおいて、被統治者と統治者の関係に含まれる民主的要素は、両者の類似でも、後者が前者の指図を実行すべきだという原則でもなかった。代表諸制度の目的は、統治者を被統治者の評決に服せしめることにあった」からである。[16]

　観客民主主義の中でも、委任関係の回復に意味がないというわけではない。そもそも、代表制統治が民主的な政治としての評価を歴史的に獲得したのは、政党民主主義の時代に、委任関係を通じて代表者と被代表者の同一化が可能になるという展望が生じたからである。その観点からは、観客民主主義は、代表制統治の民主化への動きに逆行するものと映る。[17]ただ、委任関係変質の背景には、たとえばメディアを通じた代表者と被代表者の個人的関係の形成、政党を中心とする政治・社会両領域を通じた構造化の消失、公論と関連した議会審議の役割の変化など複数の要素が配置されていて、代表制統治の評価はこの制度枠組み全体をどう評価するかという論点と切り離せない。たとえば、仮に委任関係を回復しなくても、議会中心主義のように議会審議による合意形成を重視した上で、そのような公式の統治機構とは分離された場での活発な公論を想定し、両者の接続の場として選挙に期待することも、代表制統治の一つの形である。つまり、選挙を一つの中心的要素としてその周囲にさまざまな統治機構や社会構造が張り巡らされる緩やかな統治の枠組みが代表制統治なのであって、この代表制度は、代表関係それ自体（本人－代理人関係）とは区別されなければならない。

代表制統治は、歴史的に言えば一貫した構想の下に発展してきた制度や思想ではなかった。議会の存在、議会構成員の定期的選挙、任期制限に基づく公職者の輪番制、農村部での評議会・委員会の経験と都市部での領域支配の誕生、集会や表現の自由、教会会議の伝統、印刷出版の普及、英国での革命の展開など、いくつもの歴史の断片が撚り合わされることによって出現したのが代表制統治（そこに含まれている要素をどの程度民主的なものと理解するかに応じて、代表制デモクラシーと呼ぶ立場もあるだろう）である。[18] 各種要素の組み合わせ次第で、また組み合わせ中の各要素の相対的重要性次第で、代表制統治の姿は変わってくる。マナンの言う政党民主主義は理念型ではあるが、その理念型はヨーロッパの戦後民主主義のように一定の具体的条件下に出現した固有の性質を持つ代表制統治の形式であって、抽象的な本人－代理人モデルにおさまるものではない。[19] この意味で、代表論を語るだけでは代表制統治を語ることにはならない。信託や記述や象徴など、委任関係を拡張し複線化することで代表論を拡張し再生しようという試みは、それと組み合わされる制度・慣行・価値などとともに論じられない限り、代表制論としては十分ではない。[20]

五　代表制統治と代表制デモクラシー

では、代表論よりも広い射程で見た場合の現代代表制論の問題はどこにあるのか。マナンの代表制統治論は、代表制統治が歴史的にどのようなものであり、どのように変化してきたかを記述する点で、実証的な研究である。また内容として、歴史的な変遷にもかかわらず、被統治者による評決を伴った定期的選挙での答責性の確保という代表制統治の構成的原則は維持されていると見る。そのため、政党民主主義から変化した観客民主主義に対しても、代表制の危機を示すものというよりは、市民による政治的関与のタイミングと条件の変化だと認識される。マナンにとっては、代表は変化したが、代表制統治の基本構造はまだ一定程度安定している。これに対してウルビナティは、マナンの言う観客民主主義はむしろカエサル主義ないしはポピュリズムと見るべきであり、（マナンにとってはそれでも民主的要素を含むと考えられている）代表制統治の原則を侵害するものだと主張する。[21]

両者を分岐させているのは、ウルビナティによる代表制統治と代表制デモクラシーの区別である。この両者の区別は、シィエスとコンドルセの思想の対比という形で説明される。それによれば、シィエスが提唱したのは代表制統治の構想（または代表制統治の一学派）であり、代表制デモクラシーの構想ではない。シィエスは、出生や伝統による統治者の決定を批判し、投票による市民からの同意を基礎とした政治を主張する点で、代表制統治の支持者である。だが、市民にとって最重要事は私的な個人としての自由とされ、選挙はもっぱら専門的な統治者としての代表者を任命する権威付与のための手続きとされる。契約モデルに則ったこの法的パラダイムによって、政治的専門職としての代表者と投票する役割だけを果たす有権者とは切り離され、エリート主義的な代表制統治が出現する。すべての諸個人が享受する市民権とは異なり、投票権は政治社会に属する成員の能力に対して付与される権力であって、むしろ特権であった。これは、後のエリート主義的代表制論の先駆けとも言える。とはいえ、直接民主主義では、各自の個人主義的な意思が跋扈したり、一部の個人・集団による暴政が出現したりするリスクが生じるため、代表制統治はむしろ直接民主主義よりも優れた統治だとシィエスは考える。また、選出された代表者たちは、一団として小規模な直接民主主義を実践しているとも言える。だがいずれにしても、市民の役割は投票の瞬間に限定されており、政治秩序の形成と維持は専門家たる代表者たちに完全に委任されている。そのため、シィエスの代表制統治は、法的である一方、非政治的性格を強く持つことになる。[22]

他方、代表制デモクラシーの旗手とされるのがコンドルセである。コンドルセの場合、代表制は選挙で代表者を選ぶ投票行為に限定されない。シィエスが選挙によって有権者と代表者の二元モデルを構築したのに対し、コンドルセが目指したのは法的ルールの中で有権者と代表者が循環的に熟議と立法を担う体制だった。フランス革命の混乱に対し、非政治化された人民の受動性による安定と動員された人民の無原則な行動による破壊とを二つながら回避し、デモクラシーのプロセスそれ自体の精緻な制度化によってデモクラシーを抑制し穏健化することを目論んだのである。この場合、コンドルセが批判の標的としたのは、古代の共和政やルソーに範を取るいわゆる「〝直接〟("direct")」デモクラシーというよりも、「即時的(*immediate*)」デモクラシーだった、とされる。即時的デモクラシーでは、確かに人民の意思が示される。しかし、市民であれ代表者であれ、即時的に示される意思は、法の下での理性に基づく意見交換と討論を経ていない。そのため、過度の情念や党派的な利害からの影響を免れることはできない。また、本来人民に留保されているはずの法の取り消しに関する権利を定める法が欠如し、政治は投票の一瞬間に矮小化されてしまう。逆に、党派的でなく普遍的で一般的な決定は、合意された手続きや規則にもとづいて、すなわち法に則って熟議がおこなわれることを条件とする。[23]ただし、法に則った熟議を実現するためにコンドルセが用意したのは、モンテスキューやマディソンやシィエスが論じた抑制均衡システムや議員間に限定された熟議などの非民主的統制手段ではなかった。二院制立法府にも反対している。代わりに、熟議の過程の中に代表機関を抑制する能力を持つ小規模な議論の場を多数用意する、というのがコンドルセの工夫であった。この構想は革命前の代表制デモクラシー論や地方議会論にも見られたが、[24]ウルビナティがとりわけ重視するのは、革命期の憲法構想に示された第一次議会(primary assemblies; assemblées primaires)の役割である。第一次議会は、四五〇人から九〇〇人の規模になるように区域が設定され、立法府による行為や法への異議申し立て等をおこなった。ある第一次議会で提出された異議が検証され認められると、さらに他の第一次議会へも検証プロセスが広がり、その流れは立法府にまで至る。熟議は立法機関だけでおこなわれるのではなく、国民全体の中で、多くの場所で、時間をかけて、おこなわれなければならないということになる。これは、決定の即時性(immediacy)ではなくて、決定が影響を及ぼす政治過程全体との同時性(simultaneity)を実現するプロセスである。そのため、シィエスにおいては分離していた市民権と政治的権利は重なるようになり、教育の普及や、参加を可能にする公正な分配や結社の自由も尊重される。代表制デモクラシーとは、熟議を時間的に持続させ、空間的に拡散し、即時的な主権ではなく媒介された主権を実現する政治体制だとされるのである。[25]

マナンとウルビナティの主張は、ともに代表制統治における選挙の意義を否定していないという点では共通である。また、選挙に伴う様々な代表制統治の要素、すなわち言論の自由や結社の自由、熟議の重要性についてもさほどの差異はない。違いが出てくるのは、選挙と選挙外の要素とをどのように関連させるか、という点である。マナンは、自由な公論や討論に基づく人びとの評決が、最終的には選挙での業績評価投票における判断に結実すると見る。したがって、投票結果だけが全てだと言わない点では非エリート主義的なのだが、選挙外の要素が代表制統治の存在意義に直接関わる決定的要素だとは考えていない点でエリート主義的側面を持つ[26]。仮に選挙外の要素が十分な機能を果たさなくとも、選挙での業績評価投票が一定程度効果的であれば、それは代表制の危機ではなく代表制の変化を示しているだけだということになる。しかしウルビナティの場合、この選挙外の要素は代表制デモクラシーを成立させる構成的要件である。デモクラシーは意思の即時的な現れを本質とするのではなく、個々の意思が熟議を媒介として法的な主権へとまとめ上げられていく過程を本質とする。したがって、たとえ業績評価投票に実効性があっても、媒介過程が適切に働いていなければ、その時点でそれは代表制デモクラシーの名に値しない。別の言い方をすれば、代表制デモクラシーは、選挙による授権行為だけでは成立せず、代表者と被代表者の結合と相互作用を重視するアドヴォカシーに基礎を置く代表充足性（representativity）の条件を満たさなければならない[27]。

ウルビナティによるこうした代表制デモクラシーの定式化がどの程度の妥当性を持つかについては、見解が分かれるだろう。たとえばランデモアは、この構想がそれでもやはり選挙デモクラシーを前提としており、市民の判断や熟議の可能性を制約していると批判する。市民には批判や抗議行動の余地こそ与えられているものの、意思決定過程への直接的な関与や議題設定能力には配慮がなされていない。ウルビナティが強調する、意思と意見や判断との間の反省的な循環性も、その二分法自体が市民を統治への関与から遠ざけるものであり、エリート中心的・政府中心的性質を免れない、と批判される。代表制デモクラシーが十分に民主的でない以上、今や非民主的な含意を強く帯びた代表制デモクラシーの構想とは異なる新しいデモクラシー構想を求めるべきだ、というのがランデモアの見解である[28]。

だが、ランデモアのような批判にもかかわらず、代表制デモクラシー（と呼ばれる構想や政治制度）が歴史の中で評価され、受け継がれてきたことも事実である。そして、この歴史的に継承されてきた代表制デモクラシーにはもともと非民主的要素が含まれており、マナンの研究に示されているように、その点はむしろ自明とされていた。その非民主的要素を活用しつつ、しかもそれを民主的要素によって包囲する試みとして展開してきたのが、代表制デモクラシーだと言える。代表制デモクラシーは、生まれながらのデモクラシーではない。だからこそ、民主的要素をどのように構成し、制度化するか、が重要な課題となってくるのである。この点を次に確認しておきたい。

六　代表制デモクラシーがデモクラシーである理由

代表制デモクラシー（representative democracy）という言葉が用いられるようになったのは、一八世紀後半だとされる。ハンセンは、初期の使用例として、ブラックストン『イングランド法釈義』（一七六五―一七六九年）第一巻第二章、ハミルトンのモリス宛書簡（一七七七年）、またヘルヴェティア共和国一七九八年憲法における"démocratie représentative"を挙げた上で、この言葉は一九世紀早くには忘却されてしまい、その後代表がデモクラシーに結び付けられるには時間を要した、と論じている[29]。

この一八世紀の登場時から、代表制デモクラシーと呼ばれるのかは、決して明らかではなかった。マナンも述べるように、現代に代表制デモクラシーが何をもってデモクラシーと呼ばれているものの起源である英米仏各革命の諸制度の体系は、デモクラシーの一形式とも、人民による統治の一形式とも考えられていなかった。代表制の支持者たちは、代表制や共和政と、デモクラシーとを区別していた。その、デモクラシーと異なるものと見なされていた代表制統治が、現代に至るまでの歴史的過程の中でデモクラシーの一形式と見なされるようになってきたのである[30]。一例としてコンティの研究によると、ヴィクトリア朝期の英国では国民の多様な構成を写し出す鏡として議会を理解する描写的代表観が主流だったが、それはデモクラシーの反対者たちによって支持されていた。いかなる制限もなく統一的に付与される参政権はデモクラシーの具現化であるが、それでは労働者階級などの多数派が社会の中の他の要素を議会から締め出すことになる。その結果、描写的代表を損ねるとともに、排除された要素から意見を聞くことができなくなるため、熟議を妨げることにもなってしまう、というのが理由だった。描写的代表と熟議を実現するためには、デモクラシーの採用は不適切だとされたのである。代表制はもともと、たとえどれほど多人数であったとしてもやはり全体の一部でしかない人びとを抑制し、多様な全体を守ろうとするものだった[31]。

ダンは、『人民を自由にする』の中でデモクラシーの歴史を振り返りながら、なぜこのデモクラシーと反対の意味を持つ代表制という統治体制に、デモクラシーという言葉が冠せられることになったのかを検証している[32]。代表制デモクラシーが論じられるようになった一八世紀末、フランス革命で争われたのは、私利中心主義の秩序（order of egoism）と平等の秩序（order of equality）のいずれを選ぶかであった。デモクラシーは本来平等の秩序に関する言葉であり、平等性への探求こそデモクラシーの政治的価値と訴求力を支えるものである。したがって、平等を目指す民主化の要素を持たないデモクラシーはありえない。しかし、この政治的価値としてのデモクラシーが統治形式の一つとしてのデモクラシーへと具現化されたとき、その中心にあったのは私利中心の秩序であり、私利中心の秩序を含むがゆえに不平等を生み出さざるを得ない代表制デモクラシーであった。現実には、国民国家を単位とする代表制デモクラシーという枠組みが存在し、安全と自由な経済活動が確保され、その実効性ゆえにこの枠組みが広がりを見せたからこそ、デモクラシーが解体して混乱に陥ることなく、平等の秩序への探求も維持され得た。また、抵抗運動こそあったものの、これに代わる統治形式の構想も見出されなかった。代表制デモクラシーは、現実において私利中心主義の秩序が優勢となる中でおこなわれる、「それぞれ有益ではあるがしかし全く異なった二つのデモクラシーの意味の間での、終わりのない綱引き」だと述べられる[33]。

ダンは、私利中心主義の秩序に傾いた代表制デモクラシーがそれでもデモクラシーと呼ばれることについて懐疑的であり、そうした態度はブレグジットやトランプ大統領選出の後に第二版で加えられた結論部になおさら顕著である。だが、デモクラシーの意味を大きく変えてしまったこの代表制デモクラシーの登場こそ、デモクラシーを歴史の敗者から勝者へと変貌させた主因であり、その意味で私利・市場・経済と平等との間のせめぎ合いは偶発的でなく構造的な要素だとも理解されている[34]。ダンだけでなく、代表制デモクラシーの民主的性質を強調するウルビナティも、やはりそこに含まれる矛盾した性格に自覚的である。ウルビナティは、選挙制度や一定の判断基準に依拠した公式の熟議の外側で発生する主張（claim-making）としての代表観について、それが民主的実践の幅を広げることを一定程度評価している。選挙にとどまらない熟議の実践を重視するウルビナティの代表制デモクラシー論からすれば、当然だろう。しかし、主張としての代表の成否は聴衆に左右され、聴衆からの評価は主張者の能力の高低に依存するから、主張だけに依存した代表ではむしろ不平等が発生してしまう。また、インターネット上の主張を見ればわかるように、主張が活発に行われたとしても、必ずしも意思決定の場に反映されるとは限らない。むしろ、制度外での主張のみを重視すると、政治制度上の代表と主張としての代表の分断が進んでしまうことにもなる。したがって、主張が政治的な代表として意義を持つためには、意思決定や制度とのかかわりが不可欠である、とウルビナティは論ずる。[35]

このように、たとえ代表制度の非民主的性格を批判するとしても、代表制デモクラシーに付随する構造的不平等性を完全に取り除くことは、容易だとも望ましいとも言い切れない。それゆえ、代表制デモクラシーをどのように制度化するかという課題は残り続けることになる。マナンの述べるように代表制統治が歴史的にその態様を変化させてきたのも、ウルビナティの論ずるように代表制デモクラシーが媒介的な制度設計を必要とするのも、そのためである。以下では、こうした代表制論の観点から、現代において代表制に最も厳しい挑戦を突き付けているポピュリズムが、どのように分析されるのかを考察する。

七　ポピュリズムと大統領制化

ウルビナティのように、代表制デモクラシーを媒介されたものとして、すなわち多くの場での時間をかけた熟議を伴うシステムとして定義する場合、ポピュリズムは熟議の場を廃止するものと受け止められることになる。実際にポピュリズムは、政党組織や中間団体の衰退による政治の「中抜き」状態を背景として登場し、同じく中間団体としての役割を果たしてきた従来型メディアを批判して、インターネット上での人びととの直接的な接触を重視するという性質を持つ。[36]とはいえ、それは代表制統治を破壊するものではなく（その点で統治の形式自体を変化させてしまうファシズムとは区別される）、代表制統治の新しい形式、または代表制統治の「変則形態」（disfigurement）だとされる。[37] ポピュリズムは、非民主的な政治体制下では実現しない。そもそも政治的エスタブリッシュメントに対する抵抗はデモクラシーの基本要素であって、そこから人民の利益のために、人民の同意を通じて、集合的主体形成が開始される。[38] しかし、ポピュリズムはこの過程を、代表制デモクラシーとは全く異なる形態で進めていく。デモクラシー下における多数派と少数派の継続的な対抗と交代の関係は、ポピュリズム下では派閥間の固定化された分断と敵対関係に変形する。デモクラシー下における選挙を通じた多数派決定は、ポピュリズム下では人民投票としての選挙による唯一の正しい人民の確定作業に変形する。デモクラシー下では選挙区民と委任的代表の関係にあるリーダーは、[39] ポピュリズム下では市民を体現する象徴的な代表に変形する。そのため、デモクラシー下では媒介的役割を果たす諸政党の間の競争に基づいていた委任的代表は、ポピュリズム下では制約条件である政党組織を忌避してメディアやインターネットを支えとする直接的代表（direct representation）に変形する。これらの結果として生まれてくるポピュリズムは、選挙による同意の獲得という形式を外面的には維持しながらも、人々を体現するリーダーを戴く特定の派閥が、メディアを通した持続的な選挙キャンペーンにより人民を直接代表することで権力を維持する、変則形態のデモクラシーとなる。[40]

ここで問題とされているのは、リーダーの強権性やネットメディアの発達それ自体ではなく、ポピュリズムによって代表制デモクラシーの集合的意思形成の実体が骨抜きにされてしまうことである。リーダーが強権的であっても、ネットメディアの影響力が増しても、媒介となる熟議の場がその役割を果たしていれば、代表制デモクラシーの生命は保たれる。しかし、メディアを通じた支持と同意の調達は、委任関係こそ回復させるかもしれないが、意思を形成するための熟議の場を用意しない。それを代表と呼ぶことはできるかもしれないが、代表制として理解することは困難である。リーダーが直接的に人民を代表することが重要視される以上、政党を通じた議会での熟議にも意味を見いだすことは難しい。こうして、代表は代表制の拘束を逃れる。

こうした特徴については、ポピュリズムに関連した研究にとどまらず、より広く執行権の優位を指摘する近年の議論が共通して懸念を示している。[41] たとえばロザンヴァロンは、歴史的に議会を中心としてきた代表制デモクラシーが、統治の複雑化への対応などを要因に、執行権の長に権力を集中させる大統領制化へ向かうことを危惧する。代表制統治登場初期の非人格性に依拠した議会主義と異なり、大衆民主主義下の選挙は統治者を承認する役割を果たすのみで、民主主義は大統領という一人格に多くを負うことになる。この場合選挙と競争は、市民の意思表明の機会を統治者の選出時に限定してしまうため、かえって民主主義を停滞させてしまう。これに対して回復しなければならないのは市民の恒常的な能動性であり、各種の評議会や委員会などによって、市民の「行使の民主主義」実践の場を提供すべきだとされる。これらは、ウルビナティであれば、媒介的な機関と述べられるものであろう。

もっとも、大統領制化それ自体は代表制デモクラシーの執政制度分類の範囲内での変化を示すものであり、ポグントケ゠ウェブの研究のように記述的な分析概念としても用いられ、その場合にはロザンヴァロンのような規範的意味合いは薄くなる。[42] ただし、大統領制化が記述的概念として用いられることの政治的含意には留意しておく必要があるだろう。

ポグントケ゠ウェブによれば、大統領制化（presidentialization）は政治の国際化、国家の肥大化、マスコミュニケーション構造の変化、そして伝統的な社会的亀裂政治の衰退を構造的な背景として、政党及び執政府内でのリーダーの権力資源と自律性の増大、選挙過程の個人化といった現象が発生したものとされる。四つの背景はいずれも代表制デモクラシーの媒介的機能を無効にするものであり、その結果リーダー個人の人格や力量に依拠した政治が生まれると論じられていて、代表制論やポピュリズム論と共通の問題が扱われていることがわかる。代表論・代表制論の言い回しで大統領制化論を表現するならば、政党による媒介機能の弱体化を受けて、有権者と執行権の長の間に即時的な委任関係が結ばれる現象ということになるだろう。ポグントケ゠ウェブが大統領制化を、集権的リーダーシップを伴ういわゆるシュンペーター型選挙デモクラシーに類似したもの、ただしメディアを通じた支持率調査やレファレンダムなどを介した正統性チェックが付加された「ネオ・エリート主義」的なモデルと見るのは、そのためである。[43] 代表制と代表の区別を踏まえれば、政治の大統領制化を、代表制デモクラシーの代表化と言ってもよい。この場合、課題となるのはリーダーの逸脱行動をどのように統制するか、あるいは逆にリーダーシップをどのように強化するか、である。そのため、こうした問題構成からは本人－代理人関係の分析や改善という論点は出てきやすいが、[44] ウルビナティの述べる媒介のシステムやロザンヴァロンの述べる行使の民主主義には目が向きにくい。厳密に言えば、行政権の長は統治者であり、統治者と被統治者の関係は代表者と被代表者の関係とは区別されるという主張は可能である。しかし、統治者も代表者も選挙によって選出され、それぞれ被統治者または被代表者との応答関係が問題とされるならば、両者の問題構成に違いはなくなる。(45)

委任関係や応答関係の重要性は否定できないが、広く規範的民主主義理論の観点から考えるならば、応答性(responsiveness)や一致(congruence)はデモクラシーを構成する一要素に過ぎない。(46) 代表制デモクラシーの観点からは、むしろ代表を取り巻く代表制をどのように構成するかが最重要の関心事項となる。(47)

八　総体を問題化する

代表制デモクラシーが、本人－代理人関係だけではなく、その周囲に存在する熟議や行動の空間に依拠しているとしたら、代表制デモクラシー再生のための政治課題に対する見方も変化する。最後に、日本を一例として、代表制デモクラシーの課題に対しどのような対応が考えられるのか、簡潔に見通しておきたい。

政府、政党、国会など、代表制デモクラシーを構成する諸機関に対して、日本の有権者の不信感は高い。各種調査を見ても、国会に対して一定の信頼を持つのは二〇％から三〇％程度、政府に対しても三〇％程度である。他方で、自衛隊や警察、司法・裁判所、そして天皇・皇室については、信頼度が高い。(48)

一般的に自衛隊や裁判所を国民の代表だとは言わないだろうが、天皇・皇室は、ピトキンが英国君主制について言及していることからもわかるように、象徴的代表に含まれることになるだろう。あるいは、自衛隊や警察や裁判所でさえ、治安や司法という専門分野におけるもっとも専門的で高度な技能を有する機関であると考えるならば、その意味での国民の代表であるという言い方もできないわけではない。また裁判所は、代表制デモクラシーに一定の法的な拘束をかけ代表の信頼性の失墜を防ぐ役割を果たすという形で、制度設計上代表制を支えていると言えるかもしれない。これは、政党の衰退の後に天皇・皇室や自衛隊への信頼を軸として代表制統治を再生するべきだという規範的主張ではない。代表制デモクラシーはもともと、各機関個々の信頼度という形で計測される委任関係の質の良し悪しだけではなく、その個々の代表の独特な性質や相互の関係性の複雑な総体として成立している、という主張である。[49][50]

実際、ポピュリスト政党の登場によって代表制デモクラシーの総体がどの程度の打撃を受けているのかは、まだ明らかではない。世界的に、寛容や多様性などの基底的価値、それに報道の自由や司法の独立などの制度的基礎が、特に権威主義的傾向を持つポピュリズムによって脅かされていることは間違いない。他方で、代表制デモクラシー諸国の民主化の指標は長期的に見れば上下動を繰り返していて必ずしも低下一方なわけではなく、また代表制諸制度への信頼の低下も権威主義的ポピュリズムの台頭による長期トレンドというよりは経済危機という一時的な要因が大きいという指摘もある。[51] 日本についても、日本維新の会や希望の党などにも見られた新自由主義的なポピュリズムは、支持基盤の安定した自民党の優位の下で国政において限定的な影響力しか行使できておらず、また、政治改革や行政改革の成果を礎に中曽根政権から小泉政権へと進行していった大統領制化も、政党政治の衰退というより政党主導型から政党リーダー主導型への政党政治の移行と見ることができる、等々の評価もありうる。[52] もしポピュリズムによる代表制デモクラシー総体の信頼性と実効性への影響が限定的であるならば、むしろポピュリズムによるデモクラシー活性化の効果の方を、どのように既存の制度を調整することで活用していくか、が論点として浮上してくることになるだろう。

代表制を、各機関個別の信頼性によって評価するのではなく、それら機関の総体として考えるならば、そこには当然ながら媒介的な諸機関や諸活動も視野に入れる余地が生まれる。[53] ポピュリズム指導者やポピュリズム政党が代表制デモクラシーをどの程度活性化するのか、逆にどの程度阻害するのかも、制度や運動や慣行全体との関連性の中で検討されなければならない、ということになる。この制度や諸機関の総体をどのように組み立てるか、その設計によって、代表制デモクラシーの形態も理解も評価も異なってくるだろう。

＊本稿は、二〇二一年度政治思想学会研究大会「シンポジウムⅠ：デモクラシーの原義とその変容」における報告原稿に、加筆と

修正を施したものである。関係各位に感謝申し上げる。もっとも大きな変更は、新たに六の部分を加筆したことである。

＊本稿は、ＪＳＰＳ科研費（１８Ｈ００８１３、１９Ｈ００５８１）による研究成果の一部である。

（1）S. Näsström, "Where is the Representative Turn Going?" in *European Journal of Political Theory*, Vol. 10, Issue 4, 2011, pp. 501-510; M. Vieira, "Introduction," in *Reclaiming Representation: Contemporary Advances in the Theory of Political Representation*, edited by Vieira, Routledge, 2017, pp. 1-21.

（2）Näsström, "Where is the Representative Turn Going?" p. 501.

（3）M. Bühlmann and J. Fivas, "Introduction," in *Political Representaion: Roles, representatives and the represented*, edited by Bühlmann and Fivaz, Routledge, 2016, pp. 1-11.

（4）P. Mair, *Ruling the Void: The Hollowing of Western Democracy*, Verso, 2013.

（5）蒲島郁夫・境家史郎『政治参加論』東京大学出版会、二〇二〇年、第Ⅱ部。参加の低下に対しては、参加民主主義論の系譜であれば、直接参加による政治教育の効果に期待する場合が多い。Carole Pateman, *Participation and Democratic Theory*, Cambridge University Press, 1970, p. 64（寄本勝美訳『参加と民主主義理論』早稲田大学出版部、一九七七年、一一九頁）. 日本の場合にも、デモや住民投票など直接民主主義的な行動に、教育的な自己陶冶の効果を期待する考えはあり得る。五野井郁夫「直接民主制は代表制を超えるのか」、山崎望・山本圭編『ポスト代表制の政治学――デモクラシーの危機に抗して』ナカニシヤ出版、二〇一五年、三一―五六頁。他方で、ＮＰＯへの参加について、アドヴォカシー活動や、政党・行政との連携・協働などの重要性が強調されると、人々がＮＰＯへの参加をより忌避することを示す実証研究の結果も報告されている。坂本治也・秦正樹・梶原晶「ＮＰＯへの参加はなぜ忌避されるのか――コンジョイント実験による忌避要因の解明」、『年報政治学二〇二〇―Ⅱ　自由民主主義の再検討』筑摩書房、二〇二〇年、三〇三―三二七頁。身近な参加から政治一般へ、と直線的に結びつくかどうかが不透明であるところが、現代の代表制の危機の深刻さを物語っている。

（6）Näsström, "Where is the Representative Turn Going?" ただし、Näsström の全体の論調は、代表制論的転回に対して慎重である。判断については、決定との関係付けが課題となり、構築主義については、既存の憲政の仕組みに依拠せずしてどのように富・地位・ジェンダー・人種・時間などの不平等性に対処するかが課題となり、非選挙的代表についても、ＮＧＯ間の平等性の実現が課題になる。一人一票原則によって平等を基盤とする民主政治を実現してきた現代国家の民主制度に対し、現代代表論は民主的（ただし因習的ともされる）な平等原則と分離する傾向を見せており、かえって民主政治それ自体への直接的批判が引き起こされる可能性があると示唆されている。

（7）L. Disch, "Introduction: the end of representative politics?" in *The Constructivist Turn in Political Representation*, edited by L. Disch, M. Sande and N. Urbinati, Edinburgh University Press, 2019, pp. 1-18. 代表制論的転回と構築主義的転回については、代表制論的転回を示すものとして挙げられる初期の業績の中にも構築主義的要素が見られるものがあり、区別は鮮明ではない。たとえば、David Plotke, "Representation is Democracy," in *Constellations*, Volume 4, No 1, 1997, pp. 19-34も、すでに代表の関係的・相互的性質、また構成的性質に言及している。本稿では、代表制論的転回と呼ばれる代表制・代表研究の量的増加の中で、質的には構築主義的動向が顕著に見られる、と理解する。

（8）N. Urbinati and M. E. Warren, "The Concept of Representation in Contemporary Democratic Theory," in *The Annual Review of Political Science*, Vol. 11, 2008, pp. 387-412; D. Castiglione and M. E. Warren, "Rethinking democratic representation: eight theoretical issues and a postscript," in *The Constructivist Turn in Political Representation*, pp. 21-47. 構築主義的展開を含む「新しい代表論」の全体像と意義については、以下を参照。大場優志「新しい代表論を現代政治に適用する――Dario Castiglione and Johannes Pollak (eds.) *Creating Political Presence: The New Politics of Democratic Representation* を読む」、『名古屋大学法政論集』第二八九号、二〇二一年、二三九-二六一頁。同書評では、書評対象が「代表制というよりも代表の概念そのものを問い直し、より理論的な議論をしている」と指摘されているが、この点は「新しい代表論」一般にもおおよそ当てはまる。その意味で、"representative turn"を、「代表制論的転回」と訳すか、「代表論的転回」と訳すかで、それに応じた内容的違いも生じてくるだろう。現状の研究動向を見る限りでは、「代表論的転回」と訳す方が研究潮流全体の実態に近いように思われる。なお、以下論文が指摘するように、構築主義的転回には、本人-代理人関係の「乗り越え」を意図する面もある。ただその場合、本人-代理人関係としてイメージされているのは、従来型の選挙民主主義における既存諸集団と政治家の対応関係である。構築主義的転回では、代表される者と代表する者とは継続的な相互作用の中で作りかつ作られるものであり、また代表には選挙による授権以外のさまざまな関係性が含まれるから、その意味での本人-代理人関係の乗り越えが議論の射程に入ってくるのは妥当である。田畑真一「代表関係の複数性――代表論における構築主義的転回の意義」、『年報政治学二〇一七-Ｉ 世界経済の変動と政治秩序』木鐸社、二〇一七年、一八一-二〇二頁。他方で、代表者・被代表者に関わる本質主義的想定および選挙制の普及と定着に対する批判を除くならば、構築主義的転回においても、代表する何らかと代表される何らかとの対応関係（たとえそこに複数性があるとしても）に注意が向けられることが多い。この点で、本人‐代理人関係と近接した問題構成が引き継がれているとも言える。本稿が注目しているのはこうした問題構成とは異なり、制度や実践が組み合わさった総体としての代表制度の問題構成である。実際、これから検討していくように、代表制デモクラシーにしても元来は本人‐代理人関係で論じ尽くせるものではなく、逆に本人‐代理人関係を柱とした代表制デモクラシーの解釈・実践が主流となってきていたこと自体が現在の代表論・代表制論の方向性を制約していると思われる。上記田畑論文との関連で言えば、本稿の焦点は、田畑論文末尾に民主的正統性の問題として取り上げられている複数の代表関係間の関係性をめぐって、代表制デモクラシーという枠組みの中でどのような制度や実践が歴史的に蓄積されてきているのか、という点にある。

（9）B. Manin, *The Principles of Representative Government*, Cambridge University Press, 1997.
（10）Ibid., Chap. 2.
（11）Ibid., Chap. 3.
（12）Ibid., Chap. 4.
（13）A. Chollet et B. Manin, "Les Postérités Inattendues de *Principes du Gouvernement Représentatif*. Une Discussion avec Bernard Manin," *Participations*, No. 23, 2019, pp. 171-192.
（14）Manin, *The Principles of Representative Government*, Chap. 5.
（15）Ibid., Chap. 6.
（16）Ibid., p. 234.
（17）Ibid., p. 233.
（18）J. Keane, *The Life and Death of Democracy*, W. W. Norton & Company Inc., 2009, Part 2（森本醇訳『デモクラシーの生と死（上・下）』みすず書房、二〇一三年、上巻第二部）.
（19）網谷龍介「「戦後民主主義」を私たちは知っているか?」」、網谷龍介・上原良子・中田瑞穂編『戦後民主主義の青写真――ヨーロッパにおける統合とデモクラシー』ナカニシヤ出版、二〇一九年、一―二〇頁。
（20）たとえばマンスブリッジは、実証研究の進展を取り入れながら、コマ型（gyroscopic）や代用型（surrogate）といった代表の分類を提唱しつつ代表論の刷新を図っており、それはAndrew Rehfeldとの論争を経て、実証研究にまで影響を及ぼす現代代表論への一つの貢献となっている。J. Mansbridge, "Rethinking Representation," in *The American Political Science Review*, Vol. 97, No. 4, 2003, pp. 515-528. 一見して、この試みはピトキンの『代表の概念』を先行研究としつつ、その分類論をアップデートし、代表制論の革新を実現するものであるように見える。H. Pitkin, *The Concept of Representation*, University of California Press, 1967（拙訳『代表の概念』名古屋大学出版会、二〇一七年）. だがマンスブリッジの試みは、マナンの言う政党民主主義の変化を前にして、それでも政党民主主義の形式的な枠組みを全体的に維持したまま、代表関係のみを（代表制ではなく）問題化する系譜の研究動向だと考えるべきだろう。ピトキンの研究で取り上げられる各分類は、そもそも網羅的なものではない上に、それぞれが単独では代表概念として不十分であると論じられている。最後に取り上げられる「政治的代表」（political representation）が実現するのは、各代表概念が相互に、また制度や社会内の諸価値と結び付けられ、全体として有権者が代表関係を実感できる場合である。ただし、この「政治的代表」の具体的な詳細が検討されているというわけではない。この点で、『代表の概念』は代表論と代表制論の接続部分に焦点を当てた著作であり、それゆえ代表論の先行研究とするには不適切で、代表制論の先行研究とするには不十分である。

(21) H. Landemore, "Is representative democracy really democratic? Interview of Bernard Manin and Nadia Urbinati - New York, April 10, 2007," in *La Vie des Idées*, 2008. https:/booksandideas.net/Is-representative-democracy-really-democratic.html（二〇二一年一二月二〇日確認）

(22) N. Urbinati, *Representative Democracy: Principles & Genealogy*, The University of Chicago Press, 2006, Chap. 4.

(23) いわゆる直接デモクラシーも、それが単に現れと意思に基づくのみで、意思と決定との間に一定の距離が設定されなければ、即時的な民主政であることに変わりはない。ペインの「アテネにしても、代表を採用していたならば、それ自身の民主政をさえ凌駕していたであろう」という記述も、この観点から説明される。したがって、単純な直接デモクラシーと選挙を中心とする代表制統治は、ともに代表制デモクラシーの対極にある。また、領域規模の大小は、代表制デモクラシーの採用において副次的な要因でしかなく、本質的な要因ではないとされる。Ibid., p. 173. トマス・ペイン（西川正身訳）『人間の権利』岩波書店、一九七一年、二三九頁。

(24) 永見瑞木『コンドルセと〈光〉の世紀——科学から政治へ』白水社、二〇一八年、第三章。

(25) Urbinati, *Representative Democracy*, Chap. 6. 革命期のコンドルセの具体的な制度構想、特に第一次議会の詳細については、永見、前掲書、二四五—二四七頁に詳しい。また、特に加速化との関係から民主主義の時間性について詳細に考察した研究として、

以下を参照。鵜飼健史「時間の中の民主主義」、『思想』第一一五〇号、岩波書店、二〇二〇年、七三―九二頁。

(26) 他方で、少なくともいずれかの多数派が交代で政権につく可能性を保ち社会内の分裂を平和的に処理する、ということに選挙の役割を限定する以下などと比べれば、マナンの主張はウルビナティの主張にはるかに近い。A. Przeworski, *Why Bother with Elections?* Polity, 2018（粕谷祐子・山田安珠訳『それでも選挙に行く理由』白水社、二〇二一年）.

(27) 代表者と被代表者の間で構築される、言説や思考の一定の類似性を示す。定訳はないと思われるが、代表性（representativeness）と区別して仮に代表充足性と訳す。Urbinati, *Representative Democracy*, pp. 49-52. ウルビナティは、代表充足性を思考とイデオロギーにおける一種の隣接性（vicinity）だと理解している。Landemore, "Is representative democracy really democratic?" 委任関係の場合、仮にエージェンシー・スラックがなかったとしても、代表者と被代表者間に持続的な媒介関係が存在しないので、隣接性はない。選挙区という地理的な近接性を媒介に議員と有権者とのつながりを回復するという観点から、ロザンヴァロンの《proximité》概念も引証しつつ地域代表を構築主義的に再解釈する試みとして、以下を参照。糠塚康江「《proximité》考――何を概念化するのか」、糠塚康江編『代表制民主主義を再考する――選挙をめぐる三つの問い』ナカニシヤ出版、二〇一七年、一一三―一三九頁。

(28) H. Landemore, "Deliberative Democracy as Open, Not (Just) Representative Democracy," in *Dardalus, the Journal of the American Academy of Arts & Science*, 2017, Volume 146, Number 3, 2017, pp. 51-63.

(29) M. H. Hansen, "Direct Democracy, Ancient and Modern," in *The Tradition of Ancient Greek Democracy and its Importance for Modern Democracy*, Der Kongelige Danske Videnskabernes Selskab, 2005, p. 60, note 4. 他に、Richard Tuck, *The Sleeping Sovereign: The Invention of Modern Democracy*, Cambridge University Press, 2016, Chap. 1, note 8. コンドルセのケースも、アメリカからの影響を受けた初期の使用例だとされる。R. Monnier, "« Démocratie représentative » ou « république démocratique »: de la querelle des mots (république) à la querelle des anciens et des modernes," in *Annales historiques de la Révolution française*, Number 325, 2001, pp. 3. 永見、前掲書、註一二一頁。

(30) Manin, *The Principles of Representative Government*, p. 1, p. 4.

(31) G. Conti, *Parliament the Mirror of the Nation: Representation, Deliberation, and Democracy in Victorian Britain*, Cambridge University Press, 2019, p. 1, p. 2, p. 5.

(32) J. Dunn, *Setting the People Free: The Story of Democracy*, 2nd ed., Princeton University Press, 2019, pp. 100, 112, 126, 134, 138,

143, 146, 153, 158, 170. また別稿でも、代表制デモクラシーが国家を媒体に各個人に対して安全をもたらしたこと、成人市民に対して国家に対し定期的に介入する機会を与えたこと、の重要性が挙げられる。J. Dunn, "Truth, Trust and Impression-management in Democratic Legitimacy."『政治思想研究　政治思想における真実と虚偽』第二一号、二〇二一年、三六九―三八八頁。

（33）Dunn, *Setting the People Free*, p. 145.

（34）Ibid., p. xxiii, p. 170.

（35）N. Urbinati, "Judgment Alone: Cloven Citizenship in the Era of the Internet," in *Creating Political Presence: The New Politics of Democratic Representation*, edited by D. Castiglione and J. Pollak, The University of Chicago Press, 2019, pp. 61-85. これに対して、主張としての代表を提示したサワードは、ウルビナティの論考が選挙と非選挙の二分法を基礎とした代表の狭い構想であると批判した上で、代表制デモクラシーは民主的代表という大枠の中の重要ではあるが一部分にすぎない、と論ずる。Michael Saward, "Liminal Representation," in *Creating Political Presence*, pp. 276-297. 両者の相違は、代表制デモクラシーへの賛否そのものにあるのではなく、そもそも「代表制デモクラシー」と呼ばれるものを選挙デモクラシーと同一視するのか、それとももともと選挙以外の制度や実践を含む広い構想として理解するのか、という点にあると思われる。

（36）水島治郎「中間団体の衰退とメディアの変容――「中抜き」時代のポピュリズム」、同編『ポピュリズムという挑戦――岐路に立つ現代デモクラシー』岩波書店、二〇二〇年、二六―五三頁。

（37）N. Urbinati, *Democracy Disfigured: Opinion, Truth, and the People*, Harvard University Press, 2014（鵜飼健史訳『歪められたデモクラシー――意見、真実、そして人民』岩波書店、二〇二一年）.

（38）N. Urbinati, *Me the People: How Populism Transforms Democracy*, Harvard University Press, 2019, Chap. 1. 民主主義的プロジェクトとしてのポピュリズム、特に左派ポピュリズムの現代民主主義理論における位置づけと意義については、以下を参照。シャンタル・ムフ（山本圭・塩田潤訳）『左派ポピュリズムのために』明石書店、二〇一九年、および、山本圭『現代民主主義――指導者論から熟議、ポピュリズムまで』中央公論新社、二〇二一年、第五章。

（39）Urbinati, *Me the People*, Chap. 3. mandate representation という表現が用いられているが、ここでは有権者からの委任に拘束されるという趣旨ではなく、direct representation との対比で、代表者が有権者と無媒介に結びつかずに熟議の場を伴う関係性の中に置かれる、ということを意味している。

（40）Ibid. ただし、代表制統治としては変則形態でも、代表の観点からは変則とは言えないだろう。英語表現では区別されにくいが、独語表現では一般的に委任型の代表にVertretungやStellvertretungが、体現型の代表にはRepräsentationが用いられるという区別があり、歴史上政治的には体現型の使用が優勢だったという。Y. Sintomer, "Les sens de la représentation politique: usages et mésusages d'une notion," in *Raisons politiques*, No. 50, 2013, pp. 13-34. ただし、こうした体現型の代表は、本来は議会制と結び付いていた。大竹弘二『公開性の根源――秘密政治の系譜学』太田出版、二〇一八年、第九章。ピトキンも、記述・描写を指すdarstellenと代理人としての行為を指すvertretenとの間で、repräsentierenは後者に近いが、ただしもっと形式的で抽象化された意味を持つと述べる。そして、vertretenは単なる私的利益に用いられるが共通善についてはrepräsentierenが用いられなければならないとの主張がドイツ政治理論には見られる、と指摘する。H. Pitkin, "Representaion," in *Political Innovation and Conceptual Change*, edited by T. Ball, J. Farr, and R. L. Hanson, Cambridge University Press, 1989, pp. 132-154. この点については、以下も参照。D. Castiglione and J. Pollak, "The Logics of Democratic Presence in Representaion," in *Creating Political Presence*, pp. 16-36. また、イタリア共和国憲法では、各国会議員は「国を代表する」(rappresenta la Nazione)(六七条)一方で、大統領は「国の統一を代表する」(rappresenta l'unità nazionale)(八七条第一項)と規定され、第二共和制下では大統領の影響力が増大した。池谷知明「「政党の共和国」から「大統領の共和国」へ?――イタリア第二共和制における大統領」、『年報政治学二〇一五-Ⅱ　代表と統合の政治変容』木鐸社、二〇一五年、五九―七九頁。Senato della Repubblica, "La Costituzione." http://www.senato.it/1024(二〇二一年一二月二〇日確認)

(41) ピエール・ロザンヴァロン(古城毅・赤羽悠・安藤裕介・稲永祐介・永見瑞木・中村督訳)『良き統治――大統領制化する民主主義』みすず書房、二〇二〇年、および、大竹、前掲書、を参照。

(42) T. Poguntke and P. Webb, "The Presidentialization of Politics in Democratic Societies: A Framework for Analysis," in Poguntke and Webb, *The Presidentialization of Politics: A Comparative Study of Modern Democracies*, Oxford University Press, 2005, pp. 1-25(岩崎正洋監訳『民主政治はなぜ「大統領制化」するのか――現代民主主義国家の比較研究』ミネルヴァ書房、二〇一四年、一―三六頁).

(43) Ibid., pp. 354-355(邦訳五〇二―五〇三頁).

(44) 逆に、こうした論点に限定すれば、精緻な議論が可能になる。たとえば、待鳥聡史『首相政治の制度分析――現代日本政治の権力基盤形成』千倉書房、二〇一二年、第二章、で論じられる議院内閣制の大統領制化と議院内閣制のウェストミンスター化の区別は、この範疇での議論として読むことができる。

（45）日本の地方自治体における二元代表制がどのような意味で二元代表制なのか、二つの委任関係が並行的に存在している制度だと考えてよいのか、という問題はこの点に関わる。拙稿「地方自治体における「代表」概念」、『都市問題』（後藤・安田記念東京都市研究所）第一一〇巻第四号、二〇一九年四月、三四―四二頁。

（46）A. Sabl, "The Two Cultures of Democratic Theory," in *Reclaiming Representation*, pp. 97-131.

（47）「代表制デモクラシーの健全さを評価するためには、制度が私たちの意見に反応しているかだけでなく、私たちの意見を代表するという諸々のクレームを増殖させたりそれらに挑戦したりすることに成功しているかどうかについても、目を配るべきである。」B. Garsten, "Representative government and popular sovereignty," in *Political Representation*, edited by I. Shapiro, S. C. Stokes, E. J. Wood, and A. S. Kirshner, Cambridge University Press, 2009, p. 109.

（48）池田謙一編著『日本人の考え方　世界の人の考え方――世界価値観調査から見えるもの』勁草書房、二〇一六年。言論ＮＰＯ「日本の政治・民主主義に関する世論調査　二〇一八年八月二日」https://www.genron-npo.net/future/archives/6991.html（二〇二一年一二月二〇日確認）／同「日本の政党や国会を信頼できない、と考える国民が六割を超える――言論ＮＰＯは参議院投開票前に日本の民主主義に関する世論調査結果を公表　二〇一九年七月一二日」https://www.genron-npo.net/politics/archives/7292.html（二〇二一年一二月二〇日確認）／同「政治家を自分たちの代表とは思わない、が最多～二〇一九年第二回民主主義に関する世論調査結果～　二〇一九年一一月一二日」https://www.genron-npo.net/future/archives/7410.html（二〇二一年一二月二〇日確認）

（49）「日本の政治家は主観的にはありとあらゆるものを代表しようとしている．ところが，本書で明らかになった客観的事実としては，約束的代表はおろか，予測的代表・代用的代表・独楽的代表を含めて成立していない．」谷口将紀『現代日本の代表制民主政治――有権者と政治家』東京大学出版会、二〇二〇年、二五二頁。

（50）たとえば、代表制統治が成立するフランス革命期には、立法権と執行権の分離という観点から代表制を理解する見解が流布していた。網谷壮介『カントの政治哲学入門――政治における理念とは何か』白澤社、二〇一八年、一二〇頁、一六〇頁。同『共和制の理念――イマヌエル・カントと一八世紀プロイセンの「理念と実践」論争』法政大学出版局、二〇一八年、一九六―一九七頁。機関間の関係性が代表制を規定するという事例と見ることができる。

（51）P. Norris, "The Populist Challenge to Liberal Democracies," in *The Oxford Handbook of Political Representation in Liberal Democracies*, edited by R. Rohrschneider and J. Thomassen, Oxford University Press, 2020, pp. 545-562; P. Norris and R.

Inglehart, *Cultural Backlash: Trump, Brexit, and Authoritarian Populism*, Cambridge University Press, 2019, Chap. 12.

(52) 中北浩爾「地域からのポピュリズム――橋下維新、小池ファーストと日本政治」、『ポピュリズムという挑戦』、二八五―三一三頁。岩崎正洋「日本における政治の大統領制化」、同編著『大統領制化の比較政治学』ミネルヴァ書房、二〇一九年、二三四―二六三頁。

(53) クロード・ルフォールの議論を参照しながら、政治の世界にとどまらない社会的交流や市民の自己理解のあり方を含んだ代表過程の「体系的（systemic）」効果に注目すべきだと主張する、以下の論考も参照。R. Geenens, "Political representation: the view from France," in *The Constructivist Turn in Political Representation*, pp. 89-103.

皇太子明仁・美智子夫妻による「懇談会」と戦後デモクラシー

●――原　武史

一　はじめに

二〇一六（平成二八）年八月八日、天皇明仁（現上皇）は「象徴としてのお務めについての天皇陛下のおことば」（宮内庁ホームページ）を発表した。

そのなかに、「皇太子の時代も含め、これまで私が皇后と共に行って来たほぼ全国に及ぶ旅は、国内のどこにおいても、その地域を愛し、その共同体を地道に支える市井の人々のあることを私に認識させ」という一節がある。一人一人の顔が見えない抽象的な「国民」という言葉と、一人一人の顔が見える具体的な「市井の人々」という言葉とが、意識的に使い分けられているのだ。

こうした使い分けを可能にしたのが、「皇太子の時代も含め、これまで私が皇后と共に行って来たほぼ全国に及ぶ旅」（同）、すなわち地方行啓や地方行幸啓であった。皇太子明仁は一九五九（昭和三四）年四月に正田美智子と結婚し、六一年から皇太子妃美智子と本格的に全国各地を回り始めた。皇室用語では、天皇が外出することを行幸、天皇と皇后がともに外出することを行幸啓、皇太子や皇太子妃が外出することを行啓と言う。本稿では便宜上、これらの皇室用語をそのまま用いることにする。

もちろん行幸や行啓自体は、京都から東京に移った明治天皇が「六大巡幸」と呼ばれる大規模な行幸を始めた明治初期からずっと続けられてきた。[1] しかし明仁が天皇を退位する直前の二〇一九年四月まで続く明仁・美智子夫妻の行啓や行幸啓は、以下の二つの点でそれまでの行啓や行幸（啓）と決定的に異なっていた。

その一つは、美智子の懐妊や療養など特別の事情がない限り、必ず二人で地方を訪れたことである。明治以降の行幸（啓）や行啓では、天皇や皇太子に皇后や皇太子妃が同行する場合があっても、一部にとどまっていた。確かに戦後は国民体育大会や植樹祭への出席などのため、昭和天皇と香淳皇后が一緒に地方を訪れる行幸啓が増えたが、皇后の体調が崩れる一九七〇年代以降はそれも途絶えがちになった。明仁・美智子夫妻は、実に六〇年近くにわたってこのスタイルを維持したことになる。

いま一つは、人々と相対する場を「室外」から「室内」へと大きく転換させたことである。一九二一（大正一〇）年から二六年までの摂政時代を含む昭和天皇の行幸と比べると、違いがよりはっきりする。

摂政時代の行啓や昭和初期の行幸では、一度に万単位の人々が天皇と相対することができるよう、東京の皇居前広場をはじめ、地方の練兵場やグラウンド、飛行場など、「室外」の空地が親閲場や奉迎場のような政治空間となった。[2] 昭和天皇は原則として肉声を発さず、人々との間には上下の段差が設けられた。天皇が見下ろしていたのは一人一人の区別がつかない抽象的な「臣民」であり、彼らが分列行進や君が代斉唱、万歳三唱などを行うことで、「君民一体」の「国体」が可視化された。

こうしたスタイルは、一九四六（昭和二一）年から五四年まで沖縄県を除く全国を回った戦後巡幸や、五〇年から本格的に始まる香淳皇后との地方行幸啓でもなお受け継がれた。昭和天皇は旧練兵場や駅前などに設置された台座に乗ったり、府庁や県庁のバルコニーに立ったりして、空地を埋め尽くす人々の奉迎を受けた。たとえ主要都市が焦土と化しても空地は残ったことが、戦前と戦後の連続を可能にしたといえる。

一方、明仁・美智子夫妻は、皇太子（妃）時代に当たる一九六一（昭和三六）年に初めての本格的な地方事情視察として長野県を訪れたときから、地方行啓のスタイルを大きく変えた。それはまず、福祉施設への訪問に際して現れた。穂高町（現・安曇野市）の養護老人ホーム「安曇寮」を訪れたとき、美智子妃がひざまずき、一人一人の老人に同じ目の高さで語りかけたのだ。(3) 六〇年代後半からは、明仁も一緒にひざまずき、同じように話しかけるようになる。行啓や行幸啓に際しての福祉施設への訪問は、明仁が天皇を退位する前年の二〇一八（平成三〇）年一二月に東京都国立市の社会福祉法人「滝乃川学園」を美智子とともに訪れるまでずっと続くことになる。

一九六二年五月の宮崎県、鹿児島県、熊本県への行啓では、皇太子夫妻が泊まった施設で「懇談会」と呼ばれる会合が初めて開かれた。地元の有力者ではなく、無名の青年男女たちを一つの部屋に集めて着席させ、その地方ならではの課題をテーマに皇太子夫妻と一時間から二時間あまりにわたって話し合う試みである。この「懇談会」は、一九七七年の青森県行啓まで毎年、国民体育大会や全国高校総合体育大会などへの出席や地方事情視察を目的とする行啓の途上、全国各地の宿泊施設（旅館、ホテル）や公共施設（市役所、町役場、市民会館、文化会館など）で開かれることになる。年齢でいえば、皇太子夫妻が二〇代後半から四〇代前半までの時期に当たる。

一九六一年と六二年の行啓に見られる二つの変化は、各地の福祉施設や宿泊施設、公共施設など、「室外」よりも人数が限られる「室内」が、明仁・美智子夫妻と人々の対話する空間として大きく浮かび上がったことを意味した。平成期の被災地訪問にも受け継がれたこのスタイルを通して二人が出会った一人一人こそ、冒頭で触れた「市井の人々」にほかならなかった。本稿では、管見の限り、少なくとも北は北海道から南は鹿児島県までの三四道府県で開かれた「懇談会」に焦点を合わせ、それらが戦後日本のデモクラシーという視点からどのような意味をもったのかについて考察する。

なお「懇談会」については、天皇制の研究者の間でもその事実自体がほとんど明らかにされておらず、正確な全体像をつかむことはいまだにできていない。宮内庁の宮内公文書館が関係文書を所蔵しているはずだが、公開はされていない。国立公文書館で見ることのできる文書もごく一部にすぎない。

本稿では「懇談会」の実態を探る資料として、一つは地方紙やブロック紙を用いることにする。皇太子夫妻の行啓は全国紙でも報道されることはあったが、その扱いは地方版を除いてきわめて小さく、訪問自体が報道されないこともあったのに対して、地方紙やブロック紙では扱いが大きく、行啓の期間を通して一面や社会面など複数の紙面を当てて報道している場合が少なくないからだ[4]。

「懇談会」の記事が掲載された地方紙やブロック紙については本稿の最後に一括して挙げたが、これらの地方紙やブロック紙もすべての「懇談会」を記事にしているわけではない。記事にしている場合でも、多くは紙幅の関係から一部に触れるだけにとどまっている。そこで本稿では、もう一つの資料として、一九七二年八月の山形県行啓での「懇談会」の模様を山形県がまとめた『皇太子・同妃両殿下を囲む青年代表の懇談会～青年の余暇活動～』（山形県、一九七二年）および『皇太子・同妃両殿下とへき地に働く人びととのご懇談』（同）を用いる[5]。速記者が記録した二つの資料を通して、「懇談会」における皇太子夫妻や出席者の発言内容を、より具体的に知ることができるからだ。

二　「懇談会」の具体的内容1――地方紙から

「懇談会」が行われるきっかけとなったのは、一九六二（昭和三七）年の行啓を前に戸田康英東宮侍従が宮崎、鹿児島、熊本三県に対して、「両殿下は年輩者にとりまかれ、青年と話す機会に恵まれないので、健全な若い人々と話合う機会を作って欲しい」と依頼したことだった[6]。宮崎県では、農村の青年男性八人、青年女性三人、合わせて一一人が選ばれ、同年五月三日に皇太子夫妻が宿泊した宮崎市の旅館「青島寮」で、「日本の農政を現地に聞く」をテーマに二時間にわたってやりとりが交わされた。

「懇談会」の模様は地方紙にしばしば写真入りで報道され、皇太子夫妻や出席者が発した言葉の一部が掲載された。皇太子妃は決して皇太子よりも目立たぬよう、控えめな態度をとっていたわけではない。それどころか皇太子と青年男性のやりとり以上に、皇太子妃と青年女性のやりとりが掲載されることもあった。

一例として、青島寮での懇談会の模様を伝えた『宮崎日日新聞』の記事を引用してみよう。

殿下　生活改善はどのような点にねらいがありますか。
用皆好子　のんびりした農村の因習や台所の欠点をなおすことに重点をおいています。
妃殿下　仕事の分業とは？……
用皆　父はシイタケ、私と母は田畑、妹が精米所とそれぞれ仕事を分けて所得を上げています。
妃殿下　青年学級の内容を教えてください。
用皆　一般教養、洋裁、それから生産研究など新しい農村の主婦になる勉強をしています。
妃殿下　生活改良普及員はご苦労が多いことでしょう。
高橋芳子　まだ若いので、話がうまくできない面があります。農村のリーダーを個別に育てる仕事なので集金取りとよく間違われます。
妃殿下　ひとりの受け持ちはどのくらいですか。農村の主婦は家計簿を持っていますか。
高橋　千二百戸で、三年間に二百戸の目標でやっています。農家はしゅうとめも田畑を持っているし、サイフを嫁に持たせない家が多い。また祖父母までサイフを持っていますので、家計簿生活はまだまだ先のことです。

（『宮崎日日新聞』一九六二年五月七日）

用皆好子は一九歳で荘内町（現・都城市）に住み、農業を営んでいた。高橋芳子は二三歳で日南市に住み、生活改良普及員をしていた。生活改良普及員というのは、農山漁村の生活改善を指導する地方公務員を意味する。家計簿すら持たされず、家計の主導権を姑や祖父母に握られている若い女性の声を皇太子妃がすくい上げ、生活改善運動を後押しする役割を担っていたことが浮かび上がってくる。

もちろん「懇談会」に出席した一一人は、無作為に選ばれたわけではなく、心身ともに健康かどうか、素行や思想に問題がないかどうかなどを入念にチェックされていたはずだ。誰にでも開かれた「公共圏」にならなかったことは言うまでもない。

だがここで重要なのは、二時間という時間の長さである。地方で自分たちがどう見られるかを十分に意識していたからだろうか、皇太子夫妻は初対面の緊張感が和らぎ、出席者が思ったことを率直に自分たちに向かって伝えられるようになるには、少なくともこれだけの時間が必要だという認識をもっていたようだ。

結果として皇太子夫妻が訪れた地方では、無名の青年男女の肉声が地方紙に大きく掲載されただけではなかった。東京にいるだけではわからない皇太子夫妻の生々しい肉声までもが、地方紙によって多少の差はあるにせよ掲載された。少なくとも紙面では、双方が対等に会話しているように映ったのである。

明治から昭和までの三代の天皇は、君主としての資質を養うため、主に儒教的な教育を受けてきた。その教育が失敗して皇太子時代に地方で奔放な発言を繰り返した大正天皇のような例外もあるにせよ[7]、言葉を慎み、内面の徳を磨くよう教育されたわけだ。一九四六（昭和二一）年二月から始まる戦後巡幸の際、昭和天皇が一般市民と話し合おうとしてうまくいかなかったのは、まさにこのためである。

一方、皇太子明仁は、敗戦直後の中学生時代からヴァイニング夫人に英語を教わるなど、新しい教育を受けた。個人授業と週二回の学習院の皇太子のクラスでの授業を担当したヴァイニングは、「授業はともすればある型にはまったものになりがちだったので、私たちは自由な会話もするようにした。（中略）私たちは本を読んだり、読んだことについて話しあったりした」と回想している[8]。正答を教えるだけの授業にとどまらず、「自由な会話」を重視したというのだ。

中学から大学までカトリックの聖心女子学院で学んだ皇太子妃美智子もまた、戦後の新しい教育を受けた点では同様だった[9]。二人が二時間にわたって青年男女と会話を重ねることができたのは、宮崎県に関する事前の入念な学習もさることながら、この新しい教育によるところが大きかった。

宮崎県に続いて訪れた鹿児島県でも、六二年五月七日に皇太子夫妻が宿泊した鹿児島市の旅館「岩崎谷荘」で二時間半にわたって「懇談会」が開催された。ここでは男性六人、女性四人、合わせて一〇人の青年代表が出席したが、皇太子と鹿児島大学の男子学生の間で突っ込んだやりとりが交わされた。

奨学資金を借り、アルバイトをしながら大学に通っている鹿大文理学部法律専攻森山道壮君(22)は、皇太子さまと「学生の考え」についてつっこんだ意見の交換をした。森山君が殿下に「政治、経済問題や身近な恋愛問題などで教授と学生はいつもディスカッションしている」とご説明したところ殿下は「いまどういう討議がさかんですか」とご質問。森山君が「核実験や憲法改正問題などです」とお答えすると、憲法にくわしい殿下は身をのり出すようにして話題は憲法問題に集中した。

とくに第一条(天皇の地位)第九条(戦争放棄)に対する学生たちの意見に、たいへん興味を持たれたごようすだった。森山君は天皇の地位について、「現在の学生は終戦っ子ですから、戦前みたいに皇室を神聖視しておりません。若い世代の間では、民主的な皇室を身近なものに感じています」とのべた。殿下もこの問題についてまだお話になりたいごようすだった。(『南日本新聞』一九六二年五月八日夕刊)

当時の東京では、まだ一九六〇年に起こった安保闘争の記憶が生々しかった。皇太子は、天皇であれば発言を禁じられているはずの政治的な話題も忌避しようとはせず、地方の学生と直接対話することで、全国紙などでは報道されることのなかった彼らの政治意識を確認できたのだ。ちなみに森山道壮は後に長崎県のハウステンポスの社長となり、天皇、皇后となった明仁・美智子夫妻を迎えている。

一九六三(昭和三八)年には、皇太子妃が第二子を流産し、葉山御用邸に約二カ月半にわたり、一人で静養した。「母」としての期待にこたえられず、宮中でバッシングを浴びた皇太子妃にとって、これは最初の精神的危機だった。[10]

しかし、皇太子妃がずっと引きこもることはなかった。同年九月には、国民体育大会夏季大会に出席するため、皇太子とともに山口県を訪問した。そして山口県農協会館で開かれた農村青年との「懇談会」に皇太子と出席したほか、宿泊した宇部ゴルフ観光ホテルではまだ体調が万全でなかったにもかかわらず、皇太子妃単独で三人の保健婦や栄養士と一時間五〇分にわたって懇談した（『防長新聞』一九六三年九月一七日）。

「懇談会」では、皇太子夫妻の言葉に出席者が励まされる場合が多かった。しかし宇部では、年齢の近い女性の出席者と長時間対話することで逆に皇太子妃のほうが励まされ、精神的危機を乗り越えていった。まさに「市井の人々」と対話することで、皇太子妃は宮中という世界を相対化する視点を得たといえる。

三 「懇談会」の具体的内容2――山形県の資料から

一九七二（昭和四七）年八月一日から四日まで、皇太子夫妻が全国高校総合体育大会に出席するため山形県を訪れたときには、宿泊した上山温泉の村尾旅館（現・ニュー村尾浪漫館。休館中。上山市）と瀬見温泉の観松館（最上町）で「懇談会」が開かれた。前者では男性四人、女性四人、合わせて八人の農村青年と二時間、後者では男性四人、女性三人、合わせて七人の辺地勤務者と二時間二五分にわたって話し合いが続いた。

ちなみに瀬見温泉というのは、山形県の新庄と宮城県の小牛田を結ぶ陸羽東線の沿線にある比較的小さな温泉場である。山形市から近い上山温泉の村尾旅館は一九四七年に昭和天皇が宿泊して以来、天皇や皇族が利用してきたのに対して、瀬見温泉の観松館に天皇が泊まったことはなく、皇族が泊まったのも初めてだった。

このときもまた、地方紙の『山形新聞』が二つの「懇談会」の模様を記事にしている。だが前掲『皇太子・同妃殿下を囲む青年代表の懇談会』と『皇太子・同妃両殿下とへき地に働く人びととのご懇談』では、それよりもはるかに詳しいやりとりが収録されている。以下では『皇太子・同妃殿下を囲む青年代表の懇談会』をもとに、まず八月一日に上山温泉の村尾旅館で開かれた「懇談会」につき見ておきたい。

この「懇談会」に出席した八人の農村青年の居住地は、小林和広が上山市、芦野順子が東根市、池田隆が余目町（現・庄内町）、後藤洋子が寒河江市、小林よし子が櫛引町（現・鶴岡市）、縮みさ子が米沢市、長沢貢治郎が新庄市、嶋貫源一が長井市だった。県庁所在地の山形市からは一人も選ばれなかった半面、県内の四つの地方（村山、置賜、最上、庄内）

全域から選ばれていたのがわかる。
司会を務めた山形県行政総合対策室長の細谷定芳によれば、青年たちは六月から七月にかけて宿泊を伴う三回の研修会に出席するなど、本番に向けて準備を入念に重ねている。

始めのときは、発言の態度、その内容はともすると抽象的、観念的で美辞麗句が多く的を得たものではなかった。特に、言葉には方言が多く、その使い分けには、意味の通じないところがあったりなどして弱ったが、回を重ねるに従ってその心配もなくなり、8名の青年たちにそれぞれの人柄、生活体験がにじみでてくるまでになったことは、さすがに選ばれた青年たちであると思った。(11)

同じ県に住んでいたにもかかわらず、初対面のときには地域の方言の違いから意思の疎通すら困難だった。それは青年たちが上京どころか、山形県内すらふだんは移動する機会がなく、互いに会話を交わしたこともなかったことを意味する。彼らが「懇談会」で標準語を使って皇太子夫妻と言語的コミュニケーションを交わすためには、本番を想定したトレーニングを積む必要があったのである。

当日のテーマは、「青年の余暇活動」だった。会は午後七時半から始まった。八人の青年のほか、司会の細谷と知事の安孫子藤吉が出席した。出席者は全員起立して皇太子夫妻を迎えた。皇太子妃は「どうぞおかけ下さい」と声をかけ、青年たちが自己紹介するときにはお茶をすすめ、さらに机上に置かれた菓子を食べるよう促し、自らも食べると場内の空気が和らいだ。それとともに、皇太子夫妻の質問に対して出席者が手を挙げて答えるなど、活発な意見が交わされるようになった。

終了の予定時間は午後九時だったが、三十分延びて九時半に終わった。嶋貫源一は、皇太子夫妻が「発言者の一言一言にうなずかれながら真剣に受けとめられている」という実感をもった。池田隆は、皇太子妃の「人を引き込むような話し振り」に深い印象を受けた。後藤洋子は、「当初には予想も出来ない程に自由討議が行なわれ」ていると感じた。

縮みさ子は、「全く聞き上手なお二人で私達が持っているものを全部吸収してしまうような不思議な力に引きつけられ、もっと何か話をしたいという気持ち」が湧いてきた。つまり本番を想定したトレーニング以上に、本番では一人ひとりが皇太子夫妻に引き込まれるようにして発言できたというのだ。

具体的なやりとりを見てみよう。以下に引用するのは、青年の社会参加をめぐる皇太子夫妻、知事の安孫子藤吉と小林よし子、芦野順子とのやりとりである。

妃殿下　4Hクラブの中ではどうですか。

小林（よ）　私たち鶴岡の場合は、技術交換大会という県主催のものがあるんですが、そういう受動的な立場のものには参加しやすいし、自主的なものにはなかなか出て来ないんです。今の青年には積極的にやるというよりも受け身の形の青年が多いように思います。

知事　参加する場合はどういう方法でやるんですか。

小林（よ）　各地区連のほうから参加するわけです。各地区で選ばれて、それで出てくるので集まりやすいですが、自分たちが企画してということになると引っ込み思案になるのです。（中略）

殿下　芦野さんのところはどうですか。

芦野　小林さんのところと同じで、きちんとお膳立てしたところには集まりますけれども、自分たちでやる場合は役員だけが集まってあとの会員は参加しないというのが数多くありますし、役員の苦労を考え、また自分の勉強ということも踏まえてやっていかなければならないと思っております。（中略）

殿下　ユネスコで成人教育というものがやっているんですが、そのときにいまの話とは少し違うかもしれませんが、その事務局長の話によると、技術的なものだとみんな集まり、一般教養だと集まらない。ヨーロッパでもフランスなんかでは一般教養だと集まる。技術的なものだと集まらないというようなことを聞いたんでおもしろいことだと思ったんですが。

芦野　東根の場合もやはり保健衛生とか老人講習会などは１００％近い出席ですが、実際に自分の役に立つものには大きい興味を示して、ほかの自分たちがやる講習には関心を示さない傾向はあると思います。

殿下　そのときに、これが日本の特性なんじゃないか、明治以来技術的なものは早く取り入れてきたが、これが、日本が伸びてきた原因じゃないか。しかし、これからはこれではいけないんじゃないかということを事務局長が言っておりましたね。(12)

皇太子妃の言う「４Ｈクラブ」というのは、全国の市町村や道府県を単位として組織された農業青年クラブのことで、出席者のうち小林よし子と芦野順子が属していた。皇太子は「芦野さんのところはどうですか」と名字で呼んでいるように、出席者の一人ひとりを個別具体的に認識している。そして単に質問するだけでなく、ユネスコの事務局長から聞いた話を披歴しながら、青年たちがすぐに使える技術的な知識には興味を示すのに一般教養には興味を示さない日本の状況が、国際的な観点から見ればいかに特殊であるかを述べている。婉曲的な言い回しを用いながらも、青年たちだけではとらえられない視点を提供することで再考を促しているのだ。

このあと皇太子妃は、前述した九州や山口のような温暖な地方には比較的少ない「出稼ぎ」という問題について、「出稼〔ぎ〕に行かれる人はどのくらいおられますか。まだ続くのでしょうか」と安孫子藤吉知事に質問している。安孫子は「一部の人達は山形は冬は寒いから冬はひとつ暖かいところで収入をふやそうという考えで、経済的に追い詰められていくんじゃない場合もあるようですね」「カーブームだからいい車を買いたいとか、家にいたんじゃ収入がないから出稼ぎに行くというのもありますね」と答えているように、高度成長の恩恵が地方にも及んでいることを強調しようとした。(13)

これに対して、小林よし子は以下のように反論している。

農業機械や車のためという人もおりましょうが、ほんとに苦しくてというところもあるんです。子どもが小さくて、まだおばあさん、おじいさんが元気な場合はほとんど出稼ぎに行くわけです。おかあさんは子どもの面倒をみたいと思っても、おしゅうとさんから子どもの面倒は自分がみるから働いてこいと言われれば嫁の立場としては、家にいて子どもの世話がしたいと思ってもそれができないという人間関係もあると思います。[14]

当時の山形県の農村では、祖父母、夫婦、子どもの三世代が同居する大家族が多かった。そこでは祖父に当たる「おしゅうとさん」の権限が強く、祖父から「働いてこい」と言われれば「嫁」も男性と同じように「出稼ぎ」に行かざるを得ないという実情が語られている。皇太子夫妻が居合わせていることで知事の存在が相対化され、若い女性が六七歳の知事に対して堂々と反論することができたのだ。

安孫子藤吉は、山形県知事に当選した一九五五(昭和三〇)年から、県内各地で県民と直接対話する「県政懇談会」を開いたと回想している。この懇談会は、同年一〇月に初めて温海町(現・鶴岡市)で開かれて以来、参議院議員選挙に出馬するため安孫子が知事を退任した七四年までずっと続けられた。「十九年間、一日県庁、動く知事室、それに辺地座談会などを加えて、名称や運営方法に変化はあったが中止することなく、開催回数も数百回に及んだ」[15]という。つまり山形県行啓に際して二つの「懇談会」が開かれたときにも、それとは別の懇談会が開かれていたことになる。

では、県政懇談会の具体的中身はどういうものだったのか。安孫子自身がそれを振り返った文章がある。

当初のころは、「最上地方の振興策を考えて欲しい」「庄内の発展をどう考えているか」といった、地域をひとつに飲みこんだ大きな問題が多く、道路整備などでも「国道十三号の改良舗装を推進されたい」というような発言だったが、年とともに問題が細かくなったのは、大きな懸案事項が順次片付いていったからだと思う。土木、農林関係の要望が圧倒的に多かったのも、後年になると、教育、福祉などの比重が高くなってきた。[16]

「懇談会」と銘打ってはいても、その中身は主に中年以上の男性からなる県内各地の有力者からの要望を各地で受け付ける「陳情」に等しかったことがわかる。初期には道路の舗装などインフラの整備に関する要望が多かったのが、インフラの整備がある程度進んだ後期になると、こんどは「教育、福祉」、すなわち保育所や小中学校、病院、高齢者施設や障碍者施設などの開設に関する要望が多くなったというのだ。ちなみに政府が一九六二年から始めた全国総合開発計画でも、六九年の「新全国総合開発計画（二全総）」では高速道路や新幹線などの整備が、七七年の「第三次全国総合開発計画（三全総）」では教育、文化、医療などのサービスの整備が目標に掲げられた。

安孫子藤吉は、「少ない予算を効果的につかい、県政に県民の意志を反映することができたのも、数百回におよぶ開催をつうじて得た、県民との信頼のカケ橋だった[17]」と自負している。もちろん安孫子もまた、県政懇談会を積極的に開催することでデモクラシーを実践していると考えていただろう。だがここで言うデモクラシーとは、京極純一が『日本の政治』で言うところの「民主主義」に近い。

民主主義が「みんなで仲よく」、みんな洩れなく全員均霑を意味するとすれば、衆を頼む圧力政治と正直者がバカを見るゴテ得との両者に代る、全員参加、全員均霑の方法を工夫しなければならない。そして、その方法は「地元の面倒」をみる議会政治家の窓口に全員参集することに見出された。（中略）年月のたつ間に、議会政治家の窓口を、利益を追求する多くの人々が共通に利用することとなった。「地元の面倒」をみる「親心の政治」の定着であり、圧力政治を細分し、国民化し、日常化した「分配の政治」の定着である[18]。

安孫子にとっての県政とは、一見「みんな」を対象としながら実際には「利益を追求する多くの人々」だけを対象とする政治であり、まさに「親心の政治」「分配の政治」にほかならなかったのだ。道路にせよ学校や福祉施設にせよ、具体的な金額に換算できる「モノ」によって地域を発展させ、都市と地方の格差を是正することを目指した政治と言い換えてもよい[19]。後に改めて触れるような、皇太子夫妻が「懇談会」で確立させたデモクラシーをそこに見出すことは、きわめて困難である。

次に、一九七二年八月二日午後七時半から瀬見温泉の観松館で開かれた「懇談会」につき見てみたい。テーマは「へき地における生活と生産」で、出席者は温海町の医師・田宮長二、戸沢村の保健婦・井上幸子、白鷹町の区長・土屋明蔵、金山町（現・南陽市）の分校教師・大場常雄、尾花沢市の婦人会会員・押切咲子、西川町の花卉生産組合長・佐藤要助、小国町の県生活改良普及員・斎藤滋の七人（斎藤は女性）で、今度は安孫子知事が司会を務めた。七人はいずれも辺地勤労者で、前日の「懇談会」と同様、山形市に居住する人はおらず、県内の四つの地方全域から選ばれた。前日よりはやや年齢層が高かったせいか、本番を想定したトレーニングはなく、ぶっつけ本番で臨んだようだ。

前掲『皇太子・同妃両殿下とへき地に働く人びととのご懇談』には、会場の見取り図が示されている。それによると、五角形状に囲まれた各テーブルの外側に椅子が二席ずつ置かれ、皇太子夫妻、斎藤滋と佐藤要助、押切咲子と大場常雄、土屋明蔵と安孫子藤吉、井上幸子と田宮長二がペアで座った。その右側のテーブルには県議会議長と記録員が、左側のテーブルには東宮大夫、東宮侍従長、東宮女官長、行啓主務官、東宮侍従、東宮侍医がそれぞれ座った。安孫子は県政懇談会でも「日本人には、どうも椅子よりは、アグラをかいて、膝つき合わせたほうが、胸襟をひらいて話合ったという雰囲気になる」[20]と感じたが、皇太子夫妻による「懇談会」では椅子が用いられた。

戦前から戦後にかけての昭和天皇の行幸では、各地に親閲場や奉迎場が設けられ、天皇は必ず台座や橋やバルコニーの上に立って人々を見下ろした。つまり戦前はもちろん、戦後もなお天皇と臣民や国民との間には物理的な上下関係が存在していた。一方、懇談会に臨んだ皇太子夫妻と出席者の間には段差がなく、必ず夫妻が並んで座り、出席者がどこに座っても皇太子夫妻と同じ目の高さで対話ができるよう席が配置された。

再び具体的なやりとりを見てみよう。以下に引用するのは、県の北部にある戸沢村の医療の実態に関する皇太子妃と保健婦の井上幸子、そして知事の安孫子藤吉のやりとりである。

妃殿下　村に医師は何人おられますか。村に医師が少ないときは保健所の医師が診療を行なうこともありますか。
井上　戸沢村では、現在、医師が３人で、特に辺地の角川地区などで困っております。保健婦は３人です。

司会　保健所の医師が地域の人々の診療を担当することはございません。保健婦は予防衛生を担当しております。

妃殿下　この健康管理制度では、冬期間の急患など、医師の往診が無理なため保健婦さんが医療行為をしなければならない場合、医師に連絡して医療行為を行なうわけですか。

井上　従来の慣行もあって、村の人々の中には注射ぐらいは保健婦がしてくれてもよいのではないかという考えを強くもっております。健康管理制度の発足によって、その点医師と担当保健婦との密接な連けいがとられるようになったので、緊急時の措置もとれてくるようになったと思います。[21]

司会の安孫子藤吉は、健康管理制度のもとで保健婦が担当するのは予防衛生だけで、医師に代わって医療行為をすることはないという一種の建前論しか語っていない。一方、皇太子妃は井上の言葉を受けて、「冬期間の急患」のように保健婦が医療行為をしなければならない場合が依然としてあるのではないかと井上に尋ねている。知事よりも「へき地医療」の実態に理解を示しているのだ。井上はさらに、「保健婦も不足で、へき地に駐在できない場合には、特に冬期の緊急時には困ります」と話すなど、知事も把握していない深刻な実情を皇太子妃に語っている。

このあと、話題は当時の日本人の死因で最も多かった脳卒中に移った。皇太子妃と井上幸子のやりとりを続けて引用してみよう。

妃殿下　へき地では、脳卒中による死亡率が高いということでしたが、秋田県などの話を聞きますと、お手洗が屋外にあるために夜間の急な温度変化のため脳卒中をおこしやすいということを聞きましたけれども。

井上　はい。脳卒中は、夜間におこりやすいということは統計的にもいえます。戸沢村の場合、お手洗が外にある家庭は殆んどありませんが、土間の片すみにあるという構造が殆んどで、屋外にあるのと寒さは変わらないという実状です。しかしながら、現在、家屋の建て替えが進んでおり、これからはそうした例は少なくなっていくと思います。

妃殿下　そういう建て替えの時には、いままでの慣習にとらわれず改善していくことですね。村の人々は、保健婦さんの活動には、よく協力してくれますか。

井上　私は経験も浅いものですから、まだ、地域の人々の真からの信頼をうけて円滑な活動を行なっている自信はありませんが、これから婦人会や各種の組織としっかり手を組んで頑張っていきたいと思っております。[22]

脳卒中による死亡は、山形県を含む東北地方ではとりわけ多かった。皇太子妃は、他県の話を引き合いに出しつつ、脳卒中の誘因となる夜間の室温低下を防ぐため、慣習にとらわれず改善すべき点を改善することの重要性を指摘している。同時代に開催されたもう一つの懇談会では知事に聞かれることのなかった女性の偽らざる本音が、皇太子妃に聞き入れられて県の文書に記録されたのである。

上山温泉と瀬見温泉で開かれた二つの「懇談会」については、その直後の一九七二年八月一〇日に皇太子夫妻が避暑のための定宿にしていた軽井沢の千ヶ滝プリンスホテルで開かれた記者会見でも話題になった。

記者　この間、山形で僻地の若い人と話し合われましたが、今の若い人の考え方、ものの見方についてどんな印象を。

皇太子　一部の人で、全体というわけにはいかないが、期待がもてると思います。非常に皆一生懸命にやっています。余暇も十分使いたいが、それもなかなかできないということでしたが、そう思うだけでもいいと思いました。

記者　妃殿下も若い女性とお会いになっていかがでしたか。

美智子妃　いろいろな職業の女性と会いましたが、物事に自分で参加している人が少ない中で、参加していることによって、たえず自分に向き合いながら、一生懸命より良いものを求めていく。理論だけでうわずった人は少なかったと思います。教育ということでしょうか。ものを学ぶことによって、一人一人が傲慢ではなく、謙虚になっていく。実践を通して人の立場を理解することを学んだり、参加して、社会への温かさ、愛情を育てているという印象を持ちました。[23]

皇太子夫妻が「懇談会」で見ていたのは、抽象的な「国民」ではなく、一人一人の相異なる顔が見える「市井の人々」だった。全国各地を丹念に回り、安孫子知事が「県政懇談会」で会っていたような地域の有力者とは異なる無名の男女の青年たちや辺地の勤務者たちとの対話を重ねることを通して、皇太子夫妻は東京と地方の格差、地方ごとの気候や風土や習慣の違い、東京と地方の青年や勤務者の生き方の違い、さらには彼らが話す方言まじりの日本語の違いなどを実感していった。

皇太子妃の言う「理論だけでうわずった人」が、東京をはじめとする大都市の学生、もっといえば新左翼の学生を指しているのは明らかだろう。この年の二月には、連合赤軍による「あさま山荘事件」が起こっている。皇太子夫妻は、ただ東京にいてテレビや全国紙を見ているだけではわからない現実の日本の姿を、地方に生きる無名の人々のなかに見いだそうとしていたのである。

四　戦後デモクラシーとの関係

皇太子夫妻が全国各地で「懇談会」を積極的に開催した一九六〇年代から七〇年代にかけては、おおむね高度成長期に当たり、農村人口が減り、都市化が急速に進んだ時代に当たっていた。「就業人口に占める農業人口の比率は、一九五〇年に四五・二％、六〇年に三〇・〇％、七〇年に一七・九％と急低下した。（中略）一九四五年には二八％だった都市部人口は、七〇年には七二％になり、人口比は完全に逆転した。一九六二年には東京の人口は一千万人を突破し、六八年には東京二三区内の人口密度は一平方キロあたり一万五四八四人となり、ニューヨークの九八〇九人、ロンドンの四九三七人（いずれも六七年）をはるかにこえる過密都市となった」[24]。

とりわけ著しかったのが、三五歳未満の若年層の農村から都市への人口移動だった。「一九五五年から六〇年に、農業従事者のうち二五歳未満の者は四〇%台の減少を示した。六〇年から六五年には、二五歳未満は五〇〜六〇%、二五歳から三四歳も男子三六%、女子二九%減少した。こうして六〇年から六五年にかけての農業従事者の減少のうち、三五歳未満の者が八七%を占めた[25]」。

この時期に起こった安保闘争や大学闘争、全共闘や新左翼の活動、あるいは「声なき声の会」や「べ平連」など無党派の市民運動などは、いずれも首都圏をはじめとする都市を中心とした政治運動だった。これらの運動には、都市在住の知識人のほか、地方から上京してきた多くの青年たちが関わっていた。皇太子夫妻は同じ時期に、地方から東京へという大きな流れに背を向けるようにして、逆に東京から地方に行き、地方に残ることを選んだ青年男女や勤労者と対話を重ねていったことになる。

もちろん皇太子夫妻は皇室の一員であるから、政治家ではない。しかし前述のように、山形県知事の安孫子藤吉が県内各地で試みた「県政懇談会」が「陳情」に近かったのに対して、明仁・美智子夫妻が全国各地で試みた「懇談会」は政治家が地域住民と非公式に直接会い、住民の生活に関わる問題について対等に話し合う対話型集会「タウンミーティング」に近かったように思われる。

注目すべきは、「懇談会」に皇太子妃が出席することで、必ず若い女性たちが選ばれたことだ。前述のように、一九六二年五月三日に初めて開かれた宮崎市の青島寮での「懇談会」では、男性八人、女性三人と、まだ男女比に偏りがあったが、それ以降はなるべく男女が半数ずつになるよう図られた。なかには、六七年一〇月九日に島根県益田市の益田市役所で男性四人、女性五人が出席した「懇談会」や、六八年八月二日に福島県猪苗代町の国立磐梯青年の家（現・国立磐梯青少年交流の家）で男性二人、女性四人が出席した「懇談会」のように、女性のほうが多い場合もあった（『島根新聞』一九六七年一〇月一〇日および『福島民報』一九六八年八月三日）。

戦後の地方議会では長らく、ほぼ全員が男性議員だった。最後の「懇談会」が開かれた一九七七年でも、全議員のなかで女性議員が占める割合は市議会が二・一%、都道府県議会が一・二%、町村議会が〇・五%にすぎなかった（内閣府男女共同参画局ホームページ「地方議会における女性議員割合の推移」)。

女性首長はもっと少なかった。「懇談会」が開かれた時期に女性首長がいた自治体は、一九四七年から九〇年まで松野友が町長を務めた岐阜県穂積町(四八年まで穂積村。現・瑞穂市)、六五年から六八年まで伊藤美津が村長(町長)を務めた岐阜県福岡村(六六年から福岡町。現・中津川市)、七七年から九六年まで藤田満寿恵が町長を務めた福島県棚倉町しかなかった。女性市長や女性知事はまだ一人もいなかった。

以上のような事実を踏まえると、「懇談会」で皇太子妃美智子が果たした政治的役割の大きさが、改めて注目されよう。

先に見たように、皇太子妃はおそらく誰からも聞き取られることのなかった農村や辺地で暮らす若い女性たちの声にじっくりと耳を傾けたばかりか、彼女らの声がしばしば氏名や性別、年齢、職業とともに地方紙に大きく掲載された。齋藤純一が述べるように、「デモクラシーの原理は端的にいえば誰からもその発言権(voice)を奪わないことにある[26]」とするならば、あるいは「デモクラシーは、他者の意見を代理=代表する立場には誰もいないという条件を真剣に受けとめ、意見と意見が現実に交換されることを求める[27]」とするならば、皇太子夫妻が毎年各地で開催した「懇談会」こそ、まさにこうした意味でのデモクラシーの実践だったと見ることができる。

丸山眞男の『日本の思想』には、農村の部落共同体についての有名な規定がある。「同族的(むろん擬制を含んだ)紐帯と祭祀の共同と、「隣保共助の旧慣」とによって成立つ部落共同体は、その内部で個人の析出を許さず、決断主体の明確化や利害の露わな対決を回避する情緒的直接的=結合態である点、また「固有信仰」の伝統の発源地である点、権力(とくに入会や水利の統制を通じてあらわれる)と恩情(親方子方関係)の即自的統一である点で、伝統的人間関係の「模範」であり、「国體」の最終の「細胞」をなして来た[28]」。そこでの人間関係は日本社会の「自然状態」ととらえられ、「それが抽象をくぐらぬ「具体」であるかぎり、権力の根拠を問う姿勢はそこからは形成されない」(傍点原文[29])とされた。このように戦後の政治思想史学では、戦前から引き続いて地方に残存する農村共同体はデモクラシーの観点から批判的にとらえられてきた。

農村共同体における話し合いといえば、日本ではデモクラシーが入ってくる以前から村の寄合があった。「個人の析出を許さず、決断主体の明確化や利害の露わな対決を回避する」ため、寄合ではどのような手続きがとられたのか。実際に長崎県対馬で寄合に加わった民俗学者の宮本常一は、こう述べている。

> そういう場での話しあいは今日のように論理づくめでは収拾のつかぬことになっていく場合が多かったと想像される。そういうところではたとえ話、すなわち自分たちのあるいて来、体験したことに事よせて話すのが、他人にも理解してもらいやすかったし、話す方もはなしやすかったに違いない。そして話の中にも冷却の時間をおいて、反対の意見が出れば出たで、しばらくそのままにしておき、そのうち賛成意見が出ると、また出たままにしておき、それについてみんなが考えあい、最後に最高責任者に決をとらせるのである。これならせまい村の中で毎日顔をつきあわせていても気まずい思いをすることはすくないであろう。（傍点原文）[30]

狭い村では、「毎日顔をつきあわせて」共同生活をしなければならない関係上、話し合いによって人間関係に傷がつくことは絶対に避けなければならなかった。そのために論理や理詰めで議論することはなく、皆が納得のいくまで何時間も話し合った。「すくなくも京都、大阪から西の村々には、こうした村寄りあいが古くからおこなわれて来ており、そういう会合では郷士も百姓も区別はなかったようである[31]」。

確かに「懇談会」にも、「自分たちのあるいて来、体験したことに事よせて話す」ことなど、村の寄合と似た面がなかったわけではない。しかし「懇談会」は、ふだん所属している共同体や組織から離れて県内から選抜された青年や勤務者が集まり、一つのテーマにつき時間を決めて話し合った点で、寄合とは大きな違いがあった。前述のように青年男女が本番を想定したトレーニングを重ねたのも、ふだんの共同体や組織での話し合いとは異なる議論の仕方を学ぶ必要があったからだ。

ただ問題は、「懇談会」が開かれた目的にある。それはあくまでも皇太子夫妻が表面的な地方視察だけではわからない各地方の実情をより詳しく知るために開かれたのであって、青年男女や辺地勤務者が自発的に開いたわけではなかった。たとえどれほど対等な会話が交わされたとしても、次代の天皇と皇后という、選挙で選ばれたわけではない世襲の一族が事実上の主催者になっていること自体は揺るがなかった。

一八九〇（明治二三）年発布の教育勅語などでは、天皇は究極の「恩情」を臣民に注ぐ主体とされた。次代の天皇が人々を直接励ますことは、君主が民を慈しむ徳として儒教で重視された「仁」とのつながりを否定できなかった。摂政時代から戦後まで全国を回り続けた昭和天皇の場合、各地の「室外」で開かれた親閲式や奉迎会などで万単位の臣民や国民と一体化することで視覚化された「国体」が、皇太子明仁の場合は「室内」で一対一の関係にミクロ化されることで、「懇談会」の記憶はより鮮明なものとなり、「恩情」は出席した青年男女や辺地勤務者の胸中に色あせることなく刻み込まれた。左翼思想に染まっていないと思われた彼女ら彼らこそ、将来の天皇制の固い支持基盤になるという見通しがあったとすれば、したたかな戦略と言わざるを得ない。

しかしこれまで見てきたように、実際の「懇談会」では皇太子より皇太子妃のほうが活発に発言することも少なくなかった。一九七一（昭和四六）年八月二日に徳島市の阿波観光ホテルで開かれた「懇談会」に出席した井上千寿子は、「話が進むうちに、美智子さまが司会の役割をされた」と回想している（『徳島新聞』一九八九年五月二一日）。皇太子でなく、民間人として初めて宮中に入った皇太子妃のほうがリーダーシップをとり、青年女性に発言しやすくさせたというのだ[32]。

「懇談会」が開かれた時期は、皇太子夫妻の間に浩宮徳仁（現天皇）、礼宮文仁（現秋篠宮）、紀宮清子（現黒田清子）という三人の子どもが生まれ、成長する時期に当たっていた。しばしば報道されたように、東宮御所で家事や育児に専念する皇太子妃には、実子を産まなかった昭憲皇太后や、実子を産んでも親子別居を余儀なくされた貞明皇后、香淳皇后以上に「良妻賢母」のイメージがつきまとった。

しかし「懇談会」に出席した青年や勤務者にとって、そうしたイメージは薄く、三人の子どもたちが話題になることもあまりなかった。彼ら彼女らは、皇太子妃を「母」としてよりは年齢の比較的近い「姉」のように感じる場合のほうが多かった。「懇談会」には、天皇が主体となり、皇后が控える明治から戦前までの家父長的な天皇制とはもちろん、皇太子一家のマイホーム主義的な生活ぶりが注目の的になる戦後の「週刊誌天皇制[33]」とも異なる空間があったといえよう。

前述のように出席者が事前に選ばれている以上、「懇談会」を誰にでも開かれた「公共圏」と同一視することはできない。しかし少なくとも、齋藤純一が以下に述べるような「対抗的な公共圏」としての性格を備えていたことは確かである。

この公共圏では、自分が語る意見に耳が傾けられるという経験、少なくとも自分の存在が無視されないという経験が可能となる。（中略）対抗的な公共圏の多くは、それを形成する人びとの具体的な生／生命に配慮するという「親密圏」としての側面もそなえている。自らの言葉が他者によって受けとめられ、応答されるという経験は、誰にとっても生きていくための最も基本的な経験である。この経験によって回復される自尊あるいは名誉の感情は、他者からの蔑視や否認の眼差し、あるいは一方向的な保護の視線を跳ね返すことを可能にする。[34]

地方では、年長者、男性、組織の有力者、政治家、財界人、東京と直接つながる都市部の住民などからなる「支配的な公共圏」がつくられていた。「懇談会」に出席した多くは、そこから外れた人たちだった。マジョリティによって無視され、黙殺されてきた人々の言葉が、皇太子夫妻という他者に受けとめられ、応答されたのだ。たとえ自発的に開かれなくても、「懇談会」を地方におけるデモクラシーの実践だったと評価できるのは、まさにこうした点からである。「懇談会」そのものが、さまざまな因習や慣習に拘束されざるを得なかった青年男女や辺地勤務者に、デモクラシーとは何かを教える啓蒙的役割を担った面もあった。

前述のように、一九六二年に宮崎県や鹿児島県で開かれた「懇談会」や七二年に山形県で開かれた「懇談会」では、和風の旅館が会場となった。洋風のホテルや市役所などの公共施設とは異なり、旅館では日本の家屋と同様、玄関で靴を脱いで室内に入る。たとえ会場にテーブルや椅子が配置されても、基本的な構造は和風である。「懇談会」が開かれた当日、旅館に泊まったのは皇太子夫妻と東宮職の関係者だけだったと思われるから、一時的に東宮御所という「家」が移ってきたと言えなくもない。

和辻哲郎は『風土』で、欧州と日本の「家」の違いに着目し、日本では「家」のなかでは「おのれと他との間に「へだて」がない」のに対し、「家」のそとでは「公共的なるものへの無関心を伴った忍従」が発達するとし、デモクラシーは「公共的なるものへの強い関心関与」があってこそ可能になるとした。(35) 齋藤と和辻にならって言えば、「懇談会」は「家」のそとに「対抗的な公共圏」をつくる試みでありながら、「家」の延長である旅館が会場となった場合には、ホテルや公共施設よりも皇太子夫妻と出席者の間の「へだて」がなくなり、「親密圏」としての色合いが増したともいえよう。

ただし管見の限り、明仁・美智子夫妻による「懇談会」が開催されなかった都府県もあった。その多くは東京都や大阪府など首都圏や大阪圏にある都府県や、石川県のように美智子が懐妊したため明仁単独で訪れた県、ないしは新潟県のように行啓が計画されながら自然災害によって中止された県だったが、沖縄県も含まれていた。

一九七五(昭和五〇)年七月、皇太子夫妻は沖縄本島の本部町で開かれた沖縄国際海洋博覧会の開会式に出席するため、本土復帰後初めて沖縄県を訪れた。このときは、皇太子の訪問をめぐって県民の反応が賛成と反対の二派に大きく分かれ、「懇談会」は開かれなかった。それどころか、沖縄戦で亡くなった「ひめゆり学徒隊」の慰霊碑「ひめゆりの塔」を皇太子夫妻が訪れたときには、新左翼系の過激派から火炎瓶を投げつけられた。皇太子夫妻は無事だったが、「火炎ビン事件についても私としては支持したい」という会社員の声が地方紙に堂々と掲載されたように(『沖縄タイムス』一九七五年七月一八日)、犯行を支持する県民が少なからずいたこともまた確かだった。

そうした人々にとって、皇太子明仁は戦争の継続に固執した昭和天皇の名代ないし後継者以外ではあり得ず、皇太子夫妻の沖縄県訪問は「天皇制を県民に押しつけるもの」(同)にほかならなかった。皇太子明仁は同年八月、東宮御所での会見で「火炎びん事件や熱烈に歓迎してくれる人達——こうした状況は、分析するというものではなく、それをあるがままのものとして受けとめるべきだと思う」と述べている。(36) 自らの血筋ゆえに、対話するどころか訪問そのものに反対している人々が少なからずいるという現実を現実として受けとめるべきだとしているのである。

五　おわりに

皇太子夫妻の地方行啓は、一九七八（昭和五三）年以降も定期的に続けられた。しかし管見の限り、この年の行啓から従来の「懇談会」のスタイルがなくなり、皇太子夫妻と地元の青年男女の双方が立ったまま話し合う「懇談」へと変わった。時間をかけて一人一人と対話するスタイルが維持できなくなったのだ。

一九七七年を最後に従来の「懇談会」が中断された理由としては、以下のようなものが考えられる。第一に、「懇談会」が開かれなかった都府県も含め、ほぼすべての都道府県を二人で一通り回り終えたこと。第二に、しだいに青年男女との年齢差が広がり、くつろいだ空気のなかで話し合うのが難しくなったこと。加えて七五年の沖縄県訪問により、皇太子夫妻との対話自体を拒絶する県民が少なからずいることが明らかになったという事実も、何らかの影響を与えたかもしれない。

昭和天皇が高齢化する八〇年代以降になると、「日本を守る国民会議」など右派団体の動きが盛んになった。戦前の天皇のような、人々から隔絶した権威ある天皇こそが理想とされるようになったわけだ。昭和天皇の在位六〇年に当たる一九八六（昭和六一）年一一月には戦後初めて皇居前広場で天皇を対象とする提灯奉迎が行われ、日中戦争で武漢三鎮が陥落して以来、約半世紀ぶりに天皇が夜間に二重橋（正門鉄橋）に立った。八八年には、皇太子夫妻の地方訪問でも初めて提灯奉迎が行われた。この提灯奉迎は、平成になっても天皇、皇后を対象として各地で続けられた。

しかし他方、明仁・美智子夫妻は、天皇、皇后になってからも各地の福祉施設を訪れ、一対一の対話を続けた。一九九一（平成三）年に起こった長崎県の雲仙普賢岳の大火砕流から始まった被災地訪問でも、このスタイルが踏襲された。とりわけ二〇一一年に起こった東日本大震災に際して二人が七週連続で被災地を回って以降、全国各地で人々にひざまずいて対話する天皇、皇后像が定着するようになった。その土台は、すでに二人が結婚した直後から築かれていたのである。

早川誠は、ハンナ・ピトキンの『代表の概念』に出てくる象徴的代表に依拠しつつ、日本の天皇や皇室もまた英国の国王や王室と同様、象徴的代表に含まれるとし、代表的デモクラシーを構成する機関の一つとして皇室をとらえる視座を示した。[37]ピトキンは同書で、英国議会や首相の「合理的活動」と国王の「活動の欠如」を対比させ、国王は「旗と同じく象徴であり、それゆえ感情や行為の対象なのであって、行為者ではないのである」としたが、[38]そうした意味での象徴的代表は、日本ではまさに日本国憲法で国事行為のみを行うと規定された天皇にこそ当てはまるだろう。

明仁・美智子夫妻による「懇談会」は、明らかに象徴的代表の範疇を逸脱していた。それよりはむしろ、ピトキンの言う「他の誰かのために行為するという意味での代表、つまり他の誰かに代わる、他の誰かの利益を旨とする、他の誰かを代理する活動という意味での代表」[39]に近かったように思われる。なぜなら、明仁・美智子夫妻は自治体の首長や議員のような選挙で選ばれた代表に代わって、地方の青年男女や辺地勤務者のために「懇談会」を開いたともいえるからだ。

たとえ対話を拒絶する人々がいたとしても、戦後に一貫して全国各地を回り、デモクラシーを主体的に実践しようとしたのは、憲法で政治への関与を禁じられた天皇の一族だったという逆説。その結果、平成末期には天皇の尊厳が強まり、ついには「象徴としてのお務めについての天皇陛下のおことば」のあとに圧倒的多数の国民が退位を支持した世論調査にあらわれたように、憲法で政治への関与を禁じられた天皇が民意を動かすだけの権力をもってしまったという矛盾。こうした逆説や矛盾に向き合うことなくして、戦後日本のデモクラシーについて考えることはできないだろう。

(1) この点につき詳しくは、原武史『可視化された帝国　近代日本の行幸啓』増派版（みすず書房、二〇一一年）を参照。
(2) 政治空間としての皇居前広場については、原武史『完本　皇居前広場』（文春学藝ライブラリー、二〇一四年）を参照。

（3）原武史『平成の終焉　退位と天皇・皇后』（岩波新書、二〇一九年）一〇五〜一〇六頁。
（4）この点に関して、「ミッチー・ブーム後には皇太子夫妻に関する記事が急速に減少していた」（河西秀哉「初代象徴皇太子としての模索―一九六〇〜八〇年代の明仁皇太子・美智子皇太子妃―」、茶谷誠一編『象徴天皇制のゆくえ』、志學館大学出版会、二〇二〇年所収、一二四頁）という分析は、必ずしも正確ではない。
（5）『皇太子・同妃両殿下を囲む青年代表の懇談会〜青年の余暇活動〜』および『皇太子・同妃両殿下とへき地に働く人びととのご懇談』は、いずれも山形市の山形県立図書館に所蔵されている。
（6）森暢平「香淳皇后と美智子妃の連続と断絶」（森暢平、河西秀哉編『皇后四代の歴史　昭憲皇太后から美智子皇后まで』、吉川弘文館、二〇一八年所収）一四一頁。
（7）大正天皇が饒舌な性格だったことに関しては、原武史『大正天皇』（朝日文庫、二〇一五年）を参照。
（8）E・G・ヴァイニング『皇太子の窓』（小泉一郎訳、文春学藝ライブラリー、二〇一五年）七一頁。
（9）後のことであるが、美智子が皇后となる平成期に御所で開かれた参与会議に出席した参与の一人は、「皇后さまは議論にお強い方です。公の席での雰囲気とは全然違います。非常にシャープで、議論を厭わないのです」と語っている（本誌編集部「皇后は退位に反対した」、『文藝春秋』二〇一六年一〇月号所収、九七頁）。
（10）美智子にとって二度目の精神的危機は、皇后になってから一九九三（平成三）年に訪れた。このときは週刊誌や月刊誌で皇后が宮中で大きな力をもっているとしてバッシングを受け、失声症になった。前掲『平成の終焉』一四二〜一四七頁を参照。
（11）前掲『皇太子・同妃両殿下を囲む青年代表の懇談会〜青年の余暇活動〜』一二四頁。
（12）同、一七〜一八頁。
（13）同、一二一頁。
（14）同、一二一〜一二二頁。
（15）安孫子藤吉『思い出のままに　回想の県政雑記』（私家版、一九七六年）五七頁。
（16）同、五八〜五九頁。
（17）同、五九頁。
（18）京極純一『日本の政治』（東京大学出版会、一九八三年）二八三頁。
（19）田中輝美『関係人口の社会学　人口減少時代の地域再生』（大阪大学出版会、二〇二一年）三五頁。

(20) 前掲『思い出のままに　回想の県政雑記』五七頁。
(21) 前掲『皇太子・同妃殿下とへき地に働く人びととのご懇談』一二五頁。
(22) 同、三三～三四頁。
(23) 薗部英一編『新天皇家の自画像　記者会見全記録』（文春文庫、一九八九年）八七～八八頁。
(24) 小熊英二『１９６８』上（新曜社、二〇〇九年）三六頁。
(25) 同、三五頁。
(26) 齋藤純一『思考のフロンティア　公共性』（岩波書店、二〇〇〇年）九頁。
(27) 齋藤純一『政治と複数性—民主的な公共性にむけて』（岩波書店、二〇〇八年）九～一〇頁。
(28) 丸山真男『日本の思想』（岩波新書、一九六一年）四六頁。
(29) 同、五二頁。
(30) 宮本常一『忘れられた日本人』（岩波文庫、一九八四年）二〇～二一頁。
(31) 同、一九頁。
(32) ちなみに野上彌生子は、皇太子明仁と正田美智子が結婚した一九五九年四月一〇日にパレードのテレビ中継を見て、「洋服になると花嫁の方に貫録があって、姉と弟のかんじ」「男女で同じ年なら、女の方がたいてい姉である」と日記に記している（『野上彌生子全集』第Ⅱ期第十三巻、岩波書店、一九八八年、四四九頁）。正確に言えば、明仁は一九三三年一二月生まれ、美智子は三四年一〇月生まれだった。
(33) 三島由紀夫『文化防衛論』（ちくま文庫、二〇〇六年）七五頁。
(34) 前掲『思考のフロンティア　公共性』一五頁。
(35) 和辻哲郎『風土』（岩波文庫、一九七九年）一九六、二〇一頁。加藤泰史は、『風土』で「公共」について論じた文章をまるごと引用したうえで、「この和辻的観点は「公共」の系譜学の中でもっと評価されてもよいのではないかと思う」と述べている（「思想の言葉」、『思想』二〇一九年三月号所収、六頁）。
(36) 前掲『新天皇家の自画像』一〇六頁。
(37) 早川誠「代表に抗する代表制—ポピュリズムの中の代表制デモクラシー」（二〇二一年度政治思想学会研究大会報告資料）一二頁。

(38) ハンナ・ピトキン『代表の概念』(早川誠訳、名古屋大学出版会、二〇一七年)一三六頁。
(39) 同、一五〇頁。

「懇談会」の記事が掲載された地方紙・ブロック紙(いずれも国立国会図書館新聞資料室所蔵。掲載順。複数の時期にわたる場合は一括りにした)

『宮崎日日新聞』一九六二年五月七日
『南日本新聞』一九六二年五月八日、一九六八年四月一〇日、一九七二年九月一四日、九月一五日、一一月一四日
『熊本日日新聞』一九六二年五月一三日
『防長新聞』一九六三年九月一三日、九月一七日
『埼玉新聞』一九六四年一一月二〇日、一九六七年九月一七日
『東奥日報』一九六六年八月二日、八月三日、一九七七年九月五日、九月六日
『山陽新聞』一九六六年八月七日、一九六八年七月二五日
『日本海新聞』一九六六年八月一二日
『大分合同新聞』一九六六年九月二〇日
『島根新聞』一九六七年一〇月一〇日
『中日新聞』一九六八年三月二九日、一九七四年一一月一四日
『中国新聞』一九六八年七月二八日
『福島民報』一九六八年八月三日、八月四日
『神戸新聞』一九六八年八月九日、一九七六年五月一九日
『福井新聞』一九六八年九月五日、九月七日
『上毛新聞』一九六九年八月一日、八月四日
『信濃毎日新聞』一九六九年八月二六日、一九七〇年一月二五日
『長崎新聞』一九六九年九月七日、九月一〇日
『岩手日報』一九七〇年九月七日、九月八日、一〇月二三日

『秋田魁新報』一九七〇年一〇月二七日
『北海道新聞』一九七一年二月八日、二月九日
『徳島新聞』一九七一年八月二日、八月三日
『和歌山新聞』一九七一年九月七日
『山形新聞』一九七二年八月二日、八月三日
『河北新報』一九七二年一〇月二〇日、一九七七年七月二〇日
『伊勢新聞』一九七三年八月三日、一九七五年九月一七日
『愛媛新聞』一九七四年七月一九日、七月二〇日、一九七五年九月一七日
『西日本新聞』一九七四年八月三日
『いはらき』一九七四年九月一〇日
『北日本新聞』一九七六年二月一四日、二月一五日
『岐阜日日新聞』一九七六年七月一六日
『高知新聞』一九七六年七月二七日
『佐賀新聞』一九七六年九月二〇日

代議政治と「智識」

――地方官会議・元老院・民間言論世界そして衆議院

●――尾原宏之

はじめに

明治の大横綱、常陸山谷右衛門が衆議院議員総選挙に色気を見せていると新聞各紙が報じたのは、一九〇八（明治四一）年四月のことである。選挙は翌月に迫っていた。当時現役だった常陸山は、東京朝日新聞記者に対し、故郷水戸の前代議士から打診を受けたことを明かした上で「角力取で代議士とならば無上の光栄であると考へて何分宜敷願ふと返答はしたが無学無資力であるから当選する気遣はないです」「万一でも当選した暁に本業の角力取で地方巡業中角觝協会が帰京を諾して呉れぬ時は困るので前以て一寸協会へ相談に及んだのです」などと語った。あわよくば代議士と力士を兼業するつもりだったのである（『東京朝日新聞』一九〇八年四月二五日）。政府に関係しない職業と議員との兼業を禁止する法律上の規定はなく、当時は立候補の届出制度もない。

選挙に前向きな常陸山に対してさまざまな論評がなされた。『時事新報』（四月二六日）はこれを「選挙界」への問題提起と受けとめ、『都新聞』（四月二四日）はむしろ「角界の覇者」が失われることを惜しんだ。一方、「一世の人気を負へる彼は、終に図に乗りて這般の行動を敢てするに至りたるが如し」と不快感を示したのは『読売新聞』論説「力士と議員候補者」である。同論説は、常陸山が「単純なる戯れ」で候補者に名乗りを上げていると見て「尊重すべき帝国議会の議席には、此の如き不真面目なる分子を容る、の余地、断じて存せざる也」と強く批判した。

では、もし常陸山が「真面目」に議員を目指しているとしたらどうか。この論説は、それでも許されないと断言する。「彼が有する智識と社会上の地位とは、決して議員たるの本分を完ふするに堪へざるべし」「土俵の外に出づる一歩にして、彼れの智識は殆んど空し」。要するに相撲取りには議員として必要な「智識」も「社会上の地位」もないので、とうてい務まらないというのである（一九〇八年四月三〇日）。

結局常陸山は候補者になることを断念するが、この論説は、今日の「タレント候補」のことを想起させると同時に、議員にとって必要な資格とはなにかという問いを投げかける。ここで「代表者たるの能力」としてクローズアップされているのは、「智識」である。だが議員にとって「智識」は絶対に必要な条件なのだろうか。常陸山は水戸中学中退の学歴を持つが、その「智識」が法律や政治経済、社会問題に関する識見などを指すとすれば、出馬を勧めた前代議士や水戸の有志は特に必要だと考えていなかったように思われる（四年後にもまた有志が常陸山擁立に動き、本人も野心を見せているという報道がある）。

法律上、常陸山が衆議院議員になることを妨げるものはない。第二次山縣有朋内閣の一九〇〇年に衆議院議員選挙法が改正され、「帝国臣民タル男子ニシテ年齢満三十年以上ノ者」であれば原則として被選挙権を持つことになった。この改正は選挙権の納税要件を「直接国税十五円以上」から「十円以上」に緩和したことで知られるが、被選挙権には年齢・性別要件と欠格条項を除いて制限がなくなったのである。

被選挙権の制限撤廃は「智識」ある代議士を確保するための施策だ、と説明されたわけでもない。そのことはすでに一八九八年の第三次伊藤博文内閣による改正選挙法政府案にも盛り込まれていた。衆議院で説明に立った伊藤は、商工業などの発達にともなって「市の代表者」を増やす必要が生じたことを指摘しつつ、次のように述べている。「選挙人の数が増しまして、人民の各種の意思が発表すれば、被選人の上に於ては別段資格を要せぬこと、認めます、而して成るべく之を日本全国に共通して汎く選挙さる、やうに相成った方が宜からうと云ふ積であります」[1]。字面通りに読めば、人民の多様な考えを反映するために被選挙権拡張を企図したことになる。

当たり前のことをいっているように聞こえるかもしれない。しかし、国会開設前に時間を戻してみると、被選挙権・選挙権をめぐる議論は、必ずしも人民の多様な考えを反映するという観点からなされていたわけではなかった。常陸山を批判した『読売新聞』論説のように、いかに「智識」ある人材を議会に供給するか、逆にいえば、いかに「智識」のない人材を議会から排除するかという問題意識は、大きな比重を占めていた。

本稿は、主として国会開設前の政府の議法過程や民間の言論世界、そして帝国議会にあらわれた議論を追跡することで、近代日本における代議政治と「智識」の関係の再検討を試みるものである。

一 議員に「智識」は不要か——第二回地方官会議の場合

代議政治を機能させるためにはどのような人材が必要か。この問いが明治政府にとって喫緊の課題としてあらわれたのは、一八七八(明治一一)年、郡区町村編制法・府県会規則・地方税規則からなる地方三新法が制定される時だったと思われる。府県会規則によって全国一律の制度に基づく公選議会である府県会が設置され、地方税規則によって地方税が創設された。松沢裕作は、「府県レベルにおいて、府県住民全体の共通費用の徴収と支出が、府県住民全体の代表から成る代議機構によって決定されることとなった」制度上の大転機としてこの出来事を位置づけている[2]。本稿の関心は、この「代議機構」にどのような能力を持った議員が必要と考えられたのか、という点にある。

府県会規則を含む地方三新法は、一八七八年に開催された第二回地方官会議と元老院会議を経て制定された[3]。前者は地方長官(府知事・県令ら)を召集して「毎年一度開クヲ以テ常例トス」(「地方官会議憲法」)とされた会議体であり、後者は「議法官ニシテ凡ソ新法制定旧法改正ヲ議定スル所」(「元老院章程」)とされた議法機関である。一八七五年、大久保利通、木戸孝允、板垣退助らによる大阪会議の結果出された「漸次立憲政体樹立の詔」には「元老院ヲ設ケ以テ立法ノ源ヲ広メ大審院ヲ置キ以テ審判ノ権ヲ鞏クシ又地方官ヲ召集シ以テ民情ヲ通シ公益ヲ図リ」と謳われた。

地方官会議に提出された、のちに府県会規則となる議案（第二号議案）において被選挙権・選挙権を規定した条文の原案は次の通りである。(4)

第四条　府県ノ議員タルコトヲ得ヘキ者ハ満廿五歳以上ノ男子ニシテ其郡区内ニ住居シ其府県内ニ於テ地租十円以上ヲ納ムル者ニ限ル（以下略）

第五条　議員ヲ選挙スルヲ得ヘキ者ハ満二十歳以上ノ男子ニシテ其郡区内ニ住居シ其府県内ニ於テ地租十円以上ヲ納ムル者ニ限ルヘシ（以下略）

被選挙権・選挙権ともに「地租十円以上」という納税要件がここに提示された。原案第四条は、但書で議員になれない者として「第一　風癲白癡〔白痴〕ノ者　第二　懲役一年以上実決ノ刑ニ処セラレタル者　第三　身代限ノ処分ヲ受ケ負債ノ弁償ヲ終ヘサル者　第四　官吏及教導職」を指定し、第五条では上記のうち「官吏及教導職」以外は選挙権も持てないと定めている。

被選挙権に関する第四条は、地方官会議議長の伊藤博文が「本条は本案中の骨子」といい、東京府知事の楠本正隆も「本条は尤も注目すべきの条なり。何となれば人民権限の因て分る、所なればなり」というように、地方長官らの議論が集中した。主要な論点は納税要件である。

被選挙権と選挙権を「地租十円以上」を納付する者に限るのは、地方三新法の原型と目されることの多い一八七八年三月一一日付の、内務卿大久保利通の地方制度改革案以来のことである。(5)その中の「府県会議法」は、「其郡市内ニテ地租拾円以上ヲ納メサル者」を被選挙権・選挙権の欠格条項に繰り込んでいた。

地方官会議に提出された政府の議案説明書は、納税要件について「恒産無キノ人ハ亦恒心アルコト難シ。其世安ヲ図リ公益ヲ務ムル者往々資力アルノ人ニ於テ之ヲ得。故ニ地租十円以上ヲ納ムル者ニ限ルナリ」とのみ解説する。最初の一文は俗にいう「恒産なくして恒心なし」、つまり一定の財産・職業・収入（恒産）がなければゆるがない道義心（恒心）を持つことはできない、という意味の『孟子』に由来する慣用表現である。議案説明書の意味は、「一定の財産を持たずにゆるがない道義心を持つことは難しく、世の中の平安や公益のために働く者は資産がある場合が多いので、地租一〇円以上を納める者に被選挙権・選挙権を限定する」ということになろう。典拠にあたる表現は『孟子』梁恵王章句上と滕文公章句上に登場するが、説明書の文章に近いのは前者の「恒産無くして恒心有る者は、惟士のみ能くすと為す。民の若きは則ち恒産無ければ、因りて恒心無し。苟も恒心無ければ、放辟邪侈、為さざる無し」で、小林勝人の訳は「恒産がなくとも、いつもきちんと恒心を失わずにおられるのは、ただ限られたごく少数の学問や教養のある人だけで、一般庶民は恒産がなければ、つれて恒心はないものです」である。[6]

「恒産」がなくとも「恒心」を持つ者はいるが、それはごく少数の「士」＝「学問や教養のある人」に限られる。ということは逆に、その少数の「士」でありさえすれば「恒産」がなくとも「恒心」を持ちうる、と解釈することも可能である。もし「恒心」の根拠である「地租十円以上」という納税要件に異議があるなら、財産がなくても参政権に値する立派な「士」は存在する、ということを示せばよい。のちに見るように、第二回地方官会議の議論は実際にその問題をめぐるものとなった。ただし、この場合の「士」とは士大夫に類する者ではなく「士族」のことを指す。

まず地方長官とその代理者たちは、この納税条件では多くの県でわずかな候補者しか得られないことを指摘した。説明にあたったのは、「内務省のなかで三新法設計の責任者であった」内務大書記官松田道之である。[7] 松田は、全国の地価平均は一反（約九九一・七㎡）三三円二七銭だから、一町二反程度（約一・二ヘクタール、約三六〇〇坪）の土地が地租一〇円に該当するので、この程度ならば「地方に求めば其数許多」だという。しかしこれは全国平均で、地域差を考慮していない。山形県令三島通庸は「地租十円以上と定りては我山形県にても僅々の数あるのみ」、山口県令関口隆吉も「奥羽地方の如きは平均一反の地価二十円内外に過ぎざれば、十円の地租を納むるものは二町歩以上の土地を所有するに非ざれば能はず」と指摘した。二町歩といえば約二ヘクタール、約六〇〇〇坪である。

結局被選挙権の納税要件は変わらないまま公布されたので、結果を見ることにする。一八八〇～八八年までの被選挙権者総数は八〇～八八万人で、全人口の二パーセント程度にとどまる。この期間の被選挙権者の人口比の最大は一八八一年の滋賀県で五・〇パーセント、最小は一八八五年の東京府で〇・五パーセントだったという。(8)

この数字が多いか少ないかということでいえば、松田にとっては十分だったのかもしれない。一方の地方長官側には、議員のなり手が不足すると考える者が多かった。したがって「地租十円以上」を「地租五円以上」に改めよ、不動産所有者に改めよなどという、被選挙権拡張の修正提案が次々と出されることになる。

松田と修正派地方長官の違いは、そもそも府県会とはいかなる議会であり、またそこに参集する府県会議員はいかなる人物であるべきか、という点で異なる考えを持っていたことに起因する。松田は「府県会の議事は只地方入費の事を議する所にして法律又は規則等を議する所にあらず」という。たしかに政府原案において府県会の議案はすべて府知事県令より下され（第一六条）、その議事は「泛ク大政ニ及フヲ得ス」と制限され（第一七条）、また府県会に必ず付されるのは「地方税ヲ以テ施行スヘキ事件」で、議決の施行は府知事県令の認可を必要とし（第一九条）、府県内に関わるその他の事柄についてはあくまでも府知事県令の発意による議案の提示と意見聴取に限られた（第二〇条）。

松田は「議員たる者は、高尚の議論をなすものを選まんよりは寧ろ成るたけ土地を多く有して実着の議論をなす者を選むに如かず」「此の議会は人材を選むを要用とせず、専ら地租を多く納むる者に就て選ぶ可き者とす」と主張する。租税を多く負担する者が使い道の決定に参画すべきであり、「家産調査の法」が整備されていない中で唯一の「財産所有の公証」である地券に基づいた地租こそが制度の基準だ、ということである。この時期の政府歳入を圧倒的な比率で支えるのはいうまでもなく地租である。(9)

しかも府県会は権限が制約された「道路橋梁水利等に関する入費を監督する為め、且つ其冗費を省かん為」の会議であるから、議員に特段の「学識」は必要なく、したがって高度な「人材」を求める必要もない。府県会は「主として智識に取らざる」議会なのだ、というのが松田の説明である。

こう松田が主張するのには理由があった。修正派の地方長官の中には、「智識」ある「人材」を議員とすべきことを求めて被選挙権拡張を訴えた者がいたからである。たとえば、愛媛県権令の岩村高俊は、「家作等の不動産を所持するものは議員たることを得るとして可ならん」として、不動産所有者全体に被選挙権を与えるべきと主張した。また同時に、神官・僧侶などからなる教導職を欠格条項から外す修正案も提起した。彼らは「人民中にて道理を弁へ智識あるもの多く、殊に別に勤務もなければ、議員の人材を得る為め」にはうってつけだからである。岩村は、府県会を「主として智識に取らざる」議会として位置づける松田を批判し、「予に於ては之に反対し、専ら智識に取りたし。抑道路を開き物産を起こす等の利害を弁別するは多く智識に在り」と主張した。

同じく不動産所有者全体に被選挙権を拡張することを主張した愛知県令安場保和も、「地主に限り深切なるにもあらず、又智識とは狡猾軽薄を云ふにあらず、地方に深切なるが即ち智識の効用なれば、広く其人を得んが為には此区域を広くいたしたし」と述べている。安場の発言は、松田の説明や「土地所有者にて貢租を多く出す者は自己負担の事を議するなれば、軽挙の患なく能く着実に議定すべし」として原案に賛成する熊本県権令代理北垣國道などの発言を受けてのものである。

岩村や安場は、納税要件を「地租十円以上」とする政府原案が、ある特定の社会層を府県会から排除することを企図しているのではないか、と疑っていた。その社会層とは士族である。安場は、愛知県では一〇円以上の地租を納める士族がいないことを指摘した上で「原案の如くするは、現今地方の事情に依り士族を除くの意見なるか。果して然らば甚不可なりとす」と発言し、岩村も「此議案を以て、間接に士族を府県会の権外に付するが如く邪推する者あるべし」と指摘した。さらに岩村は、政府委員松田が府県会議員のなり手として想定している「中農以上の者」[10]の適性を否定し、士族に期待を寄せる。

若し百姓の金満家のみを取るとせば、毎回必ず唯々諾々と原案に同意する者のみにして意見を述ぶる者もなかるべし。現に我愛媛県及び其他の地方に於ても、県会に於て少しく異見を述ぶるものは士族に多くして平民には少なし。故に此議会に、地租の故を以て智識を有するもの即ち士族をも用いざれば、其結菓に至つて議会は到底効なきものとなるの憂あり。[11]

岩村は一八七五年の第一回地方官会議において、地方民会を公選議員、区戸長のどちらで構成するのが望ましいか下問された際、公選議員に賛成した一人であった。[12]また、第二回地方官会議の前年一八七七年五月に制定された愛媛県の「県会仮規則」は、県会議員の有資格者として「地面家作等ノ不動産ヲ所有シ年齢二十歳以上ノ戸主タルヘシ」とのみ定めている（第一五条）。その上、不動産所有者や戸主でなくても「一大区内人望アル者」であれば選挙人の六割以上の要望で県令に許可を求めてよいことになっており（第一六条）、教導職も欠格事由になっていない。[13]第二回地方官会議での発言内容と軌を一にしており、岩村は自身の愛媛県での経験をもとに会議に臨んでいたと考えられる。その岩村が「百姓の金満家」の議事能力に疑念を持っていたことは注目に値する。

また、同じく第一回地方官会議に当時福島県令として参加し、公選民会を主張した経歴を持つ安場も「地租十円以上を納むる人物は所謂農家門閥にして愚物多し。人材を得るは却て中産以下の者に在り。原案の如く区域を狭くする時は今日の適度に背馳す」と発言した。

一方で、岩村の案に賛成しつつも「予は独り士族に偏するにあらず、一般の為に修正を求むるの義」と釘を刺した滋賀県権令の籠手田安定や、納税要件を五円に引き下げることで「士族商人の資産薄きものと雖も議員の分限を得て広く討議弁論する」「人民の意見を十分に伸べしめんとする」ことを求めた福岡県令渡邊清のように、公平性や民意暢達の観点から被選挙権の拡張を主張する地方長官もいた。

結局、被選挙権をめぐっては採決の結果原案の「地租十円以上」が一四人の賛成を得て維持されることになるが、「地租五円以上」に修正する案の賛同者は一三人、不動産所有のみを条件とする修正案は賛同者五人で、被選挙権を拡張する方向での修正に賛同した者のほうが多かったのである。[14]

また選挙権を規定した第五条は、納税要件の「地租十円以上」が高すぎるということでほぼ衆議が一致し、選出された委員によって一円から五円の間で調整がなされ、最終的に「地租五円以上」と改められた。『朝野新聞』（四月二四日）

の傍聴記によれば、「五円以上」説と「一円以上」説は最後まで拮抗した。抜本的な選挙権の拡張を求める地方長官も多かったのである。

選挙権に関する議論で注目すべきは、広島県令代理の平山靖彦、岩手県令代理の岡部綱紀が選挙権を女戸主にも拡大せよと主張したことである。これについて松田道之は「婦女は未丁年の男子同様不能力者なるもの」「女子は嫁して夫に随ひ専ら内を治むべき者なり」「婦人にして公権利を有せしむるは甚だ不可」などと反論したが、それに対する平山の応答はなかなかに痛いところを突いていた。平山は「女子の智識は未丁年者と同様なるを以て此権利を与ふべからずと云ふは自家撞着の説」だ、と松田を批判する。松田は前条の被選挙権の審議において、府県会は「専ら費用のことを議する為めなるを以て智識に取らず」との理由から被選挙権の拡張に反対していたはずである。ところが選挙権の段では、女子は未成年男子と同様の「不能力者」だから選挙権がないと主張している。府県会に知能は関係なかったのではないか、というわけである。平山らの修正案は採決にも至らなかったが、この発言を日本における女性参政権主張の「第一声」とする見解もある。[15]府県会議員に「智識」は必要ないという政府委員松田の論理を逆手に取る形で、女性の選挙権は初発的に論じられたのである。

この地方官会議における被選挙権の議論は、代議政治に求められる「人材」の条件はなにか、という問いをめぐるものだったといえる。政府委員の松田は、そもそも府県会レベルに「人材」は不要で、税負担の多い者が使い道の決定に参画し監視すればよいのだ、と答えた。一方で、古くからの公選民会論者である岩村や安場は「智識」を梃子として被選挙権の拡張を図った。

だが、この「智識」の内実は明示的に語られないまま議論は進められた。政治と「智識」との関係については、津田真道が一八七四年に『明六雑誌』論説「政論」の中で「蓋議員ノ国家ニ裨益アル所以ハ専其智識ニ在リ」と説いたことがある。[16]この場合の「智識」とはなにを意味するだろうか。津田は、世の「縉紳華族」が持ち合わせていないものとして「智識」をあげている。彼らは「封建ノ旧藩君」であり、人の上に立つ「徳」は持っているが、宮殿育ちで事情に疎く「智識」を持つ機会がない。廃藩置県後にようやく巷のことに慣れてきたが、相変わらず「智識」は乏しい。そこで津田は、華族は資金力を生かして学校を作り、優れた教師を招いて子弟を教育し、「有用ノ学術」に習熟させ「真正ノ智識」を会得させるべきと説いた。そうすることで華族が将来の上院を構成し、または政府の中枢で活躍する「国家ノ柱石」たりうる、と考えたのである。そうなると、政治に必要な「智識」は学校での教育や学術によって養いうるものということになるから、津田にとっての「智識」とは今日的な意味での学識に近いもの、ということになる。

しかし、岩村や安場が「智識」を重視するという場合、もちろん士族が藩校や私塾で接した「治者の学」としての儒学、「有用な人材育成」のために藩校に取り入れられるようになった洋学などの学習経験[17]も含んでいようが、岩村が神官や僧侶なども「智識」の担い手に組み込んでいることからも、より広く教養、読書経験、作文能力などを意識している可能性が高い。

府県会規則制定の翌年、一八七九年に刊行される『普通民権論』の中で、福本巴（日南）は納税要件によって士族が「立法議政ノ権」から排除されることを批判し、地租のみではなく租税全般の納付を要件とする「選挙ノ区域」の拡張を主張した。それは「智識見聞ノ他ノ三民ニ優リタル」士族を取り込む必要がある、という判断があったからである。だが、あくまでもそれは「他ノ三民ニ比スレバ」の話で、士族の「智識」が十分だと考えていたわけではなかった。現状では「願書々翰意見書等ヲ草シ布告或ハ雑誌新聞紙ノ論説ヲ読テ理義ヲ解シ得ル」程度でよいのだが、それにしても府県会規則で権利を得た「富家豪農抔」の多くは「世襲ノ富家ナレバ智識アル人ヨリハ寧ロ才能ナキノ輩ノミ」である、というところに主張の力点があった[18]。岩村や安場の「百姓の金満家」や「農家門閥」に対する低い評価と通じており、士族の「智識」を信頼しているというよりも豪農層を信頼していないと見たほうが正確かもしれない。

だが同時に、「智識」という言葉を前面に出しつつも、岩村や安場はより広く士族が歴史的経験の中で培ってきた気風をも意識していたように受け取れる。岩村は、地方民会において「異見」を述べる者は士族に多いと述べたが、それは「智識」があるからではなく熱意があるからだと考えることもできる。また安場は「智識とは狡猾軽薄を云ふにあらず、地方に深切なるが即ち智識の効用」と述べている。この「狡猾軽薄」はのちに検討する不平士族との関係で重要な意味を持つ言葉だが、「地方に深切」というのはどちらかといえば態度の問題である。

この地方官会議の半年ほど前、福澤諭吉の『分権論』が刊行された。福澤は、「国権」を法律制定、軍事、徴税、外交、通貨発行などに関わる全国的権力である「政権」と、警察、道路・橋梁・堤防の営繕や学校、社寺、衛生などに関わる「治権」の二つに区分し、前者を中央政府に割りあてる一方、後者を地方に分与することを提言した。地方の「治権」の担い手として想定されたのは士族であった。士族は徳川のはじめから「国事」「政治」を担い、それに没頭してきた「人種」であり、「数百年の久しき、其心を政治上に養ひ、世々の教育相伝へて」その気風を維持し続けている。幕末以来の変革をもたらしたのは士族のエネルギーであり、いままさに問題になっている士族反乱は、それが形を変えたものにほかならない。福澤は、不平士族の危険なエネルギーを再び「変形」して地方の「治権」を担う力に活用すべきと考えたのである(19)。

『分権論』の議論を手がかりに岩村らの議論を振り返ってみると、彼らもまた士族の「国事」「政治」に関する歴史的経験や情熱を意識しているように思われる。なお、岐阜県権令の小崎利準が岩村の主張を「ちと私心を挿むの論と謂はざるを得ず」と批判したのは、要するに府県会を士族の活路として利用しようとしていると見たからである。そしてそれはあながち間違っていないだろう。また、後日議案修正のための小会議が開催されたが、被選挙権は「地租十円以上」で可決されたにもかかわらず、安場が粘って再議を求めたことが新聞で報じられた(20)。

第二回地方官会議で浮かび上がった議員の条件としての「智識」というテーマは、議定された議案を受け取り、審議を開始した元老院においてさらに追求されていくことになる。次に節を改めてその審議の内容を検討する。

二 「代言人」としての議員——元老院の場合

一八七八年五月、元老院に下された議案(地方官会議ニ於テ議定セシ第一号第二号第三号議案)のうち、のちに府県会規則として公布される第二号議案の被選挙権・選挙権の条文は次のようなものである(21)。

第四条　府県ノ議員タルコトヲ得ヘキ者ハ満廿五歳以上ノ男子ニシテ其郡区内ニ本籍ヲ定メ其府県内ニ於テ地租十円以上ヲ納ムル者ニ限ル（以下略）

第五条　議員ヲ選挙スルヲ得ヘキ者ハ満二十歳以上ノ男子ニシテ其郡区内ニ本籍ヲ定メ其府県内ニ於テ地租五円以上ヲ納ムル者ニ限ルヘシ（以下略）

被選挙権は二五歳以上で「地租十円以上」、地方官会議での修正を受けて選挙権は二〇歳以上で「地租五円以上」と改められ、いずれも府県内の郡区に本籍を持つ者という要件が提示された。[22] これらは、元老院の委員によって条文整理を含めて次のように修正される。[23]

第一三条　府県ノ議員タルコトヲ得ヘキ者ハ満二十五歳以上ノ男子ニシテ其府県内満一年以上住居シ其府県内ニ於テ地租五円以上ヲ納ムル者ニ限ル（以下略）

第一四条　議員ヲ選挙スルヲ得ヘキ者ハ満二十歳以上〔ノ男子〕ニシテ其郡区内ニ満一年以上住居シ且其府県内ニ於テ地租十円以上ヲ納ムル者ニ限ルヘシ（以下略）

まず、議案では被選挙権者は「郡区内」に本籍を持つ者とされていたのに対し、元老院修正案では「府県内」に一年以上住んでいる者、と改められた。府県会議員は、いずれも郡区が選出区である。議案では同じ郡区内に本籍を置く者にしか投票できないが、修正案では府県内のどこかに一年の居住実績を持つ者に対して投票できる。この意図は明白で、修正委員の中島信行によれば「選挙の自由」を与えるため、同じく委員の柳原前光によれば郡区内にとどまらず府県全域に広く「人材を訪求する」ためである。[24]

これに対し議官前島密は、郡区選出の議員は郡区内の居住者から選ぶべき、と修正案に反対した。府県が郡区から構成される以上、府県の「利害得失」は各郡区の「利害得失」の総和である。各郡区の「利害得失」を真に代表する者が集まって議論したほうがよい、とする。前島は「智識」があることに加えて「其地方に信切なる」議員が選出されるようにしたい、と主張した。

国学者の議官福羽美静はこれに同調し、出身の島根県（当時の県域）を例示して因幡地方と石見地方では互いの「土地人情風俗の如何」を知らず、「才名」本位で他地域の人を選ぶと問題が生じることを指摘した。福羽は「唯其知識を主要として採らんよりは、却て人民の信用を主要として採るに如かず」と主張する。

しかし、議官の多くは府県全域からの選出案を支持し、反対に与した議官は一五人中二人しかいなかった。「議員は府県内の人民の名代となり府県内の利害得失を議するの任」であり、「其人民が信憑して十分満足と思慮したる者を選挙するは、是れ府県会の大主眼ならずや」と主張して「区域を拡廓にする」ことを求めた元老院幹事陸奥宗光らの意見のほうが圧倒的に優勢だったのである。(25)

次の被選挙権と選挙権に関する論点は、原案が被選挙権を「地租十円以上」、選挙権を「地租五円以上」としたのに対して、元老院修正案は金額を逆にし、被選挙権を「地租五円以上」、選挙権を「地租十円以上」としたことだった。

政府委員の松田道之はこれを批判し、修正案の被選挙権の「地租五円以上」は「下農中の稍上等位」であるから議員にすれば必ず弊害があると述べ、「中農以上の者に非ざれば議員に選ぶは不適当」と主張した。その理由についての説明は、地方官会議の時よりも懇切丁寧である。第一に、財産を所有しない者は「其土地に尽す志も浅薄なる者」が多い。議案説明書にもある『孟子』由来の言葉を引用して「恒産なき者は恒心なし、水草を逐て遷徙するが如き者が議場に上り、一府県内の利害得失を討論するは太だ心思を安ぜざるなり」と述べたように、地所を持ってこそ地域に貢献する意志が生まれる、ということである。そして第二に、被選挙権の厳格化は民権派対策であることを明言した。

目今会議を冀望する者日月に旺盛なりと雖も、人民の智識未だ開けざるに方り財産の少き者も此選に当るを得るとせば、議員は専ら議論を主とする者と誤認して即今の代言人の如き者を選挙するか、或は架空の民権論者の如き者を選挙するに至らん。若し果して然らば地方官に抗抵するを民権と誤認し、議場に上り其処置を喋々議論し民心を攪乱するものなしとも言ふ可らず。(26)

つまり、「代言人の如き者」や「架空の民権論者」が議員に選ばれ、地方官に抵抗することを恐れるからこそ、被選挙権を制限して「地租十円以上」を支払う「老成着実なる者」を選ばなくてはならないのである。

議官の中にも、被選挙権と選挙権の納税要件を逆にしたことを問題視する者がいた。たしかにこの修正によって選挙権を持つ者の範囲は半分になる。福羽美静は、これでは多くの人々が「地方税を徴収し之を支弁すること」に関知することができず、したがって「奴隷卑屈の人民」は我関せずの態度となり、「従前の小前百姓が大百姓に依頼し、之れを度外に拋棄して敢て関係せざるが如き弊」があるとして、選挙権の納税要件を「地租五円以上」に戻すことを主張した。政府委員松田もこれに同調した。

反論したのは陸奥と河野敏鎌である。陸奥はまず「現今貴重の顕官も或は十数年前に於ては恒産なき人もありしなるべし」と述べて孟子の言を援用した松田を咎め、その上で「議員は智識を主要とするを以て之を広く訪求するを要するなり。選挙人は其自己の身上に適切なる事項を議するを委托するものなれば之を資産に取るを允当なりとす」と述べた。同様に「選挙人は財産を主要とし、被選人は智識を主要と為す」と考える河野は、次のように主張する。

選挙人は自己の財産を保護するに在り、被選人は公共の利益を謀るに在り。故に財産に富裕なる者、其土地の為に公益を謀らんと欲し百方熱心するも、智識を具へざれば其事を為し得る能ず。又た善く其人を知り之に委托することを知る者あるも、自ら人の委托を受け其事を為し得こと能はざるなり。詞訟に代言人を要して之れに委托すると同一般なり。(27)

河野と陸奥は、税を多く負担する者は権利と財産の保護を必要としており、有効な保護のためには有能な議員が必要、という論法を採用した。しかし、河野の発言では、対立することも多い私有財産の保護と「公共の利益」の実現というテーマが一連のものとして論じられている。それは、両者を同時に侵害しうる地方官の権力を拘束することに府県会の役割を見出しているからだと思われる。河野は、議員を選ぶことは裁判で代言人を選任するのと同じことだと述べた。政府委員の松田にとっての「代言人の如き者」は、地方官に抵抗し、民心を攪乱する危険な存在でしかなかったところが、河野にとっては地方官に対抗して代言人のように動くことこそが議員の仕事なのである。

第一三条の被選挙権について、納税要件を原案に戻すことをその場で主張した議官はいなかった。つまり「地租五円以上」とすることで被選挙権の拡大を目指すという、地方官会議でもかなりの支持があった修正で元老院は概ね一致したということである。その一方、第一四条の選挙権の納税要件を「地租五円以上」に戻す福羽の修正提案に賛同した議官も三人しかおらず、選挙権は「地租十円以上」で元老院の議決は確定した。元老院側の意図は、政府原案からの異動を検討すると見えてくる。当初の政府原案は被選挙権・選挙権とも「地租十円以上」であった。次に地方官会議では被選挙権は「地租十円以上」のまま、選挙権は「地租五円以上」に改められた。選挙権が拡大したのである。元老院は被選挙権を「地租五円以上」と改めて拡大し、選挙権を「地租十円以上」と再び縮小した。陸奥は選挙権を縮小する理由を次のように説明する。選挙権者の数が増大することにより、選挙の実施にかかる郡区の負担が増大するばかりか、自費で「山川を跋渉して」投票に向かう負担に苦しむ人民が増える。そうすれば「細民は苦情を鳴し不平を唱へ、遂に会議を厭棄するの念慮を生ずる」おそれがある。つまり全国一律の選挙制度を上から施行するということに現状の社会は耐えられず、府県会そのものに対する民衆の嫌悪感を誘発しかねないと判断したのである。この陸奥の説明がどれほど本音であるかはわからない。選挙権を政府原案に戻すことと引き換えに被選挙権の拡大を図れば、政府はこれを受け入れると考えた可能性もある。確実にいえることは、地方官会議が総体としては選挙権の拡大を重視したのに対し、元老院は総体として被選挙権の拡大を重視したということである。

元老院の修正案は六月一二日に第三読会を通過し、議決された。しかし、政府はこれを許さなかった。政府は元老院の上奏した修正案を再修正し、第一三条、第一四条を地方官会議で議決された案に戻した上で元老院に再議を命じたのである。七月四日、政府委員松田は、差し戻しは理論上の問題ではなく「実際の利害」にあると説明し、「民智未だ開けたりと謂ふ可らず、且府県会の設けも草創に属するを以て選挙の大切なるを知らず、軽薄弁給の人を挙るの恐なき能はず」と説明した(28)。

河野は再議の第一読会でこの発言を聞き「決して同意することを得ず」と徹底抗戦の構えを見せたものの、翌々日の第二読会であっさりと前説を撤回することを表明した。その理由は、選挙権を重くし被選挙権を軽くする「各国の成例」が「本邦の現況」に合わないと思いなおしたからだという。「各部に散居する数十万の士族は窮乏日に迫り、動すれば乱を好み人民を教唆」している現在、これら不平士族が議員になれば府県会が成り立たないおそれがある。したがって、納税要件を厳重にして対処する以外にない(29)。

たしかに西南戦争が終結してまだ一年経っておらず、石川の不平士族島田一郎らによる大久保利通暗殺からも二ヶ月経っていない。なにより、六月一〇日、府県会規則の審議が続く中、被選挙権拡張案を主導する陸奥宗光が前年の西南戦争に乗じた立志社の政府転覆計画に加わっていたことが発覚、逮捕されるという大事件が発生していた。河野の態度の急変にはそういった事情があるだろう(30)。

しかしこのことは同時に、やはり陸奥、河野らは「智識」ある議員の母体として、地方官会議における岩村高俊らと同様に士族を想定していたことを示唆する。岩村の実兄は立志社政府転覆計画の首謀者の一人、林有造であることを想起すると、地方官会議や元老院における被選挙権の拡張論は非常に危険な足場の上に立っていたということもできる。そして政府側は地方名望家層をはじめとする「中農以上の者」を議員として調達し、不平士族を極力排除する意図を譲るつもりはまったくなかったのである(31)。

河野が自説を撤回した理由をもう少し推測するならば、政府が元老院修正案を否定して差し戻した以上これに抗うのは法制度上不可能なので、無駄に抵抗するよりも勝てるところで戦ったほうが有益と考えたからでもあろう。河野は被選挙権の要件を「地租十円以上」に戻すことを認めると発言した後で、「郡区内」に本籍を持つ者から議員を選ぶ、という部分を、「府県内」に本籍を持ち、三年以上居住する者から選ぶと改めることを提案した。政権中枢が恐れているのは不平士族と民権派に府県会という場を与えることであって、必ずしも他郡区に住む者を自郡区の議員として選出することではない。ならば、一つの郡区からではなく、広く府県全域から議員を選ぶという実現可能な改正に注力したほうがよい。このように河野は考えたと思われる。河野の修正は元老院で多数の賛成を得、政府はこれを採用した。[32]

翌一八七九年から、時間差はありつつも地方三新法に基づく府県会が各府県に設置されていく。一八八一年から一八九〇年までの選挙の結果選ばれた議員は、平民が四分の三以上を占めた。[33] では、その運営の首尾はどうだったのだろうか。きわめて大きい地域差を前提としつつも、地方三新法下での府県会には従来二つの問題が見出されてきた。一つ目は、地方名望家層が府県政に関心を持たなかったため、選挙自体が「仮眠状態」で、議員に選出されても当選辞退や辞職が相次いだことである。升味準之輔は、名望家層にとって「議員になったからといって物質上・精神上の既得権が増大するわけでなく、ならなかったからといって減少するわけでもない」ことをその原因と見た。ごく初期の府県会は議事も低調ですべて原案に黙従する有様だった、という指摘もある。[34]

地方官会議における岩村らの指摘が正しかったかのようだが、「仮眠状態」は長く続かなかった。第二に、それにもかかわらず府県会の運営は順調ではなく、有産者である議員自身にとっても税の徴収は利害に直結するので、「民力休養」を名目に予算案の削減を主張した。一八八二（明治一五）年、権限の拡大を求める府県会と地方官が激しく対立、多くの県で紛糾すると、政府は法制度の改正によって府県会を強く押さえ込もうとしたことが指摘されている。[35] 一八八二年の福澤諭吉立案『時事大勢論』には「兎に角に今日人民参政論の喧しくして民情甚だ穏かならざるの近因は、府県会の開設に在り」という一文がある。それまで小役人をも仰ぎ見ていた「農民商賈の輩」が、議員として堂々と地方税や費目の多寡を討論し、議決する経験は人々の意識を変えていった。「府県会は恰も国民政権の思想を教導するの学校」となり、国会開設要求が制止しがたい勢いとなったという。[36]

こういった状況を踏まえ、一八九〇年の帝国議会開設という政治日程を前に地方自治制度が整備されていく。一八八八年には市制・町村制が公布され、二年以上その市町村に在住して負担を分任し、地租を納めるか年に直接国税二円以上を納めた男子を「公民」として市会・町村会の被選挙権・選挙権を与えた。選挙制度は市税・町村税の納入額に応じた等級選挙制（市は三級、町は二級）であった。一八九〇年には郡制・府県制が制定された。郡会は郡下の町村会が選出する議員と大地主の互選議員によって構成される。府県会議員は、府県内の市会・市参事会と郡会・郡参事会が直接国税一〇円以上の納入者を被選挙権者として選出する。

府県会の被選挙権者の納税金額こそ府県会規則と同じだが、郡会と府県会は複選制となり、基礎部分の市町村では等級選挙が導入された。地方自治制度の成立に関する多くの研究が引用する、一八八八年元老院での内務大臣山縣有朋演説を確認する。山縣は、この「鄭重に鄭重を加へた」選挙システムがもたらす結果について次のように語った。

> 蓋し財産を有し智識を備ふる所の有力なる人物こそ議員たるの地位を占めん。此等の人民は国家と休戚を共にするものにて、随て会社（ママ）の秩序を重んずるは当然なるが故に、其地方共同事務を処理するに力を致し、今日の如く漫に架空論を唱へて天下の大政を議するの弊を一掃せん。[37]

山縣のねらいは、この選挙制度によって選出され経験を積んだ府県会議員を、帝国議会開設後の代議士の母体とすることにあった。この制度が作るであろう「老成着実の人士」は、「政論家」を自称し空論を唱えて秩序を紊乱する「蠢愚の徒」とは違うと考えた。彼らは、政府と議会の調和に努め「上下共同して国富を増進し帝国の安寧を永遠に保維」しようとするはずだと見込んだのである。

本稿の関心は、山縣が「財産」「智識」の両面を備えることを議員の条件としているところにある。かつて府県会規則の「地租十円以上」という納税要件に異議を唱えた者たちは、「財産」の多さは議員として必要な「智識」を保証せず、むしろ世襲「財産」の多さはその所有者の無能を証明すると主張した。府県制の場合、被選挙権者の納税金額は変わらないが、複選制によって選良がさらに選良を選ぶという仕組みが作られている。山縣が「智識」を強調する大きな理由になっていると思われる。この仕組みの前では、士族の「智識」の活用などという主張は古色蒼然としたものになる。そもそも地方官会議や元老院、あるいは福本日南の議論を見ても、納税要件の緩和を提起しているだけで「智識」のある人物を議員にする仕組みを示したわけではない。

だが一方で、実のところ複選制も「智識」ある人物が必ず選び出されることを保証しない。また、実際に行われる衆議院議員総選挙は直選制の制限選挙であり、制度上は府県会以下の選挙システムと切り離されている。このまま、「智識」ある議員の選出という古くからのテーマは、帝国議会の開会を前に後景に退いてしまうのだろうか。実は、そのテーマは民間で多数発行された選挙人心得の世界の中で独自の発展を遂げていた。

三　代議士の条件——民間言論世界の場合

一八九〇年七月の第一回総選挙は、その前年、憲法と同日の二月一一日に公布された衆議院議員選挙法に基づいて実施された。選挙人は満二五歳以上の男子、被選人は満三〇歳以上の男子という年齢・性別要件や居住要件などが設定され、いずれも直接国税一五円以上を納税要件とした。

総選挙が迫る中、各種の選挙人心得が刊行され、代議士となる人物にはどのような能力が求められるか、さまざまな議論がなされた。多くの場合、「智識」に関連する事柄は最重要の条件の一つとして提示されている。たとえば、総花的に「代議士たるに適当なる人」を論じた宮川四郎『通俗選挙人心得』は、「第一　広く内外国の形勢に通暁し当世の事務に明なる人」「第二　品行方正にして道徳堅固なる人」「第三　権勢に屈せざる勇気ある人」「第四　公共の事業に力を尽す人」「第五　独立の見識ある人」「第六　名利心の可成薄き人」「第七　多少の弁舌ある人」「第八　実着穏厚なる人」「第九　相当の資産ある人」「第十　定業ある人」の一〇項目をあげているが、見ての通り「智識」に関する項目は少ないものの、「内外国の形勢に通暁」することが筆頭に掲げられてはいる(38)。

ジャーナリスト、漢学者として知られた井土霊山(経重)は、故郷福島県相馬出身の在京者親睦会で演説し、「現在の諸法律の大主意に通暁し且つ一般の法理思想を有する者」「国家財政の大体に通暁し且つ一般経済の原理を知る者」「政治学の大体に通する者」「適用の才に富む者」「歴史上の智識を有せんことを要す」「特に徳義心を有せさるへからす」という六つの基準を示した。五番目の「歴史上の智識」は、議会や政党を中心とする西洋政治史を指す。そのほとんどが学術を通して得られる高度な「智識」の要求である。井土は、「国の一大事」である政治に参与する議員を選ぶ以上、これは決して「無理の難題」ではないと述べつつ、相馬地方の人物をこの基準に照らしたところ「適当の人物なし」という結論に達したという。井土は韓愈の言葉を引いて「千里の馬」は常にいるがそれを発見できる「伯楽」は常にはいないと最後に述べているが、最も重要なのは選挙人の側が人物を発見できる鑑識眼を持っているかどうかだと問いかけるところに真意があったと思われる。(39)

石川藤次『国会議員選挙心得』は、「我が国古今の制度に明かなる人物」「立法学に明かなる人物」「財政学に明かなる人物」「外交誌に明かなる人物」「農商工の事情に明かなる人物」を国会議員に必要な人物として示した。最後の項目は実際に農業・商業・工業に従事した人物を求めているので異質だが、ほかは「学識」の要求である。筆頭の「我が国古今の制度に明かなる人物」は、「西洋の史学を脳髄に注入したる後ち日本の歴史を穿鑿せる人物」を指し、立法学もベンサム、ブラックストン、オースティンなどについての理解を求めるもので、高度な「智識」の要求といえる。もっとも、これらの学問をすべて修めた上で実務経験をも有することを求めているわけではなく、たとえば「一府県より既に五六名の代議士を出すときは少くとも其の中より一名は立法学に通せる者を選挙すること」という具合に、個別の学問に精通する人材の集合を求める主張だった。(40)

代議士に必要な条件を「学識」と「知識」に分けて体系化しようとしたのが木村知治『帝国議会衆議員撰挙人心得』(ママ)である。(41) まず木村がいう「学識」とは、「学者的の学識」ではなく「尋常中学校尋常師範学校卒業生位の普通の学識」を指し、「誠実なる学科を修めたる外兼て経済学理財学法律学政治学日本地理学の五科を充分修めたる人」を求めた。この「誠実なる学科」とは「普通学」のことで、化学、物理学、生物学、地理学、数学など、要するに尋常中学で学ぶような学科を指すと考えられる。木村は、この「普通学」を修めずに法学や教育学などの専門学を学んでも「空論に陥り或は偏理とな」ることを指摘し、「普通学を修めざる人物を議員に選挙するは豈危殆なることにあらずや」と警鐘を鳴らす。実際、普通教育を授ける中学校を卒業せずに簡単な入試を受けて私立法律学校に進み、文官高等試験や判事検事登用試験の対策に明け暮れる者の存在はこれよりやや後の時期に非難の対象となる。[42] 木村は、①「普通学」の基礎の上に②「経済学」③「理財学」（この場合は会計学や財政学を指すと思われる）④「法律学」⑤「政治学」⑥「日本地理学」の専門諸科を修めた議員が必要と説いた。

また「知識」とは、木村の記述では社会生活によって得られる「経験の智識」と、「遺伝の心情」である。前者は⑦「職務上の経験」⑧「地理学的の経験」（複数府県で仕事をして社会経験を積むこと）⑨「無形上の経験」（感受性を磨くこと）を指す。後者は⑩「疾病の遺伝」（酒癖の悪さ、てんかんなど）⑪「心情の遺伝」（嫉妬心や意志の弱さ、固執する性質など）で、これらはネガティブリストである。性格や感覚は遺伝の影響を免れないと木村は考えており、「祖先の血統を充分質したる後にあらざれば選挙す可らず」と主張した。最後に⑫「言語」を加える。東京に住むなどして他の地方の人とも「智識交換」できる言葉を身につけることである。時代ゆえの偏見が多数含まれているのは見ての通りだが、木村はこれら一二条件のうち八条件以上をクリアすることを議員に求めた。

衆議院議員選挙法が府県会規則以来の年齢・性別要件や納税要件によるフィルタリングを行う一方、民間の言論世界には議員に必要な「智識」とはなにか、という問題を独自に攻究し続ける者がいた。そして、彼らが求める「智識」は、専門学科の「学識」にまで高度化すると同時に、（旧制）中学卒業程度の「普通学」という基礎の強固さを求めるものになっていたのである。

ではどうやって候補者が「智識」を兼ね備えているかを判別するのか。選挙運動に接してそれを見極めることは難しい。前述の井土霊山風にいえば、高度な「智識」を持つ候補者を見抜くには選挙人側にも高度な鑑識眼が必要になるからである。一番簡便な方法は、学歴を指標として使うことであろう。明治三〇年代、帝国大学の地位がゆるぎないものとなり、「学校＝学歴間の序列」や「受験」が人々の意識に浸透する[43]とその指標は非常に有効に機能する。中学校卒業者であれば「普通学」を修めたものと見なす。私立法律学校を出た弁護士であれば「普通学」は怪しいかもしれないが法律学については高い「智識」を持つと見なす。帝国大学法科大学を卒業していれば、中学校・高等学校で「普通学」

の高い水準に達し、かつ法律学や政治学についても高い「智識」を持っていると見なす。なお、大正末期までの帝大法科卒業生は司法官試補に無試験で任用され、弁護士資格も付与された。[44]また、帝国大学を卒業した官僚であれば学歴に加えて文官高等試験という非常に難度の高い試験に合格した最高度の「智識」保持者と見なす。

ここまで、津田真道の「蓋議員ノ国家ニ裨益アル所以ハ専其智識ニ在リ」という言葉に代表される、議員の条件に「智識」を求めた人々の議論に導かれて歴史をたどってきた。しかし、ここで隘路に入る。「智識」を持ち出す限り、文官高等試験合格（博士号も付け加えることができるかもしれない）などが最高度の水準に設定されるのであって、間違っても衆議院議員総選挙ではない。文官高等試験の試験委員は主として帝大教授だが、総選挙で試験委員に相当するのは選挙人であり、それは主として地方の土地所有者である。[45]「智識」条件を重視すればするほど、帝国大学を頂点とする学校体系の中でどのような位置を占めていたか、または占めていなかったかということが意識されるようになる。そして、険しい学校体系の中で「智識」の階段を登り詰めた人間からすれば、代議政治の理想に燃える場合は別として、最上部が接している「官」の世界にそのまま入るのではないだろうか。Ｅ・Ｈ・キンモンスは、一八九〇年に国会が開設された頃から青年の政治熱が急速に冷め、少年雑誌に国会や選挙などにまつわる政治的野心について書かれた文章が見られなくなることを指摘している。[46]「智識」は、必ずしも代議政治と相性がよいとは限らないのである。次に節を改め、開設された帝国議会における議論では、政治と「智識」との関係はどのように捉えられたのか、検討することにしたい。

四　識字としての「智識」・学歴としての「智識」――衆議院の場合

近代日本における参政権の歴史は、一九二五年の男子普通選挙、一九四五年の女性参政権の確立をもって画期とすることが一般的である。これを「智識」に関連する制限撤廃の歴史として捉えると、府県会規則で欠格事由とされた「瘋癲白痴（瘋癲白癡）」は衆議院議員選挙法にそのまま流れ込み、一九〇〇年に「禁治産者及準禁治産者」となり、「禁治産者」は戦後の一九五〇年公職選挙法でも欠格とされる。一九九九年の民法改正によって「成年被後見人」となり、最終的に選挙法から姿を消すのは二〇一三年のことである。[47]「狂癲疾アル者」「白痴魯鈍ナル者」を欠格とした一八七八年の大久保利通の地方制度改革案と府県会規則をとりあえずの出発点とすれば、一三五年の時間を要したことになる。この問題に関わる多くの人々の長い戦いの歴史に触れる力量はないが、参政権と「智識」をめぐっては、一九〇〇年の衆議院議員選挙法改正の際に浮かび上がった二つの論点に触れておく必要がある。一つは、この改正で投票方式が単記・自書・無記名になった。第三六条で選挙人は自分で被選挙人一人の名前を書いて無記名投票すること、第三八条で「自ラ被選挙人ノ氏名ヲ書スルコト能ハサル者」は投票できないことが定められた。それ以前は、文字の書けない者は吏員に代書してもらい、読み聞かせで確認することが認められていた。

改正前年の第一三議会では、特別委員会で憲政本党の工藤行幹が「眼の見へない人と云ふやうな類の人は、立派な人であっても、字を書くことが出来ぬ人がある、さう云ふもの丶権を皆剥奪するのは、如何にもひどいと思ひますが、どう云ふ訳で、自から姓名を書さなければならぬと云ふことを書いたものでありますか」と政府委員の一木喜徳郎（内務省参与官であり東京帝大教授でもある）に問いただした。一木は「文字を書すること能はざる者、之を除きましたのは、今日の智識の進歩の程度では、是位にして差支なからう、是位の教育のあるものでなければ―教育と申すは、語弊があるかも知れませぬが、是位の智識のある者でなければ、選挙を行はせるに不都合であらう」と答えた。[48]工藤が目の見えない人の話を聞いているのに、一木の答えは「智識」の話である。この委員会には失明した代議士として知られる高木正年が出席しているが、点字投票が可能になるのは一九二五年の選挙法改正、いわゆる普通選挙法成立以降である。

一木は、もう一つの理由として、代書を認めると記名投票と同じになってしまうおそれがあることを付け加えた。また投票者本人が字を読めない以上、代書した吏員が別な候補者の名前を書いて読み聞かせで嘘をつくなど不正の温床になる可能性もある。[49]

選挙粛正上の理由は多々あっただろうとはいえ、自書式の投票によって選挙権に「智識」の最低基準を設ける、と明言したことが注目される。徴兵検査の際に実施される壮丁教育程度調査では、一八九九年時点で「読書算術ヲ知ラサル者」の比率は二三・四パーセントであった。[50]さらに年齢が上の層のことを考えると、被選挙人の名前を自書できない者はかなりの数に達すると推定される。J・S・ミルは『代議制統治論』の中で、「わたくしがまったく容認できないことと見なすのは、読み書きと、さらに付け加えたいのだが、算数のふつうの運算ができない人物が、だれであれ選挙権に参加するということである」と述べている。そこで提起された方策は、選挙人登録の際に英語の書物の一センテンスの筆写と比例算のテストを実施することだった。[51] ここではこれ以上の追求はできないが、一木の発言や、すぐ後で見る代議士側からの提案は、ミルの主張と比較することができる。

一木の発言は、翌年に提起される新たな選挙権拡張案に思わぬ影響を与えることになる。一九〇〇年の第一四議会衆議院の特別委員会で、憲政本党の江藤新作（江藤新平の次男）が、一定以上の学校を卒業した者にも選挙権を与える修正を提案した。具体的には、第八条の選挙権には第一号として年齢・性別要件が、第二号として居住要件が、第三号として納税要件が定められているが、これに第四号を加え①「官立学校・府県立師範学校中学校」の卒業生②文部大臣が中学校と同等以上と認めた学校の卒業生③文部大臣の認可を得た学則を持つ「法律学政治学理財学を教授する私立学校」の卒業生のうち、年齢・性別要件と居住要件を満たす者に選挙権を与えることを提起したのである。[52] 納税要件を満たさないが学歴はある者に選挙権を与えよ、ということである。

江藤は提案の動機を「どうか国民の智識と云ふものに付いて選挙権を与へることにしたい」「明に国民の智識を表明することの出来る中学校以上の卒業証書を持って居る者に向って、選挙権を与へると云ふことにしましたならば、人民の智識に向ってそれだけの尊敬を与へることにすれば、余程都合が宜からうと思ひます、将来は遂には財産の制限は撤去して、全く智識に依って選挙権を与へるの有無を決することにしたいと思ひます」と語る。[53]

この江藤の提案は、自書式の投票で「智識」を確認するという前年の一木の説明に触発されたものだった。江藤はその時、一木に対して「是で選挙者に智識の程度を附すると云ふ趣意でありますか、又は無名投票であるから、投票に不正なことが行はれぬと云ふことのために、之を予防する趣意でありますか」と尋ねた。一木は「両方の趣意でありま す」と答え、「是位の智識は必要であらうし、又是位な智識は、望んで宜からう」と答えている。[54] 江藤は一木（と政府）が「国民の智識と云ふものに向って、選挙権を与ふる一の標準にしたい」と考えているのだ、と解釈し、それをさらに

進めるために学歴に対して選挙権を与えることを構想したという。(55)

当然、一木は江藤の案に賛同しなかった。特に問題としたのは「文部大臣ノ認可ヲ経タル学則ニヨリ法律学政治学理財学ヲ教授スル私立学校」を対象に含めていることである。すでに一八九九年の私立学校令によって、すべての私学が「監督官庁」(この場合は文部大臣)の認可を受けることになっていた。したがって「如何なる低度の私立学校でも」認可を受けるので、その卒業生は必ずしも「中学校以上の卒業証書を持つて居る者」ではない。

また江藤が提起した案文は実は徴兵令からそのまま転用したもので、一年志願兵ならびに在校中徴集猶予の対象である。江藤は「あの規定を丸で此処へ持って来たならば、中学校卒業以上の学力ある人と云ふことは、明かに茲に指示す(ママ)ことが出来さうなものであると信じまするが、どうです」と尋ねた。これに対して一木は、あくまで文部大臣が当該私立学校の在校生の学業継続のために徴集猶予を「認定」しているだけで、その卒業が選挙権に釣り合うことを保証しているわけではない、という趣旨の返答をした。(56)

この議論の背景には、当時の私立学校生の「学力」問題があるだろう。明らかに一木は、大方の私学卒業生が中学校卒業レベルにあるとは考えていない。たとえば、当時の私立法律学校は中学校や師範学校の卒業生を無試験で入学可能とすると同時に、多数の生徒を自前の入試で入学させていた。(57) この翌年の『東京朝日新聞』社説は、私立法律学校は経営上なるべく多くの者を入学させたいので入試に内実がなく、在校生の学力もないので学年試験、卒業試験も形骸化していると指摘する。ごくごく一握りの者が文官高等試験や判事検事登用試験、弁護士試験に合格するだけで、残りは「下等の者は言ふに足らず、上等のものも壮士となり、運動屋となり、紳士的破落戸(ごろつき)となり、要すに(ママ)不生産的人物」ばかりだというのである。同社説は入試を厳しくして「中学卒業程度以上の学力なき者は一切之れを入れざる」ようにせよ、と主張した(一九〇一年一一月一一日)。

実際、政府当局はこの数年後に私学の生徒が目指す判事検事登用試験や文官高等試験の規則を改正して事実上中学校を卒業していなければ受験できないように制度を変えていく。(58) 江藤は中学校卒業以上という基準に私学を混ぜ込んでしまったために、一木から厳しい反論を受けたのだった。

特別委員会では、大隈重信や東京専門学校と関係の深い市島謙吉がボトルネックの部分を鋭敏に察知して江藤に助け舟を出した。要するに「私立学校」のくだりを削除して、対象を「官立学校府県立師範学校中学校」と文部大臣が中学校以上と認めた学校に限定したほうがよいという。江藤はそれを受け入れて採決にこぎつけたものの、結局は否決されてしまう。江藤はその四日後に本会議でも修正動議を出すが、賛成少数で葬り去られた(59)。

しかし、この案は憲政本党の党議を経たものであり、委員会では同党の工藤行幹、高木正年、そして市島謙吉が加勢した。選挙権を一定以上の納税者に与えられる権利として捉え、納税に代わるものとして「智識」を導入するというアイディアは、頓珍漢というわけでもなかったのである。それは、納税要件の起源にある「恒産なくして恒心なし」という言葉の呪縛を、学歴を基準とする「智識」によって乗り越えようとする試みであった。だが、その試みは、官私学校比較論であるとか、官学優遇・私学冷遇批判といった激しい争いにつながる別の問題と容易に接続することは、この議論を見ても明らかである。しかも、江藤がいうように「将来は遂には財産の制限は撤去して、全く智識に依って選挙権を与へるの有無を決すること」にしたならば、それは選挙権の拡張ではなく、新たな制限になってしまう。その一方、一九〇〇年の選挙法改正によって、現職代議士に大きく影響する被選挙権に関しては、年齢・性別要件と欠格条項以外の制限が取り除かれた。

おわりに

国会開設の際に刊行された各種の選挙人心得については、すでに粗略ながら本稿でも検討を加えた。その中に議員の条件としての「智識」にそれほど重要な位置を与えていないものがある。中江兆民の『選挙人めざまし』は、その一つである。兆民は、選挙の要点を「選挙す可き人物を選挙して選挙す可らざる人物を選挙せざる」ことに求め、やがて選挙人の目の前にあらわれるさまざまな候補者像を列挙する。「性質的に学問的に肉体的に心術的に此日本に有りと有らゆる人物の見本」が得られるはずだが、誰を選ぶべきか。「第一の資格は政事の綱要に関して公等と所見を同ふする」

ことだ、と兆民はいう。いくら「智有り勇有り学識有り口弁有る」人物でも、自分と反対の意見を持つ者に投票することは、「悪魔」を買い取るようなものである。「政事の綱要」に関して一致している者ならば、「応分の智慮」や「節操」さえあれば役人上がりであろうが政党人であろうが無所属だろうが構わない。

そうなると、先決なのは選挙人の側が自分自身の「政事の綱要」を定めることである。兆民が有限委任論を唱えたことはよく知られている。あくまで「号令者」「将校」は選挙人であって、代議士ではない。その選挙人が自分の政見を決める際にまず相談するべきは「書物よりも人物よりも」自身の「経験」だと兆民はいった。租税は自分の懐具合に関係し、教育制度や徴兵制度は子供の進学や兵役に関係するからである。それをもとにした選挙人各自の研究や討議の積み重ねによって、やがて代議士を拘束する政策ができあがる。[60]ここで「智識」は、主として選挙人の側に期待されていると見ることができる。正確には、政策を生み出す母体としての選挙人の集合知に対する期待である。

政治に「智識」が必要だという主張は、直感的には正当で自明なことであろう。だが、近代日本の代議政治成立史における「智識」の問題は、紆余曲折を経て隘路に入ってしまったように思われる。この隘路を通り抜けるためには、本稿のように被選挙権・選挙権を問題とするだけではなく、代議政治において「智識」を集合し、政策に変換する装置でもある政党をめぐる理想と現実についての考察を必要とする。[61]だがそれはまた別の機会とせざるを得ない。

(1)『第十二回帝国議会衆議院議事速記録第五号』、一八九八年、五六頁。原文カナ。以下、地方官会議、元老院、衆議院の議事筆記や速記録の引用はかな書きに改め、適宜句読点や濁点・半濁点などを付す。法律条文、公文書については必要に応じて句読点のみを補う。本文中の傍線、傍点、ルビなどはすべて引用者によるものである。

(2)『明治地方自治体制の起源』、東京大学出版会、二〇〇九年、二六〇頁。

(3)地方官会議、元老院での府県会規則をめぐる議論から衆議院議員選挙法の成立までの議論を「政治的クライエンテリズム」の展開を軸に追跡した研究として、佐藤俊一「明治中期における府県会規則と衆議院議員選挙法の形成」『社会科学研究』第十一巻第二号、一九九一年、一〜九四頁、府県会規則における被選挙権条項をめぐる議論を追った論文として、石川寛「明治一一年府県会規則の被選挙権に関する一考察」『修道法学』第二五巻第一号、二〇〇二年、二九～八一頁などがある。

(4) 以下、議案および議案説明書は「明治十一年 地方官会議日誌」完、我部政男・広瀬順晧・西川誠編『明治前期地方官会議史料集成』第二期第三巻、柏書房、一九九七年、三四～四八頁、議事筆記は特に断りのない限り「明治十一年地方官会議議事筆記」乾、『明治前期地方官会議史料集成』第二期第四巻、一九九七年、八九～一一一頁より引用する。

(5) 「地方之体制等改正之儀上申」『大久保利通文書』第十、日本史籍協会、一九二九年、一一三～一九四頁など。石川前掲論文、四四～四九頁。ただし松沢裕作は大久保の上申書案と地方官会議に出された議案の間には大きな相違があることなどから、「この上申書案をもって直接に三新法原案とみなすのは適当ではない」と指摘する。松沢前掲書、二五二～二五三頁。

(6) 小林勝人訳注『孟子』上、岩波文庫、一九六八年、六三～六六・一九三～二〇〇頁。語釈も小林に従った。

(7) 湯川文彦『立法と事務の明治維新』、東京大学出版会、二〇一七年、三八二頁。同書第九章は新史料を用いて松田における三新法の原構想を検討している。

(8) 升味準之輔『日本政党史論』第二巻、東京大学出版会、一九六六年、五九頁。同書によれば、同期間の選挙権者は全人口の四～五パーセントである。

(9) 明治財政史編纂会編『明治財政史』第三巻、丸善、一九〇四年など。

(10) 明治法制経済史研究所編『元老院会議筆記』前期第五巻、元老院会議筆記刊行会、一九六九年、一四八頁。なお国立公文書館所蔵の「会議筆記」と照合し、誤植は訂正している。

(11) 「明治十一年地方官会議議事筆記」乾、前掲『明治前期地方官会議史料集成』第二期第四巻、一〇一頁。

(12) 渡辺隆喜『明治国家形成と地方自治』、吉川弘文館、二〇〇一年、一七一～一七二頁。

(13) 「愛媛県史巻之三」、国立公文書館所蔵『愛媛県史料十』。

(14) 「明治十一年 地方官会議日誌」完、前掲『明治前期地方官会議史料集成』第二期第三巻、五三～五四頁。

(15) 外崎光広『日本婦人論史』上、ドメス出版、一九八六年、六七～六九頁。

(16) 「政論ノ三」『明六雑誌』第十二号、一八七四年、三丁ウ。

(17) 深谷昌志『学歴主義の系譜』、黎明書房、一九六九年、一九～五六頁。たとえば慶應義塾の入社生も、幕末期から廃藩置県まではほとんどすべて華士族で占められていた。富田正文『考証 福澤諭吉』下、岩波書店、一九九二年、四六九～四七〇頁。

(18) 『普通民権論』、林斧介、一八七九年、八丁ウ～一〇丁オ・三二丁ウ～三三丁オ。津田真道も「政論」の中で「士族ハ従来文字アル者稍多ク平民ハ豪冨ニ非ザレバ書ヲ読ム者希ナリ」と述べている。前掲「政論ノ三」、五丁オ。

(19)『福澤諭吉全集』第四巻、岩波書店、一九五九年、二三五〜二九三頁。小川原正道『福澤諭吉の政治思想』、慶應義塾大学出版会、二〇一二年、一〇〜一四・一五一〜一五五頁。

(20)『読売新聞』一八七八年四月二四日。住友陽文は、第二回地方官会議における安場の参政権緩和論を「旧統治身分である士族を政治的叡知をかねそなえたものと認識し、それを改めて政治的中間層として位置づけようとしている」と評している。安場保吉編『安場保和伝』、藤原書店、二〇〇六年、一九六〜一九七頁。

(21) 前掲『元老院会議筆記』前期第五巻、一〇五〜一〇六頁。

(22) 地方官会議で被選挙権・選挙権について本籍の条件が明文化されたのは岩村の提起が発端である。欠格事項についてもさまざまな修正提案が出されたが最終的に政府原案のまま元老院に回された。

(23) 前掲『元老院会議筆記』前期第五巻、一四四・一四九頁。

(24) 以下、議官および政府委員の発言は、特に断りのない限り同右一四四〜一五二頁。なお中島は第一回地方官会議に神奈川県令として参加し、公選民会を主張した。渡辺前掲書、一七一〜一七二頁。

(25) また同じく幹事の河野敏鎌も修正案に賛成したが、このことを国会になぞらえて説明していることが注目される。河野は、府県会は郡区ではなく府県全体の「利害得失」を議するもので、それは「国会の全国内の事を議する」ことと異なるところはない、という。もちろん当時の日本に国会は存在していないが、のち一八八九年の衆議院議員選挙法制定時にこの論点が再浮上する。議長伊藤博文が枢密院に提示した原案において、被選挙人の納税要件は「選挙府県ノ内外ヲ問ハス直接国税十五円以上」だった（第八条）。意図的に居住要件などを問わなかったのである。この点を突いたのが顧問官森有礼で「鹿児島人が東京の議員に選挙せらる、ことあるも差支なきや」と尋ねた。伊藤は日本の府県は米国の州と異なり「政権」を有しておらず、「或る県より出す所の議員も亦単に其の県の代表人と認むるの必要なし。故に原案の旨趣は議員は即ち全国の政治上の利害を議する議員と認めんことを期するにあり」と回答した。森は重ねて「然らば国会の議員たるものは国家全体の利害のみに関渉するものにして、一地方の利害は顧ることを要せざるものなるか」と問い、伊藤は「国会は一国の政治を議する場所なるが故に、其の議員も一地方を代表するものとなさず一国を代表するものと認むるは原案起草の旨趣なり」と答えている。結局この原案は枢密院の付託調査委員によって修正され、「選挙府県内ニ於テ」納税に改められた。なお委員には府県会規則の審議の際には伊藤と同趣旨の発言をした河野敏鎌と佐野常民が含まれている。『枢密院会議議事録』第二巻、東京大学出版会、一九八四年、一七七〜一九二頁。

(26)前掲『元老院会議筆記』前期第五巻、一四八頁。
(27)同右一五一頁。
(28)同右二三三頁。
(29)同右二二八〜二二九頁。
(30)元老院全体としては不平士族らに対して同情的なムードがあった。翌一八七九年、政府は法に触れた民権運動家や不平士族を府県会から排除するため、府県会規則を改正して欠格事項に「禁獄」に処せられた者を加えようとした(「懲役及禁獄一年以上実決ノ刑ニ処セレタル者」)。元老院は政府原案を問題視し、欠格事項の案文を「懲役一年以上及国事犯禁獄一年以上実決ノ刑ニ処セレタル者」に改めた上「但満期後七年ヲ経タル者ハ此限ニ在ラス」と復権の道を用意した。注目すべきなのは議官の発言のほうかもしれない。山田顕義は「新聞条例の犯罪者の如きは毫も悪むべきに非ず」、佐野常民は「該犯中には憂国の念已む能ざるより、知らず識らず国憲を犯すに至る者なしとも言ふ可らず」、山口尚芳は「為す可からざるの所業とは雖も賊盗枉法等の比に非ざるなり」、河野は「維新中興の功臣も旧幕府に於ては之を国事犯と指目せし者なり」「今日之を目して国事犯と為すも、後世或は忠臣義士と為す亦未知る可らざるなり」と発言している。『元老院会議筆記』前期第六巻、一九六三年、三一〜四五頁。
(31)佐藤前掲論文、三一〜三二頁。
(32)前掲『元老院会議筆記』前期第五巻、二二八〜二三四頁。
(33)升味前掲書、五九〜六三頁。だが、鹿児島、長崎、熊本、高知などでは八〜九割が士族で、「西南の数県では士族が目立って多い」と升味は評している。佐藤俊一は大分、広島、愛知、新潟などの選挙結果から「多くの府県会は平民、農村名望家をもって構成された」と推察する。佐藤前掲論文、三八〜三九頁。
(34)同右。
(35)升味前掲書、六三〜七〇頁、居石正和「三新法体制期の府県会制度」『同志社法学』第三五巻第四号、一九八三年、一二八〜一六九頁。
(36)『福澤諭吉全集』第五巻、一九五九年、二三八〜二四〇頁。
(37)『元老院会議筆記』後期第三三巻、一九八八年、一九六頁。
(38)『通俗選挙人心得』、政治学講習会、一八九〇年、一一〜二〇頁。
(39)『相馬時事管見 全』、井土経重、一八八九年、一四〜四〇頁。

(40)『国会議員選挙心得』、小林新兵衛、一八八九年、一三～六三頁。

(41)『帝国議会衆議員撰挙人心得』、兎屋支店、一八八九年、六～一九頁。

(42)たとえば、『読売新聞』(一八九八年八月二四・二五日)に掲載された「米峯生」の寄稿は、中学校を経ていない「普通学」の欠落した私立法律学校生たちが、ろくに授業も出ずに文官高等試験や判事検事登用試験の過去問、模範解答の暗記に勤しんでいることを痛罵する。

(43)天野郁夫『学歴の社会史』、平凡社ライブラリー、二〇〇五年、三一一～三一八頁、竹内洋『立志・苦学・出世』、講談社学術文庫、二〇一五年、六五～六七頁。

(44)竹中暉雄「国家試験制度と「帝大法科特権」」本山幸彦編著『帝国議会と教育政策』、思文閣出版、一九八一年、四一一～四一二頁。

(45)潮木守一『京都帝国大学の挑戦』、講談社学術文庫、一九九七年、一四六～一四九頁、清水唯一朗「日本の選挙制度」『選挙研究』第二九巻第二号、二〇一三年、一二頁。

(46)『立身出世の社会史』広田照幸・加藤潤・吉田文・伊藤彰浩・高橋一郎訳、玉川大学出版部、一九九五年、一〇九頁。

(47)綱森史泰「精神障害を有する人の選挙権についての一考察」『北大法政ジャーナル』二一・二二、二〇一五年、一～三六頁。

(48)『第十三回帝国議会衆議院衆議院議員選挙法中改正法律案審査特別委員会速記録第一号』、一八九九年、四～五頁。

(49)一八九八年三月の総選挙の際、青森の選挙区で起きた大野村役場の不正投票事件はこの制度の悪用で、代書担当の吏員が特定候補者の名前を書き、村長が読み聞かせで選挙人を騙したと報じられている。『東京朝日新聞』三月二八日。

(50)斉藤泰雄「識字能力・識字率の歴史的推移」『国際教育協力論集』第一五巻第一号、二〇一二年、五四～五七頁。

(51)『代議制統治論』水田洋訳、岩波文庫、一九九七年、二一九～二二一頁。

(52)全文は「官立学校府県立師範学校中学校若ハ文部大臣ニ於テ中学校ノ学科程度ト同等以上ト認メタル学校若ハ文部大臣ノ認可ヲ経タル学則ニヨリ法律学政治学理財学ヲ教授スル私立学校ノ卒業証書ヲ所持スルモノニシテ第一第二ノ資格ヲ備フルモノ」となる。『第十四回帝国議会衆議院衆議院議員選挙法改正法律案外一件審査特別委員会速記録第五号』、一九〇〇年、四三頁。

(53)同右。

(54)『第十三回帝国議会衆議院衆議院議員選挙法中改正法律案審査特別委員会速記録第二号』、一八九九年、一四頁。

(55)『第十四回帝国議会衆議院議事速記録第十五号』、一九〇〇年、二七六頁。

(56) 前掲『第十四回帝国議会衆議院衆議院議員選挙法改正法律案外二件審査特別委員会速記録第五号』、四三～四五頁。
(57)『東京遊学案内』中編、少年園、一八九八年、一三七～一四五頁など。
(58) 一九〇五年の判事検事登用試験規則改正、文官試験規則改正による。
(59) 前掲『第十四回帝国議会衆議院議事速記録第十五号』、二七六～二七七頁。
(60)『選挙人目ざまし』『中江兆民全集』第一〇巻、岩波書店、一九八三年、七九～一二三頁。兆民の「有限委任」論を「国民代表」論(陸羯南)と対比的に論じた研究として、山田央子『明治政党論史』(創文社、一九九九年)がある。
(61) たとえば、法律や政治経済の「智識」を兼ね備えた官僚の政党進出について、清水唯一朗『政党と官僚の近代』(藤原書店、二〇〇七年)などが有益な視座を提供すると思われる。

政治思想の「振舞い」
――統治のアートとシヴィリティをめぐって

●――木村俊道

はじめに――二つの物語から

パンデミック以降の世界を、わたしたちは、すでに経験している。といっても、この一年以上続いている災厄が終息したという意味ではもちろんない（二〇二一年五月時点）[1]。「デモス」を語源とする感染症の「エピデミック」、さらには、その世界的な拡大は、東西の歴史のなかで何度となく繰り返されてきた。

このような観点から改めて歴史を振り返ると、ペストや天然痘など、これらの疫病の流行と深い傷跡がアルベール・カミュの『ペスト』1947やダニエル・デフォーの『ペストの記憶』1722（原題 *A Journal of the Plague Year*）といった文学作品だけでなく、過去の文献の至る所に記されていることに気づき、驚かされる。西洋に限っても、たとえばホメロスの『イリアス』は、アカイア軍の陣中にアポロンが悪疫を発生させる場面から始まる。また、『旧約聖書』には「小さい者から大きい者まで」が「神の手」に打たれ、腫物が広がったことが記されている（「サムエル記」上5:9）。そして、ホッブズ『リヴァイアサン』の表題画に、嘴のある仮面を着けた二人のペスト医師が描き込まれていることに初めて気づいた方も多いのではないだろうか。

ここではさらに、政治思想の歴史とも深く関わる、古くから語り継がれてきた二つの物語を挙げておきたい。

一つはトゥキュディデスの『歴史』である。古代ギリシアにおける、アテナイとスパルタによるペロポネソス戦争を扱ったこの作品は、デモクラシーの理想を謳い上げたペリクレスの演説が収録されていることでもよく知られている。ところが、この記念碑的な演説の直後に続くのが、アテナイ人のあいだにかつてない規模で蔓延した疫病と、その悲惨な状況の描写であった。自らも罹患したトゥキュディデスによれば、この疫病によってアテナイに「無秩序」が広まり、「宗教的な畏怖も、社会的な掟も、人間にたいする拘束力をすっかり失ってしまった」のである[3]。このような「戦役と病疫の二重苦」のなか、ペリクレスは民会を招集し、再び登壇する。しかし、不満を募らせる民衆に対して彼が強調したのは、デモクラシーの理想ではなく、ポリスに対する市民の犠牲と、海洋の覇者として支配権を築いたアテナイの栄誉であった。彼によれば、「ポリス全体が安泰でさえあれば、個人にも益するところがあり、その益は、全体を犠牲にして得られる個人の幸福よりも大である」。そして、「何びとたりと、人が人を支配せんと主張すれば、支配の続くかぎりかならず憎悪をうけ、これに苛酷に報いる」が、「大望を果すためには世の嫉視をも嫌わぬ者こそ、志すぐれた人間の名に値する」のである[4]。

もう一つはボッカッチョの『十日物語』(『デカメロン』)である。ルネサンスや人文主義の開花を告げるこの作品は、一〇名の男女によって一〇日間で語られた、(よく言えば)人間の生命力に満ち溢れた百の物語からなる。ところが、その舞台となったのは、ヨーロッパに黒死病が大流行した一三四八年のフィレンツェであった。そこでは「一人残らず心の傷を負い」、人口の三分の二が亡くなり、かつての市民の風俗も失われた。彼によれば、「誰もが相手を避け、誰一人隣人の世話をせず」、兄弟や親戚や夫婦も相手を顧みず、「父親や母親が子供を、世話するどころか、そんな子供はいないかのように、面倒も見ずに避けて通った」のである[5]。一〇日間に及ぶ物語は、このような「逆さの風俗」が広まるなか、教会で偶々居合わせた七名の良家の淑女と、洗練されて慎み深い三名の紳士が「市中での不行跡、不品行を避けて」田舎の別荘へと立ち去ることによって始まる[6]。登場人物の一人であるパンピーネアによれば、「できるかぎり、自分の命を助け、保ち、守るのが、この世に生まれた者に天然自然に与えられた権利」なのであり、「他人に害を与えぬ限り、わたくしどもに出来る手段や対策を講ずることは、これはもう当然許されていること」なのである。[7]

これらの物語に描かれた光景は、時代や場所、色調や程度などの違いはあれ、パンデミックによって前景化したデモクラシーや統治、あるいは自己保存や他者との共存の問題を浮かび上がらせる。そして、この論稿に与えられた役割は、「パンデミック以降の政治思想（研究）はどうあるべきか」を西洋政治思想史の観点から考えることにあった。

一　政治思想の「振舞い」

しかし、残念なことに、現在の災厄はまだ終息していない。したがって、パンデミック「以降」の世界を見定め、その政治思想の道筋を語れるようになるには、まだ時間がかかるであろう。少なくとも現時点では、これまで通り「粛々と活動を続けていく[8]」ことこそが、時代に抗するための、あるいは、危機と混乱の「まっただ中で犬死しない[9]」ための、唯一ではないが確かな方法のように思える。

とりわけ、この間の政治の迷走を考えると、その傍らで政治思想史研究を続けることの意義は、いささかも失われることはない。たとえば、分断と対立が激化し、連邦議会が暴徒によって占拠された後の就任演説で、バイデン新大統領はアウグスティヌスの愛の共同体の理念に訴えた。その一方で、とくに国内政治の現状に目を向けると、ウェーバーが説いた責任倫理や天職概念、J・S・ミルが論じた思想と討論の自由、あるいはマキァヴェッリの『君主論』をきちんと読むべきことなど、古くからの政治思想の基本を繰り返し「稽古」する必要は、どれだけ強調してもし過ぎることはない。突然の不条理に襲われ、暴君や独裁、そして無秩序の危険すらも感じられるようになった時代状況のなかで、以前と変わらずに政治と思想の記憶を語り継ぐこと。これが「歴史」研究の一つの重要な役割であり、その強みであろう。

もっとも、その一方で、「政治」思想研究である限り、「現代の危機に対して応答する」のが「当然の義務」とする考えもあるかもしれない。[10]とりわけ、現代のデモクラシーが直面している未来を考えると「義務」という言葉は重く響く。実際に紀元前五世紀のアテナイではその後、市民の約六分の一に加え、指導者のペリクレスまでもが疫病で失われ、混乱に陥った。よく知られているように、トゥキュディデスによれば、アテナイでは「その名は民主主義と呼ばれたにせよ、実質は秀逸無二の市民による支配がおこなわれていた」。しかし、ペリクレスの後に続いた者たちは「能力において互いに殆んど優劣の差がなかったので、皆己れこそ第一人者たらんとして民衆に媚び、政策の指導権を民衆の恣意にゆだねることとなった」のである。[11]

あたかも運命の輪のように繰り返される危機は、政治思想の役割や任務、とりわけ、その実践可能性に関わる問題を絶えず問いかけているようにも思われる。[12] ジョン・ダンが『政治思想の未来』1979で指摘したような、「政治的に価値ありとされるもの」と「政治的に可能と考えられる事柄」との矛盾は、「今日のわれわれの政治的理解における中心的矛盾」であり続けているのである。[13] とはいえ、「新時代」のデモクラシーの未来が論じられる場はここではない。以下では、あくまでも「歴史」の観点から、政府による危機管理の度重なる不手際や不品行、そして生活様式の変容といった一連の「非常」事態の進行のなかで顕在化したと思われる一つの問題群に着目してみたい。すなわち、「統治のアート」art of government と「シヴィリティ」civility の問題である。具体的には西洋、とりわけルネサンス期以降のブリテンを主な対象に、危機への応答や統治の舵取りを通じて育まれてきた実践知、あるいは政治思想の「振舞い」の歴史を探り、そのうえで今後の政治思想や、その研究や教育の可能性といったものを考えることができれば、と思う。

もっとも、統治のアートとシヴィリティについては、政治思想史研究において、これまで必ずしも充分に注目されてこなかったように思われる。また、現代の観点から過去を振り返る作業には、常にアナクロニズムの危険がつきまとう。しかし、後者について言えば、それゆえに疎遠になっていた政治思想史と現代政治理論、あるいは政治哲学との関係は近年、少しずつ修復されてきたようにも見える。たとえば、「ケンブリッジ学派」を代表するクェンティン・スキナーが「ネオ・ローマ的自由」の現代的な意義を強調するようになったことは、歴史と理論を架橋する一つの試みであった。[14] 逆にまた、規範的政治理論の側においても、たとえばレイモンド・ゴイスやバーナード・ウィリアムズらによるリアリズムの復権において歴史の再評価がなされている。ゴイスによれば、政治哲学は「いかになすべきか」という問題ではなく、所与の状況や制度における実際の行為に関心を向けるべきであり、このようなリアリスティックな認識から「政治は歴史的に位置づけられている」という一つのテーゼが導き出されるのである[15]。

もっとも、その一方で、これらの試みも批判を免れない[16]。たとえば、昨年の『ヒストリカル・ジャーナル』に掲載されたデイヴィッド・カーンズとライアン・ウォルターの論文では、過去の政治思想を「理論」として捉えること自体の問題が指摘されている[17]。彼らによれば、抽象的な「理論」はもともと、マシュー・ヘイルによるホッブズ批判やエドマンド・バークの議論に見られるようにネガティブに評価されていた。これに対して、「政治理論家」が登場するのは一八世紀後半のジェイムズ・マッキントッシュやドゥガルド・ステュワート以降である。それゆえ、一八〇〇年頃より前の政治思想を「理論」と見なすのは「記時錯誤」の「悪徳」に陥り、過去の思考を現在の政治理論に「同化」させる危険があるとされる（したがって、マキァヴェッリをネオ・ローマ的理論家としたスキナーも「記時錯誤」として批判される[18]）。

これらの批判について検討を加える用意はない[19]。しかし、ここで視点を切り替え、現代からではなく、政治思想の「歴史」を過去の側から振り返ると、そこに政治と理論との高度な緊張が内包されていたことに気づく。よく知られているように、たとえばアリストテレスの政治学は、自然学や数学、論理学などを含む「理論」学ではなく、倫理学とともに「実践」学に分類された。それゆえ、政治学は、必然的で永遠的な事柄を対象とする学知（エピステーメー）ではなく、人間的で個別的な事柄に関わり、一定の規則や原理に還元されない思慮（フロネーシス）にもとづくものとされたのである（『ニコマコス倫理学』1139b, 1141b）。ペリクレスのような統治者に求められた、このような「政治的思慮」political prudence、あるいは「実践知」practical knowledge に対する関心は、合理主義や啓蒙主義による強い批判を浴びながらも、二〇世紀のガダマーやアーレント、オークショットなどにも受け継がれたと考えられる。

このことはまた、政治という人間の営為が、抽象的な理論や規範だけでなく、思慮のような実践知や、ゴイスが指摘する「技や術」craft or art[20]、カーンズとウォルターらが着目する「職務」office[21]、あるいはまた意見や信条、神話、象徴、コモン・センスなどを含めた広い意味での「思想」[22]によって育まれていることを示唆している。それゆえ、たとえばチャールズ・テイラーは、「ごく一握りの人たちの所有物」である理論に対して、「イメージや物語や伝承」などを通じて広く共有されてきた「社会的想像」social imaginary に着目する。彼によればそれは、「共同で行なわれるさまざまな慣行（プラクティス）を可能にし、広く共有される正統性の感覚を可能にするような共通理解」なのである。[23] また、このような政治思想の「イメージ」をさらに広げれば、『リヴァイアサン』の表題画にも示されているように（あるいは『リヴァイアサン』のような「正典」だけでなく）、同時代の社会的想像は様々な媒体を通じて、たとえば文学作品や戯曲、[24] 儀礼や儀式、音楽、そして絵画や建築、エンブレムといった視覚芸術[25]などによっても表象されていたとも言えるだろう。

二　統治のアート

1　人文主義と統治のアート

このように「政治思想」の理解を広げ、政治的な思慮や社会的な想像、あるいは「正典」に含まれない多様な作品群なども対象に含めることによって、統治のアートやシヴィリティといった、同時代の「さまざまな慣行」を可能にした実践知の風景が見えてくる。また、これに関連して、近年ではとくに、統治に対する関心の高まりがあることも見逃せない。たとえば、バーナード・クリックはすでに、一九七八年の政治教育に関するエッセイのなかで、政治が「支配者や被支配者、多数者と少数者、政府と被治者、国家と市民」といった垂直的な権力関係に絡むことを踏まえ、「政治は、統治という事実から始まる」と述べていた。[26] また、ピエール・ロザンヴァロンは『良き統治』2015 において、「政治生活とは、実際には統治活動、つまり公的な事柄についての日々の管理、決定および命令の場のこと」としたうえで、大統領制化する民主主義の問題を指摘する。彼によれば、「私たちの政治体制は民主主義的であるといえる」が、「私たちは民主主義的に統治されてはいない」。したがって、「今後は統治が機能していないという感覚にも注意を向けなければならない」のである。[27]

もっとも、このような「良き統治」の問題は、デモクラシーが普遍的な価値となる第一次世界大戦、あるいはフランス革命以前においてはむしろ、同時代の政治思想の主旋律であったとも考えられる。それゆえ、たとえばシエナの市庁舎には今でも、アンブロージョ・ロレンツェッティによって一四世紀前半に描かれた善政と悪政のフレスコ画が残されているのである。[28]以下ではまず、一旦ルネサンスの時代まで遡り、とくに人文主義の伝統に着目しつつ、統治のアートをめぐる議論の系譜を改めて辿り直してみたい。

ルネサンスは古典古代の再生の時代である。しかし、それはまた、ボッカッチョの『十日物語』にも描かれたような、一四世紀のペストの大流行を経験した「パンデミック以降」に花開いた時代でもあった。こうしたなか、「黒い死神」などによって多くの友人や終生の恋人を喪ったペトラルカは、ボッカッチョに宛てた手紙のなかで、「これほど多くの痛手や嚇しに毅然と耐えるのは至難のこと」とし、「いったいだれがこの怪物を みごと打ち負かせるのか」と嘆いた。[29]しかし、ペトラルカやボッカッチョを嚆矢とし、それまでのキリスト教に加えて古典古代を新たな模範とした人文主義は、このような「運命に抗する」[30]かのように、パンデミック以降のヨーロッパに広まった。そして、以下でも見るように、古典や歴史に育まれた人文主義の伝統は、統治を実践するために必要な政治的な思慮や技術、あるいは教養や学芸、技芸などの意味を広く含む「アート」artを提供したのである。

もっとも、その後もペストは流行を繰り返し、海を渡り、大陸よりも遅れてルネサンスを迎えたブリテンにも及んだ。たとえば一六〇三年、スコットランド国王ジェイムズ六世が、新たにイングランド国王ジェイムズ一世として即位する。しかし、ステュアート朝への王朝交代がなされ、イングランドとウェールズ、アイルランドにスコットランドを新たに加えた複合国家が誕生したまさにその時に、ロンドンを中心にペストが流行し、三万人以上の死者を出したのである。ジェイムズの宮廷は郊外に移り、議会や法廷、あるいは即位を記念する式典の開催などは延期され、シェイクスピアが活躍していたグローブ座などの劇場も閉鎖された。[31]そして、感染者を救済し管理するための勅令や法令、感染者の隔離や家屋の閉鎖、街路の清掃、不要な集会の禁止などを命じる条例が続けて出されたのである。[32]デフォーの『ペストの記憶』には、それから約六〇年を経て、さらに多くの十万人以上が亡くなったとされる一六六五年からの大流行の際にも同様の対応がなされたことが記されている。[33]

パンデミック、あるいはルネサンス以降の政治思想は、君主国であるか共和国であるかを問わず、これらの打ち続く災厄や内乱、宗教戦争といった多くの危機や運命に対抗し、統治を指南する必要に迫られた。これらの一連の過程は、ミシェル・フーコーの言う「生権力」の発動を促した一つの事例として捉えることができるかもしれない。[34] しかも、統治性を主題としたコレージュ・ド・フランス講義において彼が新たに注目したのが、初期近代に広く展開され、とりわけ一六世紀末と一七世紀初頭に「最初の結晶化の形[35]」が見られたとする統治のアートをめぐる議論であった。そのうえで、フーコーが統治のアートの一つの素朴な原型としたのが、エンブレム・ブックの作者としても知られるギョーム・ラ・ペリエールの『政治の鑑』1555である。一五九八年に英訳されたこの作品によれば、「統治とは事物の正しき配置」である。そして、このような配置の責務を負う「統治者」として挙げられたのが、皇帝や君主、領主らに加え、行政官や高位聖職者、判事などであった。[36]

よく知られているように、フーコーはさらに、この統治のアートが一八世紀に至って人口を対象とする政治経済学へと移行することを指摘した。しかし、ここでは少し立ち止まり、統治のアートを育んだ人文主義的な伝統と、その再生産の過程に着目してみたい。なかでも見逃せないのが、オランダの人文主義者ユステゥス・リプシウスの『政治学六巻』1589であり、そこで展開された政治的思慮の議論であろう。一五九四年に英訳された『政治学六巻』によれば、思慮とは「公的な事柄、および私的な事柄において何を避け、何を目指すべきかに関する理解および深慮」であり、統治に不可欠な「羅針盤」であった。それゆえ、「思慮がなければ統治は脆く壊れやすいのみならず、敢えて言えば、無きが如きもの」なのである。[37] そして、思慮の生みの親として、経験とともに重視されたのが歴史であり、なかでも最も多く参照されたのがタキトゥスであった（なお、タキトゥスはリプシウスよりも前に、ボッカッチョによって再発見されていた）。[38]

このような思慮に立脚した統治のアートは、「政治」policy や「国家理性」reason of state[39] といった関連する語彙や、リプシウスやタキトゥス、あるいはマキァヴェッリの受容とともに、ルネサンス期以降のブリテンでも盛んに議論された。[40] そうしたなか、たとえばジェイムズの枢密顧問官となるフランシス・ベイコンは『政治道徳論集』1597, 1612, 1625

において、タキトゥスやマキァヴェッリなどを参照しながら「反乱と騒動」や「党派」、あるいは「国家の偉大さ」などに関する「術策もしくは政治」arts or policy を助言した。[41] また、ジェイムズも君主教育論である『バシリコン・ドロン』1599, 1603 のなかで、皇太子ヘンリに対して「民衆を支配する」ための「すべての技」all crafts を学ぶように求める。ジェイムズによれば、すべての「芸と学」artes and sciences は相互に連関し、調和している。そのうえで、彼は聖書や法とともに、リベラル・アーツのなかでもとくに、カエサルの『ガリア戦記』をはじめとする「経験を理論によって学べる」歴史の重要性を強調した。しかも、ジェイムズはのちに、古代ローマにおける統治のアートを称えたウェルギリウスの叙事詩『アエネーイス』を繰り返し参照しつつ、夭折したヘンリの弟であるチャールズに対しても同様に、「統治の学」の「達人」arts-master になることを求めたのである。[42]

2　ホッブズとロックの統治論

人文主義的な教養に育まれた統治のアートは、その後、おそらくホッブズやロックなどにも受け継がれた。このような観点から注目される作品の一つが、若い頃のホッブズ（あるいは彼が家庭教師をしていたキャヴェンディッシュ）が書いたとされる「タキトゥス論」であろう。[43] 一六二〇年に出版された『余暇』に収録されたこの作品では、リウィウスの『ローマ建国史』に立脚したマキァヴェッリの『ディスコルシ』とは対照的に、タキトゥスの『年代記』の冒頭部分を踏まえながら、初代皇帝アウグストゥスが駆使した「統治のアート」が描写される。ここでの統治のアートは主に、「時と場所と人に順応する技術」であり、「節度ある交際」や、「正当な理由から感情や目的を抑えて隠す能力」に存するとされる。[44] そして、その「学識あるマスター」であるアウグストゥスは、兵士や民衆の心をつかみつつ、一方では急激な変更を行うことなく、「段々と、徐々に浸透させ、時間をかけて」共和政から帝政への移行を可能にしたのである。[45]

しかもまた、このようなキャヴェンディッシュ家にも見られた人文主義的な雰囲気のなかで、ホッブズは、一六二九年にトゥキュディデスの『歴史』の英訳を出版した。[46] ホッブズによれば、「歴史の主要にして固有の任務は、過去の行為を知ることを通じて、現代においては慎重に prudently、未来にむかっては先見の明をもって providently 振舞うように、人々を導き、そのように可能ならしめること」にある。[47]リプシウスの『政治学六巻』を参照するなどして、トゥキュディデスを「最も政治的な歴史家」として称賛した[48]ホッブズは、そのうえで、戦争や疫病によって混乱と無秩序に陥ったアテナイの歴史から、デモクラシーの統治の問題や以降の振舞い方を学んだのである。もっとも、周知のように、ホッブズはその後、人文主義的な思慮から「近代的」な「科学」へと転回していく。[49]しかし、最近の上田悠久氏の研究によれば、統治の実践に対するホッブズの関心は失われることはなかった。すなわち、ホッブズは「哲学の側からの政治への問い、そして哲学と政治との緊張関係と両者の架橋にたいする古典的な実践知の問題関心を、彼なりの仕方で引き継ごうとしていたのである」。[50]

このホッブズとともに、ロックもまた統治のアートや思慮を論じていたことは、デモクラシーや社会契約論などとは異なる政治思想の系譜の所在を示唆する。[51]たとえば彼は『寛容論』1667-c.1675において、統治者による寛容の「義務」を考察したうえで、それとは別個に、統治を安定させるための「思慮」を論じた。彼によれば、人々の義務は「普遍的に制定された規則」に含まれるが、思慮は「個々に関わる状況によって規制される」。それゆえ、彼はイングランドの現状や日本での迫害の例を踏まえて、「寛容がどのくらい統治者の利益になるか」を明らかにしようとした。[52]彼はまた、一六八一年に書かれた草稿においても、「一般的な知識」と「政治や思慮」polity and prudenceが異なることを指摘する。彼によれば、「公事や私事の順調な運営は、われわれがこの世で対処せねばならぬ人間の種々かつ未知の気質、利害や能力に依拠し、物体のもつ何か確立した観念には依拠しない」。したがって、「政治や思慮」は論証可能ではなく、経験や歴史といった蓋然的な知識に導かれるのである。[53]

このような観点から、ロック研究において併せて注目されてきたのが、晩年の一七〇三年に書かれた「ジェントルマン向けの読書と勉強にかんする考察」である。ロックによれば、ジェントルマンの「固有の職務」は「国への奉仕」であるため、とくに道徳と政治を学ぶ必要がある。しかも、そのうえで彼は、「政治は互いに異なる二つの分野を含む」として、「社会の源泉、および政治権力の起源と範囲」を扱う分野とともに「人間統治の術」を挙げたのである。[54]彼の『統治二論』は、フッカーの『教会統治論』やシドニーの『統治論』とともに前者の、いわば理論的な作品に含まれる。

これに対して、「人間統治の術」は「経験と歴史」から学ばれるのであり、とくにティレルの『イングランド史』やベイコンの『ヘンリ七世治世史』にみられるような「自分の国」の歴史が「最良」である。[55] そして、『教育に関する考察』1693においても、歴史は「思慮と政治学civil knowledgeの偉大な女王であり、世間のジェントルマンもしくは実務家が適宜学ぶべきもの」とされていたのである。[56]

三　シヴィリティ

1「文明の作法」の再生？

こうして、一八世紀の中葉に至っても、たとえばサミュエル・ジョンソンの『英語辞典』1755のなかで、「政治学」politicksは「統治の学」science of governmentもしくは「公的な事柄を宰領することのアートもしくは実践」とされ、「政治」policyは端的に「統治のアート」、あるいは「思慮」として説明されることになる。[57] そして、その一方で、初期近代のブリテンにおいて、とくに他者との交際における思慮とされたのが、『十日物語』に登場する一〇名の男女にも体現されていたシヴィリティであった。

このシヴィリティは、キケロの『義務について』に由来するデコールムdecorumや宮廷を語源とする礼節courtesy、行儀の良さgood-breeding、あるいは上品さや洗練を意味するポライトネスpoliteness、習俗や生活様式としてのマナーズmannersといった礼儀作法や振舞いに関する一連の語彙とともに広く用いられた。しかも、この「交際の思慮」prudentia in conversando（ベイコン）[58] は、カスティリオーネの『宮廷人』1528（英訳 1561）やエラスムスの『少年礼儀作法書』1530（英訳 1532）をはじめとして、チェスターフィールドの『息子への手紙』1774に至る一連の作法書において再生産される。それゆえ、たとえばロックもまた、『教育に関する考察』においてシヴィリティや行儀の良さの重要性を強調する。彼によれば、シヴィリティとは「あらゆる人びとに対する善意と尊敬の念」に発し、「交際において、誰に向っても蔑視、あるいは軽蔑を示さないように留意すること」とされる。[59] そして、ジェントルマンにはさらに、このような「内的なシヴィリティ」を「外見、声、言葉、動作、身振り」や「あらゆる外面的な態度」において示し、「われわれの話相手をくつろがせ、充分喜ばせるような」品の良さ decency や優雅さ garcefulness を身につけることが求められたのである。[60]

もっとも、ラテン語のキウィタス civitas を語源とするシヴィリティは多義的であり、礼儀作法だけでなく、市民性や丁寧さ、政治的な秩序なども広く意味した。それゆえ、統治を「事物の正しき配置」とした『政治の鑑』の冒頭において、ラ・ペリエールは「政治」policy をギリシア語のポリテイアに由来するとしつつ、シヴィリティをポリテイアや「政治的統治」politicke gouernement、あるいは「政治社会」ciuile societie と同義とした。[61] しかも、併せて見逃せないのは、一八世紀後半以降に civilization が広く流通する以前に、このシヴィリティが「文明」を意味していたことであろう。こうして、ジョンソンは『英語辞典』において、civilization の採用を見送り、シヴィリティを「ポライトネス、愛想の良さ、華麗な振舞い」「適正 decency の規則」「ポライトネスの実践」として説明するとともに、野蛮と対比される「文明化された状態」と定義したのである。[62]

ノルベルト・エリアスが『文明化の過程』1939で着目し、近年ではキース・トマスの『シヴィリティの追求』2018などによって詳細に描かれたシヴィリティの伝統やその多彩な展開、そして近代における忘却の過程については、すでに[63]論じたことがある。[64] もっとも、「文明の作法」としてのシヴィリティの記憶は、以降も繰り返し呼び起こされてきた。たとえば、コリングウッドは『新リヴァイアサン』1942において、シヴィリティを「共同体を文明化しようと試みる誰もが目指す理想の状態」としたうえで、他者の感情を尊重し、自尊心を損なわないように振舞うことを文明化に欠かせない要件とした。[65] また、オークショットは『人間行為論』1975において、「些か古風」な用語であることを意識しつつ、理念型としての「市民状態」civil condition を「シヴィリティの関係」と呼んだ。彼によればそれは、実質的な目的や欲望の充足のためでなく、交際の慣行のみに関わり、「「市民」cives が日常の交際を営むに際して承諾されるべき諸条件を構成する行為の諸ルール」などから成り立つ集合体であった。[66] そして、ジョン・ロールズもまた、『政治的リベラリズム』1996のなかで、「他者に進んで耳を傾ける」ことを含む「シヴィリティの義務」が、公的な理性とともにデモクラシーやシティズンシップの中心的な理念であることを主張したのである[67]。

近年ではまた、多文化社会におけるシヴィリティの役割とともに、分断と対立が高まるなかでの「シヴィリティの危機」が広く認識されるようになっている[68]。こうしたなか、シヴィリティへの回帰を語った人物の一人がバラク・オバマ元大統領であった。「ミスター・マナーズ」とも呼ばれた彼は[69]、たとえば二〇一〇年二月四日の朝食祈禱会において、市民の間に分断と不信をもたらしている「シヴィリティの腐食」の問題に言及する。彼によれば、シヴィリティは「古風」で、「過ぎ去った或る時代の遺物」のように思われるかもしれない。しかし、分断や独断、あるいは政治的な立場を超えて「シヴィリティへと戻る道を見つけること」が「必要」である。しかも、こうした「シヴィリティはまた、不愉快ではない不同意の仕方を学び直すことを求める」のである[70]。また、これに加えて、とくにヘイト・スピーチの問題に関連してジェレミー・ウォルドロンは、「シヴィリティと尊重の雰囲気」のある「寛容な社会」のイメージを、ロックやベール、ヴォルテール、ディドロといった過去の啓蒙主義の哲学に探った[71]。そこからウォルドロンは、「寛大な、礼節をともなうcivilizedやり方で私たちがお互いを取り扱うべきだということは、人間の尊厳が要求することのひとつ」であるとの見解を導き出したのである[72]。

2　シヴィリティと統治——ロジャー・ウィリアムズの場合

そこで、本稿では最後に、このような「古風」なシヴィリティについて、ウォルドロンとはまた別の道筋を辿って、少しだけ「過ぎ去った或る時代」を振り返ってみたい。以下で取り上げるのはロジャー・ウィリアムズとデイヴィッド・ヒュームである。両者の議論は、礼儀や作法をめぐる言説の、大西洋をまたいだ同時代的な広がりと、とくに文明的な統治との関係を示す対照的な事例のように思われる。

一六三〇年にイングランドを離れてアメリカに渡り、後にロードアイランド植民地を建設したウィリアムズは、近年ではとくに、マーサ・ヌスバウムやテレサ・ベジャン、国内では森本あんり氏らの研究によって改めて注目されている。[73]たとえばヌスバウムの『良心の自由』2008によれば、ウィリアムズは「信教の自由や公平性」に関する「偉大な指導者」であり、相互の尊重や個人の良心といったアメリカの「伝統」の淵源として再評価される。[74]しかも、歴史研究と規範研究は「格別に密接な関係を持つ」とするヌスバウムは、ウィリアムズの議論をカントやロールズのそれと重ね合わせ、公平性や尊重を唱える現代の政治哲学の先駆としたのである。[75]もっとも、これに対してベジャンは逆に、「過去に尋ねる」歴史研究の意義を、現代的な理念や想定の再考を促すことに見出す。ベジャンによれば、寛容といった理論と実践が深く絡み合っている問題についてはとくに、テクストとともにコンテクストにも注意を払い、思想家が考えていた「具体的な実践や政治」を理解する必要があるのである。[76]

このような観点からベジャンが着目したのが、ウィリアムズによる寛容論とシヴィリティの議論であった。実際に彼は、プロテスタントの諸派だけでなく、「ほとんどの異教徒や、ユダヤ人、トルコ人、反キリスト教徒[77]」を寛容の対象に含めようとする。それゆえ、マサチューセッツ湾の植民地政府によって追放される一方で、彼は先住民の諸部族やイングランド本国などとも交際や交渉を重ね、のちにチャールズ二世による勅許状にも記されたように、ロードアイランドで世俗国家と宗教的自由の両立という「活ける実験」livelie experiment[78]を試みたのである。ベジャンによれば、他者との共存に際して沈黙civil silenceを求めたホッブズや慈愛civil charityを説いたロックとは異なり、これらの経験をもとにウィリアムズが必要としたのは「最低限のシヴィリティ」mere civilityであった。[79]それは、「コモンウェルスの世俗的なコミュニティにおいて構成員を御する標準的な振舞い」であり、ロールズやヌスバウムの言う公平性や相互の尊重といった高尚な理想ではなく、「敬意の欠如や不同意、そして嫌悪とも両立しうる」、「敷居の低い」礼儀なのである。[80]

ウィリアムズはシヴィリティの重要さを指摘して、たとえば次のように述べる。「人びとが真にシヴィルCivilでありさえすれば、そして人間性やシヴィリティの規則によって歩んでさえいれば」、たとえ宗教が多様であっても「家族や町や都市やコモンウィール」は繁栄しうる。[81]しかも彼は、先住民の言語だけでなく、その慣習や生活様式なども記した『アメリカ語の鍵』1643のなかで、「野蛮なアメリカ人」でさえも、異邦人に対する「シヴィリティや礼節courtesie」を好むことを指摘した。[82]さらに、『迫害を説く血まみれの教え』1644では、世俗の領域においては「シヴィリティの絆」があればよいとしつつ、政教分離の原則を明確に主張する。したがって逆に、聖俗の世界を混同して迫害を行うことは、キリスト教だけでなく「すべてのシヴィリティを取り去り、世界から世界を奪い、すべてを混乱の坩堝に陥れる」のである。[83]

もっとも、森本氏も指摘するように、そのうえでウィリアムズが直面していたのが、入植者の増加とともに分裂の様相を深めた新植民地の統治の現実であった。[84]統治のアートとしての国家理性は、ボテロによれば、国家の創設と維持と拡大に関わる。[85]その意味でウィリアムズは、植民地を建設し保持する（本国から見れば帝国を拡張する）ための統治のアートを「はじめて学ぶ」場面に遭遇したのである。とはいえ、晩年になって「貧困と孤独の影」[86]を宿しながら、「人類は何らかの統治なしには共存できない」[87]と述べた彼について、ここで詳細に論じる準備と余裕はない。しかし、彼もまた、統治を船に喩える伝統的なレトリックを繰り返し用いていたことは見逃せないだろう。彼によれば、「教皇主義者もプロテスタントもユダヤ人もトルコ人も同じ船に乗り合わせることがある」。このように、「禍福をともにする」多くの人を乗せた船は、コモンウェルスの「真の写し絵」である。[88]しかも、こうした「コモンウェルスの船」では、特定の礼拝や祈禱を強制されず、世俗国家への服従が確かであれば「市民的な自由と交際という空気のなかで、デッキの上で呼吸して歩くことができる」[89]。しかし、「このような自由にもかかわらず」、船員が業務を行わない、乗客が運賃を支払わない、法や船の規則に従わない、あるいは神のもとでの平等を理由に指揮官や士官の存在を否定するような場合には、何らかの対処や処罰が必要とされるのである。[90]

おわりに

このように、統治のアートとシヴィリティは、過去のパンデミック、あるいはルネサンス以降の政治思想の歴史のなかで、ホッブズやロックを含めて広く、繰り返し議論され、人文主義的な教養や「具体的な実践や政治」を通じて育まれてきた。なかでも、ウィリアムズとは対照的に、一八世紀の成熟した文明社会における両者の洗練を示したのがヒュームであろう。たとえば彼は、『道徳・政治・文学論集』においてシヴィリティを会話に必要なアートとし、それが「われわれの自身の性向を相手に譲り、人間の心に生得的なあの尊大さと傲慢を抑制し隠すようにさせる」ことを指摘する。[91]しかも、こうした会話や社交は学芸や技芸の洗練によって促され、それにより、人びとが都市に集まり、クラブや協会が形成され、「人間性の高まり」が感じられる。そして、統治のアートの知識もまた、「人間性に富む原理がもつ利益を人びとに教えることによって、おのずから穏和と中庸を生み出す」のであり、「文明時代には、党争は宿怨を減じ、革命はより悲惨でなくなり、権威は苛酷さを減じ、騒乱はより稀になる」のである。[92]

現代という時代の全景は、現代に近づくほど見えなくなる。しかし、以上のような西洋の政治思想の歴史を過去から振り返ることで、良き統治と文明の作法が後景に退いている（ようにも見える）時代状況が浮き彫りになるようにも思われる。もちろん、統治のアートとシヴィリティはともに両義的である。とりわけ、統治者の「悪政」によって日々の振舞いにまで権力が浸透する危険は言うまでもない。また、「西洋文明」が疫病を持ち込んだ結果、古くからの「新世界」が壊滅したことも忘れてはならない。しかし、両者が損なわれた無秩序の世界、あるいはバイデン大統領の演説でも言及されたuncivil warへの退行は、間違いなく悪夢であろう。

政治思想の歴史は、現代の危機に対する具体的な処方箋を示すものではない。しかし、その古くからの一つの役割は、次のような『十日物語』の一節にも示唆されているだろう。

> 人間の智恵は過去の事物を記憶するとか現在の事物を認識するとかいうことにだけに存するのではございません。こうした過去現在の知識でもって未来の事物を予見すること、そこにこそ人間叡智の極みがあると世の識者は衆目一致しております。[93]

このような人文主義的な歴史観は、トゥキュディデスの『歴史』を翻訳したホッブズにも共有されていた。むろん、これも一つの「意見」であり、未来を予見することは歴史研究の「職務」をおそらく超える。しかしながら、『十日物語』によればまた、「きちんとした言葉づかいで話され、人の反感を買わない話題は、およそなにであれ書くことを許される」。だとすれば、『十日物語』のような（よく言えば）生命力に溢れた話ではないにせよ、たとえば、以上のような良き統治や文明の作法をめぐって展開された、広い意味での政治思想の物語を「粛々と」語り継ぎ、これまでに辿ってきた道筋やハザード・マップを示し、危機に対して常に身構えておくこと。これもまた、繰り返される災厄や運命の転回を乗り越えるための、古くから伝えられてきた「振舞い」の一つの型のように思える。

そして、このような観点から、余話として、最後にもう一つだけ過去の記憶を振り返っておきたい。

二〇世紀の前半に二つの世界大戦という悪夢が現実になるなかで、西洋の凋落に警鐘を鳴らし、統治のアートとシヴィリティの再生を唱えた人物の一人がウォルター・リップマンであった。彼はすでに『世論』1922のなかで、統治の機能不全をもたらすデモクラシーの危険を指摘するとともに、「統治の回復」を目指したアメリカの建国者たちを評価していた。[94] さらに彼は、のちの『公共の哲学』1955においても、世論の支配によって権力関係の錯乱が生じ、戦争や平和、治安や財政、外交などに関する、公共の利益を踏まえた「固い決断」ができなくなっていることを批判する。[95] しかも、彼によれば、デモクラシーの病弊と統治の麻痺は、「偉大なシヴィリティの伝統」の衰退と連動していた。すなわち、「民主主義諸国は、その中でよい社会、すなわち最良の状態にある自由で民主的な生活様式が生れそして育ったところのシヴィリティの伝統を受取ることを止めつつある」。それにより、「自由民主主義社会を統治するために必要とされる公共の哲学と政治的な諸技術artsから切り離されている」、というのが彼の診断であった。[96]

むろん、リップマンの診断をそのまま現代に適用することはできない。また、アーネスト・バーカーの『シヴィリティの諸伝統』1948[97]に依拠しつつ、ストア主義以来の自然法に「普遍的妥当性を持つ法と秩序の共通概念」[98]としてのシヴィリティの伝統を求める見解も慎重に検討される必要があるだろう。しかし、イメージや観念、あるいは理念や幻覚などが人間を実際に動かすことを指摘しつつ、「統治は工学engineeringではなくてアートartである」とする彼の思考の型そのものが、本稿で述べてきたような、歴史のなかで反復され、手渡されてきた西洋政治思想の一つの伝統を示すものなのではないか。彼によれば、統治のアートは、「変り易い諸要素の間の決着することのない緊張の暫定的な平衡点」を探るものである。[99] そして、シヴィリティについての公共哲学は「発見されたり発明されたり」するものではなく、「復活せられ更新せられねばならない」のである。[100]

（1）この論稿は、「パンデミック以降の政治思想」をテーマとして、二〇二一年五月二二日に開催された政治思想学会研究大会の緊急特別シンポジウムにおける報告に基づいている。状況はその後も刻々と変化しているが（あるいは、それゆえに）、細かな加筆・修正を除いて、議論の大きな変更はなされていない。
（2）たとえば、ジョルジョ・アガンベン『スタシス―政治的パラダイムとしての内戦』高桑和巳訳、青土社、二〇一六年、八八頁。
（3）トゥーキュディデース『戦史』久保正彰訳、岩波文庫、一九六六年、二四〇―二四一頁。
（4）同、二四四―二四五、二五一頁。
（5）ボッカッチョ『デカメロン』（上）平川祐弘訳、河出文庫、二〇一七年、一六、二三頁。
（6）同、二四、三四頁。
（7）同、三一頁。
（8）松田宏一郎「代表理事就任のご挨拶」『政治思想学会会報』第五〇号（二〇二〇年七月）、一頁。
（9）庄司薫『狼なんかこわくない』中公文庫、一九七三年。
（10）山岡龍一「二〇二一年度研究大会企画について」『政治思想学会会報』第五一号（二〇二〇年一二月）、二頁。
（11）トゥーキュディデース『戦史』、二五三頁。
（12）一〇年前の東日本大震災に対する応答として、たとえば、犬塚元「震災後の政治学的・政治理論的課題―「不確実・不均衡なリスク」のなかの意思決定・連帯・共存の技法」稲葉馨・高田敏文編『今を生きる―東日本大震災から明日へ！ 復興と再生への提言 3．法と経済』東北大学出版会、二〇一二年、第五章（一五一―一八〇頁）。同氏による、政治思想学会のシンポジウム（二〇一三年五月二六日）での報告原稿「大震災後の政治と政治学」は、inuzukah.ws.hosei.ac.jp/_userdata/2013b.pdf（二〇二一年一二月九日最終閲覧)。
(13) ジョン・ダン『政治思想の未来』半沢孝麿訳、みすず書房、一九八三年、二頁。
(14) スキナーを含む政治思想史研究の新たな展開については、たとえば『思想』一一四三号(二〇一九年七月)を参照。
(15) Raymond Geuss, *Philosophy and Real Politics* (Princeton University Press, 2008), pp. 9, 13. 山岡「方法論かエートスか?―政治理論におけるリアリズムとは何か」『政治研究』(九州大学政治研究会)第六六号(二〇一九年)一―三一頁。
(16) たとえば古田拓也氏は、スキナーの「ネオ・ローマ的自由」には理論的な価値や分析概念としての問題があるだけでなく、彼の「レトリック的政治観」を歴史と理論の双方に適用したものであるがゆえに、両者の緊張をむしろ忘却させると批判する。したがって、古田氏によれば、「スキナーですら失敗したという事実は、政治思想史家の誰にとっても教訓となるはずである」。古田拓也「政治思想史と政治理論」『思想』一一四三号、二三―四二頁。引用は三九頁。
(17) David Kearns and Ryan Walter, 'Office, Political Theory, and the Political Theorist,' *The Historical Journal*, vol. 63, no. 2 (2020), pp. 317-337.
(18) Kearns and Walter, 'Office, Political Theory, and the Political Theorist', pp. 317-319.
(19) とはいえ、たとえばシェルドン・ウォリンによれば、「異国の見物」を原義に含む「理論」は、「実情の観察」や「経験の集積」を特質としており、とくに古典的な政治理論は「思想と活動との結合」を希求する「実践的な体系的研究」であった。ウォリン『政治学批判』千葉眞他編訳、みすず書房、一九八八年、五、七頁。
(20) Geuss, *Philosophy and Real Politics*, p. 15. ゴイスによれば、政治は理論の応用によって生起するものというよりも、「技や術」の行使に通じるものである。しかも、このようなスキルは「所与の環境の特徴に応じて柔軟に行動する能力」であるが、簡単には伝達できず、決まった規則にはできず、理論からは自動的に導かれない。
(21) Kearns and Walter, 'Office, Political Theory, and the Political Theorist'. カーンズとウォルターは、政治思想史をある種の「オフィス・トーク」として理解する。すなわち、そこで展開されるのは抽象的な論争ではなく、「哲学者」や「法律家」、あるいは「君主」や「顧問官」などの義務や役割をめぐる、「職務において適切とされる行動と推論の定型」に則った対話や討論なのである(pp. 319, 322)。彼らに先んじて、こうした「職務」の重要性に着目していたコンドレンの研究として、Conal Condren, *Argument and Authority in Early Modern England: The Presupposition of Oaths and Offices* (Cambridge University Press, 2006). Condren, 'The *Persona* of the Philosopher and the Rhetorics of Office in Early Modern England', in Condren, Stephen Gaukroger and Ian

Hunter (eds.), *The Philosopher in Early Modern Europe: The Nature of a Contested Identity* (Cambridge University Press, 2006), pp. 66-89.

(22) とくに「オピニオン」については、堤林剣・堤林恵『「オピニオン」の政治思想史—国家を問い直す』岩波新書、二〇二一年。

(23) チャールズ・テイラー『近代—想像された社会の系譜』上野成利訳、岩波書店、二〇一一年、三一—三二頁。同『世俗の時代』（上）千葉眞監訳、名古屋大学出版会、二〇二〇年、二一〇頁。

(24) 国内における近年の研究例として、堀田新五郎・森川輝一編『講義 政治思想と文学』ナカニシヤ出版、二〇一七年。村田玲『喜劇の誕生—マキァヴェッリの文芸諸作品と政治哲学』風行社、二〇一六年。

(25) アガンベンは、政治哲学と図像学を繋ぎ合わせた「哲学的図像学」の必要を指摘する。しかし、「今日の私たちはその最も基礎的な諸原則すら手にしていない」。アガンベン『スタシス』五四—五六頁。また、ルネサンス期における、視覚的な表象や寓意的な表題画についての人文主義的な伝統や、それらに対するホッブズの持続的な関心については、Quentin Skinner, 'Hobbes and the Humanist Frontispiece,' in Skinner, *From Humanism to Hobbes: Studies in Rhetoric and Politics* (Cambridge University Press, 2018), ch. 10 (pp. 222-315). 初期ステュアート朝における、とくにヘンリ皇太子をめぐる政治的な「アート」については、木村俊道「王権と君主の「ルネサンス」—ヘンリ・ステュアートと統治のアート」『法政研究』第八八巻第二号（二〇二一年）五一一—五四四頁。

(26) バーナード・クリック『シティズンシップ教育論—政治哲学と市民』関口正司監訳、法政大学出版局、二〇一一年、一一二頁。クリックの政治観に、調停や妥協とともに統治の要素が含まれていることを指摘した議論として、関口「監訳者あとがき」『シティズンシップ教育論』二九三頁。関口「政治リテラシーと政治的思慮」同編『政治リテラシーを考える—市民教育の政治思想』風行社、二〇一九年、一八—一九頁。

(27) ピエール・ロザンヴァロン『良き統治—大統領制化する民主主義』古城毅他訳、二〇二〇年、三—五頁。また、「よい統治」あるいは「より悪くない統治」こそが政治哲学の「根本課題」であるとし、そのうえで「思慮の民主化」を省察した論稿として、関口「政治哲学と政治的思慮」『政治研究』第六七号（二〇二〇年）一—三三頁。引用は二五頁。

(28) このフレスコ画については、Skinner, *Visions of Politics*, vol. 2 (Cambridge University Press, 2002), ch. 3. デイヴィッド・ミラー『はじめての政治哲学』山岡龍一・森達也訳、岩波現代文庫、二〇一九年、第一章。

(29) 近藤恒一編訳『ペトラルカ＝ボッカッチョ往復書簡』岩波文庫、二〇〇六年、二一五—二一六頁。

（30）同、二五頁。

（31）たとえば、ジェイムズがホワイトホール宮殿に入った直後の五月二九日に出された国王布告のなかに、すでに感染の拡大についての言及がある。それ以降、裁判所の開廷の延期（6.23, 9.16, 10.18）に加え、戴冠式や定期市、あるいは狭小の部屋に人が集まることを防ぎ（7.6, 8.8, 9.16）、地方から来ている統監代理や治安判事などには帰郷して感染対策を実施するように求める布告（7.29）が次々に出された。J. F. Larkin and P. L. Hughes (eds.), *Stuart Royal Proclamations*, vol. 1 (Clarendon Press, 1973). なお、とくに一六〇六年の流行については、ジェイムズ・シャピロ『『リア王』の時代―一六〇六年のシェイクスピア』河合祥一郎訳、白水社、二〇一八年、第一四章。

（32）たとえば、国王と枢密院による *Orders, Thought Meete by His Maiestie, and His Priuie Counsell, to be Executed throughout the Counties of This Realme* (London, 1603). ロンドン市による *Orders Conceived and Agreed to be Published, by the Lord Mayor and Aldermen of the Citie of London, and the Iustices of Peace of the Counties of Middlesex and Surrey* (London, 1608). 前者はエリザベス期の一五七八年、後者は一五八三年にはじめて印刷され、その後も版を重ねた（ただし、後者の一六〇八年版のSTC16723.5にはシートの欠落がある）。宮崎揚弘『ペストの歴史』山川出版社、二〇一五年、一九四―一九五頁。

（33）ダニエル・デフォー『ペストの記憶』武田将明訳、研究社、二〇一七年、四七―六二頁。*Orders Conceived and Published by the Lord Major and Aldermen of the City of London, concerning the Infection of the Plague* (London, 1665). 宮崎『ペストの歴史』第九章。

（34）もっとも、他と比べてロンドンでは公衆衛生を担当する部局の設置が遅れるなど、「イギリスとは公権力が社会や個人の動向を放任するまことに危機管理に疎い国家であった」（宮崎『ペストの歴史』一二六―一二七、一七一、一六三頁）。

（35）ミシェル・フーコー「統治性」石田英敬訳（小林康夫他編『フーコー・コレクション6 生政治・統治』ちくま学芸文庫、二〇〇六年）、二六〇頁。フーコーの統治性研究の良き道案内として、重田園江『統治の抗争史―フーコー講義 1978-79』勁草書房、二〇一八年。同『フーコーの風向き―近代国家の系譜学』青土社、二〇二〇年。また、バロックから二〇世紀に至る「アルカナ・インペリイ」の系譜については、大竹弘二『公開性の根源―秘密政治の系譜学』太田出版、二〇一八年。

（36）Guillaume de La Perrière, *The Mirrour of Policie* (London, 1598), Gii^{r-v}. フーコー「統治性」二五一、二四六頁。

（37）Justus Lipsius, *Sixe Bookes of Politickes or Civil Doctrine*, (tr.), William Iones (London, 1594), pp. 11, 41.

（38）たとえば、ウォルター・ローリの作とされる『国家のマキシム』では、「政治」policy は端的に「コモンウェルスの統治のアート」とされる。Walter Raleigh, *The Prince, or Maxims of State* (London, 1642), p. 1. 塚田富治『カメレオン精神の誕生―徳の政治からマキアヴェリズムへ』平凡社、一九九一年。Alexandra Gajda, 'The Gordian Knot of Policy: Statecraft and the Prudent Prince', in Malcolm Smuts (ed.), *The Oxford Handbook of the Age of Shakespeare* (Oxford University Press, 2016), pp. 286-305.

（39）近年の研究例として、川出良枝「内戦の記憶―「国家理性」論再考」『年報政治学』五一巻（二〇〇〇年）三―一四頁。押村高『国際政治思想―生存・秩序・正義』勁草書房、二〇一〇年、第一章。Condren, 'Reason of State and Sovereignty in Early Modern England: A Question of Ideology?', *Parergon*, vol. 28, no. 2 (2011), pp. 5-27.

（40）Peter Burke, 'Tacitism, Scepticism, and Reason of State', in J. H. Burns and Mark Goldie (eds.), *The Cambridge History of Political Thought, 1450-1700* (Cambridge University Press, 1991), pp. 479-498. Paulina Kewes, 'Henry Savile's Tacitus and the Politics of Roman History in Late Elizabethan England', *Huntington Library Quarterly*, vol. 74, no. 4 (2011), pp. 515-551. Malcolm Smuts, 'Varieties of Tacitism', *Huntington Library Quarterly*, vol. 83, no. 3 (2020), pp. 441-465.

（41）Francis Bacon, *The Essayes or Counsels, Civill and Morall*, (ed.), Michael Kiernan in *The Oxford Francis Bacon*, vol. 15 (1985: Clarendon Press, 2000), p. 20（ベーコン『ベーコン随想集』渡辺義雄訳、岩波文庫、一九八三年、三四頁）.

（42）King James VI and I, *Political Writings*, (ed.), J. P. Sommerville (Cambridge University Press, 1994), pp. 44, 46, 61, 249.

（43）木村『想像と歴史のポリティックス―人文主義とブリテン帝国』風行社、二〇一〇年、補論。

（44）Thomas Hobbes, 'A Discourse upon the Beginning of Tacitus', in N. B. Reynolds and A. W. Saxonhouse (eds.), *Three Discourses: A Critical Modern Edition of Newly Identified Work of the Young Hobbes* (The University of Chicago Press, 1995), p. 57.

（45）Hobbes, 'A Discourse upon the Beginning of Tacitus', pp. 65, 45.

（46）Hobbes, *Hobbes's Thucydides*, (ed.), Richard Schlatter (Rutgers University Press, 1975)（山田園子訳「トマス・ホッブズ『トゥーキューディデースの生涯と歴史』（上・下）」『広島法学』三一巻二号（二〇〇七年）二一一―二二八頁、三一巻三号（二〇〇七年）三三―四九頁）. ホッブズは献辞において、直前に亡くなったキャヴェンディッシュ（第二代デヴォンシャー伯）について、彼ほど「自由人の学芸liberal artsを自由に研究した人々」を愛好し、「大学なるものを要しない」屋敷に住んでいた人はないとしたうえで、彼が「歴史と政治学civil knowledge」の研究に励んでいたことを称賛した（p. 3（山田訳「『トゥーキューディデースの生涯と歴史』（上）」二一五―二一六頁））。梅田百合香『ホッブズ 政治と宗教―『リヴァイアサン』再考』名古屋大学出版会、二〇〇五年、四一―四六頁。なお、トゥキュディデスと後期ホッブズとの接点を示唆したものとして、同「ホッブズとトゥキュディデスの朗誦される歴史—ホッブズの後期著作の文体と朗読」『政治思想学会会報』第四二号（二〇一六年七月）二—六頁。

（47）Hobbes, *Hobbes's Thucydides*, p. 6（山田訳「『トゥーキューディデースの生涯と歴史』（上）」二一八—二一九頁）.

（48）Hobbes, *Hobbes's Thucydides*, pp. 27, 7（山田訳「『トゥーキューディデースの生涯と歴史』（下）」四九頁、「同（上）」二一九頁）.

（49）Noel Malcolm, *Reason of State, Propaganda, and the Thirty Years' War: An Unknown Translation by Thomas Hobbes*（Cambridge University Press, 2007）, ch. 6. とくに『ビヒモス』へと至る態度変化については、川添美央子「トゥキュディデスのホッブズ訳に関する一試論—Prudence とWisdom をめぐって」『社会科学』第三〇号（二〇二〇年）一—二四頁。

（50）上田悠久『〈助言者〉ホッブズの政治学』風行社、二〇二一年、一九六頁。

（51）たとえば、中神由美子『実践としての政治、アートとしての政治—ジョン・ロック政治思想の再構成』創文社、二〇〇三年。

（52）John Locke, *An Essay Concerning Toleration and Other Writings on Law and Politics, 1667-1683*,（eds.）, J. R. Milton and Philip Milton（Cambridge University Press, 2006）, p. 289. 日本語訳は、山田園子『ジョン・ロック『寛容論』の研究』溪水社、二〇〇六年、二一三頁。なお、ロックの寛容論を「統治術としての政治論の一部」とする議論として、山岡「ジョン・ロックの寛容論——政教分離の原理と思慮の政治」大西直樹・千葉眞編『歴史のなかの政教分離—英米におけるその起源と展開』彩流社、二〇〇六年、一二五—一四七頁。引用は一四二頁。

（53）John Locke, *Political Essays*,（ed.）, Mark Goldie（Cambridge University Press, 1997）, pp. 281-282（ロック『ロック政治論集』山田園子・吉村伸夫訳、法政大学出版局、二〇〇七年、二一一—二一三頁）.

（54）Locke, *Political Essays*, pp. 350-351（『ロック政治論集』三三〇、三三二頁）.

（55）Locke, *Political Essays*, pp. 352-353（『ロック政治論集』三三二—三三三、三三五頁）.

（56）Locke, *Some Thoughts Concerning Education*,（eds.）, J. W. Yolton and J. S. Yolton（Clarendon Press, 1989）, p. 237（ロック『教育に関する考察』服部知文訳、岩波文庫、一九六七年、二八六頁）.

（57）Samuel Johnson, *A Dictionary of the English Language*（London, 1755: Yushodo, 1983）.

（58）Bacon, *De dignitate et augmentis scientiarum*, in James Spedding, R. L. Ellis and D. D. Heath（eds.）, *The Works of Francis Bacon*, vol. 1（1857: Cambridge University Press, 2011）, p. 747.

（59）Locke, *Some Thoughts Concerning Education*, pp. 200, 203（『教育に関する考察』二二四、二二九頁）. ロックのシヴィリティ論

については、辻康夫「ジョン・ロックの政治思想（三）―近代的諸価値の意義と脆弱性」『國家學會雑誌』第一〇六巻九・一〇号（一九九三年）八〇八―八六二頁も参照。

（60）Locke, *Some Thoughts Concerning Education*, p. 200（『教育に関する考察』二三三頁）. 彼はまた、『寛容論』においても次のように記していた。「暴力は人々のもつ見解を支配できないし、彼らの胸に新しい見解を植えつけることもできない。しかし、礼儀正しさcourtesy、友情、そしてやさしい待遇はそういうことが可能かもしれない」。Locke, *An Essay Concerning Toleration*, p. 297（山田『ジョン・ロック『寛容論』の研究』二二二頁）。

（61）La Perrière, *The Mirrour of Policie*, Ar.

（62）Johnson, *A Dictionary of the English Language*.

（63）Keith Thomas, *In Pursuit of Civility: Manners and Civilization in Early Modern England*（Yale University Press, 2018）. トマスによれば、シヴィリティは多義的であるが、いずれも「よく秩序付けられた政治的共同体の存在と、その市民に期待される適切な資質や行為」に関連する。それは「人々がともに生活し繁栄するのを可能にした一群の信念や実践や制度」から成り立っており、「野蛮」とは異なり、「抑制と寛容と相互理解」を求める。そして、このシヴィリティと野蛮との対照は「今でもその意義を失っていない」。Thomas, *In Pursuit of Civility*, pp. 6, 346.

（64）木村『文明の作法―初期近代イングランドにおける政治と社交』ミネルヴァ書房、二〇一〇年。同『文明と教養の〈政治〉―近代デモクラシー以前の政治思想』講談社選書メチエ、二〇一三年。

（65）R. G. Collingwood, *The New Leviathan or Man, Society, Civilization and Barbarism*, (ed.), David Boucher（Clarendon Press, revised ed., 1992）, pp. 286（34.7）, 291（35.4, 35.41）.

（66）Michael Oakeshott, *On Human Conduct*（Clarendon Press, 1975）, pp. 108, 147, 182-183（オークショット『市民状態とは何か』野田裕久訳、木鐸社、一九九三年、八、六二、一〇九―一一〇頁）.

（67）John Rawls, *Political Liberalism*（1993: Columbia University Press, expanded ed., 2005）, pp. 217, 253, 485.

（68）たとえば、Thomas, *In Pursuit of Civility*, pp. 335-346. コロナ禍における応答の一例として、Matteo Bonotti and S. T. Zech, *Recovering Civility during COVID-19* (Palgrave Macmillan, 2021).

（69）Anna Post, *Mr. Manners: Lessons from Obama on Civility*（Andrews McMeel Publishing, 2010）.

（70）Barack Obama, 'Remarks by the President at the National Prayer'（2010.2.4）. https://obamawhitehouse.archives.gov/thepress-office/remarks-president-national-prayer-breakfast（二〇二一年一二月九日最終閲覧）. なお、ジョージ・W・ブッシュ元大統領も、二〇〇一年一月二〇日の大統領就任演説でシヴィリティの必要を訴えている。

（71）Jeremy Waldron, *The Harm in Hate Speech* (Harvard University Press, 2012), p. 207（ウォルドロン『ヘイト・スピーチという危害』谷澤正嗣・川岸令和訳、みすず書房、二〇一五年、二四七頁）.

（72）Waldron, *The Harm in Hate Speech*, p. 219（『ヘイト・スピーチという危害』二六一頁）.

（73）マーサ・ヌスバウム『良心の自由―アメリカの宗教的平等の伝統』河野哲也監訳、慶應義塾大学出版会、二〇一一年。M. C. Nussbaum, 'The First Founder,' *The New Republic* (September 10, 2008). T. M. Bejan, *Mere Civility: Disagreement and the Limits of Toleration* (Harvard University Press, 2017). Idem, "The Bond of Civility': Roger Williams on Toleration and Its Limits,' *History of European Ideas*, vol. 37 (2011), pp. 409-420. 国内では、森本あんり『アメリカ的理念の身体―寛容と良心・政教分離・信教の自由をめぐる歴史的実験の軌跡』創文社、二〇一二年。同『不寛容論―アメリカが生んだ「共存」の哲学』新潮選書、二〇二〇年。大西直樹『ニューイングランドの宗教と社会』彩流社、一九九七年、第三章。久保田泰夫『ロジャー・ウィリアムズ―ニューイングランドの政教分離と異文化共存』彩流社、一九九八年。

（74）ヌスバウム『良心の自由』五三―五四頁。

（75）ヌスバウム『良心の自由』四八、八五―八九頁。ヌスバウムによれば、ウィリアムズの考えは「一〇〇年後のカント哲学を鼓舞する考えに匹敵する」だけでなく、「ロールズの現代の著作のなかでより明瞭化され、さらに発展している」（八五、八八頁）。

（76）Bejan, *Mere Civility*, p. 18.

（77）Roger Williams, *The Bloudy Tenent of Persecution, for Cause of Conscience*, in S. L. Caldwell (ed.), *The Complete Writings of Roger Williams*, vol. 3 (1963: Wipf & Stock Publishers, 2007), Preface. なお、ここでの「異教徒」はアメリカン・インディアン、「トルコ人」はイスラム教徒、「反キリスト教徒」はカトリックを指す。Bejan, *Mere Civility*, p. 50.

（78）Charter of Rhode Island and Providence Plantations, July 15, 1663. この勅許状の全文はThe Avalon Projectのサイトにも掲載されている。https://avalon.law.yale.edu/17th_century/ri04.asp（二〇二一年一二月九日最終閲覧）. Chris Beneke and C. S. Grenda (eds.), *The Lively Experiment: Religious Toleration in America from Roger Williams to the Present* (Rowman & Littlefield, 2015).

（79）Bejan, *Mere Civility*, pp. 8-14, 58-61. ベジャンによれば、この 'mere' には 'pure,' 'unmixed,' 'absolute' などの意味も含まれる

(pp. 59, 163)。

(80) Bejan, *Mere Civility*, p. 60; "The Bond of Civility", p. 410. なおまた、ロールズが批判した「暫定協定」の意義をアウグスブルグの宗教和議に探った議論として、木部尚志「政治思想としてのModus Vivendi」『政治思想学会会報』第三一号（二〇一〇年）一—五頁。

(81) Williams, *The Examiner Defended*, in Perry Miller (ed.), *The Complete Writings of Roger Williams*, vol. 7 (1963: Wipf & Stock Publishers, 2007), p. 263.

(82) Williams, *A Key into the Language of America*, (ed.), J. H. Trumbull in *The Complete Writings of Roger Williams*, vol. 1 (1963: Wipf & Stock Publishers, 2007), p. 38 [98]. ウィリアムズはさらに、「礼節ある異教徒は、礼節のないイングランド人を軽蔑するであろう」とも述べた。彼によれば「神は一つの血をもってすべての人類を創った」のであり、「自然は、血統や生まれや身体などについての、ヨーロッパとアメリカ人との違いを知らない」のである（pp. 38, 81 [98, 141]）。

(83) Williams, *The Bloudy Tenent*, pp. 74, 201.

(84) 森本『アメリカ的理念の身体』第六章。

(85) ジョバンニ・ボッテーロ『国家理性論』石黒盛久訳、風行社、二〇一五年、七頁。

(86) 森本『アメリカ的理念の身体』一二七頁。

(87) G. W. LaFantasie (ed.), *The Correspondence of Roger Williams*, vol. 2 (Brown University Press, 1988), p. 774. 森本『アメリカ的理念の身体』一二八頁。ウィリアムズによれば、このことは「全人類の、そう異教徒の心にさえも」刻まれている。彼はまた、プロヴィデンス市に宛てたこの書簡（15 January 1681/82）のなかで、「剣のもとで、あるいは万人が暴君であるところで過ごすよりも、暴君のもとで平和に暮らす方がよい」という「古代の格言」を参照する（p. 775）。

(88) LaFantasie (ed.), *The Correspondence of Roger Williams*, vol. 2, p. 424.

(89) Williams, *The Bloudy Tenent*, p. 204.

(90) LaFantasie (ed.), *The Correspondence of Roger Williams*, vol. 2, p. 424.

(91) David Hume, *Essays Moral, Political, and Literary*, (ed.), E. F. Miller (Liberty Fund, revised ed., 1985), p. 126（ヒューム『道徳・政治・文学論集』田中敏弘訳、名古屋大学出版会、二〇一一年、一〇九頁）. あるいはまた、『道徳原理の研究』の結論では、「完全な美徳」の「典型」として、カスティリオーネやグラシアンの理想をも「凌駕」するような、クレアンテスという

「礼儀作法good mannersをわきまえた」人物が描かれた。Hume, *An Enquiry concerning the Principles of Morals*, (ed.), T. L. Beauchamp (Clarendon Press, 1998), p. 73（ヒューム『道徳原理の研究』渡部峻明訳、哲書房、一九九三年、一三六頁）.

(92) Hume, *Essays Moral, Political, and Literary*, p. 271（『道徳・政治・文学論集』二二三―二二四頁）. この議論が展開されたエッセイ「技芸における洗練について」によればまた、「実現可能なことだけを目指す政治家」は「ある悪徳を別の悪徳で矯正することしかできないことがきわめて多い」のであり、その場合には「最も害の少ないものを選ぶべきである」（二二九頁）。

(93) ボッカッチョ『デカメロン』（下）平川祐弘訳、河出文庫、二〇一七年、四七三頁。第一〇日目の結びのこの一文は次のように続く。「皆さまご承知のように私どもがフィレンツェを去ってから明日で第一五日目となります。ペストの発生以来、私どもの市を絶え間なく襲う憂鬱苦痛、不安懊悩から逃れよう、そしてなにか楽しみの手立てを求めよう、健康を保ち命ながらえようといたしました。この私どもの目標は、私の判断するところでは、きちんと達成されたかに存じます」。

(94) Walter Lippmann, *Public Opinion* (1922: Transaction Publishers, 2nd printing, 1998), p. 278（リップマン『世論』（下）掛川トミ子訳、岩波文庫、一九八七年、一一七頁）.

(95) Lippmann, *The Public Philosophy* (1955: Transaction Publishers, 1989), pp. 8, 27（リップマン『公共の哲学』矢部貞治訳、時事通信社、一九五七年、一二、三七頁）.

(96) Lippmann, *The Public Philosophy*, pp. 3, 96（『公共の哲学』六、一二七頁）.

(97) Ernest Barker, *Traditions of Civility: Eight Essays* (1948: Cambridge University Press, 2011).

(98) Lippmann, *The Public Philosophy*, p. 104（『公共の哲学』一三八頁）.

(99) Lippmann, *The Public Philosophy*, p. 155（『公共の哲学』二〇九―二一〇頁）. しかし、デモクラシー諸国は「よく統治する技術は学んではいない。もしそれを学ぼうとするなら、それは老いた者から若い者へと伝達されなければならず、そしていろいろの習慣と理念が、世代から世代へと、伝統の担い手たちの間に、縫い目のない記憶の織物として、維持されなければならないのである」（p. 136（『公共の哲学』一八一頁））。

(100) Lippmann, *The Public Philosophy*, p. 101（『公共の哲学』一三四頁）.

独裁官と憲法改正

――ジェファソンにおけるローマとヴァージニア

上村　剛

はじめに

コロナ禍が発生した直後の二〇二〇年三月、（いまやすっかり慣れきってしまった）緊急事態宣言に関して、宇野重規はローマの独裁官の例を範にとるべきであると主張した[1]。もちろん無制限のリーダーシップを肯定するのではなく、緊急事態に関する超法規的権限の制度設計が事前に存したこと、そして権力の濫用について事後に厳しい審査を受けたことを参考にすべき、というのがその趣旨である。ここでの宇野の提言の是非は問題ではない。考えるべきは、政治思想史の智慧を自らの生きる時代に適用するという思想史家の態度が看取されることである。

多くの研究者にとって、政治思想史は古典古代の智慧を探求する営みであると同時に、古典古代の智慧を現代に巧みに接合、適用しようとする姿勢の継承でもある。つまり、二一世紀の我々が研究対象とする過去の思想家たちもまた、それ以前の歴史に照らして自らが生きた時代状況と格闘した、ということである。ゆえにどのように同時代の政治に過去の政治思想を適用したかもまた、政治思想史の研究対象となってきた[2]。古典古代をどのように参考にするかは、古代と近代を別個のものとして扱うか否か、自分の生きる時代と無関係か否かといった点からいくつかの態度が存在しうる[3]。

古典古代の政治思想の継承と適用という知的営為の具体例としては、上述の独裁官もまた、政治思想史のなかで検討され続けてきた制度である。カール・シュミットが独裁の概念史を掘り下げつつ、戒厳状態法からヴァイマール憲法についてまで、同時代の法、政治状況を視野に入れていたのは最も有名な例だろう。[4] シュミットの理解に従えば、独裁についての評価は一八世紀に委任独裁から主権独裁への一つの転換をみる。この独裁の分類に対しては、モンテスキューとルソーを代表例として貴族政型と民主政型という異なる分類論が近年提示されているが、[5] 肯定的だった独裁官のイメージがフランス革命において政敵を批判するための否定的な用語へと変化する、との思想史解釈はゆらいでいない。

しかしこのような独裁官の思想史には一つの閑却された事例があり、それゆえその理解はいまだ不十分なままである。その事例とは、同じく一八世紀に生じた、アメリカ革命である。アメリカ革命が古典古代の継承であるという議論は、論者によっては過度に図式的すぎるきらいがあるものの、ゴードン・ウッドや『マキァヴェリアン・モーメント』でウッドの議論を参照したポーコックを筆頭に強く展開されてきたし、筆者もそれに異論はない。[6] その例として有徳な市民像といったものが挙げられるだろう。だが他方でユニークなのは、ローマ由来の独裁官という構想が論争的であり、それを導入しようとする人物もいれば、否定した人物もいた、という事実である。そして後者の代表例として挙げられるのがトマス・ジェファソンである。この事実はジェファソンが古典古代に対して憧れを抱く人物であったとの常識的理解からはやや意外に思われるため、彼のローマへの眼差しを独裁官に即して検討する必要が生じる。彼が古典古代の継承としてのアメリカ革命、あるいは共和主義のアメリカ革命といった大文字の図式に頼らず、むしろ古典古代の共和主義的精神の持ち主であるというイメージそれ自体を全面的に反駁する企図も本稿にはないが、単に古典古代の制度をあえて斥けた態度もまた慎重に検討されるべきであると考える。[7] そこで本稿は、トマス・ジェファソンの『ヴァージニア覚書』を出発点として、危機の時代の独裁官構想が建国期アメリカでどのようにして議論されたかを考察する。それはおのずから、独裁官の政治思想史叙述のより豊かな語りに寄与するだろう。

本稿は第一節でまず『ヴァージニア覚書』におけるジェファソンの独裁官についての議論をまとめる。続いて第二節で、どのような文脈のなかでジェファソンの議論が登場したかを確認する。第三節ではジェファソンがローマの独裁官についてどのような文献に基づいてどのような歴史理解をしていたかを問題とする。第四節では、ジェファソンが独裁官構想の代わりに、いかなる憲法改正案を提示していたかをみることで、何が独裁官構想の欠点であったか、どのようにそれを乗り越えたかを確認する。

これらの議論を通して、本稿は二つの点を明らかにする。まず独裁官の政治思想史について、それが具体的に適用されるべきか論争的になった事例としてのヴァージニアの重要性を指摘する。(8) ヴァージニアにおいて独裁官構想は否定され、その政治的文脈が憲法における執行権力の拡大という思考をジェファソンにもたらした。この事実は独裁官評価がフランス革命を転機とするとは必ずしも限らないことを示唆し、そしてローマの独裁官制度の否定を媒介としてアメリカの成文憲法の思想が展開された、という異なる思想連鎖の可能性を秘めるものである。そして二点目として、ジェファソンの政治思想という視角からは、(9) ジェファソンと古典古代との関係をより綿密に検討することで、彼が純粋な古典古代の継承者でもなければ、人民による民主政ないし共和政という憲法を単純に支持していたわけでもなく、むしろ選挙による専制と独裁官のような緊急権力の双方に防波堤を設けるための制度構想を模索していたことを明らかにする。

一 『ヴァージニア覚書』における独裁官構想批判

一七八一年のヴァージニアは、年始早々大変な惨状だった。英国海軍が元日にヴァージニアの海に現れ、侵攻を開始した。時の邦知事はジェファソンだったが、これに対して迅速な対応を怠り、民兵の召集もかけなかった。その結果、一月五日には英軍はリッチモンドに到着し、ジェファソンの公邸も襲撃された。(10) そして半年後の六月四日には彼の住居モンティチェロまでもが攻撃を受け、ジェファソンは逃走した。(11) 知事の任期はちょうど六月一日できれるところであったため、この邦知事の失態を代議院は非難し、調査を開始した。六月一二日付のジェファソン宛書簡では、代議院からの決議が伝達されたことが確認される。(12) 調査の結果、ジェファソンの不名誉は晴れることになるが、(13) しかし世間的にはジェファソンの執政は失敗との印象は免れなかった。この結果ジェファソンは、一七八三年まで公職からの一時的な引退を余儀なくされる。

だがこれは一つの著作の誕生のきっかけとなった。知事退職後ジェファソンはかねてより依頼のあった仕事に取り掛かる。それが、フランスの在米大使館の書記官であったフランソワ・バルベ＝マルボワ（François Barbé-Marbois）から寄せられた質問状への応答であった。これは一七八〇年一〇月に全一三植民地に一斉に送られ、ヴァージニア邦についてはジェファソンのもとに届けられた。これに回答するためジェファソンは『百科全書』などの資料を購入しようとするものの[14]、上記の戦争に追われていたため、二月五日に届けられた確認の手紙に対して三月四日に「これまでのところ数点の資料しか集められていない[15]」と弁解している。その後ジェファソンはようやく六月下旬（落馬による怪我のため、外出が困難であった[16]という理由もある）から集中して執筆に取り掛かり、最終的に同年一二月にマルボワに対する原稿は完成した。

しかし、これが『ヴァージニア覚書』として公刊されるには、なお数年の時を要したし、今日ではマルボワに宛てた原稿と公刊された版とは「極めて異なる[17]」ものと考えられている。テクストの成立[18]について先に述べておけば、マルボワに渡した原稿は執筆期間などを考慮すると三五から四〇頁ほどの短いものだったと推定される[19]。それを渡したのちジェファソンは写しを親しい友人に回覧し意見を求めた。その結果、一七八二年一一月一六日のマルキ・ド・シャトリュ（Marquis de Chastellux）宛書簡、一七八三年九月二五日のトマス・ウォーカー（Thomas Walker）宛書簡においてマルボワへの元々の原稿から改訂されたことが確認されている[20]。この時期には関連して、後述する憲法改正案についても一七八三年の六月から七月に執筆している事実が重要である。また、改訂した『ヴァージニア覚書』についてジェファソンはフィラデルフィアでの出版を考えていたが、金銭的、時間的な事情から実現にいたらず[21]、さらにフランス公使に任命されたことから、赴任先のパリにおいてまずは私家版を印刷した。公にしないのは「奴隷制とヴァージニア憲法についての非難が、公にしたくない部分[22]」であるからと、一七八四年六月七日のシャトリュ宛書簡で述べている。ここからヴァージニア憲法についての箇所が論争的であり、政治的な批判を大いに呼びそうであったと推測しうる。

しかしその後この私家版が流出すると、劣悪なフランス語訳による出版を恐れたジェファソンは、自ら一七八六年にフランス語版をまず出版する。しかるのち、ロンドンの出版社ストックデールからの依頼を受けるとこれも了承し、翌一七八七年にははじめての刊行がロンドンでされることになる。

このような『ヴァージニア覚書』の執筆事情、改訂期間からして、それが単にフランス公使に対して事実を伝えるという目的以上に、ヴァージニアやアメリカの人たちに対する政治的な意図をも有していたことは明らかである。[23]

さて、『ヴァージニア覚書』の構成は二三の質問に順にジェファソンが答えていくというものである。実質的に一三章にあたる質問一三は「邦憲法と特許状はいかなるものか?」という題のもと、一五八四年にエリザベス女王がウォルター・ローリーに対して与えて以降の特許状の歴史と、現行のヴァージニア憲法の欠陥と修正方法について検討されている。そのなかで欠陥と思しき問題として議論されているのが、緊急権力の不在と、その是正のため提案された独裁官構想についてである。つまり、ヴァージニア憲法には緊急時に対応するだけの強力な政治権力を設置することが困難であるという欠陥があり、それを乗り越えるための独裁官を肯定する主張である。しかしこれはジェファソンにとっては思い違いであると指摘される。

憲法の欠点を列挙する際に、ある人々の誤りにすぎないものを数え含めるのは間違っている。一七七六年一二月、我々の状況はとても悪化していた。そのため下院において独裁官(*dictator*)を作る提案がされた。独裁官には全ての立法、執行、司法権力、政治、軍事権力、生殺与奪の権力、身体ならびに財産に対する全ての権力が委ねられようとした。そして一七八一年六月には、再び惨禍のもとにあったため、同じ提案が繰り返され、わずか数票差で可決されるところであった。[24]

ヴァージニアにおいては、英軍との戦争遂行にあたって、独立を勝ち取るために不可欠のものとして二回独裁官が提案された。独裁官に賛同するものたちにとって、これは緊急事態に対応できない憲法上の欠陥を是正するものと考えられた。しかしジェファソンはそのような憲法上の欠陥を認めず、独裁官が不要である論拠を三つあげる。まず、権力付与の根拠を欠くこと。次に、他の諸邦においても独裁官設立の例は見られないことから、通常権力の運用によって代替可能であること。そして最後に、独裁官構想の模範であったローマと前提条件が異なり、そのため単純な適用が困難であること、の三つである。

まず、独裁官への授権の根拠であるが、これについてジェファソンは「古来の法（ancient laws）」[25]にも新憲法にも、そのような根拠は見出されないと述べる。古来の法においては、「人民から委託されたに過ぎない人々は、判断力と廉直さとを要する権力の行使においてその権力を他者に委託できない、と明示的に宣言されている」。そして新憲法においては、独裁官などという構想とは「まったく逆の方向を示している」。新憲法の「根本原理とは、この国家が共和国として統治されるべき」というものであり、「法律によって規定されていないすべての権限を行使することを大権の名の下に排除している」というのである。なぜならば、「将来単一の人間の腐敗した意志が抑圧するところのないように、自身を統治する権力を自分で選択した多数の手に委ねた」からである。このような革命の過程からして、新憲法の原理から独裁官構想が導出されるわけがない、とジェファソンは訴える[26]。

これに対しては、必要性（necessity）という反論をジェファソンは一応想定する。つまり、現行事態の緊急性に照らして、いったん一人の人物に権力を委ねる必要がある、という議論である。しかしそのように政府を解体する必要性の場合には寡頭政や君主政に至るのではなく、「人民の手に彼らが委託した権力をお返しし、人民が個人個人として自活していくために残す[27]」ことになる。たとえ必要性の見地から権力の再構成が要求されるとしても、それは独裁官にはやはりつながらない。

次に、他の諸邦の経験である。ジェファソンはマサチューセッツ、ロード・アイランド、ニューヨーク、ニュージャージー、ペンシルヴァニアの名をあげて、これらの邦において英軍侵攻による危険が迫ったにもかかわらず、独裁官に頼ることなく乗り切れたと指摘する。例えばマサチューセッツにおいては、ヴァージニアの一七七六年の一回目の独裁官提案以前に、既に委員会政府のみで十分対処できると明らかになっていた。他の四つの邦においても一七八一年の二回目の独裁官提案までにこれと似た状況になったとジェファソンは主張する。それにもかかわらずヴァージニアがこの期に及んで独裁官について考える、などというのは「人類全般への叛逆の罪[28]」である、と断固たる口調でジェファソンは批判するのである。

三点目のローマからの適用については第三節で後述するとして、ここではこの二つの文脈をもう少し検討したい。なぜジェファソンはこのようなかたちで独裁官構想を否定したのか。そして、独裁官を設置しようとした側にはどのような政治的な思惑が存在したのだろうか。

二 『ヴァージニア覚書』に至るまでの独立戦争の展開

本節では、ジェファソンが念頭に置いていた同時代の三つの出来事に目を向けたい。まず、一七七六年の憲法制定、次に同年の独裁官についての提案であり、最後に一七八一年の独裁官の提案である。これらを検討することで、ジェファソンが独裁官構想を否定した背景にいかなる歴史的文脈があったかの理解が可能となり、彼の政治思想の微細な変化の把握につながると考えられる[29]。

1 一七七六年憲法制定とジェファソンの不満

一七七六年のヴァージニア憲法は世界最初の成文憲法とも呼ばれるが、ジェファソンはこの憲法制定にほぼ参加していない。その理由として彼が大陸会議代表としてフィラデルフィアにいたことがあげられるが、そのタイミングはかなり微妙なものであった。ジェファソンがモンティチェロを離れてフィラデルフィアに到着したのは一七七六年五月一四日のことであった[30]。折しもその数日前、大陸会議においてジョン・アダムズが新政府設立の呼びかけを各邦にするとヴァージニア議会はこれに呼応し、五月一五日に新政府設立のための委員会を設置する決議を行った[31]。この様子は入れ違いになったジェファソンに、エドマンド・ペンドルトン（Edmund Pendleton）から二四日の書簡で「政治のコックたちが料理を用意するのに忙しく、メイソン大佐（Col. Mason）がその偉業を牽引していると思える」という言い回しで伝えられ[32]、それ以降の憲法制定過程についてジェファソンは基本的にペンドルトン並びにウィリアム・フレミング（William Fleming）との書簡のやりとりを通じて情報を得ている。ここで重要なのは、憲法制定の報せをうけた前後、少なくとも六月一三日以前にジェファソンが三つの草案を作成していたことである[33]。これは実際のヴァージニア憲法に反映されることはほとんどなかったが、部分的に反映されていた可能性もある[34]。そしてなにより、ジェファソン自身の憲法構想を知るためにとりわけ重要なテクストである。

ジェファソンの三つの草案には細かい異同がみられるが、共通している点と、思い悩んでいた点とがそこから看取される。まず、一貫しているのは新政府の権力を三つに分けることであり、特に第二の草稿以降は立法、執行、司法のいずれかの人間が他の部門に属してはならないことも明示されている[35]。次に、参政権についてもジェファソンは「市内においては四分の一エーカー、地方においては二五エーカーの土地を保有する、成年に達した正常な精神をもつ全ての男性で、過去二年間に諸税を政府に支払った住民は代表選挙に投票する権利を持つ[36]」として従来からの拡大を主張している。さらに、カウンティの間での平等な代表（equal representation）についても「各カウンティもしくは都市における代表の人数は有権者の数と釣り合うべき[37]」と、いずれの草案でも主張している。最後に、執行権の弱体化についても一貫している。実際の憲法では知事となる執行権力者は行政官（administrator）と呼ばれ、議会の召集・解散権を持たず、その他にも立法府の拒否権が認められない、軍事権力を持たないなど多くの権力の制限が明示されている[38]。

他方で、三つの草案で議論が揺れている点もいくつかあり、なかでも上院と枢密院（privy council）の扱いに苦慮している。上院について難問となったのは、上院議員の人数、任命方法、任期である。第一の草案では人数については決めかねていたようであり、任命は下院（house of Representatives）によるものとされ、終身任期であった[39]。だが第二の草案では人数が一五人以上五〇人以下と定められ、一旦は終身であると書かれた任期についても直ちに草案から削除され、籤によって三分の一が三年後に改選され、その三年後に別の三分の一が、というかたちで改選される。再選も禁止された[40]。第三の草案もこれと同様である[41]。

次に枢密院については、第一の草案では任命方法にも人数についても空白になっており、確たる意見がなかったと考えられる[42]。第二の草案では下院による任命、任期は一年とされ、人数はなお不明であるが、そのままの文言が第三の草案にも書かれている[43]。

これらの草案について、ジェファソンは自分自身がフィラデルフィアを離れるわけにはいかなかったため、自身の師であり大陸会議代表でもあったジョージ・ウィズ（George Wythe）に持参させることにした。ウィズは憲法制定中の六月二三日に当時の首都ウィリアムズバーグに帰還し、ジェファソンの意見を草稿と合わせてヴァージニアの同胞に伝えたとされる。

とはいえ、会議に参加していないジェファソンの議論がそこまで反映されたわけではなく、議長ペンドルトンをはじめ、ジョージ・メイソン、パトリック・ヘンリー（Patrick Henry）らによって議論は主導されたため、参政権の拡大や上院議員の選出方法についてのジェファソンの意見は通らなかった。実際のヴァージニア憲法[44]において、前者については「両院議員を選出する選挙権資格は、現行通りにする[45]」とされ、また上院の選挙はカウンティが「二四の選挙区に分割され」、「それぞれの選挙区の各カウンティは、代議院の選挙の際に一名の上院議員を選出するものとする」とされた。従ってここでも代議院において上院議員を選出すべきとのジェファソンの主張は反映されなかった。それ以外にも、立法府の発議権も全て代議院に委ねられるなど、上院の権力もジェファソン案以上に弱められ、より民主的な政体が作り上げられたと言える。

この憲法の内容についてジェファソンは八月二六日付のペンドルトン宛書簡で不満を漏らしている。これは八月一〇日のペンドルトンからの書簡を受けての返事である。ペンドルトンもジェファソンの憲法構想に敬意を表して様々な意見をぶつけており、なかでも上院議員が下院から選ばれるのでは独立が保たれないのではないか、下院が上院に対して強い影響を及ぼしすぎるのではないか、と懸念している。むしろ上院の独立を保つ選出方法としてペンドルトンは上院議員の終身任期ならびに高所得による参政権の制限、さらに他の官職との兼務禁止という案を述べている。また参政権の拡大と平等な代表についても異論を唱えている[46]。

これに対してジェファソンも、上院の智慧（wisdom）と独立性、そして参政権の拡大、平等な代表の全ての論点について応答した[47]。上述のようにジェファソンは、上院議員が下院から選出されるべきと構想していた。その理由について、最も智慧のある人物が選ばれるようになるから、という。裏を返していうと、「人民自身による選択は、一般には際立った智慧があるわけではない」。その代わりに、「人民から選ばれた人々自身に二回目の選択権を与えると、彼らは一般に賢明な人々を選ぶものである。この理由で、下院議員（人民ではなく）が上院を選ぶべきと提案した。そして、それが（選ばれた際には）上院議員たちを独立させると思った[48]」というのである。従って、この方式こそが独立性につながる、とペンドルトンとは反対の意見を展開している。その鍵になるのが九年任期、再選禁止というアイディアである。もしも再選可能な場合には、長い任期といえども議員は人民の好みに迎合するようになりこれに従属してしまう。また任期を終身としないのは、いつしか自分が人民のもとに戻り、統治する側ではなくされる側になるようにすることで、公共善（public good）について考え続けるようにさせるためであるという。これによって下院議員からの任命といえども、上院は独立を保てるというのがジェファソンの見立てである[49]。

また、平等な代表については大きなカウンティが自分たちの人間を送り込むことを懸念し、参政権の拡大については富を持っていることが誠実さの証ではなく、「集合体としての人民の決定は、裕福な人間の決定よりも信頼でき、無私のものであると信じる[50]」として、なおこれを擁護している。以上が、一七七六年に制定されたヴァージニア憲法について残されたジェファソンの不満であった。しかしこのようなジェファソンの意見と裏腹に、強力な代議院や弱体な執行権といった制度設計の結果、ヴァージニア政府は機能不全に陥ることが多く、独立戦争遂行中に問題が発生する。そして独裁官をめぐる論争のなかでジェファソンの憲法思想は、立法権、執行権ともに変化を余儀なくされるのである。

2　一度目の独裁官の提案

上述の過程でヴァージニア憲法が作成されたのちも、ヴァージニアを含め一三植民地の戦況は悪化するばかりであった。そのようななか、一七七六年一二月には独立以前から続いていた代議院の任期が切れ、翌五月まで閉会となることになった。だが、この五か月間の権力の空白を危惧したメイソンは、一時的に知事に緊急権力を集中させようと考えた。「邦を守るためには、政府の通常形態が期間限定で停止されることが必要である。それは敵の侵攻を撃退する目的で、最も強靭で効果的な手段をより迅速に執行するためである」という。具体的には知事パトリック・ヘンリーに対して、「独裁的権力[51]」を委ねるという決議案であった。代議院はこの提案に賛同したが上院はこれに反発し、政府の通常形態の一時的停止という表現が決議案から削除され、代わって追加の権力が政府と参議会に与えられる、という文言になったという。これを代議院も了承し、参議会との共同行使である点も含めて、ローマの独裁官の権力よりははるかに限定されたものとなった[52]。とはいえ、知事ヘンリーの権力はかなり広範なものとなっており、これが議論される直前の一二月一九日には既にヘンリーからカウンティ内の毛布と敷物とを徴収するお願いの手紙がジェファソンにも届いている[53]。

3　二度目の独裁官の提案

二度目の独裁官の提案は、まさにジェファソンが『ヴァージニア覚書』のもととなる原稿の作成直前の一七八一年六月に行われた。上述のようにジェファソンが知事として英軍の侵攻を防げなかったことにつき、ヴァージニアでは不満の声が上がった。その一つの処遇がジェファソンの譴責であったが、もう一つがより緊急事態に対処できる権力の提案であった。

これについては、当時の史料として直接残されているものがほとんど存在しないため、どのような議論が実際に行われたかには不明瞭な部分も多い。六月四日に英軍がシャーロッツビル（リッチモンドから議会の開催場所が変更されていた）に近づくと、議会はまたもや開催場所を更に内陸のストーントン（Staunton）へと変更し、かつ定足数を四〇名へと変更した[54]。そのような非常時のなか開催された同月七日の議会で、ジョージ・ニコラス（George Nicholas）によって独裁官が提案されたと伝えられている[55]。具体的に独裁官の名として挙げられていたのはジョージ・ワシントンと、ワシントンの右腕として南部戦線の総指揮をとっていたナサニエル・グリーン（Nathaniel Greene[56]）である。後年、一八一八年九月のアーチボルド・スチュアート（Archibald Stuart）からジェファソンへの書簡で、このニコラスの提案についてはより詳細に回顧されている。この書簡は、その前年に出版されたウィリアム・ウィート（William Wirt）によるパトリック・ヘンリーの伝記（*Sketches of the Life of Patrick Henry*）にヘンリーが独裁官を否認したとの記述があることについて、スチュアートがその誤りをジェファソンに確認する内容を持つ。ジェファソンからの返信は確認されていないためこれが正確な史実であるかはわからないが、少なくともヘンリーが独裁官の擁護者であったとの推測は成り立つし、今日の研究者はほとんどがこの書簡に依拠しているものであるから、本稿もこれに基づいて議論を進める。

さて、スチュアートの回顧による一七八一年六月の独裁官の論争は以下のようなものである。

一七八一年にシャーロッツビルの代議院が散開させられたのち、ストーントンで会合を開いた。その際議員であったジョージ・ニコラス氏が、この共和国における独裁官の設置を提案した。独裁官はヴァージニア市民の生命と財産を責任に服することなく処分する権力を持つ、とされた。国は敵によって侵略され、政府の運営はほとんど停止させられたと、この決議を擁護するために、ニコラス氏は述べた(57)。

そしてこの独裁官として考えられていたのはワシントンであるとニコラスは述べた。そして、ニコラスの着席直後に立ち上がってこれを支持したのがヘンリーである。

提案された官職が独裁官と呼ばれるのであれ、拡大した権力を持つ知事なのであれ、問題ではないとヘンリーは述べた。いずれにしても、確実にそのような権力を持つ官職が、やりたい放題やる軍隊の放埒な乱暴を抑えるために必要である。そして動議を支持すると彼は締めくくった(58)。

問題は名称なのではなく、実際にこの緊急事態において非常の権力を持つ官職が必要だ、というのがヘンリーの主張である。ところがこれに対して、現在の状況はなお一時的なものにすぎないとの反論が、マン・ページ（Mann Page）ら数人の議員から述べられた。いかなる人間もそのような無制限の権力を持つべきではないし、またワシントンもこのような官職を引き受けないだろう、というのが反論の趣旨である。そしてこれらの議論を議場で聞いていたスチュアートは、この提案は人々に好ましいものではないと簡単に判断できた、と記憶している。[59]

このような議論と前後して、リチャード・ヘンリー・リー（Richard Henry Lee）は直接フィラデルフィアで連合会議に参加しているヴァージニア代表団に向けて書簡を送り、次のように述べた。

ワシントン将軍の人気、判断力、そして経験のみが、私たちが見出せる改善策である。連合会議に彼を直ちにヴァージニアへと派遣させ、議会が召集可能になるまでの間、連合のトップとして将軍に独裁的権力を持たせよう。（……）古代近代いずれの時代にもこの手続きを正当化する先例がある。そしてもし先例がないとしても、現在の必要性（present necessity）が正当化するのみならず、絶対にそのような手段を求めているのである。[60]

これらの文脈を踏まえて改めてジェファソンの独裁官構想批判を考えるならば、そこに自分自身に対する非難を免れようとする意図があったことは間違いない。とはいえ全てをそのような政治状況の問題へと還元することもまた、極論であろう。なぜならば、ローマの政治体制をなぜヴァージニアに適用することが可能なのか、ジェファソンが訝しがっていたこともまた事実だからである。次節ではこのようなローマとヴァージニアの関係についてのジェファソンの議論を考える。

三　ローマへの眼差し

ローマの独裁官とヴァージニアにおける適用との関係について『ヴァージニア覚書』のジェファソンは、メイソンを念頭に置いていたのか、独裁官を提案した同胞に対して同情の余地を見せている。「独裁官構想を擁護した人たちのほとんどはよかれと思ってそうしたのだ。私は彼らの知り合いであり、共通の大義のための同志であったたし、彼らのもつ原理の純粋さはしばしばよく理解されてきたからである」。あくまで問題は、「国のかたちも状況も根本的に異なる古代の共和国を模範にすることで、判断を惑わされた」点にある。古代の共和国とは当然ローマのことである。というのも「こうした先例はローマ史にのみ見出しうる」[61]ものであり、しかもジェファソンのみるところそれは失敗だったからである。

> 彼らは最も激しい党派と内乱によって分裂した共和国を先例としたのであり、その政府は高圧的で非情な貴族政であった。人民は獰猛であり、貧困と不幸とによって自暴自棄になっていた。暴動は困難な状況下でも静まらず、一人の専制者の万能の手によってしかおさまらなかったのである。それゆえ彼らの国制は独裁官という名称で一時的な暴君（temporary tyrant）擁立が認められた。そして二、三の例を経て、その一時的な暴君が終身（perpetual）のものとなった。[62]

これに対してヴァージニアの人民はといえば、「穏和な気性であり、試練に対しても辛抱強く、公共の自由のために結束しており、指導者に対して優しい」[63]。さらに、ローマでは元老院が独裁官への委任の権限を有していたとしても、ヴァージニアではそのような権限が存在しないため適用は困難である。このようにジェファソンは述べ、ローマとヴァージニアの距離を確認するのである。このようなかたちで古典古代の事例を模範例として参照することを拒否する態度は、本稿冒頭で述べたように、決して当たり前の態度ではない。一つの政治思想のあらわれである。

このような比較の次に問題となるのは、ジェファソンのローマ理解である。つまり、どのような独裁官を念頭に置いてローマを理解しているのか、ということである。博識なジェファソンは、この議論の過程で何らの注も示すことなく議論を展開しているため、それ以前の文章、『ヴァージニア覚書』内の議論の特徴、彼の蔵書の状況の三つの視角から推定する必要が生じる。

まず『ヴァージニア覚書』以前の文献でジェファソンがどのようなローマ理解、とりわけ独裁官の理解を示していたかであるが、一七八〇年以前のジェファソンはローマについておそらく意図的にほぼ言及していないため[64]、論証として使えない。

次に、『ヴァージニア覚書』のテクスト内における論拠である。こと政治的なテーマについては古典文献にほとんど言及しないジェファソンだが、例外的にサルスティウス『カティリーナ陰謀』を、文献名を記さず引用している。「すべての悪しき前例も良いことから生じてきた。しかしインペリウムがそれに無知な、あるいはより善良ではない人々の手に渡るとき、この新しい前例はそれに値し、ふさわしい者から、値せず、ふさわしくない者へと移されるのである[65]」という引用文が、「質問一三」においてラテン語の原文のまま登場することから、ジェファソンの参照は確実である。付言すれば、引用元の文脈から判断するに、ジェファソンはサルスティウスを独裁官の知識習得のために読んでいたとの踏み込んだ解釈も可能かもしれない。というのも、上記の引用文はカエサルの元老院演説であり、またこのように前例が悪用されていく例としてカエサルがあげているのはスッラの蛮行であり、さらにカエサルのあとに演説をするのはのちの宿敵、小カトーだからである[66]。もっともこれはやや強引な解釈であるため可能性にとどめるが、少なくともジェファソンが『ヴァージニア覚書』執筆にあたりサルスティウスにあたっていたことはほぼ間違いない[67]。

また、先に引用した「二、三の例を経て、その一時的な暴君が終身のものとなった」との文章から判断するに、ジェファソンが独裁官の最後としてスッラとカエサルについて書いていることも確実である[68]。だが問題は、その評価である。例えばマキァヴェッリ『ディスコルシ』第一巻三四章においては、独裁官制度そのものに批判が向くことはなく、カエサルはこのような制度がなかろうとも権力を掌握しただろうと考えられている[69]。このような独裁官理解と異なり、ジェファソンは明らかに独裁官の制度設計に内在するデメリットを指摘している。従って、どのような議論に基づいてカエサルがジェファソンに理解されていたかを考える必要が生じる。

テクスト自体から離れてこの点を当時の文脈に引きつけて捉えてみれば、重要なのがカエサルと小カトーの対抗についてである。有名な両者の対立は無論、建国期アメリカにおいて周知されていた。ジョゼフ・アディソン（Joseph

Addison）の『カトー』は最もよくみられた演劇の一つであり、パトリック・ヘンリーの「自由を、しからずんば死を」がここから取られたのは有名なエピソードである。『カトーの手紙』を倣ってか、小カトーがいわゆる共和主義者の筆名として取り上げられることは建国期アメリカでもしばしばであり、その意図するところとは徳の称揚と権力簒奪者批判である。反対にカエサルは、マサチューセッツ総督トマス・ハチンソン（Thomas Hutchinson）に擬えられたり、あるいは国王ジョージ三世に擬えられたりと、腐敗した英本国の圧政の象徴の比喩として用いられることがほとんどであった。[70]ただ少々厄介なのは、両者の評価が一七八三年のブリテンとの戦争終結以降は変化することである。つまり、一貫して敵と戦いそして敗れ去っていく小カトーの像はもはや不要となり、そしてカエサルに擬えられるべき本国の敵も消失したのだった。[71]だがいずれにしても一七八三年以前にはカエサルと小カトーの対抗の文脈は明瞭であり、サルスティウスもまたこのような文脈で読まれたため、トマス・ゴードンを筆頭に共和政ローマの徳と腐敗の言説として読む潮流が一八世紀の英語圏においては主流だったと考えられる。[72]

素直にテクストを理解する限りジェファソンは特別なサルスティウスの読み方をしていたわけではないので、おそらくは議論の前提にあったのも、こうした腐敗批判の文脈に基づく理解であったと思われる。このように腐敗批判としてのサルスティウス読解との補助線を引くと、上の引用についても同様の解釈が可能となる。つまり、前例を作るとそれが悪用され、腐敗することを懸念した、ということである。換言すれば、独裁官とその濫用とを切断するマキァヴェッリ的な態度ではなく、サルスティウスの腐敗言説を独裁官についてあてはめたということである。[73]他ならぬカエサルの元老院における演説を引いてくるのは、カエサルだから名前も引用元も明かさなかったのか、古典的な知識のひけらかしを避けたのか、その意図は判然としないが、ラテン語を引用することで一定の修辞的効果を読者にもたらしたのではないかと考えられる（もっとも批判対象のヘンリーはラテン語を読めなかったのだが）。

最後に傍証として、彼の蔵書の状況から検討する必要があるが、不幸にも一七七〇年二月に自宅の火災を原因として蔵書が失われている。その時期のジェファソンの蔵書については、一七七一年八月三日の知人への書簡が手がかりとなる。というのもその書簡においてジェファソンは知人の図書室に加えるべき書籍のカタログを作成しており、そこからジェファソン自身が有していた書籍について、あるいは少なくとも読んだことのある書籍についてある程度推測が可能だからである。カタログは詩学や文学をはじめ多くのジャンルにまたがっているが、ローマの歴史については、シャルル・ロラン（Charles Rollin）の『古代史』、リウィウスの近年の翻訳、ゴードン訳によるサルスティウス、同じくゴードン訳によるタキトゥス、マーティン・ブレイデン（Martin Bladen）によるカエサル『ガリア戦記』の英訳、ヨセフスの英訳、ルネ＝オベール・ド・ヴェルト（René-Aubert de Vertot）のローマ革命の英訳を薦めている。[74] 英訳が薦められているのはおそらく知人に対する配慮であり、ジェファソン自身はギリシア・ローマの古典は翻訳ではなく原典で読むように考えていた。[75] いずれにせよ、サルスティウスとカエサルの『ガリア戦記』をともに薦めている事実は、はやくからこれらの書物にジェファソンが慣れ親しんでいたことを示唆し、上記の解釈を否定することはない。

以上のような独裁官解釈は、一人の強大な権力を忌避し、市民の政治参加を強く希求したジェファソンという一般的なイメージからすればなんら驚くことではないかもしれない。しかしジェレミー・ベイリーを筆頭に近年の研究ではこの像が修正されつつある。執行権力と人々のコントロールのバランスをどうはかるかがジェファソンの懸念していたポイントであり、それを解決するためにジェファソンは我々が通常考えてきたよりもはるかに強力な執行権を作り上げた、というのである。[76] この前提で改めて独裁官論を考慮すると、ジェファソンが単に強い執行権力を忌避していたという理由で独裁官を否定したわけではないことがわかる。独裁官という多くの建国者たちに知られた古典古代の智慧を批判するヒントになったのは、サルスティウスの腐敗論である。独裁官もまたそのような危険を免れず、独裁官をヴァージニアに設ければそれがいつか必ず終身の専制者と化してしまうことをジェファソンは懸念したのであった。

しかしこのようにして緊急権力を否定したからといって、ジェファソン自身がヴァージニア憲法に対して問題点を認識していなかったわけではない。彼は英軍との戦争を通じて、そして邦政治における代議院の独裁官提案を通じて、代議院という立法権力の強さ、そして通常の執行権力の弱さについて再考するようになる。独裁官という緊急権力を発動させなくてもすむように通常の執行権力を強化するべく、以上のジェファソンの思考は新たな憲法改正案として結実することになるのである。

四　憲法改正案

『ヴァージニア覚書』の質問一三で、独裁官を否定した直後にジェファソンは但し書きをつける。「立法部、執行部、司法部の間に障壁がないために、立法府が全体を掌握してしまうことがありうるという欠点だけは明らかになった[77]」というのである。そして立法府の権力掌握ののち、カエサルのごとく任期の限定されない独裁官が設置されることを懸念している。いわゆる「選挙による専制（elective despotism）」の問題である。従って「現在の我々の状況は実に危険なもの[78]」であり、これに対処するために憲法改正が必要である、と述べるのである。ジェファソンは単に独裁官制度のみを否定したのではなく、加えてそのような提案を通してしまう立法権力の強さについても危険を覚えていたことがここから理解できる。

実際、ジェファソンはこのような危険の防止のため、一七八三年に改正案を提示している。これは一七八七年にロンドンで出版された『ヴァージニア覚書』に付記として載せられたもの[79]であり、ここからジェファソンの意図としても独裁官についての議論との連続性が観念される。独裁官構想ではないとすればどのようなかたちで彼が緊急事態を乗り切れると考えていたかが窺えるのである。

この改正案は、第二節で検討した一七七六年のジェファソンの憲法案とはそれなりの違いが見られる。ジェファソン全集の編者も指摘するように[80]、そこには彼自身の政治経験の影響が容易に看取しうる。とりわけ知事の持つ執行権力の改善と、修正参議会の設置という点にそれは現れている。一七七六年に漏らしていた不満が主に上院について、つまり立法権力についてであったのとは対照的に、いかに立法権力をそれ以外の権力が抑制するかに、力点が微妙に変化しているのである[81]。

一つ目の点については、一七七六年のジェファソン草案ならびに実際の憲法よりもはるかに多くの執行権力をジェファソンは知事に付与した。例えば、議会の召集権は知事（参議会の助言と承認のもと）に委ねられているが、敵の危険がある際には議会開催地を異なる場所に変更できると書き込んでいるのは、明らかにジェファソン自身の経験からくる対応であろう[82]。また、軍事権力についても各邦の連合会議に権限がない全ての場合において知事がその権限を持つとされると同時に、邦の全ての軍事権（正規兵も民兵も）もまた知事の命令下にあるとされる。

二つ目のより大きな変更点として、ジェファソンが修正参議会を導入しようとしている点を指摘できる。これはニューヨーク邦において設置されていた参議会の一種であり、知事と裁判官とが一つの参議会を構成し、議会の法案への拒否権を持つ制度である。ジェファソンの案では、知事、邦参議会のうち二名、そして衡平裁判所、コモンロー裁判所、海事裁判所から一名ずつ裁判官が合同で、議会両院を通過する法案への修正権を持つ参議会を構成する。修正参議会が修正ないし拒否をする場合、当該法案を先議したほうの議会に送り返されるが、さらに三分の二が賛同した場合には、修正参議会の意見書と合わせてもう一つの院に送られ、ここでも三分の二が賛同した場合には、修正参議会の拒否権によっても法案は通過可能である[83]。この意味で条件付きの拒否権を持つように構想された、といえよう。その眼目はといえば、立法権力による専制の防止である。

最後に憲法改正手続きの規定である。上述のようにジェファソンは一七七六年憲法が通常議会によって採択され、憲法制定のための特別会議が開催されなかったことを一貫して批判していた。そこで新たな憲法案では、改正手続きが規定される。それは、政府三部門のうち二部門の同意によって新しく憲法を改正するための会議が召集されるというものである。その会議の代表は各カウンティから選抜され、政府の形態を決定する以外の権限を持ち合わせていない。決定された新憲法と齟齬を来さない現行法はそのまま効力を持つものとされる。また、現議会は任期いっぱい存続して解散され、次の議会のための代表選出から新憲法が効力をもつものとされている[84]。

以上の憲法案の意義をまとめると、ジェファソンは選挙による専制という問題、執行権力の機能不全という問題を把握したため、それらを重点的に修正しようとした、ということになる。後者の執行権力の機能不全という問題については、立法府からの独裁官の提案が同時代のヴァージニアにおいて見られた。だがこれを否定しつつ実効的な憲法を構成するために、立法権力を削減すると同時に、執行権力に軍事権力などのいくつかの権限を加え、さらには憲法改正に際しては通常議会と異なる憲法制定会議の形成を必要とする、というのがジェファソンのヴァージニア邦政治に対する応答だったのである。緊急事態に対する対応は、このような通常権力の組み直しと、人民の手に憲法制定を委ねるという手続きの改訂こそが鍵である――これこそが、一七八〇年代のジェファソンが迫り来る英軍と対峙するなかで導出した答えだったのである。

おわりに

『ヴァージニア覚書』がヴァージニアからパリを経てロンドンで一七八七年に初めて出版されたことは既に述べたが、このテクストの旅には続きがある。アメリカへの帰還である。一七八七年一一月半ばにロンドン版がフィラデルフィアとリッチモンドに到達すると、直ちにフィラデルフィアでも出版された。一七八八年一月二三日のことである。するとその議論はもう一つのアメリカ政治思想史の古典に反映された。『ザ・フェデラリスト』である。執筆者の一人ジェイムズ・マディソンは既に一七八五年一一月にパリのジェファソンから書簡で渡された草稿に目を通しており、また私家版も送られていた。[85] フィラデルフィアで出版された一週間後の二月一日の『ザ・フェデラリスト』第四八編で、マディソンは選挙による専制について『ヴァージニア覚書』を長々と肯定的に引用している。そして反対に、続く第四九編では、人民による憲法制定会議開催を積極的に主張するジェファソンに反論を述べている。[86]

独裁官についてはハミルトンが、同年三月一五日[87]の『ザ・フェデラリスト』第七〇編で異なる仕方で応答している。ジェファソンに反発する含意が込められていたかは明らかではないが、ハミルトンは二人から構成されるローマの執政官制度を否定し、独裁官について肯定的とも取れる態度で言及した。[88] 既に後年のジェファソンとの対立を予感する記述である。[89] このように、緊急事態における独裁官をめぐる議論は、執行権の強弱の問題としてもなお検討され続けていくことになる。[90] そしてそれは無論、今日なお継続する問いである。[91]

一人の人物に独裁官として緊急権力を委ねること、既存の憲法体制の欠陥として立法府の専制が懸念され、その対策として憲法改正が提案されること――これらは決して遠い世界のおとぎ話ではない。ジェファソンがどのようにローマの制度を適用させるべきかを批判的に検討したようにまた、今日の我々もどのように西洋政治思想を具体的政治状況に適用させるか、という批判の契機になるものなのである。

［凡例］

ジェファソンのテクストについてはJulian Boyd et al. ed., *The Papers of Thomas Jefferson*, Princeton University Press, 1950-を基本的に用い、注では*PTJ*と略記した。なお『ヴァージニア覚書』（*A Notes on the State of Virginia*）についてはこの全集に含められていないことからThe Library of America シリーズのMerrill D. Peterson（ed.）, *Thomas Jefferson: Writings*, 1984に収められているものを用い、注では*W*と略記した。また中屋健一訳『ヴァジニア覚え書』岩波文庫、一九七二年も参照したが、翻訳は筆者の手による。

（1）宇野重規「新型コロナで緊急事態宣言か。「独裁官」と危機の民主主義 古代ローマの「独裁官」制度から考えた今の日本の緊急事態に必要なこと」『論座』二〇二〇年三月八日（https://webronza.asahi.com/politics/articles/2020030800001.html 最終アクセス日二〇二一年八月三日）。関連して、コゼレック『批判と危機』とシュミットの『独裁』を中心に危機について考える、同「政治思想史における危機対応――古代ギリシャから現代へ」東大社研 、玄田有史、飯田高編『危機対応の社会科学 上』東京大学出版会、二〇一九年も参照。

（2）近年の例として定森亮『共和主義者モンテスキュー』慶應義塾大学出版会、二〇二一年は、マキァヴェッリが直面していたフィレンツェの状況と、モンテスキューが模範としたイングランドの状況との違いが共和政ローマの評価の違いにつながったと解釈する。

（3）このように論じる例として、Kostas Vlassopoulos, Constructing Antiquity and Modernity in the Eighteenth Century, in Lin Foxhall et al. (eds.), *Intentional History: Spinning Time in Ancient Greece*, Franz Steiner Verlag, 2010.

（4）参照、松本彩花「カール・シュミットにおける民主主義論の成立過程（2）」『北大法学論集』、六九巻一号、二〇一八年、宇野「政治思想史における危機対応」。

（5）この異論については、Marc de Wilde, Roman Dictatorship in the French Revolution, *History of European Ideas*, Vol. 47, No. 1, 2021を参照。同論文によれば、委任独裁と主権独裁の二分法は同時代に用いられていないため有用ではなく、貴族的独裁（モンテスキュー）と民主的独裁（ルソー）の区別がより重要であるとされる。モンテスキューが独裁官を人民に対する貴族政の防壁としたのに対して、ルソーは人民を代表として行使される委託として理解しており、主権は人民が持ち続けるものとした、というのがこの区別の内実である。

（6）このような議論としてGordon Wood, *The Creation of the American Republic, 1776-1787*, The University Press of North Carolina, 1969; J.G.A. Pocock, *The Machiavellian Moment*, with a new forward by the author, Princeton University Press, 2003（田中秀夫、奥田敬、森岡邦泰訳『マキァヴェリアン・モーメント』名古屋大学出版会、二〇〇八年）、五十嵐武士『アメリカの建国』東京大学出版会、一九八四年、第一章、佐伯啓思『「アメリカニズム」の終焉』ティビーエス・ブリタニカ、一九九三年、中野勝郎「ジェイムズ・マディソンの共和制観」田中秀夫、山脇直司編『共和主義の思想空間』名古屋大学出版会、二〇〇六年所収、Caroline Winterer, *The Culture of Classicism: Ancient Greece and Rome in American Intellectual Life, 1780-1910*, Johns Hopkins University Press, 2002, ch. 1; Eran Shalev, *Rome Reborn on Western Shores*, University of Virginia Press, 2009がある。

（7）ジェファソンと古典古代については、Carl Richard, A Dialogue with the Ancients: Thomas Jefferson and Classical Philosophy and History, *Journal of the Early Republic*, Vol. 9, No. 4（1989）; Peter S. Onuf and Nicholas P. Cole（eds.）, *Thomas Jefferson, the Classical World, and Early America*, University of Virginia Press, 2011; Caroline Winterer, Thomas Jefferson and the Ancient World, in Francis D. Cogliano（ed.）, *A Companion to Thomas Jefferson*, Wiley-Blackwell, 2012に詳しい。リチャードはジェファソンへの古典古代からの影響としてエピクテトス、ストア派、そしてタキトゥスらローマ史の三点をあげる。しかしそのうち最後の点については共和政府のモデルになったとはいえ、あまりに社会状況が異なることからストレートに受容したわけではない点で複雑であるとの見解をとる。このローマ史に対する見解はオヌーフとコールによる論文集にも継承されており、単純な理解を許さないとされる（寄稿者の一人ウィンタラーにもこの姿勢は共有されている）。同論文集は、アリストテレスやキケロなどの個々の思想家の政治概念や、あるいは実際の政治的局面において何をジェファソンが継承し、何を継承しなかったのかが丁寧に検証されている。

（８）シュミット以降のこれまでの独裁の概念史研究についてはJohn Ferejohn and Pasquale Pasquino, The Law of Exception: A Typology of Emergency Powers, *International Journal of Constitutional Law*, Vol. 2, No. 2（2004）; Peter Baehr and Melvin Richter（eds.）, *Dictatorship in History and Theory*, Cambridge University Press, 2004; Andrew Arato, Conceptual history of dictatorship（and its rivals）, in Enrique Peruzzotti and Martin Plot（eds.）, *Critical Theory and Democracy*, Routledge, 2011を参照。しかしこれらの研究においてジェファソンならびにヴァージニアの独裁官をめぐる論争が言及されることはなく忘却されてきたと言える。かろうじてジェファソンの独裁官批判に言及するものとしては、多数の項目からなる辞書、Anthony Grafton, Glenn W. Most, Salvatore Settis（eds.）, *The Classical Tradition*, The Belknap Press of Harvard University Press, 2010のdictatorshipの項目（pp. 267-268. 執筆者はWilfried Nippel）があるが、それも一段落からなる簡潔なもので、どのような背景や理解をジェファソンが持っていたかについての情報は何らない。

（９）ジェファソンの執行権力についての先行研究は行論で逐次言及するが、あらかじめ研究動向を述べておけば、デモクラシーの擁護者というジェファソン像にかえて、近年の研究は以前考えられていたよりはるかに強い執行権力をジェファソンが模索していた、と修正を迫っている。ジェレミー・ベイリーの研究（Jeremy Bailey, *Thomas Jefferson and Executive Power*, Cambridge University Press, 2007）が筆頭であり、本稿もその延長線上でジェファソンの政治思想を理解している。とはいえ、この二〇年ほどジェファソンの憲法思想、政治思想に取り組んだ研究はやや停滞している（主な例外として、Peter S. Onuf, *Jefferson and the Virginians*, Louisiana State University Press, 2018）。その理由として、近年の建国史研究の力点が社会史や文化史に置かれることが多いといったものが考えられる。これについてジェイコブ・ソル「ポーコックと歴史の共和国」村井明彦訳、『思想』一〇〇七号、二〇〇八年、八四―八五頁を参照。例えばジェファソンについても、サリー・ヘミングズとの性的関係など黒人奴隷についての研究や、西方進出や先住民との関係についての研究が増加しているといえる。このような研究潮流は、Frank Shuffelton（ed.）, *The Cambridge Companion to Thomas Jefferson*, Cambridge University Press, 2009, pp. 4-5の記述からも窺える。

なお『ヴァージニア覚書』の政治思想についての研究としては特にDavid Tucker, *Enlightened Republicanism: A Study of Jefferson's Notes on the State of Virginia*, Lexington Books, 2008, chs. 5-6; Dustin Gish and Daniel Klinghard（eds.）, *Thomas Jefferson and the Science of Republican Government*, Cambridge University Press, 2017を参照した。

（10）この一文についてはジョン・ミーチャム『トマス・ジェファソン　権力の技法（上）』森本奈理訳、白水社、二〇二〇年、二一三―二二三頁、ならびに*PTJ*, Vol. 4, pp. 258-259による。

（11）*PTJ*, Second Series, *Jefferson's Memorandum Books*, Vol. 1, p. 510.

（12）*PTJ*, Vol. 6, p. 88.

（13）*Ibid*., pp. 135-136.

（14）Gish and Klinghard（eds.）, *op.cit*., pp. 31-32.

（15）*PTJ*, Vol. 5, p. 58.

（16）Douglas L. Wilson, The Evolution of Jefferson's "Notes on the State of Virginia", *The Virginia Magazine of History and Biography*, Vol. 112, No. 2（2004）, p. 105.

（17）*Ibid*., p. 108.

（18）これについての以降の叙述は、中屋健一による岩波文庫の『ヴァージニア覚書』の訳者あとがき、Wilson, *op.cit.* と、Gish and Klinghard（eds.）, *op.cit.*, ch. 1を参照した。

（19）Gish and Klinghard（eds.）, *op.cit*., p. 35.

（20）*Ibid*., p. 29. なお、一七八五年のコピー以外は全て失われたため、ヴァリアントの検討は不可能である。一七八五年版はマサチューセッツ歴史協会によってデジタル化されており、以下のページから参照可能であるが、本稿の議論を修正するほどの大きな変更点は存在しなかった。https://www.masshist.org/thomasjeffersonpapers/notes/index.php

（21）*PTJ*, Vol. 7, p. 282.

（22）*PTJ*, Vol. 8, p. 184.

（23）本稿と同様の解釈として、Gish and Klinghard（eds.）, p. 28.

（24）*W*, p. 252.（邦訳二二七頁）

（25）なお、ジェファソンは一七七〇年代はじめからアングロサクソン法についての調べごとを断続的にしており、アラン・ラムゼイ（Allan Ramsay）の『イングランド国制についての歴史論』（一七七一）のノートを作成した際には、ローマと古来のイングランドの違いについての記述がみられる。ウィンタラーによれば、ローマと初期近代のブリテンの違いはアングロサクソンの法・政治制度ゆえであるとジェファソンは理解していた、という。これについてWinterer, Thomas Jefferson and the Ancient World, p. 392.

（26）この段落の引用はいずれも*W*, pp. 252-253.（邦訳二二八―二二九頁）

(27) *W*, p. 253.（邦訳二二九頁）

(28) *Ibid.*

(29) なお、ジェファソンによって理解されていた同時代の文脈と、今日我々が歴史学の知見の上に知りうる同時代の文脈とは異なる可能性があるが、ジェファソンのテクスト解釈という目的に照らして、基本的には前者について検討するものとする。

(30) *PTJ*, Second Series, *Jefferson's Memorandum Books*, Vol. 1, p. 418.

(31) *PTJ*, Vol. 1, p. 291.

(32) *Ibid.*, p. 296.

(33) ヴァージニアの会議にジェファソンの草案を持ち込んだジョージ・ウィズがフィラデルフィアを離れた日である。

(34) ジェファソン全集の編者ノートは「ジェファソンの憲法案のうち、邦知事の権力を制限する部分を憲法制定会議が少なくとも含めようと検討した、と述べることが可能」と書いている。*PTJ*, Vol. 1, p. 336.

(35) *PTJ*, Vol. 1, pp. 340, 347, 358.

(36) *Ibid.*, p. 358.

(37) *Ibid.*

(38) *Ibid.*, p. 360.

(39) *Ibid.*, p. 341.

(40) *Ibid.*, pp. 348-349.

(41) *Ibid.*, pp. 358-359. なお特に第三の草案について検討したものとして、明石紀雄『トマス・ジェファソンと「自由の帝国」の理念』新装版、ミネルヴァ書房、一九九九年、二三〇―二三二頁も参照。

(42) *Ibid.*, p. 342.

(43) *Ibid.*, pp. 350, 360.

(44) 実際のヴァージニア憲法（正確には「ヴァージニアのそれぞれのカウンティおよび自治体の議員および代表によって同意され決議された、憲法もしくは政府の形体」）は、*PTJ*, Vol. 1, pp. 377-386を参照した。また五十嵐武士による邦訳（「ヴァジニア邦憲法」『アメリカ古典文庫一六　アメリカ革命』研究社、一九七八年所収）も参照した。ジェファソンはこの憲法が通常議会と同じメンバーによって作成されたものであることから、そもそも憲法であること自体を否定していた。憲法制定には一旦それまでの議員をリコールし、新たに憲法制定を人民から委託された議員の選出が必要と考えていた、ということである。これについては *PTJ*, Vol. 1, p. 330ならびに『ヴァージニア覚書』における同様の主張として *W*, p. 247.（邦訳二一九頁）

（45）*PTJ*, Vol. 1, p. 380.（邦訳一三五頁）

（46）*PTJ*, Vol. 1, pp. 489-490.

（47）なお、それ以外にも刑法についてなどにも両者の論点は及ぶが、論旨に関係がないため割愛した。

（48）*PTJ*, Vol. 1, p. 503.

（49）このような上院論についてメリル・ピーターソンとデイヴィッド・メイヤーは均衡政府論からの影響を見出す。David N. Mayer, *The Constitutional Thought of Thomas Jefferson*, University of Virginia Press, 1994, p. 57.

（50）*PTJ*, Vol. 1, p. 504.

（51）二つの引用はいずれもRobert A. Rutland（ed.）, *The Papers of George Mason 1725-1792*, Vol. 1, The University of North Carolina Press, 1970, p. 326; なおJohn E. Selby, *The Revolution in Virginia 1775-1783*, The Colonial Williamsburg Foundation, 1988, p. 129も合わせて参照した。

（52）*The Papers of George Mason 1725-1792*, Vol. 1, p. 327n; Edmund Randolph, *History of Virginia*, ed. Arthur H. Shaffer, The Virginia Historical Society, 1970, p. 281n52.

（53）*PTJ*, Vol. 1, pp. 658-659.

（54）*PTJ*, Vol. 6, p. 85n.

（55）*Ibid.*, p. 84. これはヘンリー・ヤング（Henry Young）からウィリアム・デイヴィス（William Davies）宛の一七八一年六月九日の書簡の情報である。

（56）なおグリーンとジェファソンの軍事権力をめぐる確執については、Jeremy Bailey, *op.cit.*, pp. 49ff.

（57）*PTJ*, Retirement Series, Vol. 13, p. 274.

（58）*Ibid.*

（59）以上の内容は、すべて *Ibid.*, pp. 272-275による。

（60）*PTJ*, Vol. 6, p. 90.

（61）この段落の三つの引用はすべて *W*, p. 254.（邦訳二三一―二三二頁）

(62) *Ibid.*（二三二頁）

(63) *Ibid.*（二三二頁）

(64) Eran Shalev, Thomas Jefferson's Classical Silence, 1774-1776, in Onuf and Cole (eds.), *op.cit.*, pp. 231ff. シャレフはこの沈黙を意図的なものと解釈し、その理由を古典の勉強そのものが「奢侈」であるため公的世界で表出するべきではないと考えていたため、そして進歩主義的な歴史観だったためと推量する。なお関連して、後年のジェファソンのジョン・アダムズへの書簡（一八一九年一二月一〇日）をジェファソンのローマ政治理解の論拠としてあげる研究も近年は増えている。この書簡においてジェファソンはキケロ、小カトー、ブルータスは自分たちの思想を持っていたわけではなく、単に堕落した元老院の代弁者だったとの厳しい評価を下している。シャレフ（*Ibid.*, pp. 236-237）やポール・ラーエ（Paul A. Rahe, Cicero and the Classical Republican Legacy in America, in Onuf and Cole (eds.), pp. 254-255）はこれに言及するが、『ヴァージニア覚書』執筆時とはかなり時期がずれることから、本稿では確実な論拠として扱わない。

(65) 翻訳は基本的に『カティリーナ陰謀』岩波文庫、栗田伸子訳、二〇一九年、二五二頁を参考にした。なおジェファソンの記した文章は"Omnia mala exempla ex bonis orta sunt: sed ubi imperium ad ignaros aut minus bonos pervenit, novum illud exemplum ab dignis et idoneis ad indignos et non idoneos fertur."となっており、サルスティウスの原文（Loeb の J. C. Rolfe (ed.), *Sallust, with an English Translation*, reprint ver., Harvard University Press, 1985, p. 94を参照した）とは微妙に異なるが、大きな意味の差はない。

(66)『カティリーナ陰謀』二五三頁。

(67) ジェファソンがこの引用文をそらんじていた場合は別だが、可能性は低いだろう。

(68) 終身のもの（perpetual）との形容はラテン語の称号dictator perpetuo によっており、建国期アメリカにはperpetualという形容詞で伝わっていた。この例として建国者に広く読まれたJames Burgh, *Political Disquisitions*, Vol. 1, Robert Bell, 1775, pp. 96-97. ジェファソンも一七七五年の六月一八日に同書をフィラデルフィアで購入している。*PTJ*, Second Series, *Jefferson's Memorandum Books*, Vol. 1, p. 402.

(69) ニッコロ・マキァヴェッリ『ディスコルシ』永井光明訳、筑摩書房、二〇一一年、一六一頁以下。またマキァヴェッリの独裁官叙述の意義についてはGabriele Pedullà, *Machiavelli in Tumult*, Cambridge University Press, 2018, pp. 112ff.

(70) このような小カトーとカエサルの表象についてShalev, *Rome Reborn on Western Shores*, pp. 37-38, 66, 99-103, 143-149, 155ff. ま

た同様の趣旨としてThomas Jefferson's Classical Silence, 1774-1776, in Onuf and Cole (eds.), *op.cit.*, p. 236. これらによると小カトーの人気のソースとなったのは、主にプルタルコス『対比列伝』、トレンチャードとゴードンの『カトーの手紙』、そしてアディソンの『カトー』の三つであるという。アディソン自体は礼儀正しい公共空間のためにこの演劇を作り上げたが、いつしか急進的ウィッグによって活用されるようになり、その流れが建国期アメリカに影響を及ぼしたとされる。また一八世紀における小カトー受容の概観としてはNathaniel Wolloch, Cato the Younger in the Enlightenment, *Modern Philology*, Vol. 106, No. 1, 2008も参考にした。

（71）Shalev, *Rome Reborn on Western Shores*, pp. 218-219. 独立を果たしたアメリカは、もはや本国批判のためにカエサルのような悪しき象徴を必要としなくなり、それによってカエサル像が変化したと解釈されている。無論、カエサル像が一八〇度好転したわけではなく、危険な政治的存在に対してカエサルとのレッテルを貼ることはそれ以降のアメリカ政治においてもしばしば見られた。

（72）サルスティウスの『カティリーナ陰謀』とゴードンとの関係についてはRob Hardy, “A Mirror of the Times”: The Catilinarian Conspiracy in Eighteenth-Century British and American Political Thought, *International Journal of the Classical Tradition*, Vol. 14, No. 3/4, 2007, pp. 436ff. を参照。

（73）なおマキァヴェッリとサルスティウスの関係については難解であるためここでは措く。本稿で両者を対比的に扱ったのは、マキァヴェッリ自身がサルスティウスを批判的に読んだ、ないし自身の議論がサルスティウスと食い違うと理解していたといったことを意味しない。あくまで独裁官をめぐる態度において、マキァヴェッリの肯定的評価と、サルスティウスの引用とが対照的にジェファソンに捉えられた、という意味である。

（74）*PTJ*, Vol. 1, p. 80.

（75）一七八五年八月一九日に甥のピーター・カー（Peter Carr）に宛てた書簡（*PTJ*, Vol. 8, pp. 405-408）でジェファソンは、読書の進め方についてアドバイスを送っているが、「古代史のコースから始めるように、その際翻訳ではなく全て原典で読むように」と書いている。なおこの書簡で最初に薦められるのがゴールドスミスのギリシア史であり、その後ヘロドトスや一〇人程度のギリシア史関連の名前が挙げられたのち、ローマ史については「リウィウス、サルスティウス、カエサル、キケロの書簡、スエトニウス、タキトゥス、ギボン」と簡潔に人名だけが挙げられている。

（76）Bailey, *op.cit.*, 特にch. 1を参照。

（77）*W*, p. 255.（邦訳二三三頁）

（78）*Ibid.*

（79）Thomas Jefferson, *A Note on the State of Virginia*, John Stockdale, 1787, pp. 356-378.

（80）*PTJ*, Vol. 6, p. 280.

（81）もっとも、参政権の拡大と平等な代表については一七八三年でも依然として明文化されているので、ラディカルな変化とはいえないのかもしれない。また、上院議員については選挙人団をカウンティレベルで形成するという新たな案が提示されている。*PTJ*, Vol. 6, p. 296.

（82）*Ibid.*, p. 297.

（83）*Ibid.*, pp. 302-303.

（84）*Ibid.*, pp. 304-305.

（85）この段落はGish and Klinghard（eds.）, *op.cit.*, pp. 267-269, 308-310によった。なお同書はジェファソンとマディソンがそれぞれロンドンにおける『ヴァージニア覚書』の出版と、『ザ・フェデラリスト』執筆について相手に伝えていなかったことから、この時期のマディソンとジェファソンの緊張関係を看取する。この問題は極めて複雑であるから、別稿で改めて論じたい。

（86）Alexander Hamilton, James Madison, and John Jay, *The Federalist*, ed. Terence Ball, Cambridge University Press, 2003, pp. 242-248.

（87）この日はカエサル暗殺で知られる日付であり、ベイリーは独裁官への肯定的言及をこの日に行ったのは、ハミルトンのユーモアセンスであるとしている。Bailey, *op.cit.*, p. 71.

（88）*The Federalist*, pp. 341-343.（斎藤眞、中野勝郎訳『ザ・フェデラリスト』三一四―三一八頁）なお、独裁官の先行研究のうちFerejohn and Pasquino, *op.cit.*, p. 213は、建国期アメリカについて連邦憲法ならびにこのハミルトンの議論を中心に取り上げている。

（89）ジェファソンがベンジャミン・ラッシュ宛書簡（一八一一年一月一六日）で述べた有名な逸話として、ジェファソンがベーコン、ニュートン、ロックの肖像画を史上最も偉大な三人として壁に掲げていたところ、ハミルトンが歴史上の人物で最も偉大なのはカエサルであると返した、というものがある。少なくとも人物の用いられ方から、当時のカエサル表象の一端が窺い知れよう。これについてはJohn A. Schutz and Douglass Adair（eds.）, *The Spur of Fame*, Liberty Fund, 2010（初版はHuntington Library, 1966）, p. 2を参照。

（90）ジェファソンは一七八九年の初頭にパリで『ザ・フェデラリスト』を受け取ったようであり、三月一五日にマディソンに書簡をしたためている。その議論の中心はといえば権利章典の必要性についてが中心となっており、『ザ・フェデラリスト』第四九編で批判された、頻繁な憲法制定会議の開催については言及されない。ここから既にジェファソンが『ヴァージニア覚書』の憲法制定会議論を修正していた、との解釈もある。Bailey, *op.cit.*, p. 117.

（91）執行権論は英語圏でもトランプ大統領の誕生とともに流行しているテーマである。これについてはBenjamin A. Kleinerman, The Representative Presidency in the Constitutional Order, *American Political Thought*, Vol. 10, No. 1（2021）をみよ。

※本稿の投稿過程で二名の査読者からいただいた大変有益なコメントに感謝する。また筆者とともにゼミでジェファソンのテクストを精読し、闊達な議論を展開してくれた、法政大学の五名の優れた学生のみなさまにもお礼申し上げたい。

行政に対する民主的統制の意義
――ハンス・ケルゼンとオーストリア第一共和政

松本彩花

序

カール・シュミットに代表されるように、一九二〇年代のドイツ語圏では、「人民の意志」としての多数派による支持を正統性の源泉とする政治指導者に喝采し協賛することこそが「民主主義」であるとする議論が台頭しつつあった。そこでは個人および少数者の意志は「民主主義的決定」の下に否定されうる。これと一線を画す形でハンス・ケルゼン(一八八一―一九七三)は、民主主義とは個人の自由・自律を本来の理念とするものであること、そして実際上も民主主義は個人の自由そして少数者保護と両立可能であることを主張した。彼によれば、個人の自由と民主主義との両立が可能となるには、人民と代理人の間の密接な結びつきが不可欠である。

ケルゼンはまさにこの認識に基づいて、同時代の評議会運動に対して一定の評価を下していた。一九一九年に行った講演「民主主義の本質と価値」以来、ケルゼンは、評議会制が人民と代理人の密接な結びつきを実現するにあたって、代理人に対する民主的統制の仕組みを備えている点に着目していた。他方で彼は、評議会運動における自治行政に対する要求を全面的に受け入れたのではなく、それに対して一定の留保を付してもいる。というのもケルゼンにとって、評議会運動の直接民主主義的な要求は、共和国の安定的な維持と両立する具体的な政治制度へと変容されなければ救出できないからである。そこでケルゼンは、評議会制が実現しようとする人民と代理人との密接な結びつきを、行政の民主的統制という主題へと設定し直したのだった。だがこれまで、評議会制に対する彼の評価については、伝記著者オレコフスキーによって指摘されるに留まっている。(1) この点を考究していない従来の研究では、ケルゼンが行政に対する不断の統制の問題を、民主主義における個人の自律を実現するために重視していたという点が見落とされている。(2)

こうした関心に基づいて、本稿では、評議会制に対するケルゼンの評価に注目し、行政に対する民主的統制に関するケルゼンの議論を同時代の歴史的文脈に位置付けて明らかにすることを目的とする。それを通じて、評議会制に対するケルゼンの視座が彼の民主主義論にとって有する意義を検討する。

そこで第一に、第一次世界大戦末期から共和政初期にかけてオーストリアで展開された評議会運動をめぐる歴史的展開を確認した上で、評議会制に対するケルゼンの評価を詳しく検討する。そして彼が、人民と代理人の間の密接な関係の維持、および代理人に対する不断の民主的統制を可能にするものとして評議会制の理念を把握し、その思想的意義を認めていたことを示す。第二に、ケルゼンが管区行政の民主化という共和国初期の政治的課題に取り組むなかで、人民の代理人を通じた行政の執行主体への統制を効果的に行うことで、評議会制の理念を救い出そうと試みたことを明らかにする。第三に、統制の手段として、政府構成員を罷免する議会の権限と並び、彼が行政裁判権という司法制度の意義を重視したこと、そしてこれを民主主義における個人の政治的自律と少数者保護のために不可欠な制度として位置付けていたことを示す。

一　ケルゼンにおける評議会制への視座

1　第一次世界大戦末期から共和政初期にかけての評議会運動の展開

オーストリアで評議会運動が開始されたのは、第一次大戦末期、一九一八年一月のことであった。(3) ロシアにおける革命の勃発、ブレスト＝リトフスク講和条約の締結という同時代の歴史的展開のなかで、戦争の長期化による疲弊と食糧事情の悪化を契機として労働者によるストライキが帝国内の各地で自然発生的に開始され、そのなかで評議会が形成された。[4]

この「一月ストライキ」の直接の契機は、一九一八年一月一四日における食料配給量減少の通告であった。まずニーダー・エスターライヒのヴィーナー・ノイシュタットとテルニッツで、この通告に抗議した労働者によるストライキが開始され、初の労働者評議会が自然発生的に成立した。[5] この運動は瞬く間にヴィーン、オーバー・エスターライヒ、シュタイヤーマルクへ波及し、さらにハンガリーでも同様の運動が巻き起こり、帝国の戦時経済を麻痺させた。[6]

この事態に対して迅速に対応したのが、オーストリア社会民主党であった。社会民主党は同年一月一七日に、労働者の就労する各経営体から代表者を招集し、評議会の運動が目指す目的を、帝国政府に対する具体的な要求としてまとめ上げた。その要求とは、ブレスト＝リトフスク講和条約における領土割譲の禁止、食料支給所の再組織化、女性参政権を含む平等な直接選挙権の確立、工場の非武装化であった。[7] この要求を政府は承認し、戦時指導法律の改革ならびに食糧供給の改善、市町村選挙法の民主化を約束した。これを受けて社会民主党指導部は、ストライキの中止を労働者評議会に提案し、激しい論争の末にその中止が決定された。[8]

こうしたなかで一九一八年一月二八日にチェコスロヴァキアが独立を宣言した後、ハプスブルク帝国内の諸民族がそれに続き、同月三一日までに帝国は完全に解体された。同年一月二一日には臨時国民議会が設立され、同月三〇日に社会民主党のカール・レンナーを首班とする政府が形成された。同日にヴィーンの街頭では、労働者によるデモが再開され、これに合流した戦地からの帰還兵は臨時兵士評議会を設立した。こうした革命と混乱のなかで同年一一月一二日、ドイツ系オーストリアの共和国が宣言された。そして翌年二月一六日に実施された憲法制定国民議会選挙の結果、オーストリア社会民主党は相対的多数を獲得し、キリスト教社会党との連立政権を樹立した。[9]

こうして共和国初期に政権の座に就いた社会民主党は、労働者評議会をその指導下に置き、影響力の拡大を図った。社会民主党にとって労働者評議会は、労働者との関係を保持することを可能にするものであった。[10] チロル州を除くオーストリアの諸州において五〇〇の労働者評議会が形成され、各評議会はその代理人を上位の評議会に送り込んだ[11]。労働者評議会の活動の重点は社会経済的領域にあり、その目的は主に戦後の生活物資の欠乏を前にして生活必需品を調達し確保することにあった[12]。労働者評議会は各州の兵士評議会や農民評議会と協力して食料品等生活必需品を調達するとともに、闇取引や価格の釣り上げ、高利貸し等の取り締まりにあたり、秩序維持のための監視と調停の役割を果たした[13]。

革命当初、自然発生的に形成された労働者評議会は相互の結びつきを欠き、分散して存在していた。全国の労働者評議会を結びつける上で中心的な役割を果たしたのが、穀物の余剰をもつ唯一の州であったオーバー・エスターライヒ州のリンツ労働者評議会であった。一九一九年二月一九日に労働者評議会リンツ会議が開かれ、社会民主党指導部に対して労働者評議会全国大会を開催する要請がなされた[14]。

こうして一九一九年三月一日に第一回オーストリア労働者評議会全国大会がヴィーン・ファヴォリーテン区で開催され、労働者評議会の再編が図られた。ここで社会民主党は、勢いを増しつつあるオーストリア共産党を含む他の諸勢力にも門戸を開き、評議会機関への予備選挙の実施を呼びかけた[15]。『労働者新聞』は同年三月四日、憲法制定国民議会の第一回開催を報じるとともに、労働者評議会全国大会で「ドイツ系オーストリアにおける労働者評議会組織の形成」について暫定的規約が決議されたことを伝えている。規約の内容は次の通りである。

労働者評議会の目的と課題は、あらゆる経営体および職業に就労する全人民の意志を、政治的観点および経済的観点から表明し、そのようにして人民の意志が直接政治に参加することを可能にすることにある。その政治参加はとりわけ革命の成果を強固にし、拡充するという目的をもつものでなければならない〔…〕評議会組織の形成は、下から上へなされなければならない[16]。

以上に見たように第一次世界大戦末期のオーストリアでは、戦時中の食糧供給の減少を直接の契機に、自然発生的に始まったストライキのなかから評議会が形成され、戦後の混乱の時期に食料供給や秩序維持のために活動した。その運動は、人民による直接の政治および行政への主体的参加を可能にすることを理念とし、下から上への組織化を目指すものであった。だが一九二一年以降、内政の安定化とともに労働者評議会の役割と意義は急速に低下し、一九二二年春に共産党が脱退した後、労働者評議会は社会民主党の機関の一つとされ、同党へと統合された[17]。

2 評議会制に対するケルゼンの評価

こうした歴史的展開を背景にケルゼンは、一九一九年の講演「民主主義の本質と価値」、さらに翌年に公表した「民主主義の本質と価値」（一九二〇年）において、評議会制の意義と限界を民主主義論の文脈で論じる[18]。

伝記著者オレコフスキーは、ケルゼンが評議会制を「最も真正な民主主義（echteste Demokratie）」と評したことに注目し、彼は当時、「評議会制へ明白な共感[19]」を寄せていたと指摘する。評議会制の遂行可能性と目的適合性については判断を留保していたとしても、彼が「評議会の思想に対して根本的に開かれた姿勢をとっていたことは疑い得ない[20]」。レーニン率いるボルシェヴィズムを厳しく批判したことで知られるケルゼンが、その採用する体制としての評議会制（ソヴィエト制）に対して「開かれた姿勢」をとっていたということは、オレコフスキーの指摘する通り、特筆に値するものである。だがケルゼンの評議会制への評価は極めてアンビヴァレントである。というのも彼は評議会制を、「最も真正な民主主義」として高く評すると同時に、「民主主義原理を廃棄する」（HKW4:189, HKW6:147）ものと否定的に規定してもいるからである。評議会制に対するこの相反する評価はどのような根拠に基づいて下されたのか。本節では、従来の研究において未解明であったこの点を明らかにしたい。

評議会の制度と思想が登場する背景には、直接民主主義への希求、すなわち立法および行政への人民の直接的参加への要求があるのだとケルゼンは分析する。彼によれば「第一次大戦以前の時期における、民主主義思想の強化と議会主義に対する増大する反対は、極めて密接に関連している」（HKW4:182, HKW6a:133）。つまり戦争による社会的混乱を経て、人民主権の理念は著しく高められたが、他方で議会すなわち人民代表に対する不信は一層強まった。本来、「純粋民主主義は直接民主主義であり、そこでは人民主権は議会という媒介を通じて初めて真価を発揮するのではない」（HKW4:182, HKW6a:133）。「自ら選んだ議会において人民は自らを支配するのだ、と人民に信じ込ませようとする擬制（juristische Fiktion）を、自由の名の下にルソーが拒絶した」ことをケルゼンは引き合いに出し、「代表制が民主主義思想の歪曲を意味することは疑いない」（HKW4:181f., HKW6a:133）と述べる。同時代に見られるこうした「直接性への内在的傾向」は、ケルゼンによれば「決して完全には克服され得ない、個人の自由の理念に由来する」（HKW4:181, HKW6a:133）ものである。こうしたなかで直接民主主義の手段や、それに代わる様々な方法に対する関心が高まりを見せた。例えばレファレンダムや人民発案の制度が大国の憲法においても採用され、さらには国法学上長らく通説であった国民代表への自由委任を否定し、議員を選挙民の意志に拘束させようとする命令的委任の制度を評価する動向が見られた。これらは直接民主主義への志向から必然的に導き出されたもの、「不可侵の人民主権の直接的帰結」（HKW4:182, HKW6a:134）に他ならない。

このような直接民主主義の要請を実現するものとして登場したのが、ロシアにおける評議会制（ソヴィエト制）である。ケルゼンによれば、「ボルシェヴィズムの理論と実践」が成功を収めつつあるのは、まさにこの点、すなわち「広範な大衆の政治的感情との密接な繋がり」（HKW4:182, HKW6a:135）を保持しようとする点ゆえである。その例証として彼は、『フランスの内乱』におけるマルクスのパリ・コミューン論に対するレーニンの解釈を取り上げる。一八七一年のパリ・コミューンは、「議会主義的団体ではなく、行動する団体」であり、そこでは普通選挙権を通じて「支配階級の構成員のうちの誰が議会において人民を代表するか、あるいは蹂躙するかを三年か六年ごとに決定するのではなく、むしろ人民が行政に直接関与することに役立つ」ものであるとされた。マルクスによるこうした記述を引き合いに出すことで、レーニンは『国家と革命』において「議会主義の廃棄」を主張するとともに、民主主義をも論駁しうると考えた（HKW4:182f., HKW6a:135）。だがケルゼンにとって、レーニンによるこうした解釈は誤りである。というのもマルクスが描くところのパリ・コミューンは、議会主義への論駁はおろか、民主主義への論駁や克服を意味するものではないからである。現に、「ボルシェヴィキによりロシアのソヴィエト制において樹立された代表制度は実際上の理由から、当然、代表そのものを放棄することはできなかったし、そうしようともしなかった」のであり、その代表制度は「民主主義の克服ではないばかりか、反対に、民主主義への回帰の試みである」（HKW4:183, HKW6a:136）。その試みの特質としてケルゼンが強調するのがソヴィエト制で導入された以下の制度、すなわち第一に代理人の委任期間の短縮化、第二に評議会における代理人を常時罷免する可能性の保証である。これにより選挙民の意志から代理人の政治活動が乖離することを防ぎ、代理人における「選挙民に対する完全な依存」が可能となり、「人民の意志という根源との密接な連絡」が実現される。こうした特徴ゆえにこそ、ケルゼンは評議会制を「最も真正な民主主義」であると評したのである。

さらにケルゼンは、評議会を形成する個々の経営体が、人民とその代理人との持続的かつ緊密な関わりを可能とする場となり、代理人に対する統制の機会として機能することを評価する。彼によれば、「人民の代理人とその選挙民の間の恒常的かつ生き生きとした結びつき」は、定期的に開催される集会によっては不十分にしか実現されえない。選挙のための集会においては偶然的な契機によって人民の意志が形成される可能性を排除できず、また選挙民は自ら選出した代理人すなわち議員に対して、効果的に統制を行うことができない。だが個々の経営体や職場共同体において日常的に人々が集合し、相互に緊密な連絡を取り合うならば、選挙民たちは自らが選出した代議士を不断に統制することができる（HKW4:183f, HKW6a:136）。

ケルゼンはこのように、人民と代理人の間の密接な結びつきの回復という直接民主主義を目指すものとして評議会制の意義を把握し、そして行政の執行主体に対する人民による不断の統制を可能にする制度であるとして評価した。そもそも彼にとって、立法の領域のみならず行政の領域にも民主主義の原理を徹底して実現しようとする評議会制の要求それ自体は、人民主権原理から帰結する妥当な要求である。というのも彼によれば、権力分立の原則に基づき、民主主義の原理は立法の領域にのみ適用されてきたが、民主主義と権力分立は原理的には相容れないものであるからである。これまでは通常、人民の代表機関としての議会において立法権が行使されるならば、民主主義は実現されたと考えられてきた。ケルゼンの見るところ権力分立論は長らく、民主主義の原理が立法の領域を超えて波及するのを防ぐダムの働きをしてきたのである。[21] 権力分立の原則は歴史的に絶対主義から立憲主義体制へ移行する過程で、執行権力の担い手である君主が、議会に集中した人民の権力に対抗し、それに優位するための最後の砦としての役割を果たした。

無論ケルゼンは三権の抑制と均衡を重視しており、権力分立の原則それ自体を否定しているわけではない。だが民主主義の原理からすると、権力分立はそれに背反する関係に立ち、前者を制約するものであると理解していた。このような認識に基づきケルゼンは、個人の自由の保障という目的にとって有益であるとして権力分立の原則の意義を認めながらも、これを民主主義の原理とは無関係のものとして把握していた。彼にとって民主主義の原理を正統なものとして受け入れる限り、評議会制の主張するラディカルな民主主義の要求は決して論理的に欠陥をもつものではなく、それゆえに単純に無視してよいものではないのである。

とはいえ、そのように評議会制の思想を評価する一方で、ケルゼンは評議会制の実践には否定的立場をとっていた。彼は技術的観点から、人民による直接行政すなわち官僚制の廃止を目指す点で評議会制を批判する。彼によれば、民主政においても専門的知識を持たない一般市民が行政に携わるのは望ましくないし、訓練された専門家集団としての官僚制による行政が不可欠である。官僚制の廃止は、現代社会の特徴である分業の廃止を意味し、それとともに「進歩的発展、および政治生活の内部でのあらゆる文化的差異化の廃止」（HKW4:187, HKW6:144）を帰結する。

ケルゼンが評議会制を批判する理由は技術的観点によるものに尽きるのではない。彼は、評議会制を実現する過程でボルシェヴィズムがとる実践のあり方を呵責なく批判する。ボルシェヴィズムによる実践は、それを支える理論、そしてそこで目指された理念、すなわちケルゼンが「ラディカルな民主主義」と認めるところのものからかけ離れたものである。このことを端的に示すものとして、ケルゼンはレーニンによる発言を引用する。すなわちレーニンは生産の混乱を収拾する観点から、独裁を要求し、しかもプロレタリア独裁のみならず「個々人の独裁」の必要性を訴えている（HKW4:188, HKW6:145）。評議会制は理論上、ラディカルな民主主義を目指すものであったが、それは実践においては党ないし個人の独裁を容認し、また必要とするのである。このようにしてケルゼンは、評議会制の理論と実践とが乖離していることを指摘し、「理論が実践への途上で転換することは全く無理からぬことである！」（HKW4:189, HKW6:146）と嘆息している。

評議会制を標榜する政治勢力が独裁を要求しているという事実と並び、ケルゼンが批判の中心に据えるのは、評議会制がプロレタリアを特権階級とし、その階級に所属しない個々の人々の政治的権利を制限し、あるいは剥奪している点である。評議会制は政治的に特権を持つ唯一正当な階級としてプロレタリアを構成し、評議会制が理論上有しているラディカルな民主主義の原則を、この階級にのみ限定して適用しているのである。そしてこの階級に属さない人々は特権階級による支配の対象とされ、特権階級が享受すると同様の政治的権利を保障されない。ケルゼンの見るところ、これは反動的な思想潮流に極めて接近するものである。「評議会制は平等な権利の普遍性に対して矛盾に満ちた制限を課し、あるいはこの権利の普遍性を放棄することによって民主主義原理を廃棄することで、民主主義以前の組織形式への退行、身分制の復活への道が開かれるのである」(HKW4:189, HKW6:147)[22]。

二　管区行政の民主化という課題

1　共和政オーストリアにおける管区行政の民主化

以上に見たようにケルゼンは評議会制を、人民と代理人の間の結びつきの回復を志向する直接民主主義の要求に由来するものとして理解し、その理念については肯定的な評価を下した。他方で彼は、人民自身による行政への直接の参加および官僚制の廃止を技術的観点から否定し、また同時代のロシアのソヴィエト制でプロレタリア独裁および個人独裁が評議会制の名の下に主張されたことを厳しく批判した。こうして彼は、同時代において評議会制の理念と実践が乖離していく様を横目に見つつ、それでもなお、評議会制の意義をどのようにして救出できるかを模索した。評議会は平常時に生まれるものではなく、危機のなかで下からの自発的な運動により生まれてくるものであり、それは自ずからのみでは持続的なものとして制度化されえない。ケルゼンにとって課題として映ったのは、評議会制の理念のもちえた意義と可能性を否定するのではなく、それをいかにして制度へと積極的に取り入れることができるかということであった。

同時代において評議会制に対して人々が抱いた期待や、その歴史的経験の所産としての評議会制の意義をいかに救出し、制度へと組み込むことができるか。ケルゼンのこうした理論的営為を最もよく表すのが、管区行政の民主化のための提言として執筆された「行政の民主化」（一九二一年）である。以下では、彼がこの論稿を執筆する背景となった共和国初期の政治状況を簡単に確認する。

行政の民主化は、帝政期以来のオーストリア社会民主党の念願の課題であった[23]。一九二〇年代初頭において行政の民主化という主題は、憲法政策および行政政策、また新憲法における制度改革のための法学的議論において「的を射た標語」であった。行政の民主化の典型的手段は自治（Selbstverwaltung）であることが想定されており、「選出された代理人団（Vertreter）を通じた人民の参加を、行政のあらゆる段階で達成する」ことが社会民主党の主要な要求であった[24]。

共和国憲法では、議会主義の原理に基づく連邦政府および州政府の構成、すなわち議院内閣制が採用され、社会民主党の要求は基本的に達成された。残された課題は、行政の単位として帝政期より存続する管区（Bezirk）における行政の民主化であった[25]。一九一九年一〇月一七日の連立政権成立後、社会民主党およびキリスト教社会党の両党の間では様々な点で議論が紛糾したが、官庁を可能な限り早急かつ完全に民主化すべきことに関しては合意が形成された。共和国憲法では、州における一般国家行政が自治の原則に基づいてなされるべきであるとして行政の民主化が綱領として予定され、一九二一年三月一〇日までに「管区行政の形態についての連邦法律」を公布すべきことが経過法により規定された[26]。

帝政期において管区行政は、一八五〇年三月六日に皇帝により裁可された「ヴィーン暫定市町村法」を基礎に形成され、一八九〇年一二月一九日の市町村規約を通じて制度化された。当初、八の管区が組織され、管区代理人団（Bezirksvertreter）として各管区毎に一八の管区委員と一名の管区統括者（Bezirksvorsteher）が設置された。管区代理人団は管区における特殊な要望や案件について審議し、市参議会と市長に対し提言する役割を担った。のちに管区の数は一九まで増加し、管区委員会は管区内の選挙民から選出された一八名から構成された。管区統括者は委員会により選出され、その決定には市参議会と知事による了承が必要とされた。管区統括者は管区委員会を解散する権限を持ち、市長は管区統括者および管区委員会構成員を解任する権限を有した。管区委員会は少なくとも四年に一度、管区統括者により招集され、行政行為が開始される前に、管区の特殊な事情に応じて生じる要望について市長に提言する課題を担うと規定された[27]。

社会民主党のとりわけ左派[28]にとって、上位の行政段階に従属する管区長を頂点とする旧来の管区庁制(Bezirkshauptmannschaft)は撤廃されるべきであり、管区行政の主体は自治の理念に基づいて組織されなければならなかった[29]。こうした要求にとっては、一九二一年二月一〇日に連邦政府が国民議会に提出した管区行政改革のための法案は、不十分である以上に、管区行政の民主化に反するものでさえあった[30]。政府案では、管区庁を基礎に、管区長を頂点とする職業官吏と並び、住民から選出された管区代理人団が設置されるべきことが示された[31]。

政府案における欠陥として社会民主党が指摘したのが、「州—管区(Land-Bezirken)」と「市—管区(Stadt-Bezirken)」との間で、行政の執行主体の構成原理が本質的に異なっていたことである。政府案によれば「市—管区」では、管区庁の任務は市が担い、住民から選出された市長が管区の職を統括するとされた。そして管区行政の実務に際しては、法律の専門知識を備えた行政官吏が市長を補佐する者として市職長に就任する。これに対して「州—管区」においては旧来通り、管区長を頂点とする管区庁が行政にあたる。法律を熟知した行政官吏のなかから管区長が任命され、管区代理人団の長を務めることとされた[32]。社会民主党にとって、こうした州と市における管区行政の差別化は「州においては専制主義的な行政制度を、市においては議会主義的な行政制度[33]」を採用しようとするものであり、容認できるものではなかった。社会民主党にとっては従来通り管区の頂点に管区長を存続させ、住民から選出された管区代理人団を管区長の「常任の諮問委員会」として副える政府案は、その掲げる自治の理想から程遠いものだったのである。

そこで憲法委員会下部委員会の第一回会議では、管区長は任命された職業官吏か、それとも管区代理人団により選出されるべきかが審議されたが、合意に至らなかった。同年三月一〇日の憲法委員会会議では、経過法に規定された「管区行政の形態についての連邦法律」の公布の期限を六月末日に延期することが提案されたが、必要な三分の二の多数を獲得することができず、連邦レベルでの管区行政改革は挫折した[34]。

2　管区行政の民主化をめぐるケルゼンの考察

こうした政治状況のなかで、ケルゼンは一九二一年一月三〇日、「行政の民主化」と題する論文を発表する。[35] 彼は評議会制の目的、すなわち民主主義の原理を行政の領域においても徹底して実現しようとする要求を「人民支配のラディカルな貫徹に対する要請」（HKW6b:226）の必然的帰結として位置付け、本論文の叙述を開始する。この要求が掲げられたのは、軍事的崩壊により革命が引き起こされて立憲君主制が廃止された諸国、すなわちロシア、ドイツ、オーストリアにおいてであり、特にロシアでは立法と行政を人民が直接遂行する原理、すなわち評議会制が採用された（HKW6b:226）。先に見たようにケルゼンは、人民自身が直接行政に携わることに対しては否定的見解を示していた。では評議会制の目指す理念、人民とその代理人との密接な結びつき、そして行政の執行主体としての代理人への人民による不断の統制を可能とするために、ケルゼンは管区行政の制度をどのように設計すべきだと考えたのだろうか。

ケルゼンによれば、行政に対する民主的統制は、第一に議院内閣制を通じて可能となる。つまり、行政の執行主体が人民により選出され、人民に対して責任を負うこと、そして行政の主体を罷免する権限を人民が保持することが、行政の民主化にとって第一に重要である。この点で「行政の民主化への要求は全く新しいものではないし、それどころかこれは全く達成されていないというわけではない」（HKW6b:226）。それゆえに「立憲君主制においても、権力分立を原則とする共和政においても、控えめな程度ではあるとしても、行政における民主的要素はある」（HKW6b:226）。

帝政期における地方行政制度は「二重主義」を特徴としていた。[36] マリア・テレジアの時代以来、皇帝に直属する官庁による行政と領邦君主による行政との二つの行政装置が併存していたが、諸州の国家権力の継承に関する一九一八年一一月一四日の法律を通じて二重主義の解消が図られた。共和国憲法は、自立した諸州の最高次の行政地位を、国家行政の中間審級としての国家機関として構成するとともに、州政府および州首相を議会主義的に選出された機関として、州議会に対して法的に責任を負うものとした。これにより州の次元での行政の統一、議会主義化を通じた民主化が達成された。

これに対して、行政の民主化が果たされていない唯一の例外が「未だ専制的に、かつてのオーストリアにおけると同様に、任命された管区長によってなされている」管区行政である。それゆえにケルゼンは「管区行政の改革に対する呼び声が高まっていること」、「新連邦憲法が管区行政の民主化を目的とした法律の制定を予定していることは確かにもっともなことである」（HKW6b:229）と述べる。彼によれば行政の民主化は、行政府の構成員の任命方式を変更すること、「官僚制装置の断頭（Dekapitierung）、すなわち専制主義的頂点から民主主義的頂点への挿げ替えを意味する」（HKW6b:231）のであり、このような仕方で管区における行政の民主化は達成されうる。従来、管区長の任命には市長や上位の機関による承認が必要とされてきたが、行政の民主化のためには、住民から選出される管区代理人団に管区長を選出する権限が委ねられるべきである。他方で管区長は、連邦法律ないし州法律に違反する議決を管区代理人団が行った際に、この議決を廃棄する権限をもつ必要がある（HKW6b:230）。

こうしたケルゼンの提案は、州―管区において上位の権限者により任命された管区長を管区庁の頂点として設置しようとする政府案とは異なるものであった。だが他方で、管区長を頂点とする旧来の管区庁制を撤廃し、自治の原則に基づいて管区行政を完全に民主化しようとする社会民主党左派の主張からも一線を画すものであった。

管区長を廃止し、管区における行政を管区代理人団に完全に委ねるべきであるとする自治の要求をケルゼンは退けた。その理由は、「決議する合議体」としての管区代理人団には専門的視点が欠けており、行政の執行主体としては相応しくないという点にあった。管区代理人団に管区の行政全般を委ねることは、行政の協議事項の数や特殊性ゆえに審議の長期化を招き、行政装置全体の活動を麻痺させうる。行政行為とは概して、個人的責任を負った一個人によってなされるものなのである（HKW6b:231f.）。そもそもケルゼンにとって、行政の民主化は、官僚制装置の撤廃を意味すべきものではない。「官僚制的および職業的になされる、専門的に訓練された役人により行われる行政に固有の特徴は、いかなる場合でも官僚制に未来を保証する。技術的進歩および社会的進歩は、分業を、そして官僚制的行政装置を前提とし、帰結する」（HKW6b:230）。官僚制を排除しようとするならば、行政の民主化は「最も野蛮な原始主義への退行」へと帰結する。ケルゼンは「ロシアにおける行政の崩壊」に言及し、人民自身によって担われる行政、すなわち「人民行政（Volksverwaltung）」も自律的な行政も、結局は固有の官僚制を発展させるのだと論じる（HKW6b:230）。

管区代理人団を通じた自治の要求に対して、ケルゼンがこのように消極的な立場をとった理由は、民主主義についての彼の見解を参照することで一層明らかになる。憲法起草者として共和国の設立に関与したケルゼンにとって、新たに成立した共和国の国家としての統一性を維持することは、外在的に与えられた課題であったとしても、喫緊の問題であった。彼の関心は、国家全体の行政の統一性を維持しつつ、そのなかで民主主義を実現していくことにあったのである。そうした観点からすると、国家内の中間的審級および下位官庁の行政の完全な民主化は、行政の自律化を意味し、「事実上、州の民主主義へと、国家および国家を表現する民主主義を解消することへ導く」（HKW6b:234）。それゆえにケルゼンは、自治の原則に基づく管区行政の完全な民主化に対して否定的見解を示すとともに、管区代理人団が固有の立法権をもたないことを自明のこととして捉えていたのである。

国家全体の民主主義を維持するためには、国家行政の統一性を保証することが不可欠である。ケルゼンは官僚制的行政の特徴を、専制主義の原理に基づくがゆえに集団主義の傾向を有するものと把握し、その上でこれを、国家全体の行政の統一性にとって不可欠なものとして位置づける。彼の見るところ官僚制的行政は「諸部分の維持、そして民主主義全体の行政の統一性を保証しうる」ものであり、国家全体の民主主義を維持するためには完全に排除されてはならないものである。それゆえに「行政の民主化に対する要求が近視眼的なスローガン以上のものであろうとするならば、行政の民主化は限定的にのみ、そして制約された形でのみ価値をもちうる。しかも、まさに民主主義自体を維持するために」（HKW6b:235）。

無論ケルゼンの議論は、行政が専制主義的になされることを肯定するものではない。専制主義的原理に基づく官僚制は、自由の思想に基づくがゆえに個人主義的傾向を有する民主主義の原理と対立する関係にある。それゆえに本論稿末尾で彼は、行政における専制主義的要素と民主主義的要素のバランスをとることが重要であることを強調する。

高次の全体の民主主義の維持のためには、完全に民主主義的な行政ではなく、その集団主義化する力ゆえに、（民主主義的頂点をもつ）専制主義的かつ官僚主義的な行政が相対的に相応しい手段であることが認識されたならば、専制主義を志向する官僚制と民主主義の最も内奥にある本質とが陥りうる対立は、決して否認されるべきではないし、あるいは単に無視されるべきではない。官僚制装置は確かに、自律的な権力となり、議会主義的団体と並ぶ、否、それに対抗する権力となる傾向を有する。専制主義的に組織された官僚団体は確かに、その頂点において民主主義的機関というよりも専制主義的機関を見ようとする。このジレンマを目の当たりにして、まさにそれゆえにこそ重要でありうるのは、諸勢力の均衡を作り出すことである。そしてこれが憲法技術の元来の課題なのである（HKW6b:235f.）。

このようにしてケルゼンは、国家全体の民主主義の維持という観点から、自治の原則に基づく管区行政の完全な民主化と自律化には反対の立場をとった。管区行政の民主化を実現するために彼は、管区行政の頂点を民主化すること、具体的には上位の権限者により任命された管区長に代えて、管区代理人により選出された管区長を置くべきことを提案したのである。

三　民主主義・法秩序・政治的自律

1　民主主義における行政裁判権の意義

以上に見たようにケルゼンは、自治原則に基づく管区行政の民主化ないし自律化に対しては慎重な姿勢をとっていた。他方で彼が管区行政の民主化にとって本質的に重要であると認識していたのは、管区長に対する民主的統制の制度である。

彼によれば、行政一般に対する「至上の最も重要な要請」は、行政行為の法律適合性である（HKW6b:233）。「行政の法律適合性だけが、立法において表明された人民の意志が完全に実現することを保証する。そして、この民主主義が単に、印刷された法律公報の内にのみ見かけ上存在するのではなく、具体的な法的諸状況のなかで現実性を獲得することをもたらすのである」(HKW6b:233)。行政は本来、法律の執行行為であるが、執行機関に容認される自由裁量の余地は時に非常に大きくなりうる。それゆえに、行政による執行行為が法律に適合するよう厳格に拘束する必要があるのである。

行政の法律適合性を保証するための第一の「憲法技術上の最良の手段」は議院内閣制である。「法律の執行は、法律適合性に個人的に責任を負い、しかも立法団体に責任を負って、政治的観点からではなく客観的に選び出された、立法団体により任命され、罷免されうる、そうした官吏に委ねられる」(HKW6b:233)。

だが管区行政に対するケルゼンの提案では、管区代理人団には管区長を罷免する権限は認められていない。というのも先に見たように、国家全体の行政の統一性を維持するために管区行政の完全な民主化および自律化を否定する立場からすると、管区代理人団を立法団体として構成することは当然のことながら容認され得ないからである。立法権をもたない管区において、管区長と管区代理人団の関係は、連邦政府と連邦議会の関係、また州政府と州議会の関係とは異なるものである。つまり立法団体ではない管区代理人団は、管区長を罷免する権限をもたず、それゆえに議院内閣制の原則に基づいて管区長を統制することはできないのである。

では、管区長の行政行為の法律適合性を保証し、統制することはどのようにして可能となるだろうか。ケルゼンは、連邦法および州法を遵守するように管区長を強制する手段が欠けていることを問題視し、これを解決するためには、「法律に違反する行政行為を廃棄し、場合によっては法律に適合した行政行為に代える審級」が必要であると主張する。すなわち「最高次の、あらゆる権威という保証を備えた憲法裁判所」の有する行政裁判権(Verwaltungsgerichtsbarkeit)が、それである。行政裁判権を通じて裁判所は、法律に違反する行政行為を廃棄する権限を有するとともに、行政の首長の弾劾についても決定し、法律に違反する行政行為を行なった首長を罷免する権限をもつ。すなわち行政裁判権を通じて、管区長の行政行為の法律適合性が審査され、違反する場合にはその行政行為を廃棄するとともに、管区長を罷免することが可能となるのである。行政の民主化にとっての行政裁判権の意義を、ケルゼンは次のように強調する。「行政の民主化がより深化するほどに、行政裁判権の強化拡充はより一層不可欠となる。〔……〕幅広い権限をもつ行政裁判権、憲法裁判権だけが、立法の民主主義と行政の民主主義の間に生じざるをえない不可避の矛盾をある程度まで解消し、あるいは緩和することができる」(HKW6b:235)。

こうしてケルゼンは、管区行政改革をめぐる論議から出発し、行政に対する民主的統制、具体的には人民の代理人を通じた行政の執行主体への統制に関する議論を、行政裁判権という制度の確立へと発展的に結びつけたのである。

オーストリアではすでに帝政期に、一八七五年の行政裁判所法の制定を通じて、国家行政に対する統制機関として行政裁判所が設置されていた。これを実質的に継承するものとして、行政裁判所は共和国憲法において、憲法裁判所と並ぶ重要な統制制度として位置付けられた[37]。だがその課題を大幅に拡大し、権限を拡張した点で、新憲法は行政裁判所制度に「一連の非常に重要な改革」をもたらすものであった[38]。旧来の憲法裁判所は、官庁の「自由裁量の下になされる」行政行為についての審理申立てを扱う権限をもたなかった。これに対して共和国憲法第一二九条第三項では、官庁による行政行為における「裁量の踰越」および「裁量の濫用」を審査し、それに基づいて行政行為の法律適合性を審査する権限を行政裁判所が有すると規定された。つまり官庁による「自由裁量」で行われた行政行為において、その裁量が「法律の意味で」用いられなかった場合には、行政裁判所による統制の対象とされるのである[39]。

ケルゼンは連邦憲法に規定された行政裁判権および憲法裁判権を、帝政期より継承した制度として位置づける一方、「重要かつ興味深い改革」を含むものとして評価した[40]。彼は、連邦および州の行政行為の法律適合性の是非が訴えの対象とされることを取り上げ、行政裁判所が「連邦政府および州政府に対する法的統制のための中心的機関」[41]として機能することを強調した。

これまで見てきた限りでは、ケルゼンが評議会制の理念として評価し救い出そうとしていたのは、人民による代理人に対する統制、すなわち議会を通じた民主主義的原理に基づく統制であった。これを補うための手段として、彼が行政裁判所および憲法裁判所という司法制度を通じた統制を位置づけるのは、些か唐突であるように考えられる。というのも、評議会制から取り出された理念は、司法制度による統制という議論の展開といかなる関係に立つのか、そして司法制度による統制は民主主義の理念から導出されうるものなのだろうかという点が疑問として浮上するからである。

だがケルゼンの立脚する民主主義観からすると、司法制度としての行政裁判所を通じた行政への統制は何ら民主主義に矛盾するものではない。この主張を理解するために確認しておくべきなのは、ケルゼンの民主主義論が彼自身の法理論における国家観、すなわち憲法を頂点とする法秩序の段階構造説を前提とするものであり、通説とは異なる三権についての独自の理解に基づいていることである。主権は国家秩序すなわち法秩序全体に存するとする彼の見解によれば、立法権のみが主権を独占するのではなく、行政権および司法権もまた主権を分有する。それゆえに行政および司法は法執行の機能をもつと同時に、法創造機能をもつとされる。立法権自体、憲法という最高次の規範を執行し実現するという課題を担っており、議会における決定としての立法がこの最高規範に違反するか否かを審査することは民主主義に何ら背反するものではない。こうした観点からすると、憲法裁判所という他の主権の分有者によって法律の憲法適合性が審査されること、そして行政裁判所という主権の分有者によって行政行為の法律適合性が審査されることは、民主主義において可能であるだけではなく、必要でさえある。[42] つまり行政の執行主体に対する人民による統制という評議会制から取り出した理念を、人民の代理人すなわち議会という主権の分有者を通じて達成する他に、行政裁判所という別の主権の分有者によってそれを補おうとすることは、ケルゼンの国家論においては何ら矛盾を孕むものではない。したがって行政裁判所による統制機能を強調し、議会を通じた統制を補うものとして位置づけることは、ケルゼンの国家観および民主主義観においては矛盾なく理解されうるものなのである。

2 民主主義における政治的自律・少数者保護

以上に見たようにケルゼンは、人民との直接的結びつきを目指す直接民主主義の試みとして評議会制を理解し、代理人に対する不断の統制手段を備えている点を評価した。そうした評価はそもそも、議会制民主主義のなかで個人の政治的自律はいかにして可能となるかというケルゼンの関心に由来するものである。本節では、民主主義における個人の自由・自律と少数者保護の問題がケルゼンによりどのように把握されているかを概観し、その上で彼が評議会制から取り出した代理人を通じた行政に対する統制という主題が、彼の民主主義論のなかにどのように位置付けられるかを検討する。

ケルゼンによれば、民主主義の理念は元来、自由と平等という原理の結合により成り立つものである。支配や強制を拒絶し他律に対して抵抗する「自由」と、人間は平等であるがゆえに一者が他者を支配すべきではないとする「平等」という二つの原理、「実践理性の最上位の要請」を結びつけていることが民主主義の特徴である（HKW4:176, HKW6a:124f.）。自由の概念という実践理性は元来、社会状態に由来する強制、他者の意志への屈従、他律の苦痛に対して抵抗し、あらゆる支配からの個人の解放を要請する。すなわち自由とは「支配から自由な存在、国家一般から自由な存在という観念に組み尽くされる」消極的自由を意味するのである。だが経験上、人間が平等であり続けるためには何らかの支配権力が不可欠である。支配が不可避であるならば、自分自身によってのみ支配されること、それゆえに自らの意志以外のいかなる意志にも服従しないことが自由であるとされる。

こうして自由の概念は、個人の自己支配、自律としての自由へと内容を変え、政治的には、国家における支配的意志の形成に参与することが自由であるとされる。すなわち自由は「市民の政治的自己決定としての自由、国家における支配的意志の形成への参加としての自由」を意味するものとなる。ケルゼンは自由の概念のこの転換を、「アナーキーの自由」から「民主主義の自由」への「避け難い転換過程の第一段階」であると論じる（HKW4:176f. HKW6a:126f.）。

ケルゼンは次に、自由の主体が、個人から共同体ないし国家へと転換することを指摘する。個人の自由および意志と、社会秩序ないし国家秩序の間には不可避的に乖離が存在し、個人の意志は社会秩序により客観的に拘束される。これにより「個人の自由」は後景に退き、「社会的集合体の自由」が前景に現われる。つまり個人の自律に代わり、共同体の自律、すなわち人民主権が登場するのである（HKW4:179f.,HKW6a:130）。そこでは、共同体全体の自律は個人の自律と緊張関係に立ち、前者の下に後者は否定される可能性がある。こうして自由概念が第二の意味転換を経たことで、全体の意志が個人の意志を、そして多数者の意志が少数者の意志を無制約に抑圧することが、人民の自由の名の下に正当化される危険が生じる。

こうした自由の概念に対する独自の分析を経て、ケルゼンは、民主主義において個人の自律および少数者の権利を保護する必要性を把握した。この目的のためにケルゼンが目指したのは、直接民主主義の理念を可能な限り実現することであった。だが実際には、人民を構成する個人が直接に政治的意志形成の過程に参加することは不可能である。そこで彼は、議会構成員が人民の「代表」ではなく、個々の選挙民の「代理人」であることに固執する。つまり、人民全体の代表としてではなく、人民を構成する個々の選挙民の代理人として、議員の地位を構成しようとするのである。自らの政治的意志や信条に近い政治的確信を持つと想定する候補者を、各人が自らの代理人として議会に送り込むことで、選挙人本人に代わって代理人がその意志を議会で主張し、政治的意志の決定過程に参与する。それによって間接的にではあれ、各人は政治的意志の形成に参与することが可能になり、政治的自律の理想へと接近しうる。そのためには、人々の間に存する多様な政治的意志の縮図として議会を構成すること、すなわち比例代表制の原理に基づく議会が不可欠である。それゆえに彼は、比例代表選挙制度を重視し、そのあり方を具体的に構想した。こうして各人の代理人としての議員が議会内で討論に参加し、政治的意志の決定の内容に影響を与えることで、個人の政治的自律の実現が目指されるとともに、討論の過程で多数派が少数派との間で妥協を迫られ、少数派の意志（の一部）が決定内容に反映されることで、議会制民主主義における少数者保護が可能となるのである(43)。

このようにケルゼンは、人民と代理人との密接な結びつきを重視しており、これを通じて、議会制民主主義においても直接民主主義の理念の実現が目指され、個人の自律と少数者保護が可能となるのだと考えた。本稿で注目したように彼は、人民と代理人の間の密接な結びつきを回復しようとする直接民主主義の要求の実現を目指すものとして評議会制の意義を把握した。こうしたケルゼンの評価は、議会制民主主義において個人の自律と少数者保護を実現するという右に確認した彼の問題関心に基づくものであった。比例代表制原理に基づく議会において政治的意志の決定がなされることで、代理人を通じた個人の政治的自律が実現したとしても、政府が法律に違反する恣意的な行政行為を行うならば、個人の政治的権利は蹂躙されうる。同様に、議会における政治的意志の決定において多数派と少数派の間の妥協が反映され、少数派の保護を考慮した立法がなされたとしても、政府が法律を遵守しないならば、すべての努力は水泡に帰してしまう。ケルゼンにとって、個人の自律と少数者保護の実現という課題は、立法の段階で、すなわち議会で法律が成立した時点で達成されうるものではない。議会で立てられた法律を執行する行政の段階で、法律を遵守するように執行機関を厳格に統制しなければならないのである。その上で、議会において立てられた法律が憲法という最高規範に違反しないか、また政府による執行行為が法律に違反しないかを審査する司法制度として、憲法裁判所および行政裁判所が必要とされるのである。

結び

本稿は評議会制の理念に対するケルゼンの見解に着目し、行政に対する民主的統制をめぐる議論の展開を再構成した。本稿における議論は次の通り要約される。

第一次大戦末期から共和政初期にかけて、オーストリアでは自然発生的に評議会が形成され、生活必需品の供給や秩序の維持といった社会経済的領域で活動した。こうした歴史的文脈のなかで、ケルゼンは評議会制の理念を、人民と代理人との密接な結びつきの回復という直接民主主義を目指すものとして把握し、行政の執行主体への不断の統制の制度を備えている点を評価した。他方で、人民自身による行政・自治、官僚制の廃止という評議会の要求に対しては否定的立場をとるとともに、同時代のロシアの現実に鑑みてプロレタリア独裁、政治的権利の蹂躙という点からソヴィエト制を厳しく批判した（第一節）。

こうして評議会制の理念と現実が乖離していく事態を認識しつつも、なおケルゼンは、歴史的経験のなかで発生した評議会制の有する意義とその直接民主主義的要求を、議会制民主主義のなかで救い出す可能性を模索した。その理論的格闘が表れているのが、行政の民主的統制をめぐる彼の議論、とりわけ一九二一年の管区行政改革への提言である。そこでケルゼンは、新たに成立した共和国の統一性を維持するという政治的課題に応えつつ、行政の執行主体への統制を効果的に行う制度を設計しようと試みる。彼は国家の民主主義全体の行政の統一性の維持という観点から、自治の原則に基づく管区行政の完全な民主化と自律化には反対しつつ、管区長の任命方式を変更し、管区行政の首長は管区代理人団によって選出されるべきことを提案した（第二節）。

ただし立法権をもたない管区においては、管区代理人団は管区長を罷免する権限をもたないため、法律に適合しない恣意的な行政行為を行った管区長を罷免し統制する適切な手段を欠いている。そこでケルゼンは、行政行為の法律適合性を保証するための制度として、行政の執行主体に対して議会が行使する罷免の権限と並び、憲法上の制度として行政裁判権を重視する。この制度により、管区長の行政行為の法律適合性を審査し、違反する場合には管区長を罷免することで統制することが可能となる。彼は独自の国家観と三権の関係に対する理解を前提に、行政裁判権を通じて政府による行政行為を不断に統制し、それにより個人の政治的自律と少数者保護を実現しようとした（第三節）。

以上の経緯でケルゼンは、評議会制の理念から取り出した、行政に対する人民による不断の統制という要求を実現するために、行政に対する効果的な統制の制度のあり方を模索した。そしてその制度こそが、民主主義において個人の自律と少数者の保護を実現するためには不可欠のものであると把握していた。民主主義における統制制度の重要性について、彼は『民主主義の本質と価値』（第二版、一九二九年）で改めて次のように強調する――「すべての統制制度を体系的に整備しているということに、近代民主主義の運命は大きく依存している。統制をもたない民主主義が持続することは不可能である」(44)。

本稿でみたようにケルゼンは、国家行政の統一性と民主主義の維持のために、自治の原則に基づく行政の完全な民主化には否定的立場をとった。自治行政の実現を目指す立場からすると、ケルゼンの立場は非民主主義的なものとして映ったに違いない。だが代理人を通じた行政に対する統制をめぐるケルゼンの議論は、ルソーの人民主権論における主権者としての人民とその公僕としての政府の関係、前者による後者の統制を、間接的に――自分自身の代理人としての議員を通じて――実現しようとするものであった(45)。

民主主義と個人の自由そして少数者保護とは両立可能であるとするケルゼンの主張は、彼が同時代において現実の問題に直面し、その解決に取り組むなかで模索した具体的な制度設計と切り離して考えることはできない。このことは本稿が解明した通り、彼が評議会制の歴史的挫折を超えてその理念を救出しようと試みたこと、そして行政に対する不断の統制のための具体的な制度を構想したということに示されていると言えよう。

［引用について］

以下の文献から引用するにあたっては次のように書名を略記し、本文中に頁数を示す。

HKW4 = Hans Kelsen, Vom Wesen und Werte der Demokratie. Vortrag vor der Wiener Juristischen Gesellschaft am 5. November 1919, in Matthias Jestaedt in Koop. m. d. Hans Kelsen-Institut（Hrsg.）, *Hans Kelsen Werke*. Band 4: Veröffentlichte Schriften 1918-1920, Tübingen 2013, S. 176-198.

HKW6a = Hans Kelsen, Vom Wesen und Wert der Demokratie（1.Aufl.:1920）, in Matthias Jestaedt in Koop. m. d. Hans Kelsen-Institut（Hrsg.）, *Hans Kelsen Werke*. Band 6: Veröffentlichte Schriften 1920-1921, Tübingen 2020, S. 124-157.

HKW6b = Hans Kelsen, Demokratisierung der Verwaltung（1921）, in Matthias Jestaedt in Koop. m. d. Hans Kelsen-Institut（Hrsg.）, *Hans Kelsen Werke*. Band 6: Veröffentlichte Schriften 1920-1921, Tübingen 2020, S. 226-236.

（1）Thomas Olechowski, Von der „Ideologie“ zur „Realität“ der Demokratie, in Tamara Ehs（Hrsg.）*Hans Kelsen. Eine politikwissenschaftliche Einführung*, Wien 2009, S. 124. Thomas Olechowski, *Hans Kelsen. Biographie eines Rechtswissenschaftlers*, Tübingen 2020, S. 296f. なお、オレコフスキーによるこうした指摘に留意しつつ、トロツキー、ブハーリン等ロシアのマルクス主義者とケルゼンの関係を考察した、以下を参照。Miriam Gassner, Hans Kelsen und die sowjetische Rechtslehre, in Clemens Jabloner, Thomas Olechowski und Klaus Zeleny（Hrsg.）, *Das internationale Wirken Hans Kelsens*, Wien 2016, S. 141-167（148）.

（2）ケルゼンの政治理論および民主主義論を主たる考察対象とするものとして以下の研究が挙げられるが、これらにおいては評議会制に対するケルゼンの見解は注目されていない。高田篤「ケルゼンのデモクラシー論（一）——その意義と発展可能性」

『法学論叢』第一二五巻第三号、京都大学法学会、一九八九年、四七―七九頁。「ケルゼンのデモクラシー論（二）」『法学論叢』第一二六巻第一号、京都大学法学会、一九八九年、八五―一一一頁。兼子義人『純粋法学とイデオロギー研究――ハンス・ケルゼン研究』法律文化社、一九九三年。古賀敬太『ヴァイマール自由主義の悲劇――岐路に立つ国法学者たち』風行社、一九九六年。W. Krawietz, E. Topitsch und Peter Koller (Hrsg.), *Ideologiekritik und Demokratietheorie bei Hans Kelsen*, Berlin 1982. T. Ehs (Hrsg.), *Hans Kelsen. Eine politikwissenschaftliche Einführung*, Wien 2009. E. Özmen (Hrsg.), *Hans Kelsens Politische Philosophie*, Tübingen 2017. Horst Dreier, *Kelsen im Kontext. Beiträge zum Werk Hans Kelsens und geistesverwandter Autoren*, Tübingen 2019.

（3）Hans Hautmann, Die Arbeiter- und Soldatenräte, in Talos, Dachs, Hanisch, Staudinger (Hrsg.), *Handbuch des politischen Systems Österreichs. Erste Republik 1918-1933*, Wien 1995, S. 246. Hans Hautmann, Rätebewegung und KPÖ von 1918 bis 1938, in Stefan Karner (Hrsg.), *Die umkämpfte Republik. Österreich von 1918-1938*, Innsbruck 2017, S. 175. ハウトマンによれば、オーストリアにおける評議会運動は一九一八年一月一五日から一九二四年一二月三一日まで約七年間にわたって展開された。なお「労働者評議会の萌芽」と見做される工場内委員会はすでに一九一七年春から一九一八年一月にかけて存在していた。工場内委員会は、第一次大戦中に諸経営体の内部で見られた場内平和が崩壊した後に、大規模なストライキを背景に結成された団体であり、食料品の配分に関する発言、参加と統制を目指す、全従業員から選出される自主的な機関であった。これと並び、評議会に似た二つの委員会が地下活動を開始しており、ヴィーンでは急進左派により「労働者および兵士評議会」が、リンツでは社会民主党の労働者により「労働者評議会」が形成されていた。

（4）上条勇「オーストリア革命とオーストロ・マルクス主義――オットー・バウアーを中心に」『金沢大学教養部論集』第二三巻第一号、金沢大学教養部、一九八五年、二八頁。オーストリアの労働者に直接の影響を与えたのは、ロシアにおけるボルシェヴィキによる権力掌握よりも、ソヴィエト・ロシアとの間のブレスト゠リトフスク講和条約締結の経緯であった、と分析する以下を参照。Karl R. Stadler, Gründung der Republik, in Erika Weinzierl und Kurt Skalnik (Hrsg.), *Österreich 1918-1938. Geschichte der Ersten Republik*, Bd. 1, Graz, Wien und Köln 1983, S. 63f.

（5）Hautmann, Die Arbeiter- und Soldatenräte, S. 246. なおシュタットラーによれば、一月ストライキがそもそも社会民主党の指導なしに勃発したか否かは、歴史家の間で見解が分かれており（Stadler, a.a.O., S. 64）、ストライキおよび評議会の自然発生性については議論の余地がある。

（6）Stadler, a.a.O., S. 63f.
（7）Robert Foltin, Revolution und Rätebewegung in Österreich 1918/1919, in Anna Leder, Mario Memoli und Andreas Pavlic（Hrsg.）, *Die Rätebewegung in Österreich*, S. 16f.
（8）ただし、急進左派からの抵抗を受け、ストライキの中止は数日間遅延した（Stadler, a.a.O., 64f.）。運動が最高潮に達した一九一八年一月一九日には、オーストリアで五五万人の労働者が、ハンガリーでは二〇万人の労働者がストライキを行なった（Foltin, a.a.O., S. 16）。
（9）Foltin, a.a.O., S. 19ff.
（10）Foltin, a.a.O., S. 18. フォルティンは、評議会における被選挙権が社会民主党員あるいは労働組合員に限定され、さらには社会民主党の党機関紙『労働者新聞』の定期購読者であることが要件とされたことを指摘する。こうして成立した労働者評議会は、急進派の立場からすると「労働者の自治組織の歪んだ像」と見做された（Foltin, Ebd.）。
（11）Hautmann, Rätebewegung und KPÖ von 1918 bis 1938, S. 176f.
（12）細井保『オーストリア政治危機の構造——第一共和国国民議会の経験と理論』、法政大学出版局、二〇〇一年、二八頁。
（13）Hautmann, Rätebewegung und KPÖ von 1918 bis 1938, S. 176f.
（14）上条、前掲、二七—二八頁。
（15）Hautmann, Rätebewegung und KPÖ von 1918 bis 1938, S. 176.
（16）*Arbeiter Zeitung*, Nr. 62, 4. März 1919, S. 2. この大会冒頭では、F・アドラーが講演を行ったことが報じられている。そこでは「労働者評議会」という語が、ロシアにおいては「就労者の民主主義」を意味するように、様々な概念を内包するものであること、だがオーストリアでは政治的組織としての労働者評議会ではなく、「組織における労働者の代理」が問題とされなければならないと主張された。なお、同紙で報じられた暫定的規約の内容を労働者評議会の理念として紹介する以下を参照。Vgl. Foltin, a.a.O., S. 24.
（17）Hautmann, Rätebewegung und KPÖ von 1918 bis 1938, S. 177f.
（18）「民主主義の本質と価値」は、一九二〇年に『社会科学と社会政策論叢』に掲載されるとともに、同年に単著として公刊された。これは、一九一九年一一月五日にケルゼンがヴィーン法学者協会で行った講演に基づき執筆されたものであり、その原型となる論稿はすでに一九一九年に二つの異なる学術誌上で公表されていた。その経緯については、ケルゼン著作集における解説

（HKW4, S. 700ff. HKW6, S. 618ff.）を参照。各論稿の間に見られる異同については別稿にて検討することとする。本稿では引用箇所を提示するにあたり、一九一九年に『裁判所報』に掲載された論稿をHKW4として示し、一九二〇年に『社会科学と社会政策論叢』に掲載された論稿をHKW6aとして文中に示した。

（19）Thomas Olechowski, *Hans Kelsen*, S. 296f.

（20）Thomas Olechowski, Von der „Ideologie“ zur „Realität“ der Demokratie, S. 124. Olechowski, *Hans Kelsen*, S. 297. Auch vgl. Gassner, a.a.O., S. 148.

（21）Edit. Bericht v. HKW6a, S. 736.

（22）『社会主義と国家』（一九二〇年）においても、ケルゼンはソヴィエト制に対する批判を展開している。この論稿と民主主義論との関係については、別稿の主題として改めて取り上げることとする。

（23）例えば、民主主義的な地方行政に対する要求は、一九一六年三月のオーストリア社会民主党第二回ライヒ会議における決議、また一九一七年党大会の決議に見出される（Martin F. Polaschek, *Die Bezirksvertretungen in der Steiermark zwischen 1918 und 1938. Demokratische Selbstverwaltung oder überflüssige Behörde?*, Graz 1997, S. 83）。

（24）Edit. Bericht v. HKW6, S. 705.

（25）諸州における国家権力の継承に関する一九一八年一一月一四日の法律では、「ドイツ系オーストリアの郡、管区、市町村法」のための外郭法律が予定された。また、国家改革および政府改革についての一九一八年一一月一二日の法律における選挙法規定では、郡および管区の代理人団の選出に関する規定が取り入れられた。一九一九年二月の「社会民主党議員団体の行動綱領」においても諸州、郡、管区、市町村の「民主主義的地方行政」は、憲法に盛り込まれるべき原則であることが確認された（Polaschek, a.a.O., 83）。

（26）Edit. Bericht v. HKW6, S. 705. Auch vgl. Olechowski, Von der „Ideologie“ zur „Realität“ der Demokratie, S. 123.

（27）Peter Csendes, Die Entwicklung der Wiener Bezirksvertretung, in *Bezirksvertretung in Wien*, Brunner (Hrsg.), Wien 1990, S. 21ff. なお管区委員会構成員の被選出の要件としては、管区内の居住、および市参議会への非所属が規定された。

（28）当時、オーストリア社会民主党内では評議会運動に対する態度に関して三つの立場が対立しており、謂わば「評議会分派（Räterfraktionen）」が存在した。完全な評議会制の実現を支持する者（J・フライ、A・トイブラー）、評議会制を戦略的観点から限定的に支持する者（F・アドラー、O・バウアー、M・アドラー）、評議会制に反対する立場をとる者（K・レンナー、K・ザイツ）に分かれていた（Hautmann, Die Arbeiter- und Soldatenräte, S. 252f.）。これに関連して、『評議会独裁か民主主義か』といった政治路線上の論争を行う舞台」となった第二回労働者評議会全国大会（一九一九年六月三〇日から七月三日）におけるO・バウアーの活動を詳論した、上条、前掲、二七頁以下を参照。Auch vgl. Reinhard Owerdieck, *Parteien und Verfassungsfrage in Österreich. Die Entstehung des Verfassungsprovisoriums der Ersten Republik 1918-1920*, München 1987, S. 102ff.

（29）社会民主党の政治的意図として、キリスト教社会党をより支持する諸州を弱体化するために、管区を強化するという関心をもっていたとも指摘される。他方で当然、キリスト教社会党はラディカルな管区行政の民主化を批判しており、両党の間での合意形成は困難な課題であった（Polaschek, a.a.O., 84）。

（30）Ewald Wiederin, Von der k.k. Bezirkshauptmannschaft zur Behörde der allgemeinen staatlichen Verwaltung in den Ländern: Die Bezirksverwaltung zwischen 1918 und 1938, in Peter Bußjäger, Matthias Germann, Christian Ranacher, Christoph Schramek und Wolfgang Steiner（Hrsg.）, *Kontinuität und Wandel. Von „guter Polizey“ zum Bürgerservice. Festschrift 150 Jahre Bezirkshauptmannschaften*, Wien 2018, S. 45.

（31）Polaschek, a.a.O., S. 85.

（32）Wiederin, a.a.O., S. 43f. Edit. Bericht v. HKW6, S. 706.

（33）Wiederin, a.a.O., S. 45.

（34）Polaschek, a.a.O., S. 85. Wiederin, a.a.O., S. 45ff. 連邦の次元での管区行政改革が挫折したことで、管区行政の形態やその構成については州政府において決定されることとなった（Polaschek, a.a.O., S. 90）。

（35）一九二〇年一一月以来、国家首相府の顧問を務めていたケルゼンは、政府法案が国民議会へ提出される以前から、管区行政改革に関する法案をめぐる議論の状況を把握していたと推測される（Edit. Bericht v. HKW6, S. 712）。また、『行政雑誌』の編集委員であった弟子のアドルフ・メルクルを通じて、行政の民主化という主題についての論稿の寄稿を依頼されたと考えられる。行政の民主化をめぐるケルゼンとメルクルの関係については、Edit. Bericht v. HKW6, S. 708f. を参照。

（36）Olechowski, Von der „Ideologie“ zur „Realität“ der Demokratie, S. 122. Ders, *Hans Kelsen*, S. 361.

（37）Helmut Widder, Verfassungsrechtliche Kontrollen in der Ersten Republik, in Handbuch des politischen Systems Österreichs, S. 114. 帝政崩壊後、行政裁判所の設立は、一九一八年一一月二日にチェコスロヴァキア国民委員会で、続いて一九一九年二月六日にドイツ系オーストリア暫定国民議会において決定された。

（38）Olechowski, *Der österreichische Verwaltungsgerichtshof*, Wien 2001, S. 43.
（39）Ebd. Hans Kelsen, *Österreichisches Staatsrecht*, Tübingen 1923, S. 210.
（40）こうした行政裁判所の権限の拡張に関する新たな規定は、ケルゼンが執筆した六本の憲法草案には見出されない（Felix Ermacora, *Die Entstehung der Bundesverfassung 1920. Die Sammlung der Entwürfe zur Staats- bzw. Bundesverfassung*, Wien 1990, S. 230ff.）。行政裁判所の規定に関して、ケルゼンが執筆した憲法草案の特色は、各州および連邦にそれぞれ行政裁判所を設置するとされたことにある。そこでは上位に位置する共通の行政裁判所は予定されておらず、極めて連邦主義的な要素をもつ構想であった。その帰結として、行政裁判権の連邦主義化および分権化をもたらし、その代償として司法の分裂が予想された。州にとっては超過出費を要するものであることにも鑑みてこの提案は却下され、連邦憲法では唯一の行政裁判所が予定された（Olechowski, *Der österreichische Verwaltungsgerichtshof*, S. 41. Ders, *Hans Kelsen*, S. 245）。
（41）Hans Kelsen, Die Bundesverfassung Österreichs（Übersetzung von: Rakouska spolkova ustava）（1921）, in HKW6, S. 349f.
（42）ケルゼンの民主主義論および政治理論を、彼の法理論および法哲学との密接な関係において把握しようとする研究として、以下を参照。Vgl. Olechowski, Von der „Ideologie" zur „Realität" der Demokratie, S. 113-132. Tamara Ehs, Das politische Moment der Verfassungsgerichtsbarkeit, in Elif Özmen（Hrsg.）, *Hans Kelsens Politische Philosophie*, Tübingen 2017, S. 134-147.
（43）ケルゼンにおける民主主義論と比例代表選挙制の関係については、拙稿「ハンス・ケルゼンの民主主義論――少数者保護と比例代表制を中心に」『政治思想研究』第二〇号、風行社、二〇二〇年五月、二二一―二四八頁、を参照されたい。
（44）Hans Kelsen, Vom Wesen und Wert der Demokratie（2. Aufl. 1929）, in *Verteidigung der Demokratie. Abhandlungen zur Demokratietheorie*, ausgewählt und herausgegeben von Matthias Jestaedt und Oliver Lepsius, Tübingen 2006, S. 209.
（45）周知の通りルソーの人民主権論では、人民自身が行政に携わる統治者となることは「神々からなる人民」にしか適さず、通常の人民には不可能であるとされる。また、行政に携わる政府は主権者の委任に基づく「適当な代理人」、「主権者の公僕」であり、主権者による即時罷免の権利を通じて統制される（Jean-Jacques Rousseau, *Du contrat social. Ou principes de droit politique*, ed. 1762, orthographe modernisèe, Livre III ChapitreI, IV）。

＊本稿は科学研究費補助金（特別研究員奨励費19J00079）による研究成果の一部である。

ジョルジョ・アガンベンにおける無為と行為
――アリストテレス解釈をめぐるアーレントとの比較を手がかりに

長島皓平

一　序論

第二次世界大戦以降の政治思想において専ら問われてきたのは、何を為すべきかであった。その行為の内実がコミュニケーション的なものであれ、叛乱的なものであれ、何らかの活動を志向するという点では共通していたように思われる。しかし、ジャン＝リュック・ナンシーはある箇所で次のように述べている。

共同体は、働きの領域に属するものではありえない。（…）共同体は、ブランショが無為と名づけたもののうちに必然的に生起する。働きの手前あるいはその彼方にあって、働きから身を引き、生産することとも何ごとかを成就することとももはや関わりをもたず、中断と断片化と宙吊りのみを事とする。(1)

本稿の主題は、共同性と無為の連関を取り上げるナンシーの友であり(2)、彼の議論を換骨奪胎しつつ無為の問題を独創的な仕方で展開するジョルジョ・アガンベンの思索である。アガンベンの思索において繰り返し論じられてきた無為をめぐってはすでに少なくない数の研究があるが(3)、本稿ではアガンベンの無為を行為論として捉え、その政治的意義をハンナ・アーレントの行為論との比較を通じて、とりわけ両者の議論の基礎となるアリストテレス解釈に重点を置くことで明らかにすることを試みる。

従来、アガンベンの政治思想については多くの批判がなされてきた。例えば、アガンベンの数多くの著作について、度々論文や書評を発表しており、自身も著名な哲学者であるA・ネグリは、アガンベンの『王国と栄光』についての書評で次のように問うている。

> [『王国と栄光』における権力の分析を受けて] 一体彼 [アガンベン] は、われわれをどこに導こうというのか。特異性がいかなる場合においても働きとしてでも (また働くことの放棄でさえなく)、(闘争ですらなく) 抵抗としてでも定義され得ないような世界で。われわれは神学者ならずとも次のことは理解できる。すなわち、神学の領野における生産 (創造) を理解するための努力は、無力さや無益さではなく、抵抗と行為へと帰着しなければならないということを。(…) 無為こそ、アガンベンが常に例外的な権力による全体主義的隷属からの解放のための倫理的な装置として約束するものである。それは内面化されるが決して (アガンベンがほのめかすように) 生権力の手段に転化するような具体的な働きを通じて実現されることはない。(4)

アガンベンによる西洋における権力の系譜学の分析の展開を肯定的に評価するネグリであるが、アガンベンの鍵概念である無為が、分析の対象である権力に対抗する手段たり得ないのではないかと指摘する。また、美術史家のG・ディディ゠ユベルマンはアガンベンに対し次のような疑義を呈している。

> 彼 [アガンベン] は最終的に、あらゆる制作には実践が必要であり、あらゆる無為には働きが必要であることを等閑に付すことを――さらには拒絶することを――決断する。このことをアガンベンはまさに、彼の詩学を、そして政治を純粋な《脱創造》あるいは《脱構成的潜勢力》に基礎付けようとするときに、忘却するのである。(……) しか

し、倫理に、政治に、あるいは《生‐の‐形式》に高められたそのような無為は単に純粋な無力に終始するという危険を犯してはいないだろうか[5]。

ディディ＝ユベルマンもまたアガンベンにおいて無為が有する重要性を剔抉するとともに、それが有する問題を指摘する。これらはアガンベンの描く行為‐無為が有する政治的意義についての批判の一例に過ぎない。本邦においても、「ホモ・サケル」プロジェクトを通じて西洋政治の権力の分析を深化させるアガンベンが提示する無為の戦略に対して、岡田は結局のところ「それでどうすればいいんだ」という率直な疑義を呈している[6]。

本稿の目的は、アガンベンの無為を政治的抵抗論として提示することでこれらの批判に応答することである[7]。アガンベンには行為ではなく、無為に賭けなければならない必然的な理由があり、このことは彼の生政治批判と密接に関わっている。以下では、アガンベンを世界的な哲学者へと至らしめたホモ・サケルシリーズと呼ばれる著作群を中心に、行為の概念を導きの糸としてアリストテレスを参照しつつアーレントの行為論と照らし合わせることで、その抵抗論を政治思想のコンテクストに位置付け、その一見複雑な戦略の内実と意義を明らかにすることを試みる。

以下では、まず二章においてアガンベンにおける主権と潜勢力の問題とアリストテレス解釈を概観し、三章においてアーレントとアガンベンの行為論の比較検討を行い、四章において本稿の結論を示す。

二　アガンベンにおける潜勢力の問題

1　主権と潜勢力

本章では、アガンベンの無為の戦略を理解するにあたって必要となる潜勢力をめぐる議論について概観する。すでに最初の著作である『中身のない人間』における現代の芸術作品の存在論的ステータスをめぐる文脈の中で登場するこの概念は、[8]『到来する共同体』の短い節におけるハーマン・メルヴィルの『バートルビー』についての批評と、[9]その展開である『バートルビー　あるいは偶然性について』を通じて深まりをみせる。本稿はアガンベンにおいて潜勢力の政治的意義が明確になる議論である、潜勢力が主権と対応するというしばしば最も濃厚な箇所とされる『ホモ・サケル』第一部三章に着目する。[10]しかし、潜勢力を論じる前に、前提となるアガンベンの主権と生政治をめぐる主張を確認する。

アリストレテスの『ニコマコス倫理学』における神にも動物にも共通する単に生きているという意味での人間の生であるゾーエーと政治的な質を有した生であるビオスの区別に依拠して、アガンベンは法秩序の創設が原初的に人間の単なる生を参照し、包摂的に排除することに依るという。「主権とは、法権利が生を参照し、法権利自体を宙吊りにすることによって生を法権利に包含する場としての、原初的な構造である」(HS 34:44)、とアガンベンは定義する。

近代政治思想のコンテクストにおいてジャン・ボダンによって定式化された至高権力としての主権を例外状態と結びつけることで主権概念の意味内容を明らかにしようと試みたのはカール・シュミットであった。[11]しかし、E・バリバールが指摘するように、コスモロジカルな世界像を前提に主権概念に内的な限定を規定していたボダンの主権者と、シュミットの定義する神に比される全能を有する主権者とには看過できない差異がある。[12]そのために、のちに詳しく論じるように、本稿では主権を政治思想における伝統的な概念としてより、シュミットがのちに法の原初的な構造として定式化するようなノモスに近い意味で理解する必要がある。アガンベンはこの意味での主権を生政治と結びつけることで、「主権的ノモス」の本質的な構造を明らかにすることを試みる。[13]すなわち、法の原行為として土地取得を想定するシュミットのように、アガンベンは主権の原行為として生政治的な包摂的排除を思考する。

奴隷において最も顕著であるように古代ギリシアにおいて女性や在留外人といった一部の人間は完全な市民権を持たなかった。奴隷はゾーエーを有したが、ビオスは持たなかった。生政治という現象を専ら近代以降に看取するフーコーと異なり、この意味で西洋の政治は人間の生を捕捉した生政治であってきたとアガンベンは考える。このことは同時に、生政治は主権と密接に関係することを意味するとアガンベンは解釈する。[14]

それでは、この生政治的主権がどのように潜勢力と関係するのか。アガンベンは構成する権力と構成される権力という法‐政治哲学上の古典的な問題へと立ち戻り、自身の政治哲学全体を貫く指針を明らかにする。

構成する権力は、ひとたび徹底して根源的に思考されれば狭義の政治的概念であることをやめ、必然的に一つの存在論的範疇として姿を現すのである。そうすると、構成する権力の問題は「潜勢力の構成」の問題となり、構成する権力と構成される権力のあいだにあって解決されない弁証法は、潜勢力と現勢力のあいだの関連という新たな結びつきに場を譲る。このことはまさしく、様相に関する存在論的諸範疇をまるごと思考しなおすことを要請する。というわけで、この問題は政治哲学から第一哲学へと移る（……）。潜勢力と現勢力の関係を別のしかたで思考し、あるいはその関係の彼方で思考することに成功してはじめて、主権的締め出しから完全に解き放たれた構成する権力を思考することが可能になるだろう（HS 51:68）。

構成する権力（憲法制定権力）と構成される権力の弁証法とは何か。「憲法は構成する権力によって作られる[15]」というシィエスの有名な定式は、問題含みでありむしろ、「憲法は構成する権力として自らを前提する」というべきであるとアガンベンは述べる（HS 48:63）。シィエスにおいては主権者たる人民が構成する権力として国家に必要な憲法を作り出すと解されており、構成する権力は法的秩序による条件づけや強制なしに構成される権力の外部に存在するという意味で、前者は国家の外にあり、後者は国家の内に存在することになる。

しかし、「主権的ノモス」という視座からシュミットの議論を読み解くアガンベンは、主権は例外状態を通じて法秩序を創設するものと考える。すなわち、国民の意志として一般意志のような構成する権力が最初に存在し、構成される権力が確立されるのではなく、主権権力が例外状態の創出を通じて法秩序を作り出し、このプロセスにおいて人間の生の補足を遂行する。アガンベンにおいては、論理的に主権権力が先行しつつ、構成する権力と構成される権力へと分裂し、両者が不分明な閾となりつつ、両者への関係を保つ（HS 48:63）。

アガンベンは、ヴァルター・ベンヤミンの『暴力批判論』における法措定的暴力と法維持的暴力の連関というテーゼと関係づけることで構成する権力と構成される権力の円環を指摘する（HS 47:62）[16]。つまり、構成される権力の正当性は権力の源泉たる構成する権力に存するが、構成する権力の主体が国民である以上それは構成された権力と不可分である。このために、アガンベンは構成する権力と構成された権力との循環的な関係の根底に、生政治的暴力に依拠する主権を看取するのであった[17]。本稿ではこの点に関してアーレントの議論を踏まえ再度立ち戻る。

これまでの問題設定を簡潔にまとめている箇所を参照し節をまとめよう。『ホモ・サケル』と同時期に執筆された論考を基に公刊され、副読本ともいえる性格を有する『人権の彼方に』において、アガンベンは次のように述べている。

> したがって、われわれの政治の伝統の中核にある、主権と構成する権力という二概念は、放棄されなければならないか、あるいは少なくとも、はじめから思考しなおされなければならない。この二概念は、暴力と法権利、本性とロゴス、固有なものと非固有なものとの差異がなくなる地点をしるしづけており、このような概念である以上、それらは法的秩序ないし国家の一属性ないし一機関を指しているのではなく、法的秩序ないし国家の原初的構造そのものを指している。主権とは、暴力と法権利、生きものと言語活動との間に決定不可能な結びつきがあるという理念のことであり、この理念によれば、この結びつきが、例外状態における決定（シュミット）や締め出しbando（ナンシー）――法（言語活動）はこのなかで、身を退くことで、生きものをその固有の暴力へとその固有の非関係へと遺棄し締め出すab-*bandonare*ことで、生きものとの関連を保つ――という逆説的な形式をとるのは必然である[18]。

アガンベンの狙いは主権権力から解き放たれた構成する権力を構想することにある。従来、政治を理解するにあたっての鍵語であった構成する権力と主権権力を根底から再考するために、アガンベンは議論を存在論的範疇へと送り返す。すなわち、潜勢力のコンテクストを参照し「主権のさまざまなアポリアを免れた政治理論を思考」することを試みる（HS 51:68）。

この文脈でアガンベンが立ち戻るのは、潜勢力を独創的な仕方で定義し西洋の政治に決定的な影響を与えたアリストテレスの存在論である。

2　アリストテレスの潜勢力

アガンベンが問題視するこうした主権と潜勢力の結びつきの内実を明らかにするために、まずアリストテレスにおける潜勢力論を参照する。潜勢力とは何か。アリストテレスによれば、潜勢力は五つの定義を有するが、アガンベンの議論において専ら問題となるのは第三のものである。

潜勢力〔Δύναμις〕と言われるのは（……）（三）その事柄を巧みにまたは意図のとおりに遂行しうる能力を意味する。というのは、ときとしてわれわれは、ただ歩きただ語るというだけで巧みにも思いどおりにも歩けず語れない者を、語る能がないとか歩くことができない〔可能でない〕とか言うからである（Met. 1019a25-27）。

アリストテレスが潜勢力を人間の能力として定義するこの箇所は一見、当然のことを述べているように思われる。しかし、事態が複雑になるのは潜勢力が有する、アリストテレスによって初めて哲学的な意味を与えられた現勢力との関係にある。(19) アリストテレスはメガラの徒の主張を取り上げて次のように論じている。長くなるが、アリストテレスが用いる具体的な例を含めて引用しよう。

しかし、つぎのような説をなす人々がある、たとえばメガラの徒がそうであるが、それによると、なにものもただそれが現に活動しているときにのみそうする能がある〔活動しうる〕のであって、活動していないときにはその能がない。たとえば、現に建築していない者は建築する能がなく、ただ建築する者が現に建築活動をしているときにのみそうする能がある、同様にその他の場合にもそうである、というのである。だが、この説から生じる諸結果の不条理な点をみつけることは容易である。というのは、（一）、明らかに〔この説からすると〕なんぴとも、現に建築していないならば建築家ではない、という〔不条理な〕ことになるからである（なぜなら、建築家であるということは建築する能のある者であるということだから）。そしてこのことはまた、その他の技術の場合でも同様である。（……）そうだとすれば、建築家が建築活動を休止しているときに、かれはその技術を所有していないはずであるのに、しかもかれは、またもや直ちに建築活動に着手するであろうが、この場合、どうしてかれがその技術をふたたび獲得するというのか？ だが、無生物についてもまたこれと同様の〔不条理な〕ことがおこる。すなわち、なんらの寒いものも、熱いものも、甘いものも、また一般になんらの感覚される事物も、それらが現にそう感覚されていないときには、存在しない、ということになろう。こうして結局かれら〔メガラの徒〕は、はからずもプロタゴラスの説を語っているものである。のみならず、もしひとがなにものをも感覚しないならば、すなわち現になんらの感覚活動をもしていないならば、そのひとはなんらの感覚能力をも所有していない、ということになろう。そこでもし盲者というのが視力を所有していないもののこと（詳しく言えば、自然的には視力を所有すべき者でありながら、しかるそれを所有しているのが自然的である時期に、そしていまも生存しておりながら、その視力を所有していないもののこと）であるとすれば、〔かれらの説からすると〕同じひとが一日のうちに幾度も幾度も盲者である！（同様にまた〔幾度も幾度も〕聾者である！）というような〔不条理な〕ことになろう（Met. 1046b29-1047a9）。

メガラの徒は人間の能力は常に働き続けなければ能力たりえないと主張するが、アリストテレスは実際に建築をしていない時にも建築家は建築家であり続け、冷たさや熱さを感じていない時でも感覚能力はあり続けるという例を用いて反駁を試みる。ここにおいて、アリストテレスは潜勢力と現勢力の区別を導入する。

そこで、もしこのような説をなすことが許されないとすれば、明らかに潜勢力〔可能性〕と現勢力〔現実態〕とは異なるものである（しかるに、かれらの説は、潜勢力と現勢力とを同じことであるとし、それによってまた、些細なこととして棄ててはおけない事実をあえて無視しようとしている）、そして、これらを異なるものであるとすれば、或るものが存在することも可能であるが〔現実には〕存在していない、ということも許されるし、また逆にそれが存在しないことも可能であるが〔しかも現に〕存在している、ということも許されるようになる。そしてこのことは、実体以外の述語の場合でも同様である、たとえば、歩行することの可能なものであるが〔現実には〕歩行していないとか、または逆に、歩行しないことも可能なものであるがしかし歩行しているとか。ところで、或るものが可能なものと言われるのは、その或るものがまさにそれの可能性を有すると言われるところのそれなる当の現実活動がこの或るものに属しており、しかもなんらの不可能なことも属していないような場合にであるという意味は、たとえば、或るものが坐ることの可能なるものであり、そしてその坐ることが許されているならばその或るものにこの坐るという現実活動が属したからといってもなんらの不可能〔不条理〕なこともなかろう、というのである。〔……〕けだし、存在していないものどものうちでも、或るものは潜勢力においては存在している、しかしこのものは存在していないというのは、終極実現状態においては存在していない、というのである（Met. 1047a19-1047b2）。

働いていないものは存在しないあるいは、あるものは働きにおいてしか存在しないというメガラの徒の主張は、潜勢力と現勢力の区別によってその矛盾が明らかになる。この潜勢力と現勢力というカテゴリーはアリストテレスにおいて、人間の能力であるとともに存在様態でもあり、アリストテレスは、潜勢力が現勢力（あるいは終極実現状態）から区別されるとともに、現勢力に対し自律的な性質を有すると主張することで、実体のあり方と人間の能力としての潜勢力に正確な定義を与えようと試みる[20]。

アリストテレスが、この区別を導入するとすぐさま、ある問題が生じる。それはどのように潜勢力から現勢力へと移行することができるのか、すなわち人間の能力に関していえば、どのように人間が有する自身の能力を実際に使い得るのかという点である。例えば、歩くことの潜勢力は実際に歩くことへ、現勢力へと移行することが可能であり、実際に歩いている時でもまた歩いていない時でも潜勢力として存在しなければならない。そこで、アリストテレスにおいて決定的な役割を果たすのが「非の潜勢力（ἀδυναμία）」である。潜勢力がそのつど現勢力において消え失せずにそれ自体で整合性を保つためには、「潜勢力は現勢力へと移行しないこともでき、構成上（おこなったり存在したり）しないことのできる潜勢力でも」なければならない（HS 52:69）。このしないことができる「非の潜勢力」の持つ重要性は強調してもしすぎるということはない。

そして、非の潜勢力（無能力）とかアデュナトン（無能なもの）とかは、こうした意味での潜勢力（すなわち能力）に反対のものであり、その欠除であるからして、したがって、こうした潜勢力は、いずれもみな、それぞれに対応する非の潜勢力の属するのと同じものに属し、その関係するのと同じものに関係している（Met. 1046a32）。

潜勢力は自らを自律的に保ちつつ、現勢力へと移行することもできるために、常に非の潜勢力でもある必要がある。この意味で非の潜勢力は単なる無能力ではなく、アリストテレスにおいて潜勢力が現勢力に対する自律を保つことが可能になるための必要不可欠な役割を果たしている。しかし、非の潜勢力が潜勢力の自律を担保するならば、どのようにして潜勢力が現勢力へと移行することが可能となるのか。
『魂について』において、アリストテレスは次のように述べている。

また、「作用を受ける」ということも単純一通りではなく、一方の意味では、反対のものによってある種の消滅をこうむることであり、他方の意味ではむしろ、終極実現状態にありかつ――潜勢力が終極実現状態に対して（似ている）という意味において――似たものによって潜勢力にあるものを保存救済することである。（……）なぜならそれは自己自身へ、また終極実現状態への贈与であるから（εἰς αὑτὸ γὰρ ἡ ἐπίδοσις καὶ εἰς ἐντελέχειαν）（De an. 417b1-6）[21]。

メガラの徒の反駁の際に潜勢力と現勢力の区別を導入するにあたって建築家と感覚作用の例を並列していたアリストテレスであるが、ここでは作用を受けることを例に潜勢力の現勢力への移行を説明している。潜勢力は自らを自らに与えることよって終極実現状態（現勢力）に移行し、かつ潜勢力として自らを保ち続ける。

主権を「潜勢力の構成」へと結びつけるアガンベンが着目するのがこの潜勢力のあり方である。アガンベンは、アリストテレスの非の潜勢力を定義する一節を「あらゆる潜勢力は同じものに対する同じものの非の潜勢力である（ogni potenza è impotenza dello stesso e rispetto allo stesso）」（HS 52:69）と解釈し、すでに見た「潜勢力にあるものは、存在することもしないこともできる」（Met. 1050b11-12）というアリストテレスの指摘と結びつけ、潜勢力は常に現勢力に移行しないことができるという意味ですでに非の潜勢力として現勢力であり、「主権的なしかた（*sovranamente*）」で、非の潜勢力であるという（HS 52:70）。

なぜ潜勢力が主権的であるのか。それは、存在することもしないこともできる潜勢力は、自らに自らを与えることで現勢力へと至るとともに現勢力においても潜勢力を保つためである。潜勢力は、存在しないことができるという自らの潜勢力（非の潜勢力）以外には何も前提とせず自らを基礎付ける。この意味で、潜勢力は自らの適用を外すことで例外に自らを適用する主権へと対応する（HS 54:71）[22]。

潜勢力とは（潜勢力と非の潜勢力というその二局面において）、存在が主権者として、すなわち、存在しないことができるという自らの潜勢力以外には、存在に先行し存在を規定するような何ものもなしに（「自らより上にあるものを認めず」）自らを基礎づける仕方のことである。主権的であるものとは、存在しないことができるという、それ自体としての潜勢力を単に断ち切り、自らが存在するにまかせ、自らを自らに与えることによって自らを実現する現勢力のことである（HS 54:72）。

実のところ、アガンベン自らが示すように、主権を存在論的次元において捉え直すという試みはネグリの議論と近しいものであり[23]、また政治理論の領野においても主権と潜勢力の連関はすでに指摘されてきたという（HS 55:73）。政治思想史研究者のジェラール・メーレは次のようにのべる。

潜勢力（権力）は、その行使に先んじて存在し、権力への服従は、服従を可能にする諸機関の前提条件である。また、権力の執行者——政府その他——は、執行者から独立するものとして自らを提示する権力と異なる。ここで問題となっているのは、われわれが今日に至るまでなおその全ての秘密を解明するには至っていない真の神話であり、それはもしかしたら、あらゆる権力の秘密であるのかもしれない。[24]

アガンベンの議論はこうした先達の問題意識を展開させたものであるといえよう。しかし、潜勢力と主権をめぐるアガンベンの読解を最も決定づけ、独創的なものにしているのはマルティン・ハイデガーである。ハイデガーのゼミナールに参加した当時のことを「専ら法律と哲学を学んでいた青年［アガンベン］にとって哲学が可能になったのはこの瞬間であったかもしれない」[25]とまで述べるアガンベンは、主権と潜勢力というテーマを政治思想において先行する問題と関連させつつハイデガーのアリストテレス読解を批判的に参照することで深化させた。

アリストテレスにおける潜勢力をめぐる議論の重要性を看取していたハイデガーは『アリストテレス『形而上学』第9巻1－3　力の本質と現実性について』において「潜勢力と現勢力を問うことは本来的な意味で哲学することである」と述べていた。[26]すでに指摘されているように、これまで確認したアリストテレスにおける潜勢力をめぐるアガンベンの読解はハイデガーに決定的に影響を受けている。[27]

アリストテレスがメガラの徒を反駁する文脈においてすでに確認したように、ハイデガーはこの箇所において現勢力が潜勢力との関係においてのみ定義されうると指摘している。

アリストテレスは、現勢力〈ἐνεργεῖν〉を、すなわち「仕事中であること」を、能力が現実的であることの一様式として、拒否するのではない。しかし、現勢力が力の現実性の唯一の基本的な様式であることを、拒否するのである。（……）アリストテレスは、遂行における力の現実化と力の現実性とを同一視することに抵抗しているが、そのことによって現勢力〈ἐνεργεῖν〉を排除しようというのではなく、むしろ、まさにはじめて、現勢力をそれの領域の中へと制限し、限定し、それによって規定しようとしているのである。[28]

ハイデガーはアリストテレスにおいて現勢力が潜勢力との関係によって定義されていることを指摘しており、アガンベンもこうした解釈に沿っている。この意味で両者はともにアリストテレスが潜勢力を現勢力に優越させているという点に着目しているといえよう。

敷衍するならば、すでに最初期の「ナトルプ報告」においてハイデガーがアリストテレスにおける存在の意味をキネーシス、すなわち不完全な現勢力として捉えその肯定的な意義を救い出そうとしながら[29]、現勢力を原初的な思索からの離れ行きの原因であるとともに、現代の総駆り立て体制に結実する主体性の形而上学の起源として捉えているという両義的な視座が、アガンベンのアリストテレス読解を決定的に方向づけていることは疑いない。[30]

本稿第二章における議論との関連においては、ハイデガーによる現勢力の批判的読解を、シュミット的な主権的ノモスという問題系に照らし合わせることで、アガンベンは自身の議論を彫琢しているといえる。しかし、アガンベンはハイデガーによるアリストテレス論を無批判に踏襲しているというわけではない。現代における一層の形而上学的「力」の展開を前に、「放下」を提唱するハイデガーとは異なり、アガンベンは独創的な仕方で無為を政治的行為に読み換えていく。

3　人間の働き

アガンベンをハイデガーから分かち、アガンベンの政治哲学の基礎を成すのが、アリストテレスにおける潜勢力と現勢力をめぐる両義性の問題である。だが、本節ではまず現勢力の優越に由来する問題を確認するにとどめ、両義性の問題は次章で取り上げ直す。

アリストテレス研究者らも指摘しているように、アリストテレスにおいて、潜勢力と現勢力のどちらに優位が置かれているのかは判然としないふしがある。[31] これまで見たように、確かに一方でアリストテレスは潜勢力を現勢力に優越させているのに、『形而上学』のある箇所でアリストテレスは、明確に潜勢力に対する現勢力の優越を論じている。

> ところで、あらゆるこのような潜勢力よりも、現勢力の方が、その説明方式においても実体においても、優越している（Met. 1049b10-11）。

アガンベンは決してアリストテレスによる現勢力の優越という傾向を軽視してはおらず（HS 52:69）、むしろ、アリストテレスによるこの現勢力の優越のうちに、西洋政治を基礎付ける生政治の問題を看取する。アリストテレスにおける現勢力の優越という問題がどのように西洋政治を生政治として規定するに至るのか、アガンベンの解釈を確認しよう。「人間の働き」においてアガンベンは次のように述べる。

> 人間の働きに関するアリストテレスの規定には、政治に関する二つのテーゼが含意されている。一、「働き（ergon）」と関連したものとして定義されている以上、政治は有為の政治であって無為の政治ではなく、現勢力の政治であって潜勢力の政治ではない。二、だが、この「働き（ergon）」は結局のところ「何らかの生」であって、この「何らかの生」は何よりもまず、単に生きているという剥き出しの生を排除することによって定義される。
>
> これが、アリストテレスの思考が西洋の政治に遺した遺産である。これはアポリアをはらんだ遺産である。それがアポリアをはらんでいるということには二つの理由がある。一、この遺産は政治の運命を一つの働きへと結びつけるが、その働きは人間の個々の活動（キタラを演奏する、像を彫る、靴を作る）に対して割り当てることができない。二、「生（zoe）」の分割と分節化に依拠している以上、政治の唯一の規定は結局のところ生政治的規定である。人間が人間としてもつ働きである政治的なものは生きものにおいて捉えられているが、それは生の活動の一部分を非政治的なものとして排除することによってなされている（P 370-371:451-452）。

これまで確認した箇所においては、アリストテレスは現勢力に対する潜勢力の優越を論じているように思われた。しかし、人間一般に固有の働きはあるのかという問題に取り組む中で、アリストテレスは現勢力を優越させ、さらには政治を現勢力に関連づけるという。こうした文脈においてアリストテレスの議論は人間の生を対象に働きかける生政治という様相を帯びるとアガンベンは述べる。アリストテレスの議論を確認しよう。

アリストテレスは『ニコマコス倫理学』の第一巻において、究極の善、すなわち幸福が政治学の対象であるという文脈で、幸福を定義するにあたって人間の働きを論じている。アリストテレスによって哲学的な語彙へと彫琢された現勢力（ἐνέργεια）の働きにある（ἐν ἔργον）という意味での働きとの密接な関係に注意しよう。

> けれども、幸福がもっとも善いものであると述べるのは、おそらく何か一般に同意された見解であると思われるかもしれないが、一体それによって何が語られているのか、いっそうの明確化が求められる。おそらくこうした明確化は人間の働き（τὸ ἔργον τοῦ ἀνθρώπου）を取り上げることによって達成されるだろう。なぜなら、笛吹きや彫刻家など、あらゆる技術者にとって、また総じて何らかの働きや行為が含まれているものにおいて、そうであるように、人間にとっても、「善」すなわち「よく」ということはその働きのうちにあると思われるからである――少なくとも何らかの働きが人間にあるならば。すると、なるほど大工や靴作りには何らか特定の働きや行為があるが、人間にはそういった働きは何もなく、無為（ἀργὸν）に過ごすよう生まれついているのだろうか。それとも、目や手や足や、総じて身体の各部位に何らかの働きがあるように、人間全体にもこれらの各部位とは別の何らかの働きがあると想定できるだろうか。だとすれば、それは一体何か（EN. 1097b22-33）。

この一節における人間の幸福は人間の無為ではなく働きにあるというアリストテレスの定義の重要性は単に倫理的なものにとどまらない[32]。広く人口に膾炙しているようにアリストテレスは『政治学』において、「最善の国制とは、誰もが最も善く生き、幸せに生活できる体制でなければならないことは明白である」(Pl. 1324a23-5) と述べており、アリストテレス自身において人間の幸福は政治的に決定的な重要性を有することになる。

それでは、善が存在しうる人間一般の働きとは何か。『ニコマコス倫理学』の続く箇所においてすぐに、アリストテレスは人間の働きを具体的に考察している。

生きていることか――だが、それなら植物とも共通の働きであるように思われるが、求めているのは人間に固有の働きである。してみると、栄養や成長に関わる生は除外されねばならない。それに続くのは、何らかの感覚的な生ということになるが、これもまた明らかに馬や牛などあらゆる動物と共通の生である。すると残るのは、理りをもったもの〔魂の部分〕のある種の行為的な生ということになる。〔こうしたもの〔魂の部分〕が「理りをもっている」というのは、一方のものにおいては「理りに従う」という意味であり、他方のものにおいては「自ら理りをもち、思考するもの」という意味である。〕またこの「行為的な生」というのにも二通りの意味があって、ここでは活動に基づいた生を想定すべきである。こちらの方がより優れた意味で生の働きと呼ばれると思われるからである (EN. 1097b34-1098a7)。

アリストテレスは人間に固有の働きを定義するにあたって、植物や動物と共通する生を除外することで、人間に固有の生を定義し、それを行為的な生と呼んでいる。さらに、アリストテレスは続く箇所で、この人間の働きを現勢力と結びつける。

では、もし人間の働きが理りに基づいた魂の〔部分の〕活動であるか、あるいは少なくとも理りを欠いてはいない魂の〔部分の〕活動だとすれば、また、もし「X」と「優れたX」には〔ちょうど「竪琴弾き」と「優れた竪琴弾き」のように〕同じ種類の働きがあるのであって、これは無条件にあらゆる場合に当てはまり、働きにその働きの善さ〔=徳〕に基づく割り増し分がつけ加わるだけだとするなら、つまり、竪琴弾きの働きは竪琴を弾くことであり、優れた竪琴弾きの働きはそれをよく弾くことだとすれば、もし事情が以上の通りだとすれば、また人間の働きを何らかの生であり、その生は理りをともなった魂の活動［現勢力］と行為であるとわれわれが規定するならば、優れた人間はそれをよく・立派に成し遂げるのであるが、それぞれの働きは、その固有の徳に基づいてよく成し遂げられるのである。もし以上の通りだとすれば、人間としての善さは徳に基づいた魂の活動であることになる（EN. 1098a7-18）。

アリストテレスによれば、人間に固有の働きは動物や植物に共通ではない生であり、その生は魂の現勢力であり活動であるという。すでに見たように『形而上学』において潜勢力を現勢力に優越させていたように思われたアリストテレスが、人間の幸福を現勢力であると定義するのである。そしてまた、政治の存在意義は善く生きることという人間の幸福の実現でもあった。「それ［ポリス］は人々が生きるために生じたものであるが、それが存在するのは人々が善く生きるためのものとしてである」（Pl. 1252b29-30）。

アガンベンはここに人間の生を対象とし、分割し排除する生政治的規定を看取する。アリストテレスの政治は現勢力の政治であり、これは人間の単なる生の排除を前提とする。すでに見たように主権を例外状態の創出を通じた人間の生の補足であると定義したアガンベンは、この意味でアリストテレスにまで遡ることで主権の生政治的権能が西洋の歴史を貫いたものであることを明らかにしようと試みるのであった。

ここまでのアガンベンは、ハイデガー的なアリストテレス読解の延長線上にあるといえよう。しかし、アガンベンはハイデガーとは異なる仕方でアリストテレスのテクストの両義性に着目し、潜勢力の政治というヴィジョンを救い出す。アリストテレスの定義とは異なり、もし人間が本来的に無為であるならば、また人間の本質を定義するような「現勢力」を欠いているならば、人間はいかなる同一性や働きによっても尽くされることのない純粋な潜勢力の存在であると主張することができるとアガンベンは考える（P 366-367:446）。

アガンベンが賭ける潜勢力の政治とは何か。この試みの内実と意義を明らかにするために、ここでハンナ・アーレントとの比較を行う。すでに広く人口に膾炙しているアリストテレスの批判的な読解を前提としたアーレントの行為論を背景とすることで、アガンベンの無為の戦略のイメージが詳らかにされる。

三　アーレントの行為、アガンベンの無為

1　アーレントの行為

アガンベンは自伝的エッセイである『書斎の自画像』において回想しているように[33]、まだアガンベンが無名であった頃にアーレントに称賛の手紙と自身の小論を送り、アーレントから返信を受け取った。また、アガンベンが送った小論はアーレントの『暴力論』のドイツ語版において注に記されてもいる[34]。実のところ、最初の著作である『中身のない人間』においてすでにアーレントに言及しているアガンベンであるが[35]、『ホモ・サケル』において自身の政治的思索が、アーレントが遭遇した困難を乗り越える試みでもあると宣言することで（HS 6:10）、アーレントに多くを負いつつアーレントに抗して自身の政治哲学を構成しているといえる。

両者の関係はその理論的な近さゆえにすでに注目を集めており、アーレントとアガンベンに共通する問題意識や手法に着目することで、「理想的にはアガンベンがアーレントを新たな方法で読む刺激になり、アーレントがアガンベンを別の視座から読む助け」にさえなりうると評されている[36]。以下では、『人間の条件』を中心にアーレントのアリストテレス理解を簡単に確認したのち、アガンベンのアーレント批判とアガンベンが提示するオルタナティヴを精査する。

人間の生物的必要性を満たすための労働と世界に耐久性を与える制作に比してアーレントが最も重要視するのが、行為である。なぜなら、行為こそが人間の唯一性と複数性が成立する類型であるためだ。アーレントは述べる。

言論と行為は、このユニークな差異性を明らかにする。そして、人間は、言論と活動を通じて、単に互いに「異な

るもの」という次元を超えて抜きん出ようとする。つまり言論と活動は、人間が、物理的な対象としてではなく、人間として、相互に現われる様式である。この現われは、単なる肉体的存在と違い、人間が言論と活動によって示す創始にかかっている。しかも、人間である以上止めることができないのが、この創始であり、人間を人間たらしめるのもこの創始である（HC 176:287）。

しかし、アーレントによれば、すでにプラトンとアリストテレスにおいて本来的に複数で各々が唯一である人間が言論と行為を通じて現れる政治が制作モデルによって取り替えられたという。この制作モデルの政治が問題となるのは制作モデルにおいては善を実現することであれ、魂の救済であれ政治は何らかの目的に対する手段となるという点である（HC 230:361）。そして、制作モデルにおける政治の目的はそれがなんであれ、手段としての暴力を裁可するという点を指摘しているのもアーレントであった。

いうまでもなく、暴力は、制作に必ず伴うものである。（……）目的として定められたある事柄を追求するためには、効果的でありさえすれば、全ての手段が許され、正当化される。こういう考えを追求してゆけば、最後にはどんなに恐るべき結果が生まれるか、私たちは、おそらく、そのことに十分気がつき始めた最初の世代であろう（HC 228: 358-360）。

アーレントは暴力を何らかの目的に対する手段として正当化する思索の帰結が全体主義であることを暗に仄かしている。それゆえに、アーレントは非-暴力的な政治、非目的論的な政治への方途としての行為を彫琢しようと試みるのであった。

たしかに、D・ヴィラが正しく指摘するように言論をお喋りとみなし、決意した自己を民族の現存在に入れ替えるハイデガーに対し、人事の領域における行為に賭けるアーレントの狙いは明確である。[37] しかし、アーレントが自らの行為論を思案するにあたってのアリストテレス読解こそがアガンベンにとって問題含みのものとなる点である。

アガンベンが明示的にアーレントの批判的検討を行うのは、『ホモ・サケル』以来の自身の政治哲学的思索に対し、補完的な役割を果たす『カルマ』においてである。アガンベンは、その全体の論旨をある箇所で簡潔に説明している。「[ホモ・サケルシリーズ最終巻である]『身体の使用』においてほとんど触れられなかった問題系」があり、『身体の使用』の狙いを明確にするその問題系とは「西洋の政治の基底に常にある概念、すなわち行為、実践の概念」であるという[38]。行為を主題とする『カルマ』においてアガンベンが着目するのが、アーレントの非目的論的な行為の議論である（K 102）。アーレント自身の主張に即して、その批判を検討しよう。

アーレントは人間の活動のうちでもアリストテレスによる外部に目的を持つ制作とそれ自体が目的となる行為の区別に基づいて、演劇のようなアリストテレスの非目的論的な行為の類型に依拠することで、自身の行為論の非目的論的性格を担保しようと試みている。

> アリストテレスはこの観念［現勢力］によって、目的を追わず、作品を残すことなく、ただ演技そのもののうちにこそ完全な意味があるすべての活動力を指した。（……）この場合、活動と言論の目的は追求されておらず、活動力それ自体の中にあり、それゆえにこの活動力は、終局実現状態（entelecheia）となる。そして言論と活動の作品とは、過程を追い、それを消滅させるものでなく、過程の中にはめこまれているものである。演技こそ作品であり、現勢力である。このようにアリストテレスは、その政治哲学の中で、政治において何が中心的問題となっているのかまだよく気がついている。すなわち、それは人間としての「人間の働き」にほかならない。彼がこの「働き」を「よく生きること」と定義したとすれば、彼は、ここでいう「働き」が仕事の産物ではなくて、ただ純粋な現勢力においてのみ存在するということを明瞭に示したのである。この特殊に人間的な達成行為は完全に手段と目的のカテゴリーの外部にある（HC 206-207:331）。

ここにおいてアーレントはアリストテレスの現勢力を手段と目的のカテゴリーの外部にあるものとしているが、すでに見たようにアリストテレスは明確に「幸福は、行為されうるものの目的として、何か完全なもの・自足的なものであることは明らかである」（EN. 1097b20）と述べていることをアガンベンは指摘する（K 104）。すなわち、仕事との対比において行為の非目的論的性格を強調するアーレントであるが、アリストテレスにおいて行為は究極の目的である幸福へと向けられている。アガンベンにとっての問題は、この幸福を志向する人間存在という定義が有する生政治的な分裂であり、働きの次元で思考する限りこの陥穽から抜け出ることができないという点である。(39)

実のところ、アーレント自身が非暴力的な政治を考察するにあたって、暴力と区別される権力として潜勢力の概念を参照している。暴力と対比的な他者と新しく始めるという権力は「人びとが共同で活動するとき人びとの間に生まれる」のであるが（HC 200:322-323）、それは常に現勢化されなければならない。

権力という言葉そのものが、例えばギリシア語の dynamis にしても、ラテン語の potentia にしても、ラテン語から派生したさまざまな近代語にしても、ドイツ語の Macht（これは mögen や möglich から来ているのであって machen からきているのではない）にしても、いずれも権力の「潜在能力的」な性格を示している（HC 200:322）。

そして権力というのは、暴力の用具のように貯蔵し、いざというときのために保存しておくことはできず、ただその現勢化においてのみ存在する（HC 200:322）。

アリストテレスの読解を通じて自身の議論を彫琢するアーレントは、ここで権力としての潜勢力の重要性を剔抉するが、この潜勢力に現勢力が優越するというアリストテレス解釈を提示している。潜勢力を権力として捉えるアーレントの発想がアガンベンの思索に決定的な影響を与えているというのは明白であろう。それと同時に、アガンベンがアーレントに何を負いながら批判を試みているかも明らかである。少なくとも『人間の条件』におけるアーレントにとっては全体主義に抗する複数性と唯一性のために、非目的論的に行為し続けなければならない、すなわち潜勢力を常に現勢化する必要がある。しかし、アガンベンにとって、潜勢力の絶えざる現勢化こそが西洋の政治を貫く主権の生政治的働きであり、アリストテレスの幸福の定義こそがその原型であった。

それでは、アガンベンがハイデガーとアーレントに抗して救い出そうとする潜勢力は、どのように主権の生政治的働きに対し抵抗となりうるのか。[40] また、前章で確認したようなホモ・サケルシリーズにおける主権の生政治的働きという問題と関連して、アガンベンはどのように現勢力ではなく潜勢力の、働きではなく無為の政治を構想するのか。アーレントにおいても看過しえない注目を集めてきた行為遂行の概念を手がかりに確認しよう。

2　アガンベンの無為

『ホモ・サケル』第二部においてアガンベンは、生の聖化という契機に着目しているが、それは「聖と俗の区別や宗教的なものと法的なものの区別に先行する地帯に場を占める、原初的な構造に光を当てることを可能にする」ためであるという（HS 82:107）。古代ローマにおけるホモ・サケル（homo sacer 聖なる人間）という形象に象徴されるように、聖化された人間は世俗的かつ宗教的に共同体から排除され犠牲化不可能かつ合法的に殺害可能となる。アガンベンが着目するのは主権による例外化と聖化の構造的類似である（HS 93:121）。

主権の圏域と聖なるものの圏域とが近いものだということは非常にしばしば指摘され、さまざまなしかたで叙述されてきたが、この近さは、単にあらゆる政治権力がもともともっていたとされる宗教的性格の世俗化された名残であるのでもないし、単に政治権力に対して神学的な裁可の威信を保証しようとする試みにとどまるものでもない。（……）聖性とはむしろ、剥き出しの生が法的‐政治的次元に含み込まれる原初的形式のことであり、ホモ・サケルという連辞は、原初的な「政治的」関係のようなものを名指している（HS 94:122）。

例外状態の創出を通じた主権権力による人間の生の捕捉をより詳細に分析するアガンベンによれば、従来考えられていたように政治権力に宗教が先行するのでも、人間の生が本来的に聖性を帯びるのでもない。そうではなく、人間が聖なるものとなるのは主権権力による人間の生の包摂的排除によるという。アガンベンは『言語活動の秘跡』においてこの聖化を行為遂行として捉え直している。

魔術‐宗教的圏域は論理的に宣誓に先んじて存在しているのではなく、言語の原初的で行為遂行的な経験としての宣誓こそが宗教を（そして宗教と密接に結びつく法を）説明できる。[41]

「聖なるものであれ」という宣誓が行為遂行として、すなわち命題を発話することで生じる行為という形で機能することで、初めて人間の生は聖なるものとなり世俗と区別される宗教的圏域と人間の生の包摂的排除による法秩序も生まれる。これは主権権力の生政治的働きのメカニズムの内奥にある働きを行為の一種として捉え直す分析であるが、この視座はそこに抵抗の契機を見出すことが可能であるために比類のない重要性を帯びる。[42]

法秩序の基礎たる行為遂行に人間はどのように抵抗することが可能であるのか。『創造とアナーキー』所収の「創造行為とは何か」において、アガンベンは次のように述べる。

潜勢力とはすなわち、ある事柄のみならず、それの反対のものをなすことが可能であるだけでなく、それ自身のうちに内在的かつ抹消不可能な抵抗を有する両義的な存在である。[43]

また、潜勢力それ自身が抵抗を有するという視座の重要性を理解するために『裸性』所収の「しないでいられることについて」の一説を参照しよう。アガンベンは次のように述べている。

無能力＝非の潜勢力からの疎外は、何にも増して人間を貧しくし、自由を奪い去る。できることから引き離された人は、それでも抵抗することができるし、しないということができる。それに引き換え、みずからの無能力＝非の潜勢力から引き離された人々は、まず最初に抵抗する力を失ってしまう。[44]

アリストテレスの『形而上学』における議論で確認したように、非の潜勢力とは現勢力に移行しないことのできる能力であった。アガンベンによれば、権力は「しないでいられることから人間を引き離そうとする」[45]のであるが、これは権力が人間の非の潜勢力に働きかけることで人間を現勢力に、働きに駆り立てるのである。

これまで見てきたように、自らによって自らを定立する主権は宣誓という行為遂行を通じて生政治的働きを遂行するのであった。この権力の働きに対する抵抗を困難にするにあたって、人間は自身の無能力＝非の潜勢力に狙いをつけられる。というのも、しないでいるという無為の非の潜勢力こそが抵抗の潜勢力の基底をなすからだ。この意味で、「人間の働き」を定義する箇所においてアリストテレスによって否定された人間の無為を、アガンベンはしないでいるという非の潜勢力に対応させ[46]、抵抗を可能にする契機であると考えている。

無為を了解する唯一の一貫したやりかたは、これを潜勢力から現勢力への移行という形（個人的な活動や、数々の個人的活動の総体として了解される集団的活動のような）では汲み尽くされてしまうことがない、潜勢力の類的な実存様態の一つとして思考することだろう（HS 71:94）。

端的にいえば、主権権力の生政治的な働きに対しての抵抗を想定することは難しくない。問題は、むしろ生政治がもう一つの働きを通じて、すなわち人口の管理・調節といったメカニズムによって人間を駆り立てるという点である。これは、われわれがますますバイオセキュリティの名の下に生権力に主体的に従属するというアガンベンが警鐘を鳴らす事態に明らかであろう。[47] しかし、無為がいかに困難であろうと政治的抵抗としてのその重要性は揺るがない。ホモ・サケルシリーズ最終巻である『身体の使用』のエピローグにおいて、アガンベンは『ホモ・サケル』で提起した構成する権力の問題に立ち戻り、次のように述べている。

もし基本的な存在論的問題が今日では働きではなくて無為であるとするなら、しかしまた無為が対決するのは働きにたいしてのみであるとするなら、その時には、従来とは異なった政治像へのアクセスとは「構成する権力」という形態ではなく、なにかわたしたちが暫定的に「脱構成的潜勢力(potenza destituente)」と呼ぶことができるものの形態をとることになるだろう。そしてもし構成する権力には革命、蜂起、新しい憲法、すなわち、新しい法権利を定立し構成する暴力が対応するとしたなら、脱構成的潜勢力のためには全く別種の戦略を考案する必要があるだろう。それを定義することが来るべき政治の任務なのである。(48)

アガンベンは、近代政治思想の最重要概念の一つである構成する権力に対し、脱構成的潜勢力を対置する。この脱構成的潜勢力の要が、非の潜勢力、すなわちしないでいるという無為であった。アガンベンは無為を通じた脱構成的権力によって、生政治的主権とは異なった政治への到達を望み、その方途を今もなお模索しているのである。

四　結論

本稿では、アガンベンの無為が政治的抵抗として有する意義と内実を、アリストテレス読解を基調としたアーレントの行為論との比較を通じて明らかにすることを試みた。アガンベンは、アリストテレスにおける潜勢力と現勢力の議論に西洋の政治の基礎構造を看取するとともに、生政治に抗する方途を探る。アーレントもまたアリストテレスを手がかりに自身の行為論を彫琢するのであるが、『人間の条件』における行為の議論は生政治的規定を有するアリストテレスの延長にあると考えるアガンベンは行為ではなく無為に依拠することになる。

現代政治思想において、抵抗が主題となることはそう珍しくなく、すでに抵抗をテーマに個別の思想家の比較検討を試みるものもある。[49] 本稿においてはアガンベンの無為＝抵抗論が有する意義をさらに広いコンテクストにおいて明らかにすることは紙幅の都合上、叶わなかった。アガンベンの抵抗論及び政治思想の比較検討はまた別の機会に試みたい。

《省略記号一覧》

アリストテレス

Met. W. D. Ross, ed., *Aristotle's Metaphysics*, 2 vols., Oxford University Press, 1924（出隆訳『アリストテレス 全集12　形而上学』岩波書店、一九六八年）.

De an. W. D. Ross, ed., *Aristotelis De Anima*, Oxford University Press, 1956（中畑正志訳『新版アリストテレス 全集7　魂について』岩波書店、二〇一四年）.

EN. Ingram Bywater, ed., *Aristotelis Ethica Nicomachea*, Cambridge University Press, 1890（神崎繁訳『新版アリストテレス 全集15 ニコマコス倫理学』岩波書店、二〇一四年）.

Pl. W. D. Ross, ed., *Aristotelis Politica*, Clarendon Press, 1957（神崎繁訳『新版アリストテレス 全集17　政治学家政論』岩波書店、二〇一八年）.

Hannah Arendt

HC *Human Condition*, The University of Chicago Press, 1958（2nd., 1998）（志水速雄訳『人間の条件』筑摩書房、一九九四年）.

Giorgio Agamben

HS *Homo sacer: il potere sovrano e la nuda vita*, Einaudi, 1995（高桑和巳訳『ホモ・サケル　主権権力と剥き出しの生』以文社、二〇〇三年）.

K *Karman: breve trattato sull' azione, la colpa e il gesto*, Bollatti Boringhieri, 2017.

P La *potenza del pensiero: saggi e conferenze*, Neri Pozza, 2005（高桑和巳訳『思考の潜勢力 論文と講演』月曜社、二〇〇九年）.

（1）Jean-Luc Nancy, *La communauté désœuvrée. Nouvelle edition revue et augmentée*, Christian Bourgois Editeur, 1999（3e ed.）, pp. 78-79（西谷修・安原伸一郎訳『無為の共同体 哲学を問い直す分有の思考』以文社、二〇〇一年、五七頁）. 以下、訳文はすべて適宜変更した。

（2）Giorgio Agamben, *L'amico*, nottetempo, 2007, p. 6.

（3）特に示唆に優れたものとして次を参照。Sergei Prozorov, *Agamben and Politics: A Critical Introduction*, Edinburgh University Press, 2014, pp. 30-60. Étienne Balibar, 'Inoperosità: Usage et mésusage d'une négation' in *Politique de l'exil. Giorgio Agamben et l'usage de la métaphysique*, Anoush Ganjipur（ed.）, Lignes, 2019, pp. 17-39. Mathew Abbott, 'Glory, Spectacle and Inoperativity: Agamben's Praxis of Theoria', in *Agamben and Radical Politics*, Daniel McLoughlin（ed.）, Edinburgh University Press, 2016, pp. 27-48. 岡田温司『アガンベン読解』平凡社、二〇一一年、九一～一〇八頁。宮崎寛「「剥き出しの生」に抗して：アーレントとアガンベンの潜勢力／現勢力」『京都産業大学世界問題研究所紀要』二八巻、二〇一三年、二六九～二八三頁。S・プロゾロフはアガンベンにおける無為が、栄光や安息日からバートルビーに至る多様なモチーフの基調となっていることを示し、E・バリバールは『身体の使用』における使用の概念との関連で無為の意義を検討している。またM・アボットは『王国と栄光』における無為の発展に着目した。宮崎の議論は潜勢力を鍵語としたアーレントとアガンベンの比較論であるが、両者の共通性に着目する当該論文や上述の先行研究群に対し、本稿の狙いはアガンベンのより近年の著作における議論を検討することを嚆矢としてアガンベンの無為論を再構成し、両者の差異を通じてアガンベンの抵抗論の基底を描き出すことである。

（4）Antonio Negri, 'Sovereignty: That Divine Ministry of the Affairs of Earthly Life', in *Journal for Cultural and Religious Theory*, vol. 9. no. 1（Winter 2008）pp. 98-99.（［ ］内は筆者による補足、以下同様）

（5）Georges Didi-Huberman, *Désirer désobéir. Ce qui nous soulève, 1*, Les éditions de Minuit 2019, pp. 150-151.

（6）岡田温司『アガンベンの身振り』月曜社、二〇一八年、四二頁。

（7）アガンベン自身が抵抗を主題とすることに慎重であってきたこともあり、アガンベンと抵抗を論じた研究はそう多くはない。次を参照のこと。James R. Martel, 'The Anarchist Life we are Already living: Benjamin and Agamben on Bare Life and the Resistance to Sovereignty', in *Towards the Critique of Violence: Walter Benjamin and Giorgio Agamben*, Brendan Mora and

Carlo Salzani (eds.), Bloomsbury, 2015, pp. 187-200. German Primera, 'Biopolitics and Resistance: The Meaning of Violence in the Work of Giorgio Agamben', in *The Meanings of Violence: From Critical Theory to Biopolitics*, Gavin Rae and Emma Ingala (eds.), Routledge, 2019, pp. 209-228. 高桑和巳「アガンベンと抵抗」『慶應義塾大学日吉紀要フランス語フランス文学』七〇号、二〇二〇年、一八五～二〇八頁。とりわけ、高桑の論考はアガンベンのドゥルーズ論をスピノザへと接続する中でアガンベンにおける抵抗のイメージを首尾よく描き出している。

(8) Giorgio Agamben, *L'uomo senza contenuto*, 2nd ed. Quodlibet, 1994 (1970 1a ed.), pp. 96-100（岡田温司ほか訳『中味のない人間』人文書院、二〇〇二年、九五～九八頁）.

(9) Giorgio Agamben, *La communità che viene*, Einaudi, 1990, pp. 25-27（上村忠男訳『到来する共同体』月曜社、二〇一二年、四九～五三頁）.

(10) 一例として、次を参照のこと。上村忠男『アガンベン《ホモ・サケル》の思想』講談社、二〇二〇年、二六頁。

(11) Carl Schmitt, *Politische Theologie: Vier Kapitel zur Lehre von der Souveränität*, Duncker&Humblot, 1922 (2015 Zehnte Aufl.). S. 14-15（長尾龍一訳「政治神学――主権論四章――」『カール・シュミット著作集I 1922-1934』慈学社、二〇〇七年、三～四頁）.

(12) Étienne Balibar, *Nous, citoyens d'Europe? Les frontières, l'État, le people*, La Découverte, 2001, pp. 257-285（松葉祥一ほか訳『ヨーロッパ市民とは誰か 境界・国家・民衆』平凡社、二〇〇七年、三〇九～三四一頁）.

(13) 主権と生政治を結びつけるというアガンベンの試みについての評価は毀誉褒貶相半ばしてきたが、『主権論史』において嘉戸はアガンベンの主権をめぐる議論がもっぱら「主権的ノモス」をめぐるものであることを正しく指摘している。嘉戸一将『主権論史 ローマ法再発見から近代日本へ』岩波書店、二〇一九年、九六頁以下。しかし、アガンベンの議論を従来の主権論からの逸脱であり、「人格」というフィクションとの相違を指摘することで片付けてしまうことはできない。本稿では、主権的ノモスという視座からアガンベンが剔抉する抵抗としての無為を検討する。人格と生政治という問題系について論じたものとして、次を参照。Roberto Esposito, *Terza persona. politica della vita e filosofia dell'impersnale*, Einaudi, 2007（岡田温司ほか訳『三人称の哲学 生の政治と非人称の思想』講談社、二〇一一年）. また主権とノモスを結びつけるにあたってシュミットもアガンベンもピンダロスの断片の読解に依拠しているが、この解釈の妥当性を巡っては先行する研究において評価が別れている。両者の解釈に否定的なものとしては、Lukas van den Berge, 'Law, king of all: Schmitt, Agamben, Pindar', in *Law and Humanities*, Vol. 13, Issue 2 (2019) pp. 198-222. 肯定的なものとしては、Thanos Zartaloudis, *The Birth of Nomos*, Edinburgh University Press, 2019, pp. 240ff.

(14) この解釈は批判に晒されてきた。James Finlayson, “Bare Life”and Politics in Agamben’s Reading of Aristotle’, *The Review of Politics*, Winter 2010, Vol. 72, No. 1, pp. 97-126.

(15) Emmanuel-Joseph Sieyès, *Qu’est-ce que le tiers état?*, 3e edition, n.p. 1789, p. 111（大岩誠訳『第三階級とは何か』岩波文庫、一九五〇年、八五頁）.

(16) Walter Benjamin, ‘Zur Kritik der Gewalt’ in *Gesammelte Schriften*, Bd. II-1, Rolf Tiedemann und Hermann Schweppenheuser (Hr.), Suhrkamp Verlag, 1977, S. 179ff（野村修訳『暴力批判論 他十篇』岩波書店、一九九四年、二九頁以下）.

(17) すでにシュミット自身が、構成する権力を構成された権力に還元しようとする傾向に対し「かくされた主権行為（apokrypher Souveränitätsakt）」という問題を提起している。Carl Schmitt, *Verfassungslehre*, Elfte Aufl., Duncker&Humblot, 2017, S. 108（阿部照哉・村上義弘訳『憲法論　新装版』みすず書房、二〇一八年、一三五頁）.

(18) Giorgio Agamben, *Mezzi senza fine. note sulla politica*, Bollati Boringhieri, 1996, pp. 89-90（高桑和巳訳『人権の彼方に　政治哲学ノート』以文社、二〇〇二年、一一八頁）.

(19) 桑子敏雄『エネルゲイア　アリストテレス哲学の創造』東京大学出版会、一九九三年、九五頁。

(20) アガンベンは同義としてとっているが、アリストテレスにおいて現勢力と終極実現状態が同義語であるか否かは解釈の余地があるという。次を参照せよ。牛田徳子『アリストテレス哲学の研究　その基礎概念をめぐって』創文社、一九九一年、二五一頁。

(21) Aristotle, *Aristotelis De Anima*, W. D. Ross, ed., Oxford University Press, 1956, 417b1-6（中畑正志訳『新版アリストテレス全集7　魂について』岩波書店、二〇一四年）. 中畑訳では、最後の文章が「なぜならそれは自己自身へ、すなわち終極実現状態への進展であるから」とされているが、ἐπίδοσις はLSJによれば多義的であり、a giving over and above: a voluntary contribution to the state. という意味とincrease, growth, progress. という意味を有し、中畑は後者を、アガンベンは前者の意味をとっている poiché si ha qui dono a se stesso e all’atto. HS, p. 53. あとで見るように、非自発的な意味合いのある進展では、主権と潜勢力の連関という議論と齟齬をきたすことになるため、ここではアガンベンに従う。H. G. Liddell and R. Scott, *Greek-English Lexicon with a Revised Supplement*, ninth ed., Clarendon Press, 1996, p. 631.

(22) また別の箇所で、アガンベンは次のように述べている。「(…) 潜勢力はけっして現勢力に移行することはなく、現勢力はすでにつねにみずからの可能性を先取りしている、ということである。このためにアリストテレスは潜勢力をヘクシス（hexis）、「習性」、何か人が「所有している」ものと考え、現勢力への移行を意志の行為として考えざるをえなくされているのだった」。

Giorgio Agamben, *L'uso dei corpi*, Neri Pozza Editore, 2014, p. 349（上村忠男訳『身体の使用　脱構成的可能態の理論のために』みすず書房、二〇一六年、四六一頁）.

（23）Antonio Negri, *Il potere costituente*, SugarCo, 1992, p. 383（杉村晶昭ほか訳『構成的権力』松籟社、一九九九年、四五五頁）. 構成する権力と主権権力に関するネグリとアガンベンについては、一例として次の研究がある。遠藤孝「「構成する権力」と「主権権力」―権力をめぐるネグリとアガンベンの論争―」『法学新法』中央大学法学会、一一七巻一―二号、九九～一二七頁。冒頭に引用したネグリによるアガンベンの無為の批判からも明らかなように、活動を称揚するネグリと無為に賭けるアガンベンには明確な差異が存在する。

（24）Gérard Mairet, 'La genèse de l'État laïque. De Marsile de Padoue à Louis XIV', in *Histoire des idéologies*, François Châtelet (éd.), t. II, Hachette, 1978, p. 310.

（25）'Agamben, le chercheur d'homme.' *Libération*（Paris), April 1, 1999, ii-iii.

（26）Martin Heidegger, *Aristoteles Metaphysik IX 1-3. Von Wesen und Wirklichkeit der Kraft*（Sommersemester 1931), H. Hüni (hg.), 2 Auflage 1990, S. 10（岩田靖夫ほか訳『ハイデッガー全集第33巻　アリストテレス、『形而上学』第9巻1－3　力の本質と現実性について　第2部門　講義（1919-44）』創文社、一九九四、一五頁）.

（27）Jussi Backman, 'Aristotle,' in *Agamben's philosophical Lineage*, Adam Kotsko et Carlo Salzani（eds.), Edinburgh University Press, 2017, p. 18.

（28）Martin Heidegger, *Aristoteles Metaphysik IX 1-3. Von Wesen und Wirklichkeit der Kraft*（Sommersemester 1931), a.a.O., S. 188（『ハイデッガー全集第33巻』、二一一～二一二頁）.

（29）阿部将伸『存在とロゴス 初期ハイデガーにおけるアリストテレス解釈』月曜社、二〇一五年、一四二頁以下。

（30）ハイデガーの古代ギリシアから現代に至るまでの形而上学批判については次を参照せよ。Silvio Vietta, *Heideggers Kritik Am Nationalsozialismus und an der Technik*, De Gruyter, 1989, S. 19ff（谷崎秋彦訳『ハイデガー：ナチズム／技術』文化書房博文社、一九九七年、二九頁以下）. 轟孝夫『ハイデガーの超政治　ナチズムとの対決／存在・技術・国家への問い』明石書店、二〇二〇年、五五頁。

（31）John L. Ackrill, *Aristotle The Philosopher*, Clarendon Press, 1980, p. 172（藤沢令夫ほか訳『哲学者アリストテレス』紀伊国屋書店、一九八五、二九六頁）. Werner Marx, *Einführung in Aristoteles' Theorie vom Seienden*, Felix meiner Verlag, 1972, S. 57（木

下喬訳『アリストテレス「存在論」への導き』東北大学出版会、二〇二〇、五二頁）。

（32）すでに指摘されているように、アリストテレスにおける「幸福」を批判的に検討したのもハイデガーだった。ハイデガー自身が、アリストテレスにおいて存在が幸福を完成とする製作的なものとして誤って把握されていることを問題視している。池田喬『ハイデガー　存在と行為　『存在と時間』の解釈と展開』創文社、二〇一一年、一八五頁以下。

（33）Giorgio Agamben, *Autoritratto nello studio*, Nottetempo, 2017, pp. 26ff（岡田温司訳『書斎の自画像』月曜社、二〇一九年、四四頁以下）。

（34）Hannah Arendt, *Macht und Gewalt*, übersetzt von Gisela Uellenberg, Piper, 1970, S. 52.

（35）Giorgio Agamben, *L'uomo senza contenuto*, op. cit., p. 140（『中身のない人間』、一七八頁）。

（36）Eva Geulen, Kai Kauffmann, Georg Mein, 'Vorwort' in *Hannah Arendt und Giorgio Agamben: Parallelen, Perspektiven, Kontroversen*, Eva Geulen, Kai Kauffmann, Georg Mein（Hrsg.）, Wilhelm Fink, 2008, S. 8.

（37）Dana R. Villa, *Arendt and Heideggr: The Fate of the Political*, Princeton University Press, 1996, pp. 141f（青木隆嘉訳『アレントとハイデガー　政治的なものの運命』法政大学出版局、二〇〇四年、二三五頁）。

（38）Giorgio Agamben, 'Critique de l'action', in *Politique de l'exil. Giorgio Agamben et l'usage d la métaphysique*, Anoush Ganjipour（ed.）, Lignes, 2019, p. 249.

（39）他方で、アーレントとアガンベンの両者に大きく影響を与えたベンヤミンの『暴力批判論』における法秩序の根底にある暴力の正当化という契機との連関においても問題含みとなる。目的と手段が循環的に双方を正当化することで法秩序の源暴力が是認されるという前提を共有するアーレントにおいても非暴力と非目的論的性格は密接に結びついていた。

（40）実のところ、アーレント自身も晩年の『精神の生活』において活動を再考し、行為を差し控えるという契機を考察している。この意味でも、その死によって断ち切られてしまったアーレントの思索をアガンベンが受容し展開させているといえよう。そこで、アーレントは「何もしないときほど活動的であることはない」というカトーの言葉を引いている。Hannah Arendt, *The Life of the Mind*, Harcourt Brace & Company, 1981, p. 216（佐藤和夫訳『精神の生活　上』岩波書店、一九九四年、二五〇頁）。

（41）Giorgio Agamben, *Il sacramento del linguaggio, archeologia del giurameto*, Editori Laterza, 2008, p. 89.

（42）*Ibd*., p. 98.

（43）Giorgio Agamben, *Creazione e anarchia, l'opera nell'età della religione capitalista*, Nerri Pozza Editore, 2017, p. 38.

(44) Giorgio Agamben, *Nudità*, nottetempo, 2009, p. 69（岡田温司ほか訳『裸性』平凡社、二〇一二年、八〇頁）.

(45) *Ibd.*, p. 68（同上、七九頁）.

(46) 岡田温司『アガンベン読解』、平凡社、二〇一一、九四～九五頁。

(47) Giorgio Agamben, *A che punto siamo ?* l'epidemia come politica, nuova edizione accresciuta, Quodibet, 2021, pp. 51ff（高桑和巳訳『私たちはどこにいるのか？ 政治としてのエピデミック』青土社、二〇二一年、一三一頁以下）.

(48) Giorgio Agamben, *L'uso dei corpi*, op. cit., p. 336（『身体の使用　脱構成的可能態の理論のために』、四四四頁）.

(49) 一例として、次を参照。佐藤嘉幸『権力と抵抗　フーコー・ドゥルーズ・デリダ・アルチュセール』人文書院、二〇〇八年。

［政治思想学会研究奨励賞受賞論文］

脱構築と思想史
――抑圧されたものの思想史に向けて

板倉圭佑

一 序論

ジャック・デリダ（一九三〇～二〇〇四年）の思想、とりわけデリダの名とともに語られることになる「脱構築」という語は、これまで多くの毀誉褒貶にさらされてきた。デリダに対する論難は、「フランス現代思想」それ自体に対する反発や警戒心という時代的現象のひとつであったと言ってよいだろう。

なかでも象徴的であるのは（一部の）現代フランス哲学者たちを相手取ったアラン・ソーカルによる「パロディー論文」と『「知」の欺瞞』の発表である。「ソーカル事件」として知られるこうした攻撃からは、九〇年代までのフランス「ポストモダン」思想の影響力と、それに対する危機感や警戒心の両方を凝縮した形で確認しうる。[1] 彼らは『「知」の欺瞞』のなかで「ポストモダニズム」と称される哲学の特徴を次のように説明する。

（……）ポストモダニズムとよぶ哲学は、啓蒙主義の合理主義的伝統を多少なりともあからさまに拒否すること、経験に照らし合わせての検証とは結びつかない論考、そして認識的相対主義や文化相対主義を標榜して科学を数ある「物語」、「神話」、社会的構築物の一つとしてしか見ない姿勢、などで特徴づけられる知的潮流のことである。[2]

こうした「ポストモダン」の議論がいかに用語の「濫用」と無理解に基づいているのかということを指摘し、「相対主義」に対する警鐘を鳴らすことが彼らの目的であった。「いやしくも学術的な分野たるものが共通に持つ（あるいは、持つべき）合理性と知的誠実さの規範を擁護すること」[3]がかけられていたのだ。

「認識的相対主義」が反啓蒙主義に関連づけられるとき、議論は思想史的な広がりをもつ。たとえば、ユルゲン・ハーバーマスは当初デリダのことを反啓蒙主義者として理解していたのだった。ハーバーマスは『近代――未完のプロジェクト』のなかでモダニズムに対する保守主義の特徴を、反近代主義（アンチモダニズム）、前近代主義（プレモダニズム）、後=近代主義（ポストモダニズム）の三つに分けて論じる。[4]ハーバーマスが青年保守派と呼ぶ哲学者たち――デリダはこれに含まれる――は反近代主義に位置付けられ、反啓蒙的で反合理主義的な人物として理解される。ハーバーマスは、こうした思潮の特徴を「ニーチェの精神」の再生にみるのだ。[5]

リチャード・ローティもまた、ニーチェとのつながりにおいてデリダを理解した。ローティは『偶然性・アイロニー・連帯』のなかで、デリダの議論の「私的」な重要性は認めつつも、「こと政治に話が及ぶと、ほとんど無用である」[6]と断じ、その「公的」な意義を認めていない。

以上のようにしてデリダの議論は、ある評者たちによれば相対主義的で、反近代的・反啓蒙的であり、また他方では非政治的であるとも理解されてきた。本稿では、こうしたデリダ理解に対する応答は間接的なものにとどまる。というのも本稿の主たる目的は、脱構築という「手法」がこと政治思想史という学問分野において、なにがしかの影響力をもちうるのかということにあるからだ。テクストを読解すること、解釈することがデリダにおいて何を意味しているのか、そしてそうした解釈行為はいかなる意味で政治的になりうるのか。こうした問いに、本稿は応答を試みるものである。

二　ジャック・デリダにおける歴史概念

亀井大輔は『デリダ——歴史の思考』のなかで、デリダの議論の中核に「歴史」に対する思考が初期から一貫して存在していたことを詳細に指摘している。そこで明らかにされているように、デリダにおいて「歴史」という語はつねに留保つきのものであった。デリダは対談録である『ポジシオン』のなかで、自身の研究を振り返って次のように述べている。

> 私が発表した最初の諸テクスト以来つとに、私がそれに抗して脱構築的批判を組織立てようと試みてきた当のものは、まさに超越（論）的所記もしくはテロスとしての意味の権威にほかならないこと、言いかえれば、究極的には〔最後の審級においては〕意味の歴史として規定された歴史、すなわち歴史をロゴス中心主義、形而上学的、観念論的に（……）表象するような形での歴史、まさにそういう歴史の権威にほかならないこと（……）このことを私は指摘しなければならないのでしょうか。(7)

ここでデリダが自問・反語的な表現をとっているのは、デリダ自身がこの「観念的な、目的論的な、等々といった歴史という形而上学的歴史概念の所有者に仕立てあげ(8)」られてきたと考えるからである。ここでデリダは自身に向けられた誤解に抗して、「私はこの歴史概念を大いに警戒する(9)」と主張する。

ところがこの歴史概念は西洋哲学の根底を貫いてきたものである。亀井は「形而上学的な歴史の概念とは、起源から目的へと一線上に進行することが想定され、ロゴス中心主義、音声中心主義という特徴を付与されることになる、西洋の知の歴史についての概念である(10)」と整理したうえで、これを〈エピステーメーとしての歴史〉と名指す(11)。したがってデリダが警戒を向けるのは、このような起源とテロスとを取り結ぶような目的論的、形而上学的構造であり、そのような西洋の学知に裏付けられた歴史概念であると言ってよいだろう。

「歴史」のもつ目的論的構造に関して、デリダはさらに踏み込んだ批判を「一線状主義（リネアリスム）」に向けている。「自己を産出し、自己を展開し、自己を完結させる意味の歴史」であるところの形而上学的な歴史概念は、「直線状にであれ円環状にであれ」一線状の構造をもつ[12]。それゆえ亀井が指摘するように、このような歴史には「差異を抑圧し、一線上の運動へと還元するはたらきがつきまとう[13]」ことになる。

それでは、このような西洋の学知を貫く形而上学的な歴史概念に代わる歴史とはどのようなものになるのか。対談相手であるギ・スカルペッタはデリダに対して、「もはや「一線状の図式」と解されたのではなく、重層的な、もろもろの差異を宿す、矛盾的な実践的系列と解された歴史、言いかえれば、一元論的でも歴史主義的でもないような歴史が可能なのでしょうか[14]」と問う。すでにスカルペッタの問いかけのうちに、歴史のもうひとつのありさまが記述されている。これに対してデリダは可能であると応答し、そのような重層的で、差異と矛盾をはらんだ歴史を「反復と痕跡につ いてのある新しいロジックを含むような歴史[15]」と位置づける。あるひとつの目的論的体系のうちに構成される歴史に抗し、そのような単一性に還元され切らないような多元的、複数的な歴史の可能性に言及するのである。

亀井によれば、こうした「歴史」に対する思考は六〇年代以降に「差延」思想のうちに引き継がれ、その後九〇年代に「出来事」の思考として再浮上するようになる[16]。亀井が注目するのは、デリダ『マルクスの亡霊たち』における一節である。デリダはこの個所で「脱構築的な歩み」が「歴史の存在‐神学的概念——だけでなくその始原‐目的論的概念——を問いなおすことに存していた」としたうえで、さらに「もう一つ別の歴史性を考えること」を提起している[17]。すなわち、「歴史性としての出来事性[18]」というのがそれである。亀井はこの「出来事性」を「目的論との徹底的な断絶[19]」と理解する。したがって出来事性が開始するのは、「目的論的な展開ではなく、それぞれが特異性をもった出来事の繰り返し——他なるものの反復（itération）という意味で——によってつくられる歴史[20]」であると亀井は整理するのである。

しかしながら、そのような出来事性としての歴史を、われわれはどのように思考することができるのか。そして、そのような歴史を叙述すること、したがってそれを思想史として描き出すことはどのようにして可能になるのだろうか[21]。次に問われるべきは、脱構築と思想史との関係である。

三　脱構築と思想史——歴史、意図、コンテクスト

脱構築と思想史との関係を考えるうえで、ケンブリッジ学派の政治思想史家クェンティン・スキナーによるデリダ批判は一考に値する。両者の理論的関心はジョン・オースティンの「言語行為論」解釈を交点として、その解釈の相違にまで発展せられうるものだ。

すでに確認したように、亀井によれば、デリダのうちに「歴史」のモチーフが再浮上するのは九〇年代であるとされた。いっぽうで本稿の目的を鑑みて、スキナーによる批判的検討が逆説的にも脱構築と思想史とを関係づけるものであるとするならば、七〇年代の議論を経由することが適切であろう。というのも、スキナーが批判したデリダのニーチェ論は、そもそも七〇年代に出版されたものであるからだ。このニーチェ論の検討はのちにすることになるが、ここでは議論の焦点は「意図」と「コンテクスト」をめぐる問題に向けられることになる。以下ではスキナーによるデリダ批判を導入に、脱構築と思想史の分岐点を確認することにしたい。

1　デリダへの批判と初期スキナーの方法論

スキナーは『思想史とはなにか』所収の「批判に応える」という書き下ろし論考のなかで、デリダの議論を批判し、自身の方法論の擁護を図っている。スキナーはデリダが意図を確実に知ることはできないと主張しているとしたうえで、これを自身の方法論に対する批判として受け取る。[22] スキナーからデリダに向けられた「応答」は短いながらも苛烈である。[23]

動物たちですら、時には、人間たちが行為する際の意図を再現できることを考えてみると、とりわけそうである。犬はしばしば反応によって、自分を蹴ったのが偶然か故意かを自分が区別できるのだ、ということを表明する。デリダも、少なくともこれと同程度の解釈水準にまでは、確実に上昇できるはずである。[24]

ここで問題となっているのは作者の意図を確定できるのかといった問題である。スキナーは、意図を確実に知ることはできないという点についてはデリダに同意しており[25]、「発言によっては、発言がなされた際の意図を推論しようにも、その出発点として唯一期待できる部類のコンテクストを完全に欠いたものもある[26]」とし、「このような場合には、当該の発言をいかに理解すべきかについて、蓋然的な仮説にすら到達がまったく期待できない、と認めねばならない[27]」とする。それにもかかわらず、スキナーは次のように主張する。

しかし、だからといって、所与の発言がなされた際の意図について、蓋然的な仮説を構築し裏付けることまでもがまったく期待不可能というわけではない。(……)われわれはまず、発語内行為の間主観的な意味に焦点を合わせることができる。そして次には、当該主体の動機や信条、そして一般的には、発言それ自体のコンテクストを調べることによって、意図の帰属認定についての一層の裏づけを追求できるのである[28]。

方法論においてスキナーが着目するのは、「行為の原因だけでなく、行為の意図(ねらい)を知る[29]」ことである。そこで彼はジョン・オースティンの言語分析に着目する。スキナーの取り上げる例を見てみよう[30]。ある警官がスケーターに対して「向こうの氷はとても薄い」と述べたとき、この言明は単に「氷が薄い」という事実を述べたもの(事実確認的)ではなく、「氷が薄い」と述べることによって警告している(行為遂行的)のだと解釈されうる。警官は、この発言によって「警告する」という行為を行ってもいるのである[31]。これまでは、その言明が事実か否か(真偽)によって分析されてきたのに対して、その言明によってなにを為しているのか(遂行性)、またその言明が成功したか否かに着目したのがオースティンであった[32]。スキナーはこのオースティンの言語分析の手法を踏襲した。

ここで注意すべきは、コンテクスト主義に対するスキナーの態度である。スキナーは「思想史における意味と理解」においてコンテクスト主義を批判したが、コンテクストの重要性一般を批判したわけではない。たとえばこの警官の発言が了解可能であるためには、適切な状況のもとで発言される必要があるからだ。

犬塚元が適切にまとめているように、「「発語内の力」を了解可能にする慣習（「言語的コンテクスト」）に注目すべきというスキナーの主張は、オースティンのそのままの継承である」[33]。オースティンは『言語と行為』第二講で「適切な遂行体のための諸条件」を確定していく。ここである発話行為は真か偽かではなく、「適切」か「不適切」かに分類され、発語状況を適切なものにならしめる状況が確認されていく。オースティンはある発話行為が「適切に」機能するために満たされるべき六つの必要条件を設定する。条件（A.1, 2）は発話の慣習性、状況、人物等の適切性に関係し、条件（B.1, 2）はそうした発話行為の手順の正確性と完全性に、また条件（Γ.1, 2）は発話行為における意図の正しさとその継続性とに関係する[34]。オースティンは以上の条件A、Bに背いた場合、その行為は達成されず不成功になるとし、条件Γに背いた場合、その行為は達成されるものの不誠実になるとする[35]。いずれの場合も不適切さという点では同じだが、オースティンは前者を「不発」と呼び、後者を「悪用」と呼んで区別を設ける[36]。オースティンは「不発」となる事例として、「たとえば、決まった言い方があるのに正確にそう言わないとか、当人がもう結婚していたり、儀式を取りしきる人が船長ではなくパーサーであったりして、参与者がその行為を行える地位の人物ではないといった場合[37]」などを挙げ、「悪用」としては、「守るつもりがないのに「私は約束する」と言[38]」う場合を取り上げる。

ある発話行為が適切に効果を発揮するためには、以上のような条件が確定されていなければならない。スキナーの方法論との関連で言うならば、こうした条件が確定されていることで初めて、ある発話行為の意図を適切に理解することもまた可能になるといえそうだ。

（……）所与のテクストを研究するに際してわれわれが向かいあう本質的な問題は、作者が、対象とすべく意図した読者のために書いたその時点で、書きながらこの所与の発言を発することによって実際に何を伝達しようと意図していたのかの問題である。したがって、発言自体を理解しようとするいかなる試みにおいても、本質的な目的は、作者の側におけるこの複合的な意図を再現することでなければならない。したがってまた、思想史の適切な方法論が心を配らなければならないのは、何よりもまず、所与の場合に、所与の発言を発することによって、慣習上遂行されえたであろうコミュニケーションの全範囲を詳細に描き出すことであり、次いで、所与の作家の実際の意図を解読する手段として、所与の発言とこのより広い言語上のコンテクストとの関係を追跡することである[39]。

整理しよう。スキナーは発話行為内部の力、その記述によって何をなそうとしていたのかを重視する。それによって、これまでの思想史方法論が見落としてきた作者の意図を拾い上げようとした。一方で、意図を適切に推定するためには、言語は一定の規則に縛られていなければならない。あるいは、少なくとも、規則に縛られていることを期待しなければならないのである。

2　意図とコンテクストをめぐる目的論——デリダのオースティン読解

スキナーと同様に、デリダもまたオースティンの熱心な読者であった。七〇年代のデリダの議論は、六〇年代で取り上げられた問題意識を継承しながら「言語行為論」の分析を中心に先鋭化されていく。以下に見ていくデリダの議論では、オースティンの「発話行為」に関する分析が問題となっていることは明らかであるが、デリダは「発話行為」あるいは行為遂行的言明が存在しないということを述べているわけではない[40]。

ここで問題となっているのは、ペネロペ・ドイッチャーの言葉を借りれば、「発話行為は実際的にはそれに「属して」いないもの——この場合で言うなら、コンテクスト的な権威、行為者の承認された正当性、社会的な法——との関係においてしか生じようがないということ[41]」である。結論を先取りすれば、デリダは、オースティンの「発話行為」に関する理論が、当の本人が排除したものによって成立していることに着目するのである。

デリダは「署名　出来事　コンテクスト」と題された論考のなかで、先述したオースティンによる六つの条件（A～Γ）に対して批判的検討を行っている。

第二講では、オースティンは、（……）パフォーマティヴな発言の様々な失敗ないし「不適切性＝不幸」の可能性と起源を検討している。その際オースティンは、(……)六つの条件を定義する。この定義に介入してくる「慣習性」、「正しさ」、「完全性」といった諸価値を通してわれわれが改めて見出さざるをえないのは、隅々まで定義可能なコンテクスト、パフォーマティヴの操作全体に現前する自由な意識、自己自身を支配できる絶対的に充実した〈言わんと欲すること〉といった諸価値であり、要するに、意図＝志向が依然として組織化の中心であり続けている全領野での目的論的な統括権である。(42)

すなわち、オースティンはある発話行為が成功する条件を確定させなければならなかったのであるが、それはある発話行為の意図を明確化するために必要とされたのだということをデリダは見逃さない。それゆえ、「意図＝志向」への「志向」がオースティンの言語哲学の体系化それ自体に、目的論的に作用していることをデリダは批判する。意図への接近が可能であるという前提があってはじめて、それに見合ったコンテクストが要請されることになる。

デリダはさらに、オースティンが同じく第二講で特定の発話行為を「寄生するような使われ方」としてアプリオリに検討の対象から排除していることに批判を向ける。オースティンは演技の最中や詩のなか、あるいはひとりごととして行われた発話における用法は「真剣に使われているのではな」いとして、「日常の状況で発せられたもの」のみを考察することを宣言する。(43)

このアプリオリな排除は、デリダにとって「どんなパフォーマティヴな発言も(そしてアプリオリに他のすべての発言が)「引用」されうるという、まさにそうした可能性」(44)を排除することである。ここで「引用可能性」とは、「発言」がさまざまなコンテクストを超えて繰り返し使用されうる可能性であるとごく簡単にまとめてしまうならば、デリダにおいてこの「引用可能性」はエクリチュールの特徴に結びついている。それゆえデリダは次のように述べる。

やはりまさに「寄生物」として、エクリチュールは伝統的哲学によってつねに扱われてきたのであって、この関連づけはこの場合決して偶然なのではない。(45)

哲学者たちはこれまで、「「言明（statement）」の役割は何らかの事態を「記述」すること、もしくは「何らかの事実を言明する」ことでしかありえず、それは真かまたは偽という仕方でなされなければならない、と想定してきた[46]」のに対して、そもそもオースティンが明らかにしたのは、こうした伝統的な哲学者の理解には当てはまらないようなタイプの言明があるということであった[47]。しかも、ジョナサン・カラーが示すように、「オースティンの明らかにしたところでは、遂行的な発話のもうひとつの重要な特徴は、明らかに遂行を意味する動詞を消去できる[48]」ことにある。たとえば、警官の「向こうの氷は薄い」という言明は、オースティンに従えば「向こうの氷は薄いと警告する」ということを意味していた。しかし重要なことに、この「警告する」を消去した「向こうの氷は薄い」という言明は、これまで哲学者たちが考察してきた「事実確認的な発話の古典的な例なのである[49]」。このようにして、オースティンはこれまでの哲学的伝統を転倒させ、「事実確認的な発話のほうが、遂行的な発話の特殊な場合[50]」であることを鮮やかに示して見せたのである。

オースティンは、これまでの哲学者がその意味をとらえきることのできなかった言明の遂行的な在り方を議論の対象として考察し始めたのだが、ほかでもないそのオースティン自身が、言明を「真剣なもの」と「寄生的なもの」に再び分けてしまい、「寄生的なもの」を考察の対象から排除してしまう。カラーの述べるように、「かつて哲学者は――不当にも――真でも偽でもない発話は排除するのが慣例であった。それなのに今や、彼〔オースティン〕自身のテクストが、真面目でない発話は慣例として排除できるかのようにみせかけている[51]」。

したがって、デリダにとって舞台上の役者によって、あるいは詩のなか、ひとりごとのなかで行われる発話行為は、排除されるべきものではない。

> 〔このようなかたちでの〕引用は、ある一般的な引用性の――あるいはむしろ、ある一般的な反覆可能性の――限定された変様なのではないだろうか。そして、そのような一般的な引用性がなければ「成功した」パフォーマティヴもありさえしないのではないだろうか。（……）成功したパフォーマティヴはすべからく「不純」なのである[52]。

デリダは、オースティンが「寄生的」であるとして排除した当のものが実のところパフォーマティヴの可能性そのものに関わっているということを指摘する。パフォーマティヴの成功の可能性は、その失敗の可能性をつねにすでに含みこんでおり、それをあらかじめ排除することは、やはりパフォーマティヴをなんらかの意図＝志向性のもとに局限しようとすることによるのである。(53)

3 小括――エクリチュールと出来事

試みに、ルソーの言葉から始めよう。次の一節はルソー『告白』からの「引用」である。ここには作者ルソーから、われわれ読者に対する「願い」が記されている。

何とかして、自分の魂を読者の眼に透明にして見せたいと思うのだ。その目的で、この魂をあらゆる見地から示し、あらゆる照明によって照らし出し、読者の目にふれぬ一つの動きもないようにと努めている。そうすれば、こういう心の動きを生む原理を、読者が自分自身で判断することができるであろうから。(54)

同時に、ここにはある「恐れ」が記されているように思われる。すなわち、自身が誤解され、誤読されることへの恐怖である。ルソーは、自分の意図、行い、魂が曇りなく伝わるように配慮せざるをえない。この「告白」の作者のもとへ、読者たちが道を誤ることなくたどり着くために、その道中は灯りによって照らされ続けなければならない。とはいえルソーは、そうした配慮が困難をはらむことをよく理解していたに違いない。ひとたび書かれてしまったものは、自分の手を離れ、どこへなりとも彷徨いだしてしまう。

デリダにおいてエクリチュール、すなわち書かれたものはまずもって「受け手」および「発信者」の「不在」という構造に特徴づけられる。「書かれたコミュニケーション」としてのエクリチュールが依然として読解可能であるためには、「所定のあらゆる受け手一般が絶対的に消滅してもなお、読解可能にとどまらなければならない[55]」。すなわち「受け手の絶対的な不在、ないしは経験的に規定可能な受け手の集団の絶対的な不在において反復可能 répétable ――反覆可能 itérable ――でなければならない[56]」。いっぽう、この受け手における構造は発信者においても当てはまる。少し長くなるが引用しよう。

> 書かれたものが書かれたものであるためには、それは依然として「働きかけ」続け、読解可能であり続けるものでなければならない――たとえ書かれたものの著者と呼ばれる者が自らの書いたものに、自らが署名したと思われるものに責任をもつことがもはやなくなったとしても。しかもその際、当の著者が一時的に不在である場合にせよ、死んでしまった場合にせよ、あるいは一般的に言って、この著者が自らの絶対的に顕在的で現前的な意図＝志向や注意に、また自らの〈言わんと欲すること〉の充実に依拠することをせず、したがって「自らの名のもとに」書かれたように思われることそのものをこうした依拠において維持しなくなった場合にせよ、そのいずれの場合でもかまわない。(……) 書き手および同意署名をする者の状況は、書かれたものに関して、読み手の状況と根本的に同じである[57]。

したがってこのエクリチュールのもつ反覆的構造によって、テクストは「本質的な漂流状態[58]」となる。デリダはこのエクリチュールの彷徨について「プラトンのパルマケイアー」のなかですでに興味深い仕方で述べていた。

> この乏しきシニフィアン、偉大な保証人なき言説は、すべての幽霊と同じように、彷徨えるものである。(……) それはあたかも、自らの権利 droits を失ったもの、アウトロー、道を踏み外した者、非行少年、ならず者、向こう見ずな冒険者のようなのだ。街路をうろついているうちに自分が誰だかさえわからなくなり、自分の同一性 (……) がわからなくなり、名前さえ、父の名さえわからなくなる。エクリチュールは街角で尋問されたとき、同じことを

反復して答えるだけだが、自分の起源を反復することはもはやできない。どこから来て、どこへ行くのか知らないこと、それは保証人なき言説にとって話す術を知らないということであり、幼児状態なのだ(59)。自らの出自も、目的地もわからずに彷徨うなかでエクリチュールは自らの保証人たる父の名を忘れてしまう。したがって、父の支配権から逃れたこのエクリチュールは「誰にでも使えるもの」となるのである(60)。こう言ってよければ、誰にでも「引用可能」となる。したがって、この「法の外」に位置するものとしてのエクリチュールは、テクストの正統性の根幹を揺さぶるのだ。

確定的であれ、蓋然的であれ、意図の推定や復元が可能となる(と信じられる)のは、そうしたエクリチュールにつきまとう困難を排除することによってコミュニケーションにおける透明性が確保されるからだ。これを優位に置くこと(作者の現前を起源に措定し、それに接近すること)は、エクリチュールの引用・反覆可能性を抑圧することによっている。また同時に、これによって可能となる純粋な意図の確定は、実のところ(排除したはずの)テクスト外部のコンテクストや権威、法に頼るほかない。オースティンの議論からデリダが明らかにするのは、テクストそれ自体では当の行為遂行性を説明することができず、つねにある言明が成功する(それゆえ正しく意図が伝わる)か否かは、ひとえにこのテクストを取り巻くさまざまな諸条件にかかっているということである。

このとき、テクスト外の諸条件が、正しい意図に到達可能だという意図の自明性によって裏付けられ、正しい伝達を可能にするという目的に沿って確定されるのであれば、そこでは意図を頂点とした目的論が作動している。意図の正しい伝達は、作者と読者のあいだに——すなわち起源と終点(テロス)とのあいだに——ひとつの回路をつなぐことである。このような目的論的構造にもとづく歴史理解を、デリダが批判していたことはすでに確認した。脱構築が抵抗すべきはそのようにして確定されていく、正統にして唯一の「歴史」である。発信者と受け手とのあいだでとり行われる、現前する意図に満たされた「話されたコミュニケーション(パロール)」とは異なり、エクリチュールにおける不在は、この発信者と受け手とのあいだに一義的な回路を構成することはない。この不在によって、意図をめぐる目的論的構造は問いに付されるのである。

四　脱構築と思想史――その交錯地点

以上のような議論は、ともすれば「相対主義」や「懐疑主義」といったデリダに対する非難を正当化させかねない。宮﨑裕助は、パフォーマティヴな作用がはらむ、「歴史修正主義（……）がつねに回帰してくると同時に、つねにそれらに抵抗できるのだということの両方の可能性(61)」に注意深く言及しつつ、「デリダ自身はひとりの歴史家として既存の言説を慎重に考量しつつ、まさしくそうした歴史修正主義に抗して、たえず変動しうる歴史のコンテクストの磁場に参与していたのである(62)」と指摘する。したがって、以下で確認すべきは、なおもデリダはどのような解釈を必要としたのかということである。

本章では、こうした「相対主義」、「懐疑主義」といった批判に対してデリダが「最小限の」読解とでも呼べるような読解の必要性を論じていることを確認する。さらに、こうしたデリダの読解を「一貫性の神話」のラディカルな解体と位置づけることで、政治思想史と脱構築とが、少なくとも共有しうるであろう地点が確認されるはずである。

1　なおも解釈することの必要性

つまるところ、ここまで問われてきたのは言語行為の余白、余剰、すなわち言語行為の自由をどこに見たのかということになるだろう。スキナーは作者の意図にそれを見たのに対して、デリダは引用され、反覆されることにより作者の現前（意図）には完全に還元することのできないテクスト自体の開かれに期待をかけているように見受けられる。

とはいえ、デリダはテクスト自体の開かれを「まったくの自由な戯れないし決定不可能性」ではないということを忘れずに付け加えている(63)。デリダは自身の著作を振り返り、「私は何でも言ってよいとか、何でも言ったりすることを促すとか、無規定そのものを擁護するといったことを決して受け容れたことはありません(64)」とはっきりと述べ、「懐疑主義」や「相対主義」から距離をとる。さらには、自身のルソー読解を引き合いにして、次のような一定の方向性を表明してもいる。

> 理解せねばならないのは、フランス語のしかじかの語が、両義的でありうるものの一切を越えて、自然＝本性的ないしは絶対的に何を意味しているのかということではなく、ある蓋然的な論理において、どのような解釈が支配的で慣例的に認められた解釈になっているのかということであり、その結果、ルソーが言おうと思っていたこと、および支配的なタイプの読者が理解できると思っていたことに到達し、次に、私の解釈――たとえば「代補」という語の解釈――に場を与えることのできた戯れや相対的無規定を分析する、ということになるのです[65]。

デリダはここで、あるテクストに「最小限の」読解をする必要があると主張する[66]。こうした読解はまず、あるテクスト自体の出来、あるいはその支配的なテクスト解釈を成り立たせているコンテクストをひとまず確定させるような読解となるだろう。そのようにして「相対的に安定した」テクストの諸構造を明らかにしたのちに、その諸構造を脱安定化しうるようなテクストの決定不可能性を分析していく[67]。そのテクストに刻み込まれた亀裂、開かれを正しく認識するためには、まずそのテクストを支えた構造を理解しなければならず、同時に、そのテクストを相対的にであれ安定せしめた「諸々の葛藤、緊張、力の差異、ヘゲモニー[68]」に注意を注ぐ。それゆえ、デリダの議論は「なんでもあり」のニヒリズムに陥ることを是とするものではない。この決定不可能性は、すべての解釈を破壊するものではなく、ある解釈のための余白として、テクスト内部に原理的に要請されるものであると理解すべきだろう。

相異なる文化、言語、慣習等が規定するコンテクストのはざまで議論を生じさせようとするならば、こうした「最小限の」読解は不可欠である。デリダはあたかも民主主義的な討議空間を思わせるような仕方で次のように述べている。

しかし私は、こうした最小限の合意consensus minimalを事前に探し求めることなくしては、またこうした最小限の合意をめぐる討議 discussion なくしては、一共同体（たとえばアカデミックな共同体）において可能な研究などない
と思っています。(69)

言うなれば「最小限の」読解は議論と解釈の空間を開いていく、その開始地点を定めるために要請されているのである。そのようにしてまず諸解釈の前提に立つことで、その解釈がどのように安定化しているのか、すなわち、その解釈の妥当性にいかにしてコンセンサスが与えられているのかといったことを分析することが可能となるだろう。このとき、テクストを理解可能とするような——あるいは、そのように解釈者によって設定されてきた——特定のコンテクスト等によって、他のいかなる要素が「排除」され、「抑圧」されている（きた）のかを見極めることがはじめて可能となる。

あるテクストにおいてときに都合よく解釈され、ときに等閑に付されてきたような要素を注意深く認識するためには、まずもってそのような安定化の構造が明らかにされなければならない。このような要素は安定した解釈にとって不都合なものであり、立論そのものを成り立たなくさせてしまう恐れさえあるのだ。したがって、ある解釈が枠づけられ、固定化されていくような過程をたどりつつ、同時にそのような過程に介入し、解釈の妥当性を検討しなければならない。かくして、安定した読解を再び脱安定化するような地点がそのテクストの内部に見出されることになるのである。

たしかに、こうした読解はしばしば「相対主義」的にうつるかもしれない。しかしながらそうした読解は決してなんでもよいというわけではなく、少なくとも「最小限の」読解によって裏付けられていなければならず、またそれによって明らかとなるような「抑圧」された要素によって息を吹き込まれたものなのである。

2 「一貫性の神話」をめぐって

そもそもスキナーによる批判を引き起こしたのは、デリダのニーチェ論『尖筆とエクリチュール』所収の「《私は自分の雨傘を忘れた》」で展開された議論であった。ここでは最後に、ことの発端となったこの論考を検討することから始めたい。

デリダはニーチェ『喜ばしき知恵』に書き込まれたこの「私は自分の雨傘を忘れた」という一節が引用符《　》によって囲まれていることに着目する。これが「引用」であるかもしれない以上、デリダが問うのはこのコンテクストを把握することの困難である。

> われわれは、その採取がどこで行なわれたのか、接木がどんなものの上に根づきえたのであろうかを知るという絶対に間違いのないいかなる手段も、もってはいない。
> ニーチェがこれらの語を書き留めておくことによって何をなそうとしたのか、もしくは何を言おうとしたのかを知ることにわれわれが確信をもつことは、けっしてないであろう。[70]

前述のように、スキナーはこうしたデリダの主張に部分的には同意していた。スキナーが批判するのは、デリダがこのような「特殊なケース」を「一般化[71]」し、「すべての場合において「原理的に把握不可能」だ[72]」としている点である。しかしながら、一方でデリダはこの一節が「内的あるいは外的なコンテクストを再構成することができる[73]」日がいつかは来るだろうとし、さらには「それが言わんとするところのものを知ることをただちに断念しなければならない、と結論してはならない。そうすればさらに解釈すること（*hermeneuein*）の審美化的かつ蒙昧主義的反動ということになるだろう[74]」とも述べている。スキナーはこうしたデリダの態度には関心を払っていないようだ。すでに確認したように、デリダはあらゆる解釈を断念せよと述べているわけではなく、ここではむしろ解釈に際して生じる審美化の類に注意の目を向けている。

したがってデリダがニーチェの意図に到達不可能であると述べるとき、そこで力点が置かれているのはそれでもなお解釈しようとすること、およびその際に生じる危険である。

> （……）この到達不可能なものというのが或る秘密のもつ深遠さであるからなのではなく、この到達不可能なもの

が一貫性のないinconsistantもの、無意味なものであるからである。おそらくニーチェはいかなることも言おうとはしなかったのかもしれないか、あるいはおそらくごくつまらないこと、もしくはどうでもいいことを言おうとしたのか、もしくはさらに何かしらを言おうとするふりをしたのかもしれない。[75]

書かれたものとして読解可能なこの未完の句は、つねに秘密のままにとどまることができるが、それはこの未完の句がひとつの秘密を保持しているからではなく、それがつねにひとつの秘密を欠いていてその襞＝折り目のなかに隠されたひとつの真理を偽装することができるからである。[76]

一貫性がなく、無意味であるからこそ、われわれはそこに何かをみようとし、その意図を解釈するべく誘惑される。しかし注意すべきは、この読解に際してある真理が「偽装」されることだ。この偽装された「真理」へと、したがって起源（にしてテロス）へと到達しようとするこの目的論を、デリダはつねに警戒してきたのであった。一貫性がなく無意味なものを、一貫して有意味なものとして解釈しようとする際、解釈者の意図と恣意とがここに混入されることになる。

ここで提起されているのは、読解不可能なものを読解すること、これに伴って生じる危険である。ここまでの議論を踏まえるならば、それは相対的に安定した読解を提供するような、ある一貫した枠組みに対する警鐘ということになろう。それに対して脱構築は、この一貫性のうちに安住したテクストが脱安定化してしまうような地点（相対的な無規定性）を暴き出すのである。いわば、「一貫性のないもの」「無意味なもの」に一貫性と意味とを与えるようなもの、これに対する批判的視座が脱構築には存在する。

たとえば、「イェール学派」の主導者たるポール・ド・マンの『美学イデオロギー』で展開される議論は、こうした側面をイデオロギー批判として明確に打ち出すものである。ド・マンがそのヘーゲルの『美学』論のなかで行おうとしていたのは、「自分（ヘーゲル自身）の体系を崩壊の危機にさらすような逆説がこの体系のまさに核心部分に横たわっているということ、そうした逆説にあらがうためにヘーゲルの思想は何よりも美的なものを動員することが効果的であるような弁護論を展開しなければならないということ[77]を示すことであった。これは、「『美学』のように手堅く書かれた立派なテクストにおいてすら、さまざまな難点や断絶（……）が残ってしまう、ということ[78]」であり、さらに「ヘーゲル自身によって明示的に確立された、まさに正典とも言うべき体系、すなわち弁証法によっては、こうした難点を解消することはできない[79]」ということを意味している。すなわち、ド・マンが明らかにしようとしているのは「正典」化された、読解の一貫した枠組みをもってしても読解可能とはならないような、テクストの臨界点である。そして上野成利が適切に述べているように、「にもかかわらずそれらのテクストが首尾一貫したものとして書かれているかのように読まれてしまうとしたら、〈美的なもの〉（レトリック）がまさしくイデオロギー的に機能している[80]」からにほかならないのである。

　このように、ある一貫した視座に基づいてテクストを読む行為をスキナーもまた二つの型の「神話」批判として展開していたことは押さえておかなければならない。スキナーは「思想史における意味と理解」においてコンテクスト（還元）主義のみならず、その批判の矛先をテクスト主義にまで向けていた。ここでテクスト主義とは、テクストそれ自体に歴史的コンテクストをこえた「普遍的」な真理の存在が示されていることを前提とするような主張である[81]。スキナーはこのテクスト主義に関して、それが歴史叙述ではなく「神話」となりうる危険があることを指摘する[82]。その神話とは「教義の神話」「一貫性の神話」とスキナーが名指すものである。

「教義の神話」は、歴史家の側で、ある古典作者の主張に「教義」を読み込もうとする際に生じる。

> このように、教義の神話の第一の型は、古典的な理論家の一人が散発的に、あるいはたまたま行なった事柄を、以上見てきたようなさまざまな形で、歴史家の側で期待して構えているテーマの一つについてのその理論家の「教義」と取り違えることから生まれると言ってよい[83]。

ついで第二の神話である「一貫性の神話」とは次のようなものである。少し長くなるが引用しよう。

所与の古典の作者がまったく首尾一貫〔consistent〕せず、また自らの信念を体系的に説明することすらできない場合がある。（……）これまでは、歴史研究を行なうための基本的なパラダイムは、その学問分野に最も特徴的なテーマに関するそれぞれの古典の作者の教義を詳細に述べることであると考えられてきたが、もしそうであるとするならば、歴史家がこれらのテクストそれぞれに欠けているかに見える一貫性を補うか、あるいはそれらの中に何とか一貫性を見いだすことを自らの任務と考えるのは、危険であるが容易な成り行きである。[84]

「教義の神話」であれ「一貫性の神話」であれ、ここでスキナーが批判するのは著者の意図していないものを歴史家の側がもつ前提によって読み込むことである。こうした批判の方針は、前述のような脱構築の方針とも重なり合う部分があることは認めておかなければならない。[85]

交錯地点を検討することは、デリダの言にのっとるならば、「最小限の合意」を試みることでもある。両者のあいだに横たわる断絶を架橋し、共有しうる点を明らかにしておくことは、思想史をめぐる議論が開かれるための最低条件である。

とはいえ、このようにして交錯地点を確認することは単に両者を「対話」させることを意味するだけではない。スキナーの方法論のうちに、そもそもスキナーが排除しようとしたデリダ的な方向性への開かれが内在していることもまた、ここにおいて確認されたのだ。このようにして、ある理論的正当化、対立構造の形成のうちに排除、抑圧されるに至ったものがその当の理論のうちに見出されることで、この対立そのものが再び問いに付されているのである。

五　結論——脱構築の思想史

スキナーは思想史の新たな方法論を探求し、デリダは哲学史全体を読み直す試みを行った。こうした目的の違いは、オースティンの議論に対する態度の違いに表れていた。両者の議論はたしかに意図とコンテクストをめぐって対立するものであったが、解釈という行為に一層の注意と関心とを向けるという点においては交錯する可能性もある。

とはいえ、今しばらくこの交錯地点に留まってみてもよいだろう。そうすることで両者の差異もまた、浮き彫りになるように思われる。ここで確認したいのは、一貫性に対する批判の徹底が意味するところである。

さて、スキナーが「一貫性の神話」を批判し、歴史家の側が持つ暗黙の前提がテクスト解釈を歪めてしまう可能性を咎めつつ、一方で意図を確実なものたらしめるための枠組みとしてコンテクストを再導入するとき、スキナーは相対的にであれ、意図とコンテクストの規定可能性を自身の方法論の中核に据えることになった。ところが「一貫性」に対する批判を徹底するならば、批判は意図とコンテクストとが形成するような目的論的構造にまで及ぶべきではないか。ともすれば「一貫性」に対する批判は、実のところスキナーの立論それ自体を掘り崩してしまいかねないのではないだろうか。

脱構築は、その「一貫性（一貫した理解）」に対する批判の射程を、コミュニケーションを可能にするような諸条件の自明性——意図とコンテクストの自明性——にまで広げていたことを想起すれば、よりラディカルなものと言いうる。以上の論点を明確にするために、最後にコンテクストの規定性をめぐるデリダの議論を確認しておきたい。

すでに確認したように、オースティンの議論に従うならば、行為遂行性はテクスト外部の諸条件に規定されざるをえなかった。したがって、行為遂行的な力が発揮される際にコンテクストが必然的に要請されるとするならば、テクスト外部の諸条件を単純に排除すればよいというわけにはいかないだろう。デリダは、「一つのコンテクストを（たんに理論的であるだけでなく実践的かつパフォーマティヴな仕方で）規定することなくしては何をすることも、とりわけ何も語ることができない[86]」とし、「コンテクストの外というものはない[87]」とやや挑発的な仕方で述べている。そもそも、デリダが問うのは、「なぜ一つのコンテクストは決して絶対的に規定可能ではないのか、あるいはむしろ、いかなる点においてコンテクストの規定は決して確証されることも飽和することもないのか[88]」という点である。ここで問われているのはコンテクストの絶対的な規定可能性である。

ドイッチャーが述べているように、「コンテクストはすべからく他のコンテクストに巻き込まれているため、決して安定化することもないし、件の行為遂行的発言の意味、正当性、あるいは「成功」を最終的に決定づけることもない[89]」というのがデリダの見立てであろう。行為遂行性はほかならない——絶対的でなく、つねに重層的で複数の——コンテクストによって支えられているがゆえに、むしろ「失敗」する可能性にさらされているのである。それゆえ、やはり問題はこのコンテクストが再導入される地点にあるように思われる。コンテクストの絶対的な規定性に頼るとき、そうしたコンテクストを設定する解釈者の恣意と地位とが特権化され、既存の権力関係を再導入するおそれがありはしないか。したがって、コンテクストもまた解釈を安定化させるために恣意的に導入されるおそれを免れえないのである。

デリダが注意を向けるのはコンテクストを固定化しようとする企図そのものに含まれる政治的疑わしさではない[90]。デリダが問うのは、「コンテクスト化をするこの実践のなかに或る政治が含み込まれるかどうかではなく（それはつねに含み込まれている）、いかなる政治がそこに含み込まれるのか[91]」ということである。ある権力関係が書き込まれてしまうことは不可避であるとしても、それがいかなるものであるのかということに警戒し、分析することはなおも可能であるはずだ。それゆえ「一貫性」に対する批判の射程は、この地点にまで及ぶべきなのである。

われわれがそもそも確認してきたのは歴史の線状主義的構造に対する批判的視座であった。一義的で目的論的な歴史理解に対して、デリダが構想しようとしたのは重層的で多義的な歴史であった。したがって、意図とコンテクストをめぐる目的論的構造は、まずもってこのような観点から批判的な検討を必要とするものであった。また同時に、以上の議論を踏まえるならば、この目的論的構造は「一貫性」に対する批判の俎上にも載せられるべき問題であることが理解されうるだろう。あるテクストが「理解可能」なものとして解釈されるとき、解釈におけるあらゆる困難は排除される。解釈者によってコンテクストが再導入されるとき、その選択の恣意性もまた批判的に検討されなければなるまい。

たしかにオースティンの議論に従えば、われわれは正しい意図に到達することが可能であった。しかしながら、その際に不可避的にコンテクストが必要とされるのであれば、注意を払うべきは、いかにしてこのコンテクストが確定されるに至ったのかという手続き的側面である。意図もコンテクストも絶対的な安定性を確保できず、あくまで存在するのは相対的な安定性にすぎない。それにもかかわらず、つねに多元的、複数的でありうる意図やコンテクストが相対的にであれ確定されるとするならば、問われなければならないのは、それを安定せしめた諸構造である。
線状主義的で目的論的な歴史理解、意図とコンテクストをめぐる目的論的構造、テクストを理解可能にすべく導入される「一貫性」――むろんこれにコンテクストも含まれる――といった諸構造もまた、以上のような安定性をテクスト解釈に与えるような枠組みを形成している。こうした安定性を作り上げるようなあらゆる権力関係に、「最小限の」読解によって接近し、それらを明らかにすることでテクスト解釈の正統性に疑義が投げかけられるのだ。

それゆえ、「脱構築の思想史」は「思想史の脱構築」でもありうる。意図とコンテクストを中心として次々に確定されていく思想史を「表の思想史」とするならば、脱構築はそうした歴史叙述を可能にした支配的な価値観によって、いかなる要素が排除され、抑圧されるに至ったのかを析出していく。言うなれば「裏の思想史」を形作っていく。そのようにして排除、抑圧された要素を、当のテクストのうちに再び書き込みなおす必要があるのだ。かくして、排除、抑圧されたものが紡ぎだす、ありえたかもしれないもうひとつの系譜が遂行的に描き出されるのである。

（1）厳密にいえば、『「知」の欺瞞』ではデリダは明確な攻撃対象となっていない。発端となったソーカルの「パロディー論文」ではデリダも対象となっていることを念頭に置くとこれは奇妙な話である。ソーカル＋ブリクモンは、デリダが本書において扱われていない理由を、デリダに一貫した科学の「濫用」が認められないこと、および、より経済的な理由として、紙幅の関係上扱いきれなかったと説明する（アラン・ソーカル、ジャン・ブリクモン『「知」の欺瞞』田崎晴明・大野克嗣・堀茂樹訳、岩波現代文庫、二〇一二年、一二頁。および本書所収「日本語版への序文」、xviii頁）。結局のところソーカル＋ブリクモンがデリダに対して真に敵対的であったのかはわからないが、本稿では彼らが表明した警戒心は時代を代表するものとして捉えることが可能であると考える。というのも、『「知」の欺瞞』の論旨に賛同するものたちからデリダやフーコーにまで議論を拡大すべきだったとの批判が投げかけられたこと（同、xviii頁）を考慮するならば、「ポストモダン」に対する論難の広がりは『「知」の欺瞞』が直接的に扱う範囲を超えたものであったと推定しうるからである。

また、事の経緯を確認しておいてもよいだろう。デリダは『ル・モンド』紙（一九九七年一一月二〇日号）に「ソーカルとブリクモンは真面目じゃない」という短い記事を寄せている。ここでとりわけ興味深いのは、ソーカル＋ブリクモンがデリダを攻撃対象から外した経緯についてである。長くなるが引用しておきたい。「わたしがとくに衝撃をうけたのは、いまになって彼らはわたしを批判することなどしなかったという偽りを申し立てていることです。『リベラシオン』紙の一〇月一九日号では、「フリュリーとリメは、われわれがデリダに不公正な攻撃を加えたと非難している。しかしそんな攻撃は存在しない」と語っているのです。そして慌てたかのように、今では攻撃しない著者のリストにわたしの名前を加えています。「アルチュセール、バルト、デリダ、フーコーなどの著名な思想家は、われわれの著書では基本的にとりあげていない」。ところでこの『リベラシオン』の記事は、『タイムズ・リテラリー・サプルメント』誌に掲載された記事の翻訳ですが、このもとの記事ではわたしの名前は、攻撃しない著者のリストからは好都合にもおとされているのです。（……）ですからソーカルとブリクモンは、最後の瞬間になってフランスで、厄介な異議に対処するために、名誉ある哲学者のリストにわたしの名前を追加したというわけです。文脈と戦術のために必要になったというわけです」（ジャック・デリダ「ソーカルとブリクモンは真面目じゃない」、『パピエ・マシン（下）』中山元訳、ちくま学芸文庫、二〇〇五年、一六六～七頁）。こうしたデリダの応答を考慮すると、ソーカル＋ブリクモンはデリダとの厄介な論戦を避けるために撤退をしたようにも見受けられる。また、この応答記事よりあとに発表された『「知」の欺瞞』日本語版序文において、ソーカル＋ブリクモンはこの記事を明らかに読んでいるにもかかわらず、全くと言っていいほど言及していない。彼らが唯一引用するのは、デリダが彼らを「検閲者（官）」と評していたことのみである（『パピエ・マシン（下）』、一六六頁。および『「知」の欺瞞』、「日本語版への序文」、xv 頁）。

（2）ソーカル、ブリクモン『「知」の欺瞞』、一～二頁。

（3）同、一一頁。

（4）ユルゲン・ハーバーマス『近代――未完のプロジェクト』三島憲一編訳、岩波現代文庫、二〇〇〇年、四〇～三頁。

（5）同、四〇～一頁。

（6）リチャード・ローティ『偶然性・アイロニー・連帯』齋藤純一・山岡龍一・大川正彦訳、岩波書店、二〇〇〇年、一七二頁。

（7）Jacques Derrida, *Positions*, Minuit, 1972, p. 67（高橋允昭訳『ポジシオン』新装版、青土社、二〇〇〇年、七三頁）. 以下デリダの著作に関して、訳文は邦訳に準拠したが、引用に際して一部表記を変更した個所もある。

（8）*Ibid.*, pp. 67-68（邦訳、七四頁）.

（9）*Ibid.*, p. 68（邦訳、同前）.

（10）亀井大輔『デリダ――歴史の思考』法政大学出版局、二〇一九年、八頁。

（11）同前。

（12）Jacques Derrida, *Positions*, p. 77（邦訳、八四頁）.

（13）亀井『デリダ――歴史の思考』、一八九頁。

（14）Jacques Derrida, *Positions*, p. 77（邦訳、八三頁）.

（15）*Ibid.*, p. 78（邦訳、八五頁）. および、亀井『デリダ――歴史の思考』、一九〇～一頁を参照のこと。

（16）亀井『デリダ――歴史の思考』、一七、一九一頁。

（17）Jacques Derrida, *Spectres de Marx*, Galilée, 1993, p. 125（増田一夫訳『マルクスの亡霊たち』藤原書店、二〇〇七年、一六八頁）.

（18）*Ibid.*（邦訳、一六九頁）。

（19）亀井『デリダ――歴史の思考』、一九七頁。

（20）同、一九八頁。

（21）亀井『デリダ――歴史の思考』の書評論文である宮崎裕助「「歴史をつくる」――ジャック・デリダの系譜学的脱構築に向けて」（『立命館大学人文科学研究所紀要』第一二〇号、二〇一九年）は多くの示唆を与えてくれるものである。ここで宮崎は「デリダの「歴史の思考」は、結局のところ、歴史を書くことについての批判的な思考にとどまるのであって、歴史そのものを積極的に書くことにはつながらない、ということになるのではないか。デリダの「歴史の思考」にとって、歴史を書くこととはどういうことを意味しているのか（一二二頁）」と問い、歴史家としてのデリダの取り組みに注目を促している。その際、宮崎がとりわけ着目するのはデリダにおける「系譜学的」側面である。宮崎によれば、これは「「歴史をつくること」としてのデリダの著作総体を再検討するための不可欠な視点（一二四頁）」であるとされる。本稿もまたこうした一連の問いに間接的にではあるものの、応答を試みるものである。

（22）Quentin Skinner, 'A Reply to My Critics,' in James Tully (ed.), *Meaning and Context: Quentin Skinner and His Critics*, Polity Press, 1988, pp. 280-281（半沢孝麿・加藤節編訳「批判に応える」『思想史とはなにか』岩波書店、一九九九年、三五二～五頁）. また、スキナーからデリダに対する言及は次の論考も参照されたい。Quentin Skinner, 'Lectures, Part Two: Is it still possible to interpret texts?', in *The International Journal of Psychoanalysis*, Vol. 89, Issue 3 (2008) pp. 647-654.

（23）スキナーからデリダに対する応答とその意味については、堤林剣「ケンブリッジ・パラダイムの批判的継承の可能性に関する一考察（二）」（『法学研究』第七二巻第一一号、一九九九年）を参照のこと。

（24）Quentin Skinner, 'A Reply to My Critics', p. 281（邦訳、三五五頁）.

（25）*Ibid.*, p. 280（邦訳、三五二頁）.

（26）*Ibid.*（邦訳、同前）。

（27）*Ibid.*（邦訳、同前）。

（28）*Ibid.*（邦訳、三五三頁）。

（29）犬塚元「ケンブリッジ学派以後の政治思想史方法論」、『思想』第一一四三号、二〇一九年、岩波書店、八頁。

（30）犬塚は、この例がもともとストローソンによってオースティン批判のために挙げられたものであり、スキナーはそれを自身の論文内で利用するようになったことを指摘している（同、脚注四、二〇頁）。

（31）同、九頁。

（32）詳しい議論は、J. L. Austin, *How to Do Things with Words*, Clarendon Press, 1962, pp. 1-11（飯野勝己訳『言語と行為』講談社学術文庫、二〇一九年、第一講）を参照のこと。

（33）犬塚「ケンブリッジ学派以後の政治思想史方法論」、九頁。

（34）J. L. Austin, *How to Do Things with Words*, pp. 14-15（邦訳、三五～六頁）.

（35）*Ibid.*, p. 16（邦訳、三六頁）.

（36）*Ibid.*, pp. 15-16（邦訳、三七頁）.

（37）*Ibid.*（邦訳、三六頁）。

（38）*Ibid.*, p. 16（邦訳、同前）.

（39）Quentin Skinner, 'Meaning and Understanding in the History of Ideas', in *Meaning and Context*, pp. 63-64（「思想史における意味と理解」、『思想史とはなにか』、一一三頁）.

（40）ペネロペ・ドイッチャー『デリダを読む』土田知則訳、富士書店、二〇〇八年、八八頁。

（41）同前。

（42）Jacques Derrida, « Signature Événement Contexte », in *Limited Inc.*, Galilée, 1990, p. 40（高橋哲哉・増田一夫・宮崎裕助訳

「署名　出来事　コンテクスト」、『有限責任会社』法政大学出版局、二〇〇二年、三八頁).

(43) J. L. Austin, *How to Do Things with Words*, pp. 21-22（邦訳、四三頁).

(44) Jacques Derrida, « Signature Événement Contexte », p. 42（邦訳、四一頁).

(45) *Ibid.*, p. 43（邦訳、四二頁).

(46) J. L. Austin, *How to Do Things with Words*, p. 1（邦訳、一五頁).

(47) オースティン『言語と行為』第一講を参照のこと。

(48) ジョナサン・カラー『ディコンストラクション（I）』富山太佳夫・折島正司訳、岩波現代文庫、二〇〇九年、一八一頁。

(49) 同、一八二頁。

(50) 同前。

(51) 同、一八七頁。〔　〕内は引用者による。

(52) Jacques Derrida, « Signature Événement Contexte », p. 44（邦訳、四三頁).〔　〕内は引用者による。

(53) デリダ「署名　出来事　コンテクスト」が引き起こしたジョン・サールとの論争についてごく簡単に触れておく必要があるだろう。サールによる批判はJohn R. Searle, 'Reiterating the Differences: A Reply to Derrida,' in *Glyph*, I, Johns Hopkins University Press, 1977, pp. 198-208（土屋俊訳「差異ふたたび――デリダへの反論」、『現代思想』第一六巻第六号、一九八八年、青土社。訳文は邦訳に準拠したが、一部表記を変更した個所がある）として一九七七年の『グリフ』誌上にデリダの当該論文の英訳とともに掲載された。批判はデリダの議論の全体にわたるものである。とりわけ批判の矛先は、デリダによるエクリチュールとパロールの区別の妥当性に向けられる。サールに従えば、書かれた言葉が話された言葉から区別されるのは反復可能性（iterability）によるのではなく、単に書かれた言葉が相対的な永続性を有しているからだということになる（p. 200; 七四頁）。それゆえサールにおいて、意図の伝達における困難は話された言葉、書かれた言葉の区別を生じさせるものとは言えず、「文というものは、いわば意図の代替物である（p. 202; 七六頁）」と主張される。

　サールの議論において興味深いのは、サールが「言語的形式の反覆可能性」を「むしろ、言語行為を特徴づける特定の形態の志向性を促進するものであり、また、その必要条件（p. 208; 八二頁）」であるとする点である。聞き手が「無限の数の可能なコミュニケーションを理解すること」が可能であるのは、話し手の意図を理解することができるからである（p. 208; 八三頁）。そしてこの意図の把握が可能になるのは、「話し手と聞き手が言語の規則と呼ばれる一群の規則を使いこなしており、この一群の規則がすべて再帰的なものであるからである（p. 208; 同前）」。

サールは以上のように、反覆可能性を再帰的な言語規則の適用という側面で理解する。サールに従えば、ある言明が唯一的な性格をもち、どれだけ新しいものであっても、われわれはその志向性を理解することができる。なぜなら、言語の規則は再帰的に適用可能であり、話し手も受け手もその規則に拘束されているからだ。それゆえサールは、「反覆可能性とは、まさにその志向性がとる形態の必要な前提条件にほかならないのである（p. 208; 同前）」と結論付け、意図を頂点とした体系を保持するのである。

（54）ルソー『告白（上）』桑原武夫訳、岩波文庫、一九六五年、二四九頁。
（55）Jacques Derrida, « Signature Événement Contexte », p. 27（邦訳、二二頁）.
（56）*Ibid.*（邦訳、同前）。
（57）*Ibid.*, pp. 28-29（邦訳、二四頁）.
（58）*Ibid.*, p. 28（邦訳、同前）. また、エクリチュールにおけるこの反覆的、「放浪」的性質と、それが既存の「歴史」概念を「攪乱し中断」するような働きについては、亀井『デリダ――歴史の思考』、一一～二頁を参照のこと。
（59）Jacques Derrida, « La pharmacie de Platon », in *La dissémination*, Éditions du Seuil, 1972, p. 165（藤本一勇・立花史・郷原佳以訳「プラトンのパルマケイアー」、『散種』、法政大学出版局、二〇一三年、二二九～三〇頁）.
（60）*Ibid.*（邦訳、同前）。
（61）宮﨑裕助「「歴史をつくる」――ジャック・デリダの系譜学的脱構築に向けて」、一二五頁。
（62）同前。
（63）Jacques Derrida, « Vers une éthique de la discussion », in *Limited Inc.*, p. 209（「討議の倫理にむけて」、『有限責任会社』、二四九頁）.
（64）*Ibid.*, p. 267（邦訳、三一一頁）.
（65）*Ibid.*, p. 266（邦訳、三一〇頁）.
（66）*Ibid.*, p. 268（邦訳、三一二頁）.
（67）*Ibid.*（邦訳、同前）。
（68）*Ibid.*（邦訳、同前）。
（69）*Ibid.*, p. 269（邦訳、三一三頁）.

(70) Jacques Derrida, *Éperons - Les styles de Nietzsche*, Flammarion, 1978, p. 103（白井健三郎訳『尖筆とエクリチュール』朝日出版社、一九七九年、一九三頁）.
(71) Quentin Skinner, 'A Reply to My Critics,' n. 202（邦訳、原注二〇二）. また同様の主張は「序――グランドセオリーの復権」（スキナー編『グランドセオリーの復権』加藤尚武ほか訳、産業図書、一九八八年）、九～一〇頁にもみられる。
(72) *Ibid*., p. 281（邦訳、三五五頁）.
(73) Jacques Derrida, *Éperons*, p. 105（邦訳、一九五頁）.
(74) *Ibid*., p. 112（邦訳、二〇七～八頁）.
(75) *Ibid*., p. 105-106（邦訳、一九六～七頁）.
(76) *Ibid*., p. 111（邦訳、二〇七頁）. 強調は引用者による。
(77) ポール・ド・マン「レイモンド・ゴイスに答える」、『美学イデオロギー』上野成利訳、平凡社ライブラリー、二〇一三年、四四八頁。〔 〕内は引用者による。
(78) 同前。
(79) 同、四四八～九頁。
(80) 上野成利「訳者あとがき」、『美学イデオロギー』、四八七頁。
(81) Quentin Skinner, 'Meaning and Understanding in the History of Ideas,' p. 30（邦訳、四八～九頁）.
(82) *Ibid*., p. 32（邦訳、五二頁）.
(83) *Ibid*., p. 36（邦訳、六〇頁）.
(84) *Ibid*., p. 38（邦訳、六五頁）.〔 〕内は引用者による。
(85) ここでの議論とは異なる文脈ではあるが、デリダの議論に対するスキナーの肯定的評価を確認することも可能である。スキナーは、伝統的解釈学に対するデリダの批判の要諦に同意し、脱構築の遺産が自身にとって豊かなものであったことを認めている（Quentin Skinner, 'Is it still possible to interpret texts?,' p. 650）。
(86) Jacques Derrida, « Vers une éthique de la discussion », p. 251（邦訳、二九三頁）.
(87) *Ibid*., p. 252（邦訳、二九四頁）.
(88) Jacques Derrida, « Signature Événement Contexte », p. 20（邦訳、一二～三頁）.

(89) ドイッチャー『デリダを読む』、八八～九頁。

(90) Jacques Derrida, « Vers une éthique de la discussion », p. 251（邦訳、二九二～三頁）.

(91) *Ibid.*（邦訳、二九三頁）。

[政治思想学会研究奨励賞受賞論文]

シリアの知識人は〈反復する暴力〉をいかに理解したか

岡崎弘樹

一　はじめに——シリア危機をめぐる「認識のずれ」

二〇一〇年代のシリア危機における加害者と犠牲者をめぐっては、国際的な報道姿勢と暴力の現実に関する統計的実情の間には明確な「ずれ」が生じていた。「アラブの春」の余波を受けて多数の人々がデモに繰り出したという報道は間もなく影を潜め、二〇一〇年代半ばにはイスラーム過激派の動向が世界中でセンセーショナルに伝えられた。ところが、シリア人権ネットワークの報告によれば、二〇一一年から二〇一九年の間、民間人の犠牲者のうち九割近くがアサド政権とその同盟勢力（ロシア、親イラン民兵）の手によって殺害され、ＩＳなどのイスラーム過激派の手によるケースは数パーセントに過ぎないとされている。(1)

エドワード・サイードはかつてイスラエルとパレスチナ双方の加害者と犠牲者をめぐる国際的な伝えられ方について「認識における不均衡(2)」を指摘したが、かかる「ずれ」はシリア危機をめぐる伝えられ方にも生じていた。ジヤド・マジドが『孤児の革命』でシリア危機をめぐるノーム・チョムスキーの歯切れの悪い立場を想起させつつ断言するように、「先進国の左派勢力でさえ、反帝国主義のイデオロギーやイスラーム過激主義の恐怖に囚われ、圧倒的に不均衡な戦いを強いられているシリア民衆への連帯表明を控える口実を探している(3)」のは疑いない。

いずれにせよ、この不均衡が生じているのは、シリア危機で生じた暴力をめぐる歴史的文脈への理解が不足しているからであろう。小倉充夫は近著『自由のための暴力』の中で「本書の執筆を促された直接の要因の一つとして、暴力の蔓延する現状について、歴史的文脈を無視した議論が横行していることがある」としつつ、国家による圧倒的な抑圧に晒された人々が「立ち入り禁止地域に立ち入って施設を占拠、さらにその破壊を行うと、テロリストと呼ばれる傾向が強まっている」[(4)]との危惧を示す。シリアにおいても半世紀以上も存続するアサド政権は、その不正に対するあらゆる抗議の声をイスラーム過激派のそれと同じ「テロリズム」として喧伝してきた。だが問題は、国際世論もその喧伝に取り込まれ「認識のずれ」を助長してきたことにある。歴史的な展開の中で複雑に構造化されたこの「ずれ」を即座に修正することは極めて困難であるにせよ、少なくとも危機の当事者であるシリアの知識人がいかなる思考を行ってきたかを辿れば、その修正に向けた手がかりを得ることは可能ではないだろうか。

こうしたライトモチーフを元に、本論では二人のシリア人論者をとりあげたい。その一人は、シリア出身の仏人思想家で、とりわけ一九七〇年代末から一九九〇年代にかけてアラブの言論界を牽引した論客たるブルハーン・ガリユーン（一九四五〜）である。とりわけガリユーンが、アラブ民族主義思想の挫折に直面した後に〈文化本質主義〉的なアプローチに対抗すべく〈歴史主義〉的なアプローチを軸にした思索を追う。加えて彼がアラブの市民社会を近代的と同時に伝統的な関係性からとらえる立場から、イスラーム政治勢力との対話の門戸を閉ざす支配エリートに警告しつつ、国民国家論や宗教宗派論に関して思想上の貢献を果たしたと論じる。とはいえ一九九〇年代以降における国際秩序の再編の中、ガリユーンの国民国家論が、その後に強化される「例外状態」に抵抗する上での十分な武器とはなり得なかった点を明らかにする。

かくして二人目として、シリア人政治エッセイストで、一九八〇年から一六年間にわたる収監経験を経て、二〇〇〇年代後半、さらにシリア民衆蜂起（二〇一一〜）以降にシリアを代表する論客として知られるようになったヤシーン・ハージュ・サーレハ（一九六一〜）の論考を取り上げる。サーレハは二〇一三年にトルコへの脱出、その後にドイツへの亡命を余儀なくされるまで長年国内での言論活動に身を投じた経験から、特に「内なる国家」が宗派主義や近代主義イデオロギーと結びつき、差別と抑圧の位階秩序を形成したと論じた。また欧米の「イスラーム恐怖症」とアラブの権威主義体制、そして「イスラーム主義」が相互に作用しながら暴力の反復を促す「負のスパイラル」を生み出していると も分析する。本論では、この両者の見解を、同時代のアラブ人論者や欧米の思想家のそれと比較しながら検討することで、シリア危機をめぐって悪循環を生み出すような「認識のずれ」を修正するための材料を提供していることを立証する。(5)

二　国民国家論と暴力――B・ガリユーンを中心に

1　〈歴史主義〉からのアラブ国家論

ガリユーンはパリ大学で当初ニコス・プーランツァスに師事して『シリアの国家と階級闘争――一九四五～一九七〇』(一九七四)という課程論文を書き上げ、その後国家博士号論文『権力言説としての進歩言説』(一九八二)において当時のアラブ左派勢力のイデオロギーであった「進歩主義」と権力の結びつきについて分析を深めた。こうした学問的研鑽を積みつつも、一九八〇年代以降に『理性の暗殺』(一九八五)や『自意識』(一九八七)といった多数のアラビア語著作を通じてアラブの言論界で名を知られる代表的な論客となった。

そもそもガリユーンが学業継続のためにパリに向かったのは一九六九年、まさにアラブ民族主義の挫折とされる一九六七年(第三次中東戦争)の敗北から間もない頃であった。かくしてガリユーンがアラブの国家論や宗派主義論を展開する時、「二十世紀を支配した民族主義的な思考様式の構造的欠陥」(6)を明らかにしようとしたのは必然であっただろう。

ガリユーンがこの「構造的欠陥」を語る上で何よりも問題視したのは、当時アラブの言論界で影響力を有していたアラブの歴史に対する〈文化本質主義〉的な解釈である。極論を展開した論客としてはシリア人詩人・散文家のアドニス(一九三〇～)が挙げられる。アドニスは『変わらないものと変わるもの』(一九七三)など多くの著書で、西洋社会が創造の自由、無限の知識や発見、変化や多様性、差異を重んじる近代性を実現した一方で、アラブ社会は依然として預言や幻影、神秘、奇跡、超越性、忘我に囚われ遅れた存在であるといった二分法的な持論を開陳する。アドニスによれば、暴力や女性の抑圧も、クルアーンの章句に豊かに示唆されており、イスラームの到来以降にアラブ社会に深く定着した伝統にほかならず、もしこの社会が近代性を実現したければ政教分離や世俗主義は不可欠な前提条件だというのである。(7)

アドニスのような極端な「還元主義」でなくとも、国民国家や近代性の実現が頓挫した原因をアラブ・イスラーム世界に固有の伝統的な文化から探ろうという動機は、当時のアラブの代表的な知識人に共有されていた。たとえばアラブ体制の権威主義化をめぐり、ヒシャーム・シャラービー（エジプト人）は『新家父長主義』という著作で、父の絶対的権威を中心とする垂直的な権力関係が人々の精神、思考様式、さらには国家システムまでを貫き、浸透していると論じる。(8)だが、文化や伝統を過去から不変なものとみなすような思考について、ガリユーンは複数の著作で批判している。

文化は歴史や社会と切り離された静態的なものとされ、すべてが文化で説明される。かかるアプローチは、人々が専制支配と戦う際に間違った戦線に向かわせ、文化という専制に抵抗する予防薬を生み出す唯一の泉を枯らし、あらゆる暴力や無秩序の蔓延を食い止める最後の砦を壊してしまう。(9)

この「間違った戦線」に対抗してガリユーンが依拠するアプローチは、モロッコの思想家アブドゥッラー・アルウィーによって当時主導された〈歴史主義〉であった。アルウィーによれば、たとえば「自由」の観念は、遊牧や部族、信仰心、神秘主義といったアラブの伝統の中に、国家の専制支配に対抗した無数の経験として育まれたとされる。また「国家」に関してもその構造よりも経験に目を向けるべきだとし、カリフを長とする「信仰共同体」と、王権や専制君主、国家に体現される「政治共同体」は歴史的に区別されてきた。かくしてイスラームの思想的伝統を、現在の権威主義的な国家論と安易に結びつけてはならず、「ムスリムたちの国家はあってもイスラーム国家は存在しない」との認識を示す[10]。このように文化や伝統を静態的に、また還元主義的にではなく、歴史的に経験された動態的なダイナミズムとして把握しようとする視点は、「民族主義的思考の欠陥」を暴き出そうとするガリユーンの諸論考にも反映されている。

ガリユーンは、『アラブの苦難―ネーションに対峙する国家』（仏語版一九九一、アラビア語版一九九三）をはじめとする数々の著作で、伝統や文化の移り変わりに着目する。ガリユーンによれば、たとえばアラブのナショナリズムは萌芽期から閉塞的で偏狭であったわけではない。十九世紀末にイスラーム改革主義者の草分けとして知られたジャマール・ディーン・アフガーニーは雑誌『固き絆』（一八八四）を通じて、帝国主義に抵抗する上での民族意識の覚醒を呼びかけたことで知られるが、その思想は二つの注目すべき特徴をともなっていた。ひとつは、アフガーニーは宗教的な結び目が解ければ民族的な結び目も解けると論じ、ナショナリズムとイスラームを相矛盾するものとはみなしていなかった点であり、もうひとつは彼がルナンなど西欧の論者と対話し、植民地から撤退すべきと言論を通じて説得を試みる姿勢を貫いた点である。換言すれば、当初のアラブの民族意識は一方ではイスラームという固有の伝統に立脚しながらも、他方で「文明の一般的な歩みに積極的に参加し、合流しようとする普遍的な欲求の表明であった[11]」というのである。

ところが一九二〇年代以降、アラブの民族主義者は、十九世紀欧州によって生み出された世俗主義や「単一のエスニ、一つの共通した文化や宗教に支えられた画一化されたネーション」といった観念を輸入して自分たちの社会への適用を試みた。だがアラブ社会では、「世俗的な意識は狭い社会集団の間で制限されていた」のであり、依然として伝統的な宗教観やコミュニティの繋がりを維持してきた中産階級や民衆の多数に一種の閉塞感をもたらしたという[12]。

ここでガリユーンは、現在の専横な国家も決して伝統的国家論で説明されるべきではないとの認識を示す。エジプトのムハンマド・アリー朝設立以来、軍や官僚制、法律、教育、財政などあらゆる領域で近代的な改革を余儀なくされてきたのは歴史的事実であり、啓蒙専制君主は存在したとしても、「水力国家」（ウィットフォーゲル）などで近代の経験を説明できないとして、次のように断言する。

国家の抑圧的性質は、スルタン国家の専制主義の残滓でもなく、また計画的な行動や権力集団やイデオロギーの変化によるものではない。それはむしろ国民主権の遅き成熟の必然的な結果であり、長い政治プロセスの到達点だ……逆にそれは、進歩の機会を最大限にするために社会の側があらゆる権力や権利を委任してしまった国家なのだ。[13]

アラブ民族主義政権の思想的な柱であった進歩史観が権力と結びつき、敬虔な多数の人々で構成される市民への支配の論理へと変わったというのは、ガリユーンの長年の研究課題でもあった。ガリユーンによれば、この結託により、国家は「技術的な進歩の機会を最大限活かして外敵の危険に立ち向かうべく軍事力を増強する」とともに、「内部の権力を蓄積し、多様なコミュニティを服従させ、自らの必要性に応じて従属させ、権力生産を強化する国の分断を推し進めた」[14]。一九八二年にアサド政権はハマ市でムスリム同胞団武闘派とともに最大四万人と推定される市民の大量殺戮を行ったことで知られるが、「進歩や近代的価値の擁護の名の下で、虐殺は何度か否定され、小規模に見積もられ、正当化されえされた」[15]のである。こうした認識から、ガリユーンがさらに分析のメスを入れるのは、市民社会と宗派主義という課題である。

2　市民社会と宗派主義

一九九〇年代にアラブ全域で市民社会再生論が盛んとなる中、ガリユーンはアラブの市民社会が近代的要素（政党や労働組合、人権団体など）とともに伝統的な要素（部族や宗教団体、モスク、修道場など）の双方から混成された形で成り立っているという見方を示した論客の一人であった。ガリユーンのみるところ、伝統的な非公式のネットワークは多様な個人と集団で成り立ち、部分的で不完全な形での連帯しか生み出さないがゆえに、自由の源泉や民主主義の実践に直接的に繋がるとは言えない。とはいえ、世俗主義や合理主義的な官僚化を推し進めるアラブの支配エリートが「アラブ性」という画一的なアイデンティティを押し付け、社会における宗教の役割を完全に否定し、さらにイスラーム政治勢力を政治領域から徹底的に排除し、対話の門戸を閉ざしてきたことは極めて危険である。つまり、国家の側が、伝統的なネットワークも含めた社会の自律性を限りなく奪ってしまえば、あらゆる対話の回路が閉ざされ、国家と社会の相互作用によるコンセンサス形成を不可能にしてしまう。それは逆に言えば、暴力的な解決による国全体の不安定化、さらには国民国家（あるいは市民国家）の破綻を助長してしまうというのである[16]。

加えてガリユーンをはじめとするシリアの知識人が、伝統的なネットワークを含めたアラブの市民社会を考察する際に、特にレバノン内戦とイラン革命以降に宗派主義という課題にいっそう敏感となったことは確認したい。東アラブ地域の中でもとりわけシリアやレバノン、イラクは民族・宗教・宗派コミュニティの複雑な分断線を抱えてきた。その亀裂は、植民地主義時代には「分断統治」政策によって利用され、国家独立以後も「国民国家」形成の大きな障害となり、極端な場合、内戦をも促す要因であったことは周知である。多くの地域研究が示すように、宗派主義[17]はそもそも各コミュニティの教義や伝統そのものの対立に起因するといった文化本質主義的なアプローチで語られることは少ない。むしろ、欧米の植民地主義によって持ち込まれ、オスマン帝国やアラブ諸国の専横な体制によっても煽られ、強化されたという「構築主義的」なアプローチ、あるいは歴史状況の中で各コミュニティを母体とする政治勢力によって自分たちの利益のために利用されているという「道具主義的」なアプローチで説明されてきた。要するに宗派主義は、特定の政治や社会の仕組み全体によって歴史的に構築されながらも、同時にそれぞれの行為主体が、意識的か無意識的か、積極的か消極的かは別にして、「自分たち」と「彼ら」を明確に峻別することで補強されてきたと理解されている。

歴史主義に依拠するガリユーンも『宗派主義と少数派の問題』（一九七九）などの著作を通して、東アラブにおける宗派主義が、宗教的にではなく政治的に構築されてきた過程に目を向ける。「宗派主義は決して宗教でもなければ、信仰でもない。むしろ俗世の政治的な利益やその存続、私利私益、他の集団を犠牲にした発展のために宗教を従属させている[18]」。当然ながら十九世紀から論じる場合、外的な要素を無視することはできない。英仏独露などの大国は、オスマン帝国領土の切り崩しのために、商業権益を梃子としてキリスト教徒やユダヤ教徒など領内の宗教的、民族的な少数派を保護してきたがゆえに、東アラブの「少数派問題を引き起こした張本人」であり、やがて少数派や宗派主義といった課題は「語ることを許されないタブー」となったという[19]。

二十世紀半ばの民族主義全盛時代において宗派主義は息を潜めていた。しかしガリユーンは、特にイラン革命によって中近東全域のシーア派反体制派組織がイランから学び、各地で宗派主義を一つの「道具」として用いるようになったと警戒感を露わにする。「イラン革命の勝利が、域内の政治的革命の状況を変えたことこそが重要だ[20]」。一九九〇年代に至るまでイランの影響力は、レバノンのシーア派民兵組織ヒズボラと、大統領一族の出身母体であるアラウィー派（シーア派の一派）コミュニティの出身者が治安機関の要職を独占するシリアのアサド政権に及んでいた[21]。ガリユーンは国民国家という受け皿を失い各コミュニティの分断が深まる中で宗派主義が道具となり表向きの国家とは異なる裏の域内同盟関係、すなわち「闇市場」を築いているとして次のように語る。「原理原則や公明正大な法律によって制御された政治の市場がないのであれば、経済が二重の論理で機能するのと同じように闇市場が政治を担うことになる[22]」。

アサド政権は一九七二年以降、「進歩国民戦線」と銘打ってバアス党以外の政党候補者であっても人民議会議員となれるような「多元主義」を表向きに掲げてきた。だが、ガリユーンは、国内から域内に繋がる同盟関係によって強固に規定された体制下で、さまざまな民族・宗教・宗派で成り立つ社会の多元性は必ずしも政治の多元性には結びつかないとして、次のようにも指摘する。「近代の歴史的経験、特に第三世界においては、多元主義は必ずしも権力交代を意味せず、自由・普通選挙は現実の機会均等を反映しない[23]」。

3　国際的環境による力学

少なくとも一九九〇年代までガリユーンが「第三世界」という語彙にこだわっていたのは、シリアをはじめとする東アラブ地域を世界的視野の下で考察したいという動機があったからだと考えられる。ガリユーンは『民主主義のための宣言』（一九七八）によってアラブの論壇で一躍名を知られるようになったが、同著の第二章を「アラブのネーション―外国の植民地主義から内なる植民地主義へ」と名付けている。民族エリートが植民地主義的な分断統治を引き継ぎ国民的な連帯を阻害するという「内なる植民地主義」(Internal Colonialism) 論は別段目新しい議論ではなかったにせよ、東アラブ地域をあくまでアジア・アフリカ諸国の共通課題としてとらえようとする姿勢がみられる。だが東アラブ地域の地政学的条件は、他の地域と比較不可能なほど複雑であることは自明であった。すなわち同地域は、イランやトルコといった域内大国による直接的、間接的なせめぎ合いに加えて、経済力を有する湾岸諸国との関係、さらには欧米諸国やロシアなどのパワーポリティクスといった重層的なヘゲモニーに晒されるという運命を辿ってきたのである。

かかる国際的環境による力学は、シリアの作家にとって、とりわけ湾岸戦争以後に、いっそう深刻なものとして受け取られていく。対イラク包囲網として湾岸諸国だけでなくシリアのアサド政権も、元来の政敵であった米国をはじめとする有志連合国側に与した。ガリユーンはイラクのクウェート侵攻によって体制と市民の完全なる断絶を引き起こしたアラブ民族主義の末路を突きつけられ、「この戦争はアラブの統一思想やその価値に対する裏切りであった[24]」と嘆く。

一九九〇年代を通じて湾岸戦争、ボスニア・ヘルツェゴビナ紛争、そしてコソボ紛争と経る中で、最終的にＮＡＴＯは国連安保理決議を経ずして対ユーゴ空爆に踏み切った。ジグムント・バウマンが述べるように、大国は「超地域性、高速移動、逃避・回避能力という強力武器で武装」し、「攻撃してはすぐに逃げ帰るというヒット・アンド・ラン戦法を専門とし、〈救われるべき命〉と〈救うに値しない命〉とを厳格に分離」するようになった[25]。パレスチナ・イスラエル和平交渉の頓挫からイラク戦争に至る流れの中で、東アラブ地域の民衆がこの「救うに値しない命」の側に選別されていることは明白であった。こうした中、ガリユーンは「危機の原因は国際的なテロリズムではなく、米国をはじめとする大国が法や多様な勢力の交渉に基づいた国際秩序を拒否していることだ[26]」と断言する。

以上、ガリユーンの考察を時系列的に追ってみれば、当初はシリアやアラブにおける民族主義的思考の欠陥や国家による宗教の支配に着目し国家と社会の均衡実現に向けた内的な要素の克服のための議論を模索していたことは理解できる。しかし、二十世紀末に近づくにつれて国内の要因もさることながら、自律的な発展や自浄作用を著しく阻害する中近東全域あるいは国際社会の力学といった外的な要因との結びつきへの警戒が高まっていったことも読み取れる。ガリユーンは、『歴史の終焉』論に否定的な見方を示しつつ、「新たな市民社会秩序、つまり民族主義、国民主義的な運動から法治国家や市民国家を構築することができなかったとしても、権利や平等を保障する国家建設の可能性が全くないわけではない」とかすかな希望を表明する。とはいえ同時に、「われわれの地域においてアラブのいかなる工程表も想定されていない。米・アラブ・イスラエルの統一した工程表の結晶化に向けた可能性もない」とも認める。かくしてアラブの政治思想はもはや科学ではなく、「選択や見方、政治的な実践を問題にしている」というのである。(27)

アラブ諸国の分裂を経験し、国際的、地域的な力学によって行く末を規定され、自らの手から離れていくという危機感は当時のアラブ人論者に共有されていた。だが二〇〇〇年代に入ると、その傾向にいっそう拍車がかかり、彼らが長らく依拠してきた国民国家論や人民主権論、人権思想の普遍性が根本的に成り立たないような暴力の蔓延に直面することになる。かくして新世代の論者が新たな理論を必要としたのも必然であった。

三 「例外状態」下の暴力反復論――Y・H・サーレハを中心に

1 「内なる国家」論

シリアでは二〇〇〇年にハーフェズ・アサド大統領の死去にともない息子のバッシャールが権力を事実上世襲してから約一年間、有識者を中心とする「ダマスカスの春」と呼ばれる市民社会運動が盛り上がりを見せた。政府は間もなくさまざまな集会開催を禁じたものの、一九九〇年代以来の市場開放化を推し進める中で一定の社会的、経済的自由をいっそう許容せざるを得なかった。事実、衛星放送やインターネットの普及によって政府の管理の及ばないような多様な情報が市民に届き、出版界においても欧米の政治・社会思想のアラビア語翻訳も盛んとなった。とはいえ、九・一一事件以後の「対テロ戦争」、それに続いた隣国のイラクとレバノンの混乱や宗派主義の激化、さらにはアルカーイダに代表されるサラフィー・ジハード主義運動のグローバルな活動の影響も被った。かくして政府が国内における公的な言論空間への監視を強める中、言論人の間ではシリアにおける「表向きの国家」と「内なる国家」の二重性がいっそう議論の的となっていった。

シリアをはじめとするアラブの作家や思想家がアラブの権威主義体制を支える伝統的な支配形態として「内なる国

家」を論じ始めたのは決して目新しいわけではない。前節で取り上げた新家父長主義といった概念に加え、二〇〇〇年代には「治安統治」（Securitocracy）といった概念が提示され、当時のシリア人論客の間でも物議を醸すようになった。スーダンの研究者ハイデル・イブラヒーム・アリーによれば、アラブ諸国の諸体制にみられる「治安統治」は、「間接的な形で上層部の政策に資するような官僚的・技術的な性質を持ちながら任務を遂行し、政策決定には介入・参加していないにもかかわらず、政策を維持する上での責任を負っている」。国民的基盤を有する国軍とは別に大統領の恣意的権力が及ぶ治安機関を肥大化させ、さらにその役割を経済界、メディア、教育、作家、芸術家に直接的、間接的に肩代わりさせる一方で、国民を政治的意志決定から徹底的に排除し、私的空間に閉じ込めていく支配様式というのである。[28]

　こうした論調を受けて、ヤシーン・ハージュ・サーレハは「新スルタン主義的な支配形態」に言及し始める。かつてウェーバーは、イスラーム諸国の事例をもとに「しもべ」たちが「純粋に個人的にスルタンに従属している」として、伝統的支配の中の家産的な権力の一変種に着目した。そしてこのスルタン主義が、合理的な支配とは区別される「唯一恣意、そして贔屓の領域が極端に発展」した支配形態と主張していた。[29]

　おそらく旧世代の論者ガリユーンは、二十世紀アラブの権威主義体制を、ウェーバーが依拠したようなオスマン帝国以前を理念型とする支配形態と区別したいという思惑があったのだろう。だが、次世代の作家サーレハが国家構造の再検討を迫られる中で「新」スルタン主義という時、決して伝統的な支配形態そのままを意図しているわけではない。サーレハの言う通り、可視化された「表向きの国家」は、「政府、行政、国軍、教育・公共機関、議会、立法、裁判所などで構成されており、権力も自由もない行政官の領域である」。閣僚のポストに関しても常に宗教・宗派の人口比を考慮した配分となっており、多様性を包摂する非宗派主義的な体裁を整えていた。なお外交舞台や先進国との関係においては、外国語に堪能で洗練された振る舞いを身につけた高学歴層が活躍し、国家の表看板はきわめて世俗主義的かつ近代的であることも知られている。

　しかし、不可視の「内なる国家」においては、伝統的な支配形態が強固なまでに維持されている。それは「大統領、治安機関、治安維持機能を持つ軍隊などで構成」され、「私物化され宗派主義的であり、人々の運命、内政、公共資源、地域・国際関係に対する主権」を有している。治安機関の支配という意味では「治安統治」に近い支配形態であることは疑いない。実際にハーフェズ・アサド時代は、政権の「永続」化を目指して、大統領直属の軍部隊や治安機関に対して国軍を凌駕するほどの武装化を行ったことは周知である。(30)

こうした権威主義体制は、おなじみの「ならず者」論とも無縁ではない。ルンペンプロレタリアート（ボナパルティズム）やモッブ（ナチズム）、ハフィーヤ（オスマン帝国末期のアブデュルハミト体制）といった国家に利用される下層民の存在が指摘されてきたが、アサド体制においてはもともと「亡霊」を意味した「シャッビーハ」がよく知られている。サーレハによれば、シャッビーハは、基本的には「支配者一族との血の繋がり、宗派の繋がり」を持ち、密輸業による経済的な動機づけに支えられながら「指導者へのフェティッシュな服従」を維持し続ける。「シャッビーハは社会に対する敵対的な傾向を有し、民間人に対する組織的かつ恣意的な暴力を実行するための完璧な装置となっている」(31)というのである。

ガリユーンと同じく、サーレハもかかるファシズムを生み出した歴史的原因として民族主義の迷走があるとみる。サーレハが呼ぶところの「絶対的アラブ主義」は、アラブ諸国民を一つの文化的な単位とみなし、「アラブの覚醒」によって諸国民や諸民族の表面的な差異は消え去るという教条の下、内部の多様性や豊かさを一切認めない絶対的な傾向ゆえに、立憲政治にも対立してきたという。(32)

かつてハンナ・アーレントがナチズム国家の「表構え」(33)を論じたように、「権力の二重性」論そのものは何ら目新しい議論ではない。とはいえ、サーレハが「内なる国家」を「スルタン的」と評する時、新たな視点が付け加わる。アサド大統領自身がイスラーム諸派の分裂と内紛を意味してきた「フィトナ」という言葉を演説の中で多用するようになり、またお抱えの諸団体によって大統領への「バイア」（もともとカリフへの「忠誠」や「服従」を意味）や「アバド」（王朝の継承の永続化を意味）というスローガンが執拗に叫ばれるようにもなった。毎回のように九九パーセント前後で「信任」される大統領「選」を皮肉りながら、サーレハは言う。「カリフへの忠誠と比べてアサド政権において目新しいバイアは、七年に一回更新されるということだ(34)」。つまるところ、一般的に広まっているアサド政権＝世俗主義といった図式はもはや成り立たず、権力を再生産し「絶対性」を確保するためには、民族主義や世俗主義、さらにそれと対立してきたはずのイスラームのイデオロギーをも取り込んでいるという意味で「スルタン的」だというのである。加えてサーレハの新スルタン主義論において興味深いのは、東アラブの宗派主義問題と関連付けて論じている点である。

2 内と外で連なる「位階秩序」

サーレハの宗教宗派論は、国内の政治システムの全体的なあり方から宗派主義を論じたガリユーンの構築主義的なアプローチを基本的に踏襲している。だが、サーレハにとって最も重要なのは、宗派主義と植民地主義というよりはアラブの独裁体制との関係であり、「宗派主義は、シリアの政治と社会の究極の真実ではなく、新スルタン主義的な国家の多くの側面のひとつ」と強調する。[35]

政治エッセイストであるサーレハは、自他を区別する宗派主義的な現実について、極めて具体的な事例をもって説明する。たとえば学校内での女生徒同士において、アラウィー派やキリスト教徒の女生徒と、スンナ派の女生徒の間の摩擦が生じることもある。概してヴェールをかぶっている後者に対して前者は「遅れている」という眼差しを向けており、逆に後者は前者に対して「ふしだら」や「かぶれている」という眼差しを向け、「お互いの共感を失わせ、互いに傷つけ合うよう」仕向けられているという。[36]

かかる生々しい具体的現実から分かるのは、サーレハが言うところの「解放の内実を欠いた近代主義イデオロギー」がいかにシリア国民の宗派的な分断を助長しているのかということであろう。文化本質主義者が得意とするアラブの後進性を蔑む二分法的な思考様式が、序列化の論理とともに労働市場だけでなく学校生活の中にまで宗派的コミュニティを分断する形で浸透している。本来なら気にならないほどの服装上の差異が、「進んでいる者」(世俗的な少数派)と「遅れている者」(敬虔なスンナ派)の間のわだかまりを生み出している。歪んだ近代主義によって「継承された文化は再び宗教に還元され、宗教はイスラームに還元され、イスラームはもっぱらスンナ派に還元される」[37]というのである。

シリア民衆蜂起の最中において、かかるイデオロギーに基づく差別的な眼差しが、アサド=バアス党政権やその明確な、あるいは暗黙裡の支持者によって豊かに示された。特に抗議行動がモスクを拠点に行われた際には、「狂信的な暴徒」として制圧する上でのお馴染みの口実を政権側に与えることとなったという[38]。さらに二〇一三年以降は、圧倒的な火力を用いたアサド政権の弾圧によって革命勢力は後退を強いられる中で、サラフィー・ジハード主義組織がシリア国内各地で勢力を伸ばしていった。革命勢力の武装組織であった自由シリア軍の傘下に入ったイスラーム組織も一部存在したものの、最終的にアルカーイダに忠誠を表明した「ヌスラ戦線」、さらには中心メンバーがほとんどシリア人以外で構成されるISといった「超過激派」が跋扈するようになった。「イスラーム恐怖症」が世界的に喚起される中で、ジル・ケペルのような卓越したテロ問題専門家の著書が各地で参照されるようにもなった[39]。かくして、シリアの文化本質主義者の立場が、対テロ・パラダイムの中での大国の対中東政策と結びついていく。サーレハは次のようにも指摘する。

〔文化本質主義的な〕この言説は、世俗主義の強制を提唱し、「賢明でない者」や「不合理な者」を体系的に否定する。こうした人々に加えられる残虐行為は、西洋や国内の「第一世界」では寛容と寛大さをもって迎えられた[40]。

「田舎」と「都会」の論理が近代化の中で多様な変容を遂げ、最終的には帝国主義的拡大の論理と手を携えたことは知られている[41]。だが、欧米語の研究において広く認識されていないのは、植民地主義的な観念が、植民地以後のアジア・アフリカ各国の「都会」や中央政府、あるいはそのイデオロギー的な同調者の眼差しと手を携え、「内なるオリエンタリズム」をローカルな足場で多様に生み出していることである。

オリエンタリストに限らず中東やイスラーム地域を政治的に論じる際に、西洋とイスラームという二分法的な枠組みで語るのが一般的である[42]。ところが、サーレハによれば、二十世紀後半以降のシリアの政治的現実に照らせば、この二分法はそれほど説得力を有さず、むしろ①イスラエル、②欧米勢力、③アラブの寡頭支配、④イスラーム主義という具体的な四つの要素を軸に思考すべきだという[43]。まず、最初の三つの要素を考察したい。

大国の絶対的庇護を受けるイスラエルの存在が東アラブの政治状況をあまりに複雑化していることは、常識であろう。事実、この国際的なヘゲモニーはパレスチナ人だけでなく、エジプトやシリア、レバノン、ヨルダンなどの中近東全域を欧米の安全保障上の監視下におくとともに、エルサレムやアルアクサー・モスク、嘆きの壁といった神学的な象徴をめぐってもイスラエルの主権行使を擁護する。ここでサーレハが問題視するのは、その支配に動員される「イスラーム恐怖症」が、アラブの寡頭支配と結びついていることである。

> 欧米の思想家が、ナチスの強制収容所やジェノサイドで実現した異例の状況がイスラエルとパレスチナで異なる形で続いていると想像しているようにはみえない。イスラエルを上位にパレスチナを下位に置き、前者を免罪しつつ後者を保護せず、前者を甘やかし後者を丸裸にし、前者を免責し後者から「諸権利を有する権利」（アーレント）を奪い、前者に政治的な優越性を与え後者を政治的に従属させているという事実だ。イスラエルを中東の例外国とみなしつつ、イスラーム恐怖症を支えるアラブの寡頭政治を保護する。かくして、それは中東地域の他の国家、特に「アサドの国家」に対し、自国民への対処の見本を与えることになる[44]（傍点は引用者）。

シリア政府軍のレバノン内戦介入（一九七五）後に起こったタッル・ザアタル虐殺事件に象徴されるように、イスラエルを模範としたアサド政権による虐殺の犠牲者はもともとシリア国民ではなく、パレスチナ人であった。だが、当時東アラブにおける「過激派への防波堤」あるいは「諸勢力のバランサー」を演じるアサド政権の暴力に対して「青信号」を与えたのが、国際社会である。ハマ市民全体を弾圧する口実としたのが世俗主義的な左翼ゲリラではなくイスラーム武装勢力であったことは、世俗主義の殻をかぶるアラブの独裁政権をますます有利な立場に向かわせた。二〇一三年にアサド政権による化学兵器の使用が目立つようになったとしても、対テロ戦争・パラダイム下での基本的な構図は変わらない。サーレハによれば、「化学兵器を数十回使用したにもかかわらず、バッシャール・アサド体制は、唯一の候補者として選ばれる。イスラーム恐怖症を最も体現している欧米の右派勢力は、この立場を政府以上に明確に示す[45]」というのである。

かくしてシリア危機の全体像が徐々に露わとなっていく。要するにイスラエルを民主主義国たる「善」とみなし、アラブの寡頭政治を「必要悪」、イスラーム主義者を「巨悪」とする価値判断をともなう位階秩序が国際的に確立される。だが、この位階に対し、近代主義イデオロギーに支えられた「内なる国家」を構成する支配層と政治的に排除された大多数の市民といったシリア国内の位階が長々と連なっている。アサド政権による自国民の大量殺戮を黙認するイデオロギー的、あるいは実質的に支える内外の「一大連合」ともいうべき状況が生じているというのである。

この位階秩序自体はレッテルやヘイト、フォビアを生む仕組みであっても、即座に暴力に直結するわけではない。だがシリアは一九六三年に「緊急事態法」が施行されて以来、隣国のイスラエルと同じく長らく「例外状態」、すなわち戦争の可能性を常に抱えている状態にあったことは疑いない。二〇一〇年代のシリア危機の中で多数のアラブ人研究者は、シュミットやアガンベンなどからも着想を得て、アサド政権による敵と友という政治的な峻別や、絶対的な敵対者の非人間化、ネクロポリティクス(死の政治学)について論じるようになった[46]。こうした論調の中で、サーレハもまた、二〇一二年にホムスの抗議行動が大弾圧を受けた際に、シャッビーハが壁に「アサドか無か」と書き残していった事実に目を奪われる。サーレハのみるところ、アサド政権にとって革命勢力は単なる「公的な敵」ではなく、そもそも人間とはみなされない殲滅すべき「絶対的な敵」だというのである[47]。かくして、シリアで必然的に生じた〈暴力の反復〉についで、さらに考察を深める必要があろう。

四　シリアにおける〈反復する暴力〉の再検討

1　自由のための暴力

「例外状態」下にあった二〇一〇年代のシリアは、①大国政治、②アサド＝バアス党政権ならびに域内の民兵、③革命勢力、④イスラーム主義者、⑤クルド勢力による五段階の暴力を折り重なるように経験した。このそれぞれを具体的な状況に即して区別せずして、暴力現象を一般化して語ることはできない。大国の対中東政策とアサド＝バアス党政権による抑圧の位階秩序、その発露としての暴力についてはすでに論じたので、本節では特に革命勢力とイスラーム主義者による暴力に関してサーレハに加え、関連する論者の思想を照らし合わせて検討する。

シリアの民衆抗議デモが突如として武力闘争に変わったわけではない。デモ隊の多数は、当初から体制主導の真摯な改革を求める平和的な集会を実施し、「アサドも同胞団も外国の軍事介入も必要ない」と国内外にアピールしていた。体制による家族や親しい仲間の拘束や強制失踪、拷問による殺害が続いても平和性を遵守するとの立場を堅固に示していた。だが、国際社会が民衆蜂起への支持を明確に示せず、最終的に人口の半分に当たる千二百万人が国内外への退避を余儀なくされ、また圧倒的に不均衡な戦いを承知しながらも徒手空拳に等しい形で武器を取る者や正規軍からの離反兵も増えていった[48]。かかる状況ゆえに、革命勢力による武装闘争は、植民地主義や独裁政権による暴力、あるいはその後に続いたサラフィー・ジハード主義勢力の暴力とは根本的に異質であるというのは、サーレハを含めた多数のシリア人論者の共通認識である。

政権に対抗する上での暴力的抵抗の支配的な形態は、ニヒリズム的なものではない。世界から意味や価値を組織的に排除するわけでもなければ、特定の宗教的信念に結びついてもおらず、むしろそれは防御的な暴力だ[49]。

革命の最中に「解放」のために暴力現象が不可避的に生じることは歴史的にもさまざまに議論されてきた。とりわけアジア・アフリカ地域の脱植民地化運動において思想的な手引きとなった『地に呪われたる者』はあまりに有名である。抑圧者の共感者ではなく抑圧された当事者たる農民が革命の主体となるというテーゼの下、ファノンは冒頭から次のように断言する。「民族解放、民族復興、国家を再び人民の手へ、コモンウェルス等々、いかなる名称が使用され、いかなる新表現が導入されようとも、非植民地化とは常に暴力的な現象である[50]」。同著は仏語での刊行後間もなくアラビア語に翻訳され、アラブ地域で多数の読者層を獲得した。

とはいえ、ファノンの暴力論は決して暴力礼賛論ではなかったとも指摘される。バーンスタインによれば、ファノンが第一の問題としたのは「植民地システムを構成する暴力」なのであり、「この暴力があまりに堅固で悪質であるがゆえに、妥協や交渉では植民地主義を終わらせることはできず」、むしろ「植民地システムを強化してしまう」のであるから、真の解放には植民者と被植民者で成り立つこのシステム全体の「完全なる破壊」を必要としたという。事実、精神科医のファノンは拷問や強姦の被害者、虐殺の生存者、その後に精神障害に侵され無差別殺人の衝動に駆られる患者などの証言をもとに、植民者が地元民を非人間化し、まるで獣のように扱う「侮辱の手段の幅広さ」を描き出した[51]。

その一方でサーレハが半世紀後に論じたのは、大国のパワーポリティクスと手を携えたアラブの権威主義体制によって強いられるシステマティックな暴力からの「解放」であっただろう。サーレハは『シリア獄中獄外』にてアサド政権設立以来、膨大な数の市民が拘束・収監されてきたことに加え、治安機関に呼び出され、脅迫され、恐怖を植え付けられ、密告者役を迫られ、あるいは拘束後すぐに多大な金品を支払わされたのは、ほぼ全国民的な経験だと明言する[52]。デモの参加者が最終的に防衛のために武器を取らざるを得なかったのは、同じくこうした多種多様な侮辱からの解放を求めていたからだろう。小倉の言うように、「非暴力による運動がいつまでも成果をもたらさないと、あるいは運動を展開することさえ許されなくなると、解放組織は暴力を選択せざるを得なくなり、暴力の使用を批判するのが次第に困難になる[53]」。かくして、それは多大な犠牲や物理的、精神的傷を負うことを十分覚悟しながら、あくまで「公的な自由」を獲得するためという条件付きで生じた暴力であったと理解できる。

2 「体制の裏返し」としてのイスラーム過激派

ところが民衆蜂起からおよそ一年を経た二〇一二年初頭あたりから、イスラーム武装組織が反体制派支配地域において勢力を拡大し、革命を乗っ取っていく。かかる事態の中で各国のテロ専門家が、政府への抗議運動から始まった混乱という文脈を無視して、ジハード主義の恐怖についてのみ分析を進めるのは必然であった。彼らの目には、過激なイスラーム主義者はアラブの体制を破壊するとともに、欧米をはじめとする先進国の安全保障を根本的に揺るがすと映ってきたからである。[54]

だが、一九八〇年代のシリアにおける同胞団弾圧、九〇年代以降のアルジェリアやエジプトにおけるイスラーム政治勢力の徹底的な排除作戦に鑑みても、イスラーム武装組織はアラブの体制を崩壊させるどころかむしろ補強し、国民全体への敵対主義と徹底的な弾圧のための口実を与えてきた。かくしてサーレハは、先進国の通念とは全く異なる認識を示す。一言で言えば、アルカーイダやISに代表されるイスラーム過激派組織は、そもそも大国の対中東政策だけでなく、アラブの独裁政権との相互作用や相互浸透の中で発展していたという理解である。

サーレハの分析によれば、ISも一枚岩ではなく、少なくとも三つの層で成り立っている。その第一は一九八〇年代にアフガニスタンにてソ連を相手に米国の武器とサウジアラビアの資金の支援に加え、エジプトのムスリム同胞団の理論的支柱サイイド・クトゥブの思想的影響の下で戦ったアラブ人の層。だが第二に、二〇〇三年以降のイラク戦争においてザルカーウィー派のような過激派だけでなく、イッザト・ドゥーリーをはじめとする旧バアス党政権の諜報機関幹部と連携し、もはや単なる「サラフィー・ジハード組織」ではなくなり、イデオロギー的にも「シーア派との戦い」を扇動してきた層。こうした流れのなかで、シリアのラッカを首都として「国家」を設立した第三の層が加わる。二〇〇〇年代後半にアサド政権下の刑務所に収監されていた諸組織（「ジュンド・シャーム」や「ファタハ・イスラーム」）に属する者も、革命勃発後にアサド政権によって故意に釈放され、反体制派支配地域での活動を促された。こうした者がISやヌスラ戦線に加わっていったというのである。[55]

サーレハは決して陰謀説の擁護者ではない。むしろ東アラブ地域における大国やローカルの独裁政権による各状況下での「危機管理」、場当たり的かつ無責任な形で「統合されることなしに調整」（バウマン）[56]するような政治が、結果として、ISのような怪物を生み出したと言いたいのであろう。また以上のようなイスラーム過激派に関する分析も、欧米のテロ専門家のそれと大きく異なるわけではないが、サーレハの論考において強調されるのは、過激派が大国のパワーポリティックスだけでなく、アラブの独裁政権との相互作用の産物であるという点である。

二〇一二年初頭にサーレハは、イスラーム勢力の支配下に置かれた地域で耳にした数々のスローガンについて、「われわれの永遠の指導者、信頼されるハーフェズ・アサド」が「われわれの永遠の指導者、預言者ムハンマド」に変わるなどアサド政権支持者が唱えてきたスローガンの置き換えに過ぎないことに気づく。激戦区東グータの壁には「アサドか、誰でもなしか」が、「アスラームか、誰でもなしか」（落書きのアラビア語も「イスラーム」と書けず、間違っている由）と記されているとして、サーレハは言う。「多くの地域でアサド主義者のスローガンが修正され、イスラームのものに変えられているという事実ほど、こうした排他的で権威主義的な構造の共有を示すものはない」。アサド政権とイスラーム主義者は敵対しているようにみえながら、実は同じく「絶対主義」に基づいた瓜二つのスローガンを叫んでいる。かくしてサーレハは次のようにも主張する。

私は「テロリズム」という概念ではなく、「過激な、あるいは急進的なニヒリズム」という概念を使うことを好んでいる。それは欧米諸国がテロリズムを歪めているからだけでなく、今起こっているテロリズムには何の独自性もないことを強調したいからだ。(57)

「テロリズム」という言葉がもはや手垢にまみれ、革命勢力へのレッテルとして機能している中で、「ニヒリズム」と主張することで紋切り型のレッテルを回避すると同時に「公的な自由」の実現や人間としての尊厳を根本から否定するアサド政権とイスラーム過激派を同じ「虚無の存在」として再定義する。とはいえ、サーレハはニヒリズムについて、イスラーム過激派について論じる場合には、そのイデオロギー的な背景を区別する必要があるとの見方も示す。「私は、近代ヨーロッパでは〈世界における意味の不足から生じるニヒリズム〉であったのとは対照的に、われわれのイスラームのニヒリズムを〈意味の過剰のニヒリズム〉と呼ぶことを提案する」(58)。西欧近代においてニヒリズムを生み出したのは「神の死」（ニーチェ）であったが、イスラーム地域においては、「神が全能であるとすれば、イスラームの旗を掲げれば何を行っても許される」という意味での「虚無」である。野蛮の極みを地で行くＩＳは「世界をイスラーム的に拒否した最高の形態」[59]に他ならないというのである。

体制と過激なイスラーム主義者が同じ穴の狢である証拠は他にもある。二〇一〇年代におけるシリアやイラクの宗派主義問題をめぐっては、多くの地域研究者がユダヤ教やキリスト教徒ともに、イスラームの伝統的な観念である「犠牲者性」(Victimhood, al-maẓlūmiyya)の問題に言及してきた。アラビア語のal-maẓlūmiyyaの語根は「抑圧」を意味するẓulmであり、クルアーンもメッカを追われた迫害と亡命の経験を物語る章句に溢れている。シーア派においても第四代正統カリフたるアリーとその一派の末路は犠牲者性を呼び起こす物語にほかならず、アサド一族の出身母体であるアラウィー派も、主流派スンナ派による差別と迫害の記憶を背負ってきた。また一九二〇年代以降には、カリフ制が廃止され政治の中心性を失う一方で、アラブ地域全域が直接的な植民地主義支配に晒された。こうした中で、ムスリム同胞団をはじめとするイスラーム主義勢力は、同時代の植民地主義と十字軍の記憶を結びつけつつ、欧米社会を「神学的かつ政治的な敵」とみなすようになった。かかる精神的基盤の上に、二〇〇〇年代以降においてイラクではシーア派がフセイン政権(スンナ派)による迫害の記憶を動員する一方、反対にシリアではヌスラ戦線やISなどが露骨なまでにスンナ派優越主義、さらには「アラウィー派の抹殺」を公言するまでとなる。犠牲者意識は、「自己への固執であり、自己省察や改善、変革を不可能にすることであり、他者を理解し、連帯することもできない」として、サーレハは次のように指摘する。

> 公正や平等、良心といった課題をめぐって新しい思考を欠いている原因は、イスラーム主義者自身が「犠牲者性」という観念に囚われていることにある。「俺たちは迫害されたのだから、公正なのだ。俺たちは犠牲者だから攻撃する側になることはあり得ない」という思考だ。これは全くの虚偽である。[60]

二〇一五年以降には、PKKのシリア支部を中心とするクルド人武装勢力も「迫害の記憶」を喚起するとともに米英の武器支援を後ろ盾として、支配地域の住民を立ち退かせ、イスラエルやアサド政権、イスラーム過激派と同じ「占領政策」に訴え始めた。サーレハは、当時アラブの言論界で広く読まれ始めていたジグムント・バウマンの著作を触媒としつつ、液状化した帝国主義がシリアに浸透していると主張する。もはや「超地域性、高速移動、逃避・回避能力という強力武器で武装」しているのはＮＡＴＯにとどまらない。いっそう脱中心化、流動化され、大規模にアウトソーシングされたそれぞれの「抑圧された者たちの帝国主義」が、それまで植民地主義や独裁権力の占有物であった排他の論理や暴力の支配を継承しているというのである。

3　イスラーム主義とイスラーム恐怖症の相互作用

ところで二〇一〇年代のサーレハの論考においては、アーレントやバウマンといった欧米のユダヤ系知識人、ならびにシュミットやアガンベンといったナチズムやホロコーストに関係あるいはそれを扱ってきた論者の論考に時折言及されていることは興味深い。要するにサーレハは、ホロコーストからナクバへと繋がった経験と、さらに二〇一〇年代のシリアの祖国崩壊の経験とを思想的に結びつけようとしていると考えられる。この点に関しては、中東をめぐる二十世紀の政治思想史を多少遡って考察する必要があろう。

かつてドイッチャーやアーレントといったナチズムを経験したユダヤ人思想家はパレスチナにおけるナクバの経験やイスラエルの暴力性に関しては沈黙するか、歯切れの悪い立場しか表明できなかったことで知られる(61)。ところが、とりわけエドワード・サイードが、多数の著作を通じて反ユダヤ主義とともに反イスラーム主義に対して同時に闘いを挑むという立場を明確に示して以降、ホロコーストとナクバを同じ人間の苦難として、またユダヤとイスラームをめぐる政治的課題を同時に扱うような研究が盛んとなった。その代表的な研究として、サーレハ自身も言及しているギル・アニジャールの『ユダヤ、アラブ―敵の歴史』が挙げられる。

アニジャールはシュミットの『政治神学』に着想を得たこの研究で、欧州における「敵」の観念史を探りつつ、「内なる神学的な敵」たるユダヤ人への憎悪が、「外なる政治的な敵」たるイスラームやアラブ人への反感へと転化した流れを論証する。欧州のキリスト教史においてユダヤ教徒が神学上の敵であることは、たとえば新約聖書のパウロの記述において示されていた。「実にキリストは、わたしたちがまだ弱かったころ、定められた時に、不信心な者のために死んでくださった……敵であったときでさえ、御子の死によって神と和解させていただいた」（ローマの信徒への手紙）。アニジャールはかかる記述から、かつて「敵」であったユダヤ人が信仰的に脆弱でありながらも、キリスト教に入信し仲間となれば強くなれるという観念を抱いていたと指摘する。(62)

その後アウグスティヌスによる「敵の神学化」の段階では依然として「公の敵」はユダヤ教徒であったが、『ローランの歌』ではシャルルマーニュがシナゴーグとモスクを破壊するなど、ユダヤ教徒と並列される形でイスラームが「外部の敵」として登場し始める。やがてアクィナスによって「敵の集団化」が図られた後、「ユダヤとイスラームに共通する特徴」としてモンテスキューによって専制政治、ヘーゲルによって隷属性や東洋、宗教が列挙される。だが十九世紀末にはローゼンツヴァイクによってイスラームが宗教とは切り離され「政治的な敵」と認知される。かくしてアウシュビッツ強制収容所を生き延びたプリーモ・レーヴィの言う「ムーゼルマン」、すなわちムスリムの跪拝の姿に似た機械的な動きを示すだけの収容所の名もない「生ける屍」の描写に繋がっていくというのである。(63)

またアニジャールは、植民地主義時代のフランスのアルジェリア支配においては、ユダヤ人を優遇してフランス人化を図り、ムスリムに敵対させるといった「位階秩序」が持ち込まれた事実にも言及する。(64)同じく、欧州におけるユダヤ人問題の政治的な「最終解決」の場として、「脆弱な敵」であったパレスチナが選ばれた。その後欧米諸国において少数派はユダヤ人ではなくムスリムに取って代わられた一方で、同じ欧州という胎内から生まれた「イスラーム恐怖症」も発展を遂げながら、「シオニズム国家」を支える国際的な構造を強化し、東アラブ地域における「例外状態」の永続化を支えてきたことは周知である。

ところが、二〇〇〇年代以降のイラクやシリアを含めた東アラブ全域の経験からすると、アニジャールの研究の射程を大きく超えてしまっているのは明白である。かくして再びサーレハの見解に戻る必要がある。サーレハによれば、シュミットが述べたような「神の世俗化の法則としての主権国家」は、あくまで欧米の近代的経験であって、むしろアラブ・イスラーム諸地域は真逆のプロセスに直面している。すなわち、「イスラーム主義者が近代宗教を生み出し、たとえかつての名称たる〈イスラーム〉を名乗ろうとも、実際のところ近代的で、世俗的な主権国家の言説に宗教の装いをかぶせているだけだ[65]」というのである。

国家や政治権力を世俗的とみなす見方は、アラブ世界において中世のイブン・ハルドゥーン以来の長い伝統によって支えられ、十九世紀後半においてもイスラーム改革主義を主導するムハンマド・アブドゥによって「イスラーム共同体には俗世の権力者しか存在しない」として神権政治を否定する議論が展開された[66]。ところが、一九二〇年代以降に勃興した政治イスラームは、かかる近代黎明期の知的遺産を継承することはなく、「クルアーン＝憲法」、「クルアーン＝科学の奇跡」、「シャリーア＝実定法」、「ハーキミーヤ＝主権」、「イスラームこそが解決」といったスローガンを掲げるようになる[67]。サーレハは、アイヒマンと同じく自分の見たい現実の仮象しか見えないイスラーム主義者の無思想性を嘆きつつ、「イスラーム主義者は常に同一のイスラームの産物ではなく、むしろイスラームがイスラーム主義者の産物であり、創造物である」と断言する[68]。

こうした見方はガリユーンなどの思想家によっても示されてきたが、サーレハの見解に特徴的なのは、イスラーム主義とイスラーム恐怖症を常に結びつけて考えるという点にある。「イスラーム主義の舞台はムスリム社会である一方、イスラーム恐怖症の舞台は基本的には西洋社会である。だが、この両者は西洋社会の近代的、現代的な支配形態と決して切り離すことはできない[69]」。イスラーム主義は、対テロ専門家や地域研究者によって批判的に（ないしは共鳴をもって）語られる一方、イスラーム恐怖症はイスラーム主義の擁護者だけでなく、西洋社会における寛容の価値を重んじる論者によっても論難される。しかし重要なのは、この両者が東アラブ地域を取り巻く無数の力学の中でどのように相互に作用し、「負のスパイラル」を生み出しているのかを解明することであろう。

東アラブ地域の現実においてイスラーム主義は独裁政権の寡頭支配を正当化する口実を与える一方、イスラーム恐怖症は、自由や民主主義を求める活動に身を投じるアラブの言論人の団結を困難にしている。文化本質主義者のようにイスラーム主義を批判しながら「必要悪」として寡頭支配の暴力を黙認してしまう構造が外側と内側から同時に創られてしまう。かかる構造を無自覚なままに放置し続けることは、将来的にもＩＳのような怪物を再び生み出すイデオロギー的な土壌となるとして、サーレハは次のようにも警告する。

最大の犯罪は核兵器を用いることではなく、それ以上に悪質なのは、戦争状態が数年間も数十年間も続くということだ。その戦乱が毎日のようにＩＳを生み出し、〔暴力の〕季節が数世代にわたって繰り返されるということだ。[70]

五　小括

ガリユーンとサーレハが文化本質主義や「内なるオリエンタリズム」に対峙してきたといっても、『モーセと一神教』（フロイト）に代表されるような一神教に遡る歴史的な宗教文化そのものの脱構築的なアプローチを否定しているわけではない。むしろガリユーンは国家（政治共同体）との関係性を一神教とそれ以前の宗教に関して比較・考察を深めた一方、サーレハもイスラーム神学をめぐり、唯一神や国家、男性性、アラビア語文語、聴覚による視覚の支配、懐古主義、メッカという地理的な中枢といった諸要素が「中心性」を形作り、帝国主義的な観念を醸成しやすい宗教文化的な土壌を生み出したという分析も進めてきた。[71]その意味では、彼らの思索が論敵であるアドニスの分析と重なり合うところがあることは否定できない。他方で、イスラーム主義をめぐっても、彼らの批判の対象は特に近代において必然的に強化された教条的な観念とそれにともなう暴力行使であって、原始イスラームのエートスや歴史的経験としてのイスラームではない。その意味で彼らが武装闘争に向かう以前の本来のムスリム同胞団のようなイスラーム政治勢力との和解を政権側に促したり、非暴力主義を掲げ開けた知性を有するイスラーム主義思想家と連帯してきたのは必然であっただろう。

とはいえ、本質主義的な切り口以上に政治固有の論理解明を目指すガリユーンからサーレハに至る論考を検証すれば、とりわけシリアで生じた抑圧や暴力を、ローカル、リージョナル、グローバルの次元での複雑な相互作用や相互浸透の結果としてとらえる眼差しを徐々に深めていったと解釈できる。アガンベンをはじめとする欧米の論者は、九・一一事件以後の対テロ・パラダイムの下で「例外状態」や「ホモ・サケル」を論じる際にグアンタナモ、かろうじて米軍支配下のアブグレイブを取り上げてきたが、その他のアラブ地域の多数の刑務所の実態について言及することはほぼない。一方で、シリアの知識人は同じ「例外状態」を時には戦場で身をもって経験しながらも、域内外のパワーポリティクスだけでなくローカルな独裁政権とイスラーム主義者の相互作用によってもたらされる悪循環を詳らかにしようとしてきた。

彼らの論考から、この悪循環に立ち向かう上で、さしあたり大きく二つの課題があることも読み取れる。ひとつはユダヤ教やキリスト教に加えイスラームの歴史に関しても神学と政治を同時に、そして非西欧社会の具体的現実から世界史的な視野の下で検証しなければならないということであろう。もうひとつは、より切実で実践的な課題ではあるが、イスラーム主義だけを批判してアラブの寡頭支配を黙認することは国際的な「認識のずれ」を改めることにはならず、あくまで双方を同時に批判の対象にしなければならない、ということであろう。

暴力を理解するための「手すりなき思考」（アーレント）に取り組むバーンスティンは次のように語る。「私たちが思考の活動に従事しようとするなら、いかなる手すりも不動点も当てにできない。私たちは、新しい考え方や新しい概念を鍛え上げるよう迫られている」[72]。ガリユーンとサーレハは、東アラブ地域を舞台に複雑にもつれた糸を一つ一つ解きほぐし、相互作用の中での政治的な敵と友を区別し、暴力を生み出す構造の解明に取り組んできた。少なくとも両者の論考は、われわれの新しい思考様式を可能にする材料を提供していると言えるであろう。

（1）http://whoiskillingciviliansinsyria.org/

（2）エドワード・サイード『パレスチナ問題』杉田英明訳、みすず書房、二〇〇四年、四頁。

（3）Ziyad Majed, *Syrie, la révolution orpheline*, Paris: Actes Sud, 2014, p.12. なお、チョムスキーのシリア危機に対する立場については以下を参照。https://deeply.thenewhumanitarian.org/syria/community/2016/04/14/how-noam-chomsky-betrayed-the-syrian-people

(4) 小倉充夫『自由のための暴力―植民地支配・革命・民主主義』東京大学出版会、二〇二一年、iii頁。

(5) 本稿では、ガリユーンとサーレハの論考のうち、英仏語になっているものを幾分取り上げるが、そもそも彼らの論考の九割以上はアラビア語で書かれ、その著作は幾度も増刷されている。したがって彼らは、たとえば欧米の言論界に身をおいたエドワード・サイードのような知識人とは異なり、問題の当事者であるアラブの言論空間で主として活躍してきた点は確認したい。なおガリユーンの場合は、定年退職までパリ第三大学アラブ研究科教授であったものの、二〇一一年八月から二〇一二年六月まで一時的にシリア反体制派「国民評議会」議長を務めて国際メディアで名を知られるようになった。だが、政治家としての役割は極めて限定的であり、その後は再び言論人として役割を果たしていることから、本論ではあくまで思想家としての彼に着目することを断っておく。

(6) Burhān Ghaliyūn, *'Arab wa taḥwwulāt al-'ālam: Min suqūt jidār berlīn ilā suqūt baghdād*〔アラブと世界の変容：ベルリンの壁崩壊からイラクの崩壊へ〕, Casablanca: Al-Markaz al-thaqāfī al-'arabī, 2003, p.213.

(7) 日本語で読める論考として、アドニス、フーリア・アブドゥルアヒド（聞き手）『暴力とイスラーム―政治・女性・詩人』片岡幸彦監訳、エディション・エフ、二〇一七年などを参照。

(8) Hisham Sharabi, *Neopatriarchy: A Theory of Distorted Change in Arab Society*, New York: Oxford University Press, 1988.

(9) Ghaliyūn, *'Arab wa taḥwwulāt al-'ālam*, p.165.

(10) Abdallah Laroui, *Islam et modernité*, Paris: La Découverte, 1987, 国家論はpp.11-46, 自由論はpp.47-63を参照。

(11) Burhan Ghalioun, *Le malaise arabe: L'État contre la nation*, Paris: La Découverte, 1991, pp.50-51.

(12) Burhān Ghaliyūn, *Al-Mas'alat al-ṭā'ifīya wa mushkilat al-aqalliyyāt*〔宗派主義と少数派の問題〕, Doha: Al-Markaz al-'arabī lil-abḥāth wa dirāsat al-siyāsiyya, 3rd edition, 2012（1979）, pp.70-76.

(13) Ghalioun, *Le malaise arabe*, pp.116-117.

(14) Ghaliyūn, *'Arab wa taḥwwulāt al-'ālam*, p.162.

(15) Ghalioun, *Le malaise arabe*, p.144.

(16) アラブの支配エリートにイスラーム政治勢力との対話を促してきたガリユーンの立場については、岡崎弘樹「シリア現代思想における世俗主義と権威主義体制の結びつきの発見」『社会思想史研究』四五号、二〇二一年、一六三―一八二頁を参照。またガリユーンを含めた当時の代表的なアラブ人論者の市民社会論争としては Michaelle L. Browers, *Democracy And Civil Society in*

Arab Political Thought: Transcultural Possibilities, Syracuse University Press, 2006, pp.99-124を参照。なお、アラブ地域においてはアラビア語圏やイスラーム地域の広域性や植民地主義権力による国境線の確定などの歴史を有するため、欧州近代の経験に基づく「国民国家」(nation-state)に代わって「市民国家」(civil-state)の概念で議論される場合が多いが、これについては今後別稿での課題とする。

(17) 中東地域における「宗派主義」は、アラビア語の「ターイフィーヤ」、英語のsectarianism、フランス語のconfessionalismeに相当するが、決してスンナ派とシーア派といったイスラーム内部の諸宗派だけでなく、キリスト教徒諸派、ユダヤ教徒、クルド人といった宗教・宗派・民族コミュニティ間の分裂や対立を指す。

(18) Ghaliyūn, *Al-Mas'alat al-ṭā'ifiyya*..., p.39.

(19) Ghaliyūn, *Al-Mas'alat al-ṭā'ifiyya*..., p.19, pp.25-26.

(20) Ghaliyūn, *Al-Mas'alat al-ṭā'ifiyya*..., p.83.

(21) こうした傾向は、二〇〇三年の米軍侵攻後のイラクにおいてシーア政権が樹立されたことで、イランから地中海東岸に向かって国家と市民社会を地政学的に貫くシーア派の一大ベルトの誕生を予兆していたと言えるだろう。

(22) Burhān Ghaliyūn, *Niẓām al-ṭā'ifiyya: Min al-dawlat ilā al-qabīla*〔宗派主義の体制―国家から部族へ〕, Doha: Al-Markaz al-'arabī lil-abḥāth wa dirāsāt al-siyāsāt, 2017(1999), p.12.

(23) Ghalioun, *Le malaise arabe*, pp.148-151.

(24) Ghaliyūn, *'Arab wa taḥwwulāt al-'ālam*, p.142.

(25) ジークムント・バウマン『リキッド・モダニティ―液状化する社会』森田典正訳、大月書店、二〇〇一年、二三九―二四〇頁。

(26) Ghaliyūn, *'Arab wa taḥwwulāt al-'ālam*, p.73.

(27) Ghaliyūn, *'Arab wa taḥwwulāt al-'ālam*, p.31, p.133, p.178.

(28) 'Alī Ḥaydir Ibrāhīm, "Tajdīd al-istibdād fī al-dawlat al-'arabiyya wa dawr al-amnoqrāṭiyya"〔アラブ諸国における専制政治の刷新と治安統治の役割〕, In *Al-Istibdād fī nuẓum al-ḥukum al-'arabiyya al-mu'āṣira*, ed. 'Alī Khalīfa Al-Kawārī, Beirut: Markaz dirāsāt al-waḥdat al-'arabiyya, 2005, pp.175-202.

(29) マックス・ウェーバー『支配の社会学I』世良晃志郎訳、創文社、一九六〇年、三九―四一頁。

(30) 「表向きの国家」と「内なる国家」についてサーレハは多数の論考で論じているが、代表的なものとしてYassin al-Haj Saleh,

The Impossible Revolution: Making Sense of the Syrian Tragedy, London: Hurst, 2017, pp.229-233を参照。

（31）Saleh, *The Impossible Revolution*, p.50.

（32）Saleh, *The Impossible Revolution*, pp.92-93.

（33）ハンナ・アーレント『全体主義の起源３』大久保和郎ほか訳、みすず書房、二〇一七年、二〇〇頁。

（34）Saleh, *The Impossible Revolution*, p.214, p.238.

（35）Saleh, *The Impossible Revolution*, p.214.

（36）Saleh, *The Impossible Revolution*, pp.105-106. なお、シリアでは人口の六〜七割がスンナ派、約一割がアラウィー派、約一割がキリスト教徒とされている。

（37）Saleh, *The Impossible Revolution*, p.112.

（38）Saleh, *The Impossible Revolution*, p.117.

（39）代表的な著作として、ジル・ケペル『グローバル・ジハードのパラダイム―パリを襲ったテロの起源』義江真木子訳、新評論、二〇一七年などを参照。

（40）Saleh, *The Impossible Revolution*, p.256.

（41）レイモンド・ウィリアムズ『田舎と都会』山本和平訳、晶文社、一九八五年。

（42）たとえばムスタファ・シェリフ『イスラームと西洋―ジャック・デリダとの出会い、対話』小幡谷友二訳、駿河台出版社、二〇一七年などを参照。

（43）Yasīn al-Haj Ṣāliḥ, *Al-Imbiriyalīyūn al-maqhūrūn*〔抑圧された者たちは帝国主義者〕, Beirut: Riad El-Rayyes Books, 2019, p.79.

（44）Ṣāliḥ, *Al-Imbiriyalīyūn al-maqhūrūn*, p.91.

（45）Ṣāliḥ, *Al-Imbiriyalīyūn al-maqhūrūn*, p.116.

（46）代表的なものとして、Yasser Munif, *The Syrian Revolution: Between the Politics of Life and the Geopolitics of Death*, Pluto Press, 2020を参照。

（47）Saleh, *The Impossible Revolution*, pp.149-155.

（48）この転換を示す詳細な証言集として、ウェンディ・パールマン『シリア　震える橋を渡って―人々は語る』安田菜津紀ほか訳、岩波書店、二〇一九年を参照。

(49) Saleh, *The Impossible Revolution*, p.128.
(50) フランツ・ファノン『地に呪われたる者』（新装版）鈴木道彦ほか訳、みすず書房、二〇一五年、三五頁。
(51) リチャード・J・バーンスタイン『暴力—手すりなき思考』齋藤元紀ほか訳、法政大学出版局、二〇二〇年、一九一—一九七頁。
(52) ヤシーン・ハージュ・サーレハ『シリア獄中獄外』岡崎弘樹訳、みすず書房、二〇二〇年、五—六頁。
(53) 小倉『自由のための暴力』、五八頁。
(54) こうした見方は二〇〇〇年代以降に著名なアラブ出身の論客によって示されてきた。たとえばアルベール・メンミ『脱植民地国家の現在—ムスリム・アラブ圏を中心に』菊地昌美ほか訳、法政大学出版局、二〇〇七年、一六二—一六三頁を参照。
(55) Ṣāliḥ, *Al-Imbiriyaliyūn al-maqhūrūn*, pp.289-304.
(56) ジグムント・バウマン『コミュニティ—安全と自由の戦場』奥井智之訳、ちくま学芸文庫、二〇一七年、一九一頁。
(57) Saleh, *The Impossible Revolution*, p.140.
(58) Saleh, *The Impossible Revolution*, p.130. この「虚無」を扱った記録文学として、サマル・ヤズベク『無の国の門—ひき裂かれた祖国シリアへの旅』柳谷あゆみ訳、白水社、二〇二〇年を参照。
(59) Ṣāliḥ, *Al-Imbiriyaliyūn al-maqhūrūn*, p.115.
(60) Ṣāliḥ, *Al-Imbiriyaliyūn al-maqhūrūn*, p.34, p.160.
(61) この問題については、早尾貴紀『ユダヤとイスラエルのあいだ—民族／国民のアポリア』青土社、二〇〇八年が詳しい。
(62) Gil Anidjar, *The Jew, the Arab: A History of the Enemy*, California: Stanford University Press, 2003, pp.6-9.
(63) Anidjar, *The Jew, the Arab*, p.29, p.34, pp.97-98, pp.126-129, pp.160-161.
(64) こうした課題に関するアニジャールの邦訳論考としてギル・アニジャール「ユダヤ・アラブ問題に関する考察」（上）（下）馬場智一ほか訳、月刊『みすず』二〇一〇年三月号（八—一八頁）、四月号（二八—三五頁）を参照。
(65) Ṣāliḥ, *Al-Imbiriyaliyūn al-maqhūrūn*, p.25.
(66) この認識については、岡崎弘樹『アラブ近代思想家の専制批判—オリエンタリズムと〈裏返しのオリエンタリズム〉の間』東京大学出版会、二〇二一年、七二頁を参照。
(67) これらの言説については、中村廣治郎『イスラームと近代』岩波書店、一九九七年、第三章を参照。

(68) Ṣāliḥ, *Al-Imbiriyaliyūn al-maqhūrūn*, p.245.

(69) Ṣāliḥ, *Al-Imbiriyaliyūn al-maqhūrūn*, p.83.

(70) Ṣāliḥ, *Al-Imbiriyaliyūn al-maqhūrūn*, p.309.

(71) 主としてBurhan Ghalioun, *Islam et politique: la modernité trahie*, Paris: La Decouverte, 1997の特に第一部、ならびにṢāliḥ, *Al-Imbiriyaliyūn al-maqhūrūn*, pp.41-77を参照。

(72) バーンスタイン『暴力：手すりなき思考』、五頁。

［政治思想学会研究奨励賞受賞論文］

これからの「正統性」の話をしよう

――国家の規範的正統性の概念分析

福島　弦

序

国家はいつ正統性（legitimacy）を保持し、その理由は何であるか。これは政治哲学史上の先人たちのみならず現代の政治理論家によっても盛んに議論されてきた政治哲学上の根本問題の一つである。だが、問いの焦点となるはずの「正統性」概念がそもそも何を意味するかについての意見の一致は理論家の間でも見られない。正統性概念を扱った近著でアーサー・アプルバウムが嘆いた通り、「政治哲学者たちが論ずる重要概念のうち、正統性ほど変幻自在なものはほとんどない」のである。(1)

正統性を巡るこの概念的混乱状態は、正統性研究の発展を阻害しうる点で問題である。近年の正統性研究が多様な正統性の正当化理論間の論争を中心に発展してきている一方で、論争当事者はしばしば無意識的に異なる正統性理解を前提としている。だが、そもそも論争の焦点となる概念の理解にずれが生じているのであれば、熾烈な論争が単なるすれ違いに終わる可能性が高い。したがって、正統性研究の今後のためには、正統性概念はそもそもどのように理解されるべきであるかを詳らかにし、論争の舞台を設定する概念分析の作業が不可欠となる。これからの「正統性」の話をするために、まず正統性概念を明確にし、その魅力的な構想を擁護すること。(2) 本稿が試みるのはまさにこの作業である。

本稿は次のように進行する。第一節では、正統性の分析に必要な概念枠組みとしてW・N・ホーフェルドの権利図式を概説する。続く第二節では、まず本稿が採る概念分析方法論を示した後、国家の正統性の「概念」は国家の「機能する権利（the right to function）」としての「統治する道徳的権利（the moral right to rule――以下「統治権」と表記）」として適切に理解できると論ずる。ここでは「制度的正統性（institutional legitimacy）」の議論を援用し、国家に限られない政治制度一般の正統性の分析から出発し、それによって得られた知見を国家の正統性に応用する方法を採る。第三節では、第二節で示した正統性の「概念」を手に、その解釈としての正統性の魅力的な「構想」を擁護する。ここでは、従来の正統性理論でしばしば前提とされてきた、被治者に義務を課す一般的権威を含む正統性構想の要求度が高すぎることを指摘し、そのオルタナティブとしての「一般的権威なき正統性」を実り多い正統性構想として擁護する。

本論に進む前に予備的に四点指摘しておきたい。第一に、本稿は正統性一般ではなく、国家の正統性に焦点を当てる。正統性は国家以外の諸制度（例えば国際機関やNGOなど）にも矛盾なく適用できる概念であり、国家以外の制度の正統性についての研究も蓄積されてきている。それでもやはり正統性研究の本丸は国家の正統性であり続けているのもまた事実であり、国家の正統性研究の進展を阻害している概念的混乱にまず焦点を絞ることは正当化されると思われる。ただ、本稿は国家以外の諸制度の正統性研究の重要性を否定するものではなく、実際に、本稿で採用する概念分析の方法は、必要な修正を加えて国家以外の諸制度の正統性の概念分析に応用することができると思われる。

第二に、本稿は集合的エージェントとしての国家が実際に権利主体となり得るかについて立場を取らない。第二節で述べるように、本稿は国家を諸種の役割及び役割保持者からなる有機的構造としての制度の一種として捉え、正統性をこの意味での国家が保持する権利の一種として理解する。これに対しては、個人ならまだしも国家という制度それ自体は権利主体となり得ないとの批判があるかもしれない。本稿はこの点に関し、国家それ自体が集合的エージェントとして権利を保持できると考える読者は本稿に登場する「国家の権利」という言葉を文字通り集合的エージェントとしての国家が持つ権利として捉えて良く、それが不可能であると考える読者は「国家の権利」という言葉をメタファーとして理解し、実際には国家という制度を構成する生身の人間である個々の役割保持者（例えば議員、裁判官、官僚など）の権利に還元されるものとしてそれを捉えて良いとする。

第三に、本稿は記述的正統性と区別される規範的正統性に焦点を当てる。国家の記述的正統性とは、国家の統治権についての被治者の信念に関わる。この正統性理解によれば、国家は、それが統治権を保持していると被治者によって信じられている度合いに応じて正統である。他方の規範的正統性は、国家の統治権それ自体を意味する。この理解によれば、国家は、それが統治権を実際に保持している場合に、かつその場合にのみ、正統である。以下、「正統性」という言葉を、専ら規範的正統性を意味するものとして用いる。

第四に、本稿は正統性概念の概念分析に終始するものである。したがって、概念分析の成果としての正統性構想が実質的にどのような理路で道徳的に正当化されうるか、という正統性理論の次のステップには踏み込まない。しかしながら、正統性の構想に応じてその道徳的正当化に必要とされる論証が異なってくる点に鑑みれば、本稿の議論は正統性の実質的正当化理論の構築にも寄与すると思われる。

一　権利のホーフェルド図式

次節以降で示す通り正統性は権利の一種であり、その分析には権利の分析枠組みが必要である。本稿では、権利概念の分析枠組みとして広く受け入れられており、正統性研究の文脈でもしばしば用いられているW・N・ホーフェルドの権利図式を用いる。(3) 周知の通り、ホーフェルドは法的言説における「権利（right）」という言葉の意味を四つに分類して権利図式を提示した。(4) 以下ではホーフェルドが分節化した四つの権利をそれぞれ概説する。また、説明にあたって、日常的な例として、自分のためにプリンを買って家族共用の冷蔵庫に入れておいた花子さんの例を用いる。

第一の権利は請求権（claim-right）であり、それは次のような論理的形式をとる。

BがAに対してφする義務を負っている場合に、かつその場合にのみ、AはBがφすることについて請求権を持つ。

先述の花子さんの例を用いて具体的に説明しよう。花子さんは自分のためにプリンを買って帰ったため、彼女の家族は勝手にプリンを食べない義務を花子さんに負っている。この規範的状況を逆の側から見れば、花子さんは家族にプリンを勝手に食べられない「権利」を保持している。この意味での「権利」が請求権である。この例から分かるように請求権とは、権利保持者に対して義務として負われている他者の（不）作為に対する権利である。

第二の権利は自由権（liberty-right）であり、それは次のような論理的形式をとる。

Aがφしない義務を負っていない場合に、かつその場合にのみ、Aはφする自由権を持つ。

花子さんの例で言えば、花子さんは自分用にプリンを買って帰ったために、もちろんプリンを食べない義務を（通常は）負っていない。この状況において、彼女は自分のプリンを食べる「権利」を持っているのであり、この意味での「権利」が自由権である。

第三の権利は権能（power）であり、それは次の論理的形式をとる。

Aは、自分ないし他者のホーフェルド的権利を変化させる能力を持つ場合に、かつその場合にのみ、権能を持つ。

例えば花子さんが妹にプリンをあげる約束をしたとしよう。その場合、花子さんは権能を行使したのであり、それによって自他のホーフェルド的権利が変化する。花子さんは約束によってプリンを食べる自由権を喪失する一方で、花子さんがプリンを食べないことに対する請求権を妹に付与したのである。花子さんは約束によって規範的状況を変化させる「権利」を保持していたのであり、この意味での権利が権能である。

第四の権利は免除権（immunity）であり、それは次の論理的形式をとる。

Bがのホーフェルド的権利を変化させる能力を欠いている場合に、かつその場合にのみ、AはBに対して免除権を持つ。

花子さんはプリンを食べる自由権を家族に勝手に消滅させられない（つまりプリンを食べない義務を課されない）免除権を（通常は）持っている。ここで花子さんは自分の権利を勝手に変えられない「権利」を持っているのであり、この意味での権利が免除権である。

二　国家の「機能する権利＝統治権」としての正統性

本稿は以下で、前節で概説したホーフェルド図式を手に国家の正統性の概念分析を試みる。序論で述べたように本稿の焦点は国家の正統性に存するが、本節ではそれを直接分析するのではなく、国家を含む政治制度一般の正統性の分析から出発し、その知見を政治制度の一例としての国家に応用する手順を採る。以下、まず本稿が採る概念分析の方法論を説明した後、「制度的正統性」についての研究を援用しながら、国家を含む政治制度一般の正統性はその制度の「機能する権利」として理解できると主張する。[5] 続いて、制度としての国家の機能は統治であるため、国家の正統性の「概念」は国家の「機能する権利＝統治権」として適切に理解されると論ずる。

1　カルナップの「解明」と概念分析方法論

正統性についての概念的混乱状態を背景に自らの理論構築に資する手頃な正統性構想を手に入れる手っ取り早い方法は、概念分析を経ず「私は正統性を××という意味で用いる」という形で正統性の定義を単に規定する（stipulate）ことである。しかしながら、この種の規定的定義は概念的混乱状態の改善には資さないであろう。というのも、規定的定義は特定の方法で概念を理解し使用する理由を詳らかにせず、同様の規定的定義は異なる正統性理解を行う論者にとっても可能であるためである。概念的混乱を改善するためには、特定の形で正統性概念を理解し使用する理由を説得力のある形で説明できる必要がある。

規定的定義に替わって本稿が採用するのは、ルドルフ・カルナップの「解明（explication）」の議論を援用した概念分析の方法である[6]。カルナップは解明のタスク及び関連する重要概念について次のように説明している。

> 解明のタスクは、所与の多かれ少なかれ不精確な概念を精確なものに変化させる、ないし、前者を後者によって置き換えることに存する。所与の概念（ないしそれを指す用語）を被解明項〔explicandum〕と呼び、前者（ないしそれを指す用語）に置き換わるものとして提示されるより精確な概念を解明項〔explicatum〕と呼ぼう[7]。

カルナップによれば、解明項の優劣を評価するための評価基準は①被解明項との近接性（similarity）、②厳密性（exactness）、③実り多さ（fruitfulness）、そして④簡潔性（simplicity）の四つである[8]。②の厳密性は解明項が明晰で曖昧さがないことを求め、④の簡潔性は、他の条件が同じであるならば、解明項がより簡潔であることを求める。より詳しい説明が必要なのは①の近接性と③の実り多さである。

カルナップにとって被解明項は解明以前の「日常言語ないし科学的言語における発展の前段階に属する」ものであり、近接性はしたがって、解明項が所与の概念の解明以前の意味と近接していることを求める[9]。他方の実り多さは、解明項が「科学的、哲学的理論化ないし言説に有用な形で適用可能である」ことを意味する[10]。つまり解明項は、それ自体明晰で意義のある理論の構築に寄与するのであれば、実り多さの基準を満たす。重要なのは、近接性と実り多さはトレードオフの関係に陥りうる点である。日常言語や未発達な科学的言語に属する被解明項は、その意味内容が不分明であったり、複数の両立不可能な意味を伴っていたりする。そのような被解明項との近接性を担保することは、理論構築への有用性の観点で解明項の実り多さを犠牲にすることになりかねず、逆もまた然りである。

この種のトレードオフの可能性を念頭に、カルナップは、適切な解明は実り多さのために近接性を犠牲にしうると指摘する。その例として彼が挙げるのは、「魚（fish）」を被解明項とする解明である。[11] 彼によれば、理論以前の自然な用法では、「魚」という言葉には鯨などの水棲哺乳類も含まれる。しかしながらカルナップは、それが動物学上の科学的理論構築という目的に照らして実り多さを持つために、水棲哺乳類等を除外した意味の「魚」という解明項を作り出す解明は、被解明項との近接性を犠牲にしているにも関わらず適切であるとする。この例が示すように、解明の目的に照らして実りの多い解明項を獲得できるのであれば、厳密な近接性は要求されない。

本稿では、解明の方法論を援用して正統性の概念分析を行う。そこでポイントとなるのは何よりも解明項の実り多さであるが、その具体的内容は解明の目的に依存する。本稿で着目する解明の目的は、我々が住む現実世界の国家が実際に保持しうる正統性の構想を手に入れることであり、解明項の実り多さもこの目的に照らして評価される。詳しくは後述するが、従来の正統性の主要な構想は、既存のいかなる国家も保持できないほど要求度の高いものであるため、我々の知る国家の持ちうる正統性の理論化にとって有用ではない。それに代わって本稿が提示する正統性構想は、仮に近接性の点で他の構想に劣ったとしても、それを補って余りある実り多さを有していると主張する。

ここで重要なのは、本稿が擁護する正統性構想が正統性の唯一の適切な構想であるとの強い主張は意図されていない点である。本稿がコミットするのは、我々が住む現実世界の国家が実際に保持しうる正統性の構想を手に入れるという目的を所与とすれば、本稿が擁護する正統性構想が最も適切である、というより弱い主張のみである。解明項の実り多さは解明の目的に左右されるのであり、目的が異なれば異なる解明項が適切となりうる。したがって、本稿の解明の目的と大きく異なる目的——例えば、我々の生きる世界とは大きく異なる理想的社会における魅力的な正統性の構想を手に入れる目的——を所与とすれば、本稿が擁護する構想とは異なる構想が適当となることもあり得る。

2　正統性概念の機能としての「メタ調整」

本稿の概念分析は、まず政治制度一般の正統性の分析から出発し、それを国家に応用する形をとる。それは、以下で示すことを試みるように、国家を離れて政治制度一般に着目することにより、正統性概念の特徴をより良く理解することができ、結果として国家の正統性についてもより深い理解が得られると考えるためである。だが、カルナップ自身も述べているように、実際に解明に着手する前に被解明項について可能な限り明晰な理解を得ておく必要がある。[12]そこでまず、我々の言説において正統性概念が演ずる実践的機能を理解すべく、政治制度一般についての我々の正統性言説に焦点を当てる。

政治制度を巡る言説における正統性概念の実践的機能を理解するためには、一度立ち戻ってそもそも制度（institution）とは何かを確認しておく必要がある。制度とは、大雑把に言って、それぞれにタスクが割り当てられた様々な役割及びその役割保持者からなる有機的な構造である。[13]一般的に制度は、その制度にとって構成的な何らかの目的――大学にとっての教育・研究、警察にとっての公共的秩序・安全維持、教会にとっての宗教的実践など――を有しており、制度を構成する様々な役割が従うべき行為規範は、制度の目的に照らして設定されるルールにより規定される。この種のルールを通じて機能する役割の有機的構造は、制度の目的達成のための役割間での効果的協働を可能にし、それによって制度なしには不可能な（ないし甚だしく非効率となってしまう）機能を果たすことができる。

この意味での制度には、政治制度や経済的制度を始め、諸種の私的結社など多種多様なものが含まれるが、その中で本稿が着目するのが政治制度である。何が制度を「政治的」たらしめるかについては様々な解釈が可能であるが、本稿は政治制度を、公共的なルールの設定を通じて人々の行為を調整し、公共的利益を創出するという意味での﹅ガ﹅バ﹅ナ﹅ン﹅スを行う、もしくは、その一端を担う制度として理解する。[14]この意味での政治制度には、国家や政府間組織、諸種の国際機関、国内の諸制度（立法・司法・行政府、警察など）を始め、途上国等においてしばしばガバナンス機能を果たすNGOや企業なども含まれる。これら諸制度の中には、制裁の脅威を背景にルール遵守を強制する「強い」統治を行う国家を始めとする諸制度のみならず、ルール遵守を強制する機能を持たない「弱い」統治のみを行う制度（e.g. WTO）や、行為調整を意図した勧告を発するだけの制度（e.g. 国連の人権委員会）など、様々な制度が含まれる。これら多様な制度に共通する特徴は、単にガバナンスを﹅す﹅る側（e.g. 国家における諸種の公職者）の行為調整だけでなく、ルールの設定を通じたガバナンスを﹅さ﹅れ﹅る側（e.g. 国家における被治者）の行為調整も行うことであり、これを行う権力が政治制度を潜在的に有益にすると同時にリスキーなものにもする。

さて、この意味での政治制度を巡る正統性言説において正統性概念はどのような機能を果たしているのだろうか。この問いに対し、近年一部の論者が、正統性言説が果たす「メタ調整（meta-coordination）」の機能に着目した議論を展開している[15]。説明しよう。前述の通り、政治制度はルールを通じて人々の行為を調整することにより、制度なしには不可能な機能を果たすことができる。そのような機能はしかし、その下で行為を調整するに値する制度がどれであるかについての人々の意見が一定程度収斂していなければ通常は効果的に遂行不可能である[16]。この意味での調整のための調整——**行為調整役に値する制度についての人々の判断の調整**——の問題がメタ調整問題である。

メタ調整は一筋縄ではいかない問題である。まず政治制度は、それ以外には不可能な機能を果たす潜在力を持つ一方で、その潜在力が濫用されるリスクも併せ持つ。加えて政治制度と被治者の間には、制度が人々の行為を（時には強制的に）ルールを通じて調整する潜在的に道徳的に問題含みのハイアラーキー的関係がつきものである。したがって、明らかにあらゆる政治制度が行為調整役に値するのではなく、それに値する制度と値しない制度を弁別する必要がある。さらに問題を複雑にするのが、人々の判断の不一致である。政治制度が実現すべき公共的利益や、それを効果的に実現しうる政治制度が何であるかについての人々の判断は異なりうる。そのためメタ調整問題の解決には、政治制度の下で行為を調整するリスクを考慮に入れた上で、人々の間の不一致の状況を背景に行為調整役に値する制度についての人々の判断を調整することが必要となる。

制度的正統性の論者によれば、正統性概念の実践的役割は、行為調整役に値する政治制度の徴標となることによりメタ調整問題を解決することである。それは、何らかの規範的・経験的基準を満たした政治制度に行為調整役に値するという地位（standing）を与えることにより、その制度に対する人々の反応を調整する機能を果たす。つまり、我々が「この政治制度は正統であるか」と問う時、我々は「この政治制度は行為調整役に値するか」を問うているのであり、ここで正統性概念はメタ調整問題を解決するための調整点として機能しているのである[17]。

3 国家の「機能する権利＝統治権」としての正統性

これまで、解明の前段階として被解明項である政治制度の正統性の実践的機能に着目してきた。この被解明項理解を手に解明の最初の段階に移ろう。正統性は行為調整役に値する制度が持つ何らかの地位であるが、この地位自体は具体的に何を意味するのであろうか。政治制度に共通する機能がガバナンスを通じて人々の行為を調整し公共的利益を創出することであるのならば、行為調整をする道徳的地位としての政治制度の正統性は、政治制度の「機能する権利」を意味すると適切に表現できるであろう[18]。換言すれば、正統な政治制度は、その制度にとって構成的な機能を果たす権利を保持し、その機能の遂行を通じて人々の行為を調整する役割に値する。

政治制度の正統性を「機能する権利」と理解することにより、なぜ本稿が提案するように国家の正統性の概念を国家の統治権として理解することが適切であるか、また他方で、国家の正統性を一般化し、政治制度の正統性一般を国家モデルの統治権として捉えることがなぜ不適切であるかの両方を理解することができる。まず前者について言えば、国家の正統性が「機能する権利＝統治権」として捉えられるのは、制度としての国家の機能が、強制力をバックにした法の制定・適用・執行という強い意味での統治を通じて何らかの重要な公共的利益を実現することであるためである。したがって、国家の正統性の概念を統治権として理解することは、政治制度の正統性を機能する権利として理解することから自然に引き出される[19]。だが、国家の正統性が統治権を意味するのは、国家の機能が偶々強い意味での統治であるためであるが、政治制度の機能は国家モデルの強い統治に限られない。例えば国家とは別の機能（弱い意味での統治や単なる勧告など）を保持する政治制度の正統性は、国家モデルの統治権とは別の権利を含意する。さらに、制度の目的が限定的である政治制度（e.g. ＷＴＯ、ＷＨＯ）の機能する権利の範囲は、その機能に関連する分野に限られるであろう。正統性の具体的内容は各々の制度の機能に依存するのである。したがって、国家の例に引きずられて政治制度の正統性を単純に「統治権」と同一視することは政治制度の多様性を捨象する結果を招いてしまう[20]。この点に鑑みれば、政治制度の持つ機正統性を単に統治権と同一視するのではなく「機能する権利」という抽象的な形で理解することは、政治制度の持つ機能の多様性を捨象することなく、それらの正統性が語られる際の共通の考慮事項を説明することができる点で適切である。

4 「機能する権利」の構成要素

これまで、政治制度の正統性はその制度の「機能する権利」として理解でき、政治制度の一例としての国家の正統性の概念は国家の機能する権利としての統治権として理解できると論じてきた。この正統性概念理解を手に次節で国家の正統性構想を検討する前に、抽象的に言って機能する権利はどのような要素からなるのかを検討したい。

機能する権利に限らず、権利一般は「享受権（right to be enjoyed）」と「行使権（right to be exercised）」に分けられる。[21] ホーフェルド図式について言えば、請求権と免除権は共に権利保持者ではなく他者の行為に関わる点で「享受権」である。まず請求権は他者の（不）作為に対する権利——パソコンを使用されない権利——であって、能動的に行使する権利ではなく受動的に享受する権利である。同様に免除権も、他者の権能の欠如に対する権利——パソコンの所有権を消滅させられない権利——であるため、享受権である。反対に自由権——パソコンを使用する権利——と権能——パソコンを売却する権利——は、権利保持者自身の行為に関わる「行使権」である。

政治制度の機能する権利には、享受権と行使権の両方の側面がある。まず行使権について言えば、機能する権利としての正統性は、文字通り政治制度の構成的機能を遂行する権利を含む。つまり、ある政治制度の機能が何らかの自由権ないし権能を行使することであるならば、正統性はその制度が実際に当該の自由権ないし権能を保持することを意味する。正統性言説の実践的機能が、その下で行為を調整するに値する政治制度についての判断の調整であるのならば、正統性を保持する政治制度が自由権ないし権能の行使を通じて人々の行為を調整する機能を遂行する権利を持つことは自然な含意であろう。

次に、機能する権利の享受権としての側面について言えば、まず正統な政治制度は少なくとも「存続する請求権（claim-right to exist）」を保持するであろう。[22] 存続する請求権とは、制度がその構成的機能を果たす能力を失うほどの打撃を被らないことについての請求権である。この請求権には、正統な政治制度を能動的に転覆しない他者の義務が相関する。機能する権利が制度の構成的機能を遂行する権利であるのならば、その権利を保持する制度は意図的に機能不可能な状態に陥れられない請求権を少なくとも持つであろう。加えて、機能する権利を構成するその他の権利を剥奪されない免除権もまた享受権としての機能する権利の構成要素であろう。というのも、いかなる権利も、それを剥奪されない免除権を全く伴っていないのであれば、いつでも消失しうる単なる名目上の権利に過ぎないためである。[23]

以上の議論をまとめると、機能する権利には、行使権の側面として①機能を遂行する権利（自由権ないし権能）、そして享受権の側面として②存続する請求権、そして③以上①〜②の権利を消滅させられない免除権が少なくとも含まれる。また、付言しておくならば、これらの権利は絶対的なものではなく、他の道徳的考慮事項によって凌駕され得るプロタント（pro tanto）の権利である。正統な政治制度が、全てを考慮に入れて機能を遂行しない義務を負うことはあり得るし、それは機能する権利を構成する他の権利についても言える。

三　国家の機能する権利——一般的権威なき正統性構想へ

前節では、国家の正統性の概念分析の第一歩として、制度的正統性の議論を援用し、国家の正統性の概念は国家の「機能する権利＝統治権」として適切に理解することができると論じた。この意味での国家の正統性概念はしかし、統治権に具体的にどの権利を含めるかに応じて様々な解釈が可能であり、したがってこの概念を共有する様々な正統性構想が構築可能である。そこで本節は、概念の領域から構想の領域へと移り、国家の正統性の魅力的な構想を擁護する。ここでは、機能する権利の行使権としての側面に着目し、従来の正統性理論でしばしば採用されてきた、被治者に義務を課す一般的権威を行使権に含む正統性構想は、要求度が高すぎるため本稿の目的に照らして実り多いとは言えないと主張する。代わりに本稿は、「一般的権威なき正統性」と呼ぶ正統性構想を擁護する。

1 国家の一般的権威とは何か

国家の機能する権利の行使権としての側面の構成要素について考えた場合、最も論争的でない構成要素は法を制定・適用・執行する自由権であろう。というのも、国家の機能である強い意味での統治はまさに法の制定・適用・執行を意味し、統治を遂行する国家の権利は最低限これらの自由権を含むであろうからである。しかしながら、従来の正統性理論の焦点はこれらの自由権ではなく、国家が命じたという理由で被治者にその命令に従う義務を課す一般的権能を意味する「一般的権威」及びその行使の帰結としての「一般的遵法責務」であり、そこでは国家の正統性が一般的権威を概念的に含むことがしばしば前提とされていた[24]。この考えによれば、国家の機能する権利の行使権としての側面には、法を制定・適用・執行する自由権のみならず一般的権威も含まれることとなる。ここではまず、近年の正統性研究史を簡単に振り返ることによってなぜ一般的権威ないし遵法責務が焦点であったのかを説明し、続いて、国家の一般的権威とはどのような道徳的現象であるのかを、権威の特殊性を指摘することで示す。

近年の正統性研究の興隆は、その後の正統性研究の舞台を設定することとなったA・J・シモンズの画期的研究『道徳原理と政治的責務』に端を発する[25]。この著作においてシモンズは一般的遵法責務――自国の法に、それが自国の法であるという理由で従う一般的なプロタントの責務――の存在を示そうとする諸種の理論を退け、相当程度正義に適った国家の下であっても一般的遵法責務は存在しないという結論を擁護した[26]。さらにここでの議論で重要となるのは、シモンズは単に一般的遵法責務の存在を否定しただけではなく、国家の正統性は概念的に一般的遵法責務を含意するために、一般的遵法責務の欠如は正統性の欠如をも含意すると主張したことである。そのためシモンズは、あらゆる既存の国家は正統ではないとする「哲学的アナキズム」の立場を採用した[27]。

後続の正統性研究の大部分はシモンズのこの鮮烈なアーギュメントに対する応答として特徴付けられうる。シモンズの著作の刊行以降、様々な理論家が一般的遵法責務の存在を示すことを試み、それによって哲学的アナキズムを退けようとしてきた。これらの研究において擁護された主要な理論は例えば、「フェアプレー理論」、「関係的責務（associative obligation）理論」、そして「正義の自然的義務論」などである。このように従来の正統性理論の焦点が一般的遵法責務の有無であった理由は、正統な国家は、自らが命じたという理由で被治者に自らの命令に従うプロタントの責務を課す能力である権威を一般的に保持していると考えられてきたためである。[28]

権威は特殊な道徳的事象であり、これまで様々な哲学的説明が試みられてきた。それらの説明でしばしば指摘されてきたのは、権威を単に他者に義務を課す能力として理解してしまうと、その特殊性が看過されてしまうということである。というのも、権威と呼べないものも含めて、我々は様々な仕方で他者に義務を課しうるためである。例えば、私は不注意で路上の車の前に飛び出ることによって、運転手に私を轢かないようブレーキを踏む義務を課すことができるが、この例で私が権威を行使したとは言えない。権威は、他者の道徳的状況を変化させる能力を意味するホーフェルド的権能の一種ではあるが、その特殊な一種なのである。それでは権威の特殊性とは何か。

ここで権威の理論を十分に展開することはできないが、権威行使により義務を課すこととそれ以外の仕方で義務を課すことの最も重要な違いは次の点に存する。権威の事例では、指令者が義務を課すことを意図したという事実それ自体が、指令された行為を行う義務が生起することについての説明の不可欠の要素である一方で、権威以外の事例では、義務が生起することの説明から、結果として義務が生じることとなった行為をとった行為者の意図は消去可能である。[29]大雑把に言えば、権威的指令に従う義務は、単純に指令されたことを行う義務なのではなく、それが権威保持者によって指令されたという理由で従う義務なのである。他方で先述の運転手の事例では、私の意図は義務の発生の説明から消去可能である。運転手がブレーキを踏む義務を負ったのは、私がそれを意図したからではなく、人を傷つけてはいけないという事前の道徳的義務が、人が車の前に飛び出たという経験的事実の変化にトリガーされて、ブレーキを踏む義務として具体化したためである。

したがって、国家の一般的権威とは、単に経験的事実を変化させることによって結果として間接的に義務を生じさせる能力なのではなく、国家がそれを指令したからという理由で被治者にその指令に従う義務を直接的に課す一般的な権能である。

2　一般的権威に対する疑念と一般的権威なき正統性の魅力

シモンズ以降の理論家の努力虚しく、正義に適った国家であっても以上で説明した一般的権威を保持していないことは、近年の正統性研究によって説得力のある形で示されてきている。というのも、シモンズの研究以降一般的遵法責務を正当化しようとする様々な研究が発表されてきたが、同時にそれらの研究を包括的に退ける研究も発表されてきたからである。(30) 結果として一九九六年の時点でレスリー・グリーンは一般的遵法責務の否定について「かなりの意見の収斂」がみられると診断し、(31) さらに最近の研究は「そのような一般的道徳的責務は存在しないことについての広範囲のコンセンサス」(32) が存在するとまで述べている。

一般的権威は存在しないと考える理由は、一般的権威が含意する一般的遵法責務の存在を示そうとする主要な理論が悉く欠陥を抱えていることに存する。それらの理論の包括的なレビューを行うためには一冊の本が必要であるため、扱う理論及び論点が甚だしく不完全であることを承知で、以下いくつかの主要な理論とその問題点について指摘する。

国家の一般的権威を説明する古典的な理論は、一般的権威を被治者の同意に基礎付ける同意理論である。一般的権威の説明としての同意理論にはしかし、明らかな欠陥が存在することが知られている。というのも、被治者のほとんどが、国家の権威の下に置かれることについて実際には明示的に同意していないためである。我々のほとんどが国家の事実上の権威の下に生まれ落ち、同意の意思を問われぬまま支配される。この明らかな欠陥を補うべく一部の論者は、明示的な同意ではなく、「暗黙の同意（tacit consent）」に訴えることによって一般的権威を説明しようとする。例えばジョン・ロックは、国内に居住するだけで人はその国の権威に暗黙の同意を与えていると考えた。(33) だが、ロックのこの古典的議論に対してはヒュームの同様に古典的な反論が存在する。(34) それによれば、国内での居住が暗黙の同意と捉えられてしまうのであれば不同意の唯一の方法は国外移住となるが、国外移住のコストを考えれば多くの人々にとって同意を差し控える理に適った可能性は存在しないため、この暗黙の同意を妥当とみなすことはできない。明示的な同意と暗黙の同意の問題を受けて、国家の権威を「仮想的同意（hypothetical consent）」に基礎付けようとする論者もいるが、この立場には第一に、仮想的同意は本当に拘束力を持つかという根本的問題が存在する[35]。加えて、仮に仮想的同意が拘束力を持つことを認めたとしても、仮想的同意によって一般的権威が成立すると主張するためには、被治者が一般的権威に同意すべき理由が示されなければならない。だが、その理由は同意理論の外側から調達しなければならず、以下で見るように他の理論も一般的権威の説明として欠陥を抱えていることから、そもそも一般的権威に同意しなければならない理由を説明することができていない。

遵法責務の説明として今日まで影響力を持つのがフェアプレー理論である[36]。この理論についてのH・L・A・ハートの古典的説明によれば、「複数の人々が共同の企てをルールに沿って行い、それによって自らの自由を制約する場合には、そのような制約が要求された際に制約に服してきた人々は、自らの服従によって利益を得てきた人々の同様の服従に対して権利を持つ[37]」。フェアプレー理論を用いて一般的遵法責務を説明しようとする論者は法遵守を巡る実践がこの引用の意味でのルールに基づいた共同の企てにあたると考える。この理論に対する主要な批判は、フェアプレーの責務が生ずるためには、人々が共同の企てから生ずる利益を自発的に受容する必要があるが、我々は法がもたらす利益を拒否する理に適った可能性を持たないまま押し付けられている点を指摘する[38]。この点について一部のフェアプレー論者からは、フェアプレーの責務が生ずるためには利益の自発的受容は必要ではないという反論や、利益の自発的受容の条件は批判者が想定しているほど要求度が高くないという反論が提起されている[39]。だが、仮にこれらの点を認めたとしても問題は残る。第一に、フェアプレーの責務によって一般的遵法責務を説明するためには、法遵守を巡る実践が参加者の間で公正な負担と利益のバランスを実現している必要があるが、現実の国家においてそのような公正なバランスが担保されているとは言い難く、そこで割りを食っている参加者にもフェアプレーの責務が生じるかは疑問である。第二に、仮に法遵守を巡る実践が全体的に公正であったとしても、フェアプレーの責務はあらゆる法にあらゆる場面において従う責務を説明できるのかという問題がある[40]。第三に、公正な共同スキームによって利益を得てきた人々がその利益に報いるフェアプレーの責務を負うとしても、その責務を遵法行為という形で果たさなければならない必然性が説明されていない[41]。フェアプレーの責務は共同スキームの受益者が他者の犠牲に対して報いる責務に基づいているが、他者の犠牲に報いる方法は様々であり、犠牲に報いる責務の存在と犠牲に対して遵法行為によって報いる責務との間には「正当化ギャップ（justificatory gap）」が存在する。

同意理論及びフェアプレー理論の主要な弱点は、いずれも理論の成否が責務を負う側の自発性に依存する一方で、現実には一般的遵法責務を説明するに足る自発性が存在しないことであった。そこで関係的責務からのアプローチは、自発性を要求しない何らかの関係性から生ずる責務に依拠して一般的遵法責務を説明しようとする。[42] しかし、関係的責務から遵法責務を正当化するには、友人間や家族間に存在するほどの強い関係を想定する必要があるが、国家と市民の関係、ないし市民間の関係をそれらの親密な関係とのアナロジーで語ることには無理がある。さらに、百歩譲ってその種の親密な関係とのアナロジーが想定できたとしても、友人間や家族間の関係が、援助や信頼の責務ならまだしも「服従する責務」を含むとは考えられない。

最後に検討するのは正義の自然的義務論である。[43] この理論は一般的に言って、正義に適った制度を支持する、自発的行為を前提としない義務から遵法責務を説明する。この立場に対する代表的な批判は、正義の自然的義務は正義に適った制度一般を支持する義務を説明できても、自分の国の政治制度に従う責務は説明できない点で遵法責務の「個別性（particularity）」の説明を提供できないことを指摘する。[44] これに対し、近年は割当責任論などを用いて責務の個別性を正当化しようとする議論も存在する。[45] しかしながら仮にこれらの議論が成功したとしてもまだ疑問は残る。第一に、我々の国家が制定する法律は、明らかに正義に関連する法律からそうとは言えないものまで非常に多岐に渡るため、あらゆる法律にあらゆる場面で従う責務が正義の自然的義務から引き出されるとは考えにくい。使い古された例であるが、夜中の無人の交差点で青信号を待つ責務はどのように正義の自然的義務から説明されうるのだろうか。第二に、ルール遵守における「ギャップ」の問題も存在する。[46] ϕすることを指令する正義に適ったルールを制定する場合、人々が通常置かれる一般的状況C_1において人々がϕする場合に正義が最大限実現されるよう設計される。しかしながら、C_1において人々がϕすることが正義を最大限実現することは、別の状況C_2において人々がϕすることが正義を最大限実現することを含意せず、C_2においてはルールに違反することがむしろ正義を促進するかもしれない。だが、一般的なルールはその一般性故にルールと個別の状況との間のギャップを埋めることが困難である。その場合、正義の自然的義務がC_2の状況においても遵法責務を正当化できるかは疑問である。

以上のレビューが甚だ不完全であることは確かであるが、我々の知る国家が一般的権威を保持しうる（ないしその下で一般的遵法責務が存在しうる）ことを疑問視するには十分であるように思われる。そうであるのならば、一般的権威を含む形で機能する権利としての正統性を理解することは、我々が住む現実世界の国家が実際に保持しうる正統性の構想を手に入れるという概念分析の目的に照らして実り多くないことになる。

しかしながら、そもそもなぜ我々の知る国家が保持し得る正統性構想を手に入れることが重要なのであろうか。非常に要求度の高い正統性の構想を採用し、それに照らせば既存の全ての国家は正統ではないという結論に至ることの何が問題なのであろうか。その理由の一つは、要求度の高すぎる正統性構想は我々の知る国家の規範的評価に適していない点に存する。我々の知るあらゆる国家が正統ではないのならば、正統性概念は規範的に適格な国家とそうでない国家を区別する評価軸としては有用ではない。もちろん政治理論の役割は様々であり、現実とはかけ離れた理想状態を対象に理論構築を行うことも価値ある知的営為の一つであるかもしれない。ただ、我々の住む世界の政治的事象の評価、とりわけ国家の統治権という我々の政治生活の根本に直結する重大な問題に関して判断のガイダンスを与えることも政治理論の重要な営為であることは否定できないであろう。

加えて第二節で検討したように、正統性言説は優れて実践的な機能を保持している。それは、我々がその下で行為を調整するに値する制度と値しない制度を弁別するメタ調整の機能である。政治制度の生み出し得る大きな利益及び政治制度の持つリスクと不一致の背景的状況に鑑みればメタ調整は重大な営為であるが、正統性構想の要求度が高すぎては単純にどの国家の下でも行為を調整すべきではないことになり、そのような正統性構想はメタ調整問題の解決のための調整点としての機能を果たすことができない。

以上の議論はしかしながら、一般的権威を含まない魅力的かつ概念的に整合的な正統性構想が存在し得ることを前提としている。以下ではそのような構想が実際に存在することを示す。

3　一般的権威なき正統性構想の擁護：三つの批判への応答

本稿が擁護する一般的権威なき正統性構想によれば、国家の統治権の行使権としての側面には一般的権威は含まれず、法を制定・適用・執行する自由権のみが含まれる。[47] 以下、一般的権威なき正統性構想について論じ、それに対する批判に答えることを通じて、この構想が整合的かつ魅力的であることを示す。

(1) 批判①：一般的権威なき正統性構想は遵法責務を説明できない

一般的権威なき正統性構想は、国家がそう命じたという理由で国家の指令に従う責務を課す一般的権能を国家は持たないことを前提とし、国家の統治権の構成要素から一般的権威を除外する。だが、この構想が果たして正統性構想として妥当であるかについて、次のような疑念が提起されるかもしれない。従来の研究が国家の持つ一般的権威とその帰結としての一般的遵法責務に焦点を当ててきたのは、自国の法に従う責務が存在するという「政治的事象についての我々の最も深い直観」を我々が保持しているからではないか。[48] そうであるとすると、国家の一般的権威を含まない正統性構想は、政治的事象についての我々の根本的直観に背馳する点で尤もらしくないのではなかろうか。

一般的権威なき正統性構想が一般的遵法責務の存在を説明できないことは確かである。だが、一般的権威なき正統性構想は、相当程度正義に適った正統な国家の下においては多くの場合被治者が遵法責務を負うことと矛盾しない。というのも、仮に国家が権威を行使していなくとも、被治者は様々な仕方で法に従う道徳的責務を負いうるためである。

例えば、殺人や窃盗などを禁ずる法律のように、法律以前に法が禁ずる行為を差し控える道徳的義務のある法律について言えば、国家が権威を行使しなくとも、我々はその法に従う道徳的責務を当然負う。したがってこの例では、仮に国家が権威を行使せずとも、被治者はそれらの法に従う道徳的責務を負う。

さらに、事前に存在している道徳的責務を単純になぞる法以外にも、権威を持たない国家は法に従う責務を課しうる。というのも、権威の説明の箇所で述べたように、行為者は権威を行使することで直接的に道徳的状況を変化させる以外にも、経験的状況を変化させることで間接的に道徳的状況を変化させ、結果として他者に義務を課しうるためである。この点を、道路交通ルールについての調整問題を例に挙げて考えてみたい。法が存在する以前においては交通ルールについての慣習は存在せず、右側通行をする義務も左側通行をする義務も存在しないとしよう。ただ、人々は運転の際に他者に危害を与えないよう、右側通行ないし左側通行のどちらかで他者と行為を調整する道徳的義務は負うであろう。ここで国家が、右側通行を命ずる法を制定し、結果として人々が右側通行をする法に従う道徳的義務を負ったと考えよう。この例においては、国家が命じたからという理由で右側通行を命ずる法に従う義務が生じたわけではない。この例で当該の義務が生じたのは、国家が調整問題を解決する顕著性を持つ法を制定することを通じて法的事実を変化させることにより、交通ルールに関して他者と行為調整をしなければならないという道徳的義務がトリガーされ、顕著な行為調整点である右側通行を行う義務が間接的に生じただけである(49)。つまりここで国家は、道徳的権威の行使によって道徳的状況を直接変化させたのではなく、法的権威の行使によって法的状況を変化させることによって、間接的に道徳的状況を変化させたと言える(50)。

　このように、遵法責務の存在は必ずしも国家の道徳的権威の行使を前提としない。また、これら権威行使なき遵法責務——それが法以前の道徳的義務を単になぞる法に対する遵法責務であれ、法的状況の変化に伴う道徳的義務のトリガーによって生ずる遵法責務であれ——の説明には、従来の遵法責務論で取りあげられてきた理論を援用することができるであろう。従来の遵法責務の理論が抱える問題のほとんどは、それが遵法責務を全く正当化できないことではなく、一般的遵法責務を説明できないことであった。したがって、遵法責務が時にはフェアプレー理論によって、時には正義の自然的義務論によって、また時には関係的責務理論によって正当化されるというようなことも当然あり得る(51)。さらに、これら既存の主要な遵法責務理論とは異なる論拠（例えば民主的市民の政治的決定への尊重、違法行為が及ぼす負の教育的効果、自国の法への尊重や市民的礼節の義務）から法に従う責務が生ずる可能性もある(52)。

　これら多様な遵法責務の根拠に鑑みれば、仮に国家が一般的権威を保持していなくとも、少なくとも正義に適った正統な国家の下では、被治者は多くの場合法に従う責務を負うと想定することは許されるだろう。ただ、これでは確かに、全ての法にそれが法であるという理由で従う責務が存在する、という通俗的な直観を説明することにはならない。だが、そもそものような直観を理論が取り込む必要があるかは疑問である。というのも、暴露論法的に言えば、国家の命ずることは何であれそれが国家が命じたことであるために従う責務があるという直観ほど統治者の役に立つものはないのであり、それは長年の統治への服従の結果被治者に刷り込まれてきた単なる心のクセであるかもしれないためである[53]。

(2) 批判②：一般的権威なき正統性構想は概念的に不可能である

一般的権威なき正統性構想に対して想定される第二の批判は、正統性概念は概念的に言って一般的権威を含意するのであって、一般的権威なき正統性は概念的に不可能であるという主張である。正統性と一般的権威との間の概念的繋がりは、シモンズが一般的遵法責務の否定を以って国家の正統性を否定して以来しばしば前提とされてきた。シモンズにとって正統性は一般的権威を含むものであり、「国家の正統性は被治者の政治的責務を含む多様な責務の論理的相関項なのである[54]」。正統性が概念的に一般的権威を含むのであれば、一般的権威なき正統性は整合的な構想ではなくなる。

だが、正統性は概念的に一般的権威を含むと考える必要がなぜあるのだろうか。一般的権威を含まなくとも、法を制定・適用・執行する自由権と享受権としての機能する権利を保持しているのならば、その国家は正統であるとはなぜ言えないのであろうか。考えられる理由は、国家は一般的権威を保持していると主張しているのであり、正統な国家は自らが主張する権利を実際に保持していなければならない、というものである。確かに一部の理論家は、国家が一般的権威を保持していることは国家の自己イメージの一部であると考えており、また国家の一般的権威の主張を適切に捉えられていないことが一般的権威なき正統性構想の弱みであるとする論者も存在する[55]。

しかし第一に、国家が実際に一般的権威を主張しているかどうかは決して自明ではない。そのような主張を国家が行なっていることを示すためには、まず国家という「制度」が何かを主張するという現象をどのように理解すべきかについて詳らかにしなければならない。加えて、そのハードルを超えることができたとしても、さらに我々の知る国家が法的責務を課す法的権威だけでなく道徳的責務を課す道徳的権威までをも主張していることが示されなければならないが、この点も自明ではない。

さらに、仮に国家が実際に一般的権威を主張しているとしても、一般的権威なき正統性は解明項として適切であり得る。というのも、カルナップの方法論の説明で示した通り、解明項の「実り多さ」のためには「被解明項との近接性」を一定程度犠牲にしうるためである。国家が一般的権威を含む形で自らの統治権を理解し主張していることは、一般的権威を含む正統性構想が一般的権威なき正統性構想と比べて「被解明項との近接性」の点で優位に立っていることを意味するかもしれない。だが、一般的権威なき正統性が、我々が住む現実世界の国家が実際に保持しうる正統性の構想を手に入れるという本稿の解明の目的に照らして「実り多い」のであれば、「近接性」を犠牲にしているとしても一般的権威なき正統性を解明項とする解明は適切である。

（3） 批判③：一般的権威なき正統性構想は一般的権威を含む正統性構想と要求度の点で大差がない

一般的権威なき正統性構想に対する第三のあり得る批判は、第二の批判からの擁護を行う際にアピールした一般的権威なき正統性構想の「実り多さ」は本当に存在するのかを疑問視する。つまり、一般的権威なき正統性構想はそれが差別化を図ろうとしている一般的権威を含んだ正統性構想と比べて要求度の点で実際には大差ないのではないか、という批判である。この点は、一般的権威なき正統性構想を採用したとしても、正統な国家は法を制定・適用・執行する自由権を始め諸種の機能する権利を保持することから、検討に値する重要な指摘である。本稿が一般的権威なき正統性構想を擁護する際の一番のポイントは、それが我々の住む世界の国家が保持しうる正統性の理論構築に資する点で実り多いことに存するため、この批判が正しければ一般的権威なき正統性構想の魅力は激減する。

だが、両者には要求度の点で実際に有意な差がある。一般的権威の正当化の要求度がとりわけ高いのは、権威保持者がそう指令したという理由で指令に従う責務を課すことは、権威的指令の名宛人（addressee）の判断を権威保持者の判断に服従させることを意味するためである。自律的な個人がこの種の判断の服従を行うことがそもそも正当化ないし要請されうるのか、という問題は、権威懐疑論者にとってこれまで重要な論点であり続けてきた[56]。それもそのはず、一方が他方に何かを命じたという理由でそれを行う責務を課すことができる関係は極度にハイアラーキー的であり、諸個人にとっての自律や自由の価値に鑑みれば、そのような関係の正当化のハードルは高い。それがワンショットではなくシステマチックに行使される国家の一般的権威であるならばなおさらである。他方で、一般的権威なき正統性構想は、正統性の構成要素に一般的権威を含めないため、この種の一般的な判断の服従を正当化する必要性をそもそも持たない。判断の服従の問題が権威の正当化のネックであり続けてきた点に鑑みれば、一般的権威を含む正統性構想と比べて一般的権威なしの正統性構想は正当化のハードルが低い。

さらに、一般的権威の正当化が困難である別の理由は、従う理由が無いようにみえる法（例えば悪法や瑣末な法）についてもそれが法であるという理由で遵法責務が存在することを一般的権威が含意することである。命令なしには行う理由がなかった行為を遂行する責務を課す権能には当然強い正当化が必要とされるであろう。他方で一般的権威なしの正統性構想はそのような正当化を必要としない。なぜなら、一般的権威なしの正統性構想は一般的遵法責務の存在を否定するのであり、法的権威の行使を通じた法的事実の変化によって国家によって当初意図されていた道徳的状況の変化が実際に起こることも前提としないためである。したがって、悪法や瑣末な法についてもプロタントの遵法責務を課す権能を正当化する必要のない分、一般的権威を含む正統性構想と比べて一般的権威なしの正統性構想の正当化のハードルは低い。

他方の享受権についてみてみれば、一般的権威なき正統性構想において正統な国家は少なくとも「存続する請求権」を備えているだろうが、それが被治者に課す責務はあらゆる法にそれが法であるから従う責務とは全くもって異なっている。存続する請求権に対応するのは国家を能動的に機能不可能な状態に陥れない責務のみであり、この意味で国家をアクティブに転覆しない責務は哲学的アナキストであるシモンズであっても一定程度正義に適った国家については認めている[57]。したがって、存続する請求権の正当化の要求度は一般的権威の正当化の要求度よりも圧倒的に低い[58]。

以上の理由から、一般的権威を含んだ正統性構想と比べて、正当化のハードルが有意

に低いと言える。(59)

結論

本稿では、正統性概念を巡る混乱状態を改善する一助となるべく、ホーフェルド図式及びカルナップの「解明」の方法論を援用して国家の規範的正統性の概念分析を行なった。概念分析の第一段階としては、制度的正統性についての研究を援用しながら国家に限定されない政治制度一般の正統性の分析から出発し、国家の正統性の「概念」は国家の「機能する権利＝統治権」として適切に理解することができると主張した。また、概念分析の第二段階として、国家の「機能する権利＝統治権」としての正統性の「構想」として、我々が住む現実世界の国家が実際に保持しうる正統性の構想を手に入れるという解明の目的に照らして実り多い「一般的権威なき正統性構想」を示し、三つの批判――一般的権威なき正統性は①遵法責務を説明できない、②概念的に不可能である、③一般的権威を含んだ正統性構想と要求度の点で大差がない――から擁護した。

最後に、今後の正統性研究の展開について簡単に論じて本稿を結びたい。本稿では一般的権威なき正統性構想を擁護したが、その内容は概念分析に終始するものであって、この正統性構想がいかにして正当化されうるかについての正統性の実質的正当化理論には踏み込まなかった。正統性の理論は今後この次のステップに進む必要があるだろう。また、一般的権威なき正統性構想の実質的正当化理論に足を踏み入れるためには、本稿では細部まで検討できなかった一般的権威なき正統性の中身を詳らかにする議論が必要だろう。例えば、本稿は享受権としての機能する権利について、それが少なくとも存続する請求権（及び免除権）を持つという曖昧な表現に留めたが、正統性の実質的正当化にはこれらの点を詳らかにするより厳密な概念分析が必要である。

一般的権威なき正統性構想が本当に実り多い構想であるかは、それを我々の知る国家が実際に保持し得るかにかかっている。そのため、その実り多さについての最終的な判断は正統性の実質的正当化理論の展開を待たなければならない。プディングの味は食べてみなければ分からないのである。だが、一般的権威ありの正統性が要求度の高すぎる絵に描いた餅であることが既に明らかになっている以上、一般的権威なしの正統性構想へと正統性理論の焦点を移すことは、行うに値する理論的ムーブであろう。正統性研究は、シモンズ以来の一般的権威ないし一般的遵法責務に注目するフェーズを終え、一般的権威なき正統性構想へと焦点を移すべき段階にあると言えるだろう。

【謝辞】有益なコメントを下さった二名の匿名査読者の方々に感謝致します。

（1）A. I. Applbaum, *Legitimacy: The Right to Rule in a Wanton World*, Harvard University Press, 2019, p. 1.

（2）本稿では、現代政治理論における慣例的な用語法に従い、ある用語の様々な解釈に共通する意味の大枠を「概念（concept）」と呼び、その概念の個別の解釈を「構想（conception）」と呼ぶ用語法を採る。また、本稿では「概念分析」という言葉を、この意味での「概念」を詳らかにする作業のみならず、ある概念のあり得る諸構想のうち魅力的なものを擁護する作業をも含む広い意味で用いる。

（3）W. N. Hohfeld, Some Fundamental Legal Conceptions as Applied in Judicial Reasoning, in *The Yale Law Journal*, Vol. 23, No. 1（1913）pp. 16-59.

（4）ホーフェルド図式は元々法的権利の分析枠組みとして提示されたが、先行研究でも十分示されてきている通り、それは本稿が焦点を当てる道徳的権利の分析にも応用することができる。

（5）制度的正統性については次の研究を参照。N. P. Adams, Institutional Legitimacy, in *The Journal of Political Philosophy*, Vol. 26, No. 1（2018）pp. 84-102; A. Buchanan, *The Heart of Human Rights*, Oxford University Press, 2013, ch. 5; A. Buchanan, Institutional Legitimacy, in D. Sobel, P. Vallentyne, and S. Wall（eds.）, *Oxford Studies in Political Philosophy Volume 4*, Oxford University Press, 2018.

（6）R. Carnap, *Logical Foundations of Probability*, University of Chicago Press, 1950, ch. 1. また、正統性概念の分析にカルナップの議論を援用するというアイディアは、同様の援用を権利概念に対して行なっている次の研究から着想を得た。V. Kurki, Rights,

Harming and Wronging: A Restatement of the Interest Theory, in *Oxford Journal of Legal Studies*, Vol. 38, No. 3（2018）pp. 430-450. また、本稿が採用するのはカルナップの概念分析方法論だけであって、彼の実質的哲学理論を採用するわけではない点には留意されたい。

（7）Carnap, *Logical Foundations*, p. 3（強調原文、亀甲括弧内引用者）.

（8）Ibid., p. 7.

（9）Ibid.

（10）H. Leitgeb and A. Carus, Rudolf Carnap, in E. N. Zalta（ed.）, *The Stanford Encyclopedia of Philosophy*（*Summer 2021 Edition*）, <https://plato.stanford.edu/archives/sum2021/entries/carnap/>.

（11）Carnap, *Logical Foundations*, pp. 5-6.

（12）Ibid., p. 4.

（13）以下の制度についての説明は次の研究に多くを負っている。S. Miller, *The Moral Foundations of Social Institutions: A Philosophical Study*, Cambridge University Press, 2009.

（14）ここでいう「公共的利益」の具体的内容は政治制度のタイプによって異なる上、同一の制度についても論者によって異なるであろう。例えば、国家が創出すべき公共的利益を行為調整の促進による円滑で安定的な社会生活の実現のみに求めるミニマルな立場や、正義などのより厚い概念に訴える立場が存在するであろう。ただ、序論で述べた通り本稿は正統性の概念分析に終始するものであり、その実質的正当化理論には踏み込まないため、国家が創出すべき公共的利益が具体的に何を意味するかについては立場を取らない。

（15）注5に挙げた研究を参照。

（16）ここでは制裁の脅威のみに依拠する形で人々の行為を効果的に調整することは不可能であるか不合理なほどコストが大きいことが前提とされている。この前提は、人々の日常的遵法行動に対する罰則の恐怖の影響を示す証拠はほとんどないという犯罪学の知見によって部分的に裏付けられる。例えば関連文献のレビューにおいてトム・タイラーは「日常的な法遵守の領域において、犯罪抑止研究のレビューは、リスク判断と犯罪との間の関係はあまりないかほとんどなく、知覚された刑罰の確実性は逸脱・犯罪行動の説明において実際には何らの役割も果たさないと結論づけてきている」としている。T. R. Tyler, Evaluating Consensual Models of Governance: Legitimacy-Based Law, in J. Knight and M. Schwartzberg（eds.）, *NOMOS LXI: Political Legitimacy*, New

York University Press, 2019, p. 282.

(17) 繰り返しになるが正統性は多義的で曖昧な概念であり、日常言語における実践的機能もメタ調整に限られるものではない。本稿で取り上げる正統性概念の実践的機能は、我々の概念使用の重要な一側面を捉えていることは確かだが、その全てではないだろう。正統性概念の使用実践に着目した異なる正統性理論を展開する先行研究としては次を参照。T. Fossen, Taking Stances, Contesting Commitments: Political Legitimacy and the Pragmatic Turn, in *The Journal of Political Philosophy*, Vol. 21, No. 4 (2013) pp. 426-450.

(18)「機能する権利」という言葉はAdams, Institutional Legitimacy, pp. 87-89を参照した。

(19) この点は、先行研究で国家の正統性がしばしば国家の統治権と関連づけられてきた点と符合する。例えばファビアン・ウェントは、「正統性の最も一般的な理解によれば、国家は統治権を持つ場合に正統である」と述べている。F. Wendt, On Realist Legitimacy, in *Social Philosophy & Policy*, Vol. 32, No. 2 (2016) p. 228.

(20) この点については、Buchanan, *The Heart of Human Rights*, ch. 5を参照。

(21) C. Wellman, *A Theory of Rights: Persons under Laws, Institutions, and Morals*, Rowman & Allanheld, 1985, pp. 70-71.

(22)「存続する請求権」という言葉は次の研究を参照した。C. W. Morris, Natural Rights and Political Legitimacy, in *Social Philosophy & Policy*, Vol. 22, No. 1 (2005) p. 319. また、ここで享受権は「少なくとも」存続する請求権を含むという曖昧な表現に留めた理由は、享受権に「機能遂行を妨害されない一般的請求権」が含まれる可能性を開いておくためである。この権利が享受権に含まれるかは稿を改めて検討する。正統な国家は、自らの命令に被治者が一般的に従うことへの請求権は持たないが、「法の執行を妨害されない一般的な請求権」は持つという主張を行なっている研究として、次を参照。W. A. Edmundson, Legitimate Authority without Political Obligation, in *Law and Philosophy*, Vol. 17, No. 1 (1998) pp. 43-60.

(23) この点を考慮に入れてマシュー・クレイマーとヒレル・スタイナーは、あらゆる権原について、それが単なる名目上の権原でないためには一定程度の免除権を伴っている必要があると指摘している。M. H. Kramer and H. Steiner, Theories of Rights: Is There a Third Way?, in *Oxford Journal of Legal Studies*, Vol. 27, No. 2 (2007) pp. 297-298.

(24) 例えば次を参照。A. J. Simmons, *Moral Principles and Political Obligations*, Princeton University Press, 1979, ch. 8; A. J. Simmons, Justification and Legitimacy, in *Ethics*, Vol. 109, No. 4 (1999) pp. 739-771.

(25) Simmons, *Moral Principles and Political Obligations*.

（26）シモンズ自身は「一般的遵法責務」ではなく「政治的責務（political obligation）」というより広い意味合いを持つ概念に着目しているが、ここでは政治的責務概念の一部であり、かつ本稿の議論にとってレリバントな「一般的遵法責務」に議論を限定する。

（27）哲学的アナキズムの特徴は、「政治的アナキズム」とは異なり、国家の正統性の欠如は必ずしも国家を転覆する責務を含意しないと考える点に存する。シモンズ自身の哲学的アナキズム理解については次を参照。A. J. Simmons, Philosophical Anarchism, in J. T. Sanders and J. Narveson. (eds.), *For and Against the State: New Philosophical Readings*, Rowman & Littlefield, 1996.

（28）先行研究の多くはしたがって、一般的遵法責務の存在を示すことによって、間接的に一般的権威の存在を示そうと試みてきたと言える。しかしながらこの論証は、①「もし一般的権威が存在するのであれば、一般的遵法責務が存在する」、②「一般的遵法責務が存在する」、③「したがって一般的権威が存在する」という形をとり、①「もしPならばQである」、②「Qである」、③「したがってPである」という演繹における後件肯定の過ちを犯してしまっている。この点をスティーブン・ペリーは「逆包含問題（the reverse entailment problem）」と呼んで批判しており、権威の論証は遵法責務ではなく権威を直接正当化の対象に据えなければならないと論じている。この点については次を参照。S. Perry, Political Authority and Political Obligation, in L. Green and B. Leiter (eds.), *Oxford Studies in Philosophy of Law Volume 2*, Oxford University Press, 2013.

（29）ここで行なっている区別は、正統性・権威研究を通じて様々な論者が説明しようとしてきた区別である。関連する点を論じる研究としては例えば次を参照。D. Enoch, Reason-Giving and the Law, in L. Green and B. Leiter (eds.), *Oxford Studies in the Philosophy of Law Volume 1*, Oxford University Press, 2011; D. Enoch, Authority and Reason-Giving, in *Philosophy and Phenomenological Research*, Vol. 89, No. 2 (2014) pp. 296-332; D. Estlund, *Democratic Authority: A Philosophical Framework*, Princeton University Press, 2008, pp. 118-119, 143. とりわけイーノックの研究における「ロバストな義務の付与」と「単にトリガーする義務の付与」の区別は、ここでの権威の行使を通じた義務の発生と、単なる経験的世界の変化の結果としての間接的な義務の発生との区別に対応する。

（30）例えば次の研究を参照。L. Green, *The Authority of the State*, Oxford University Press, 1988; M. Huemer, *The Problem of Political Authority: An Examination of the Right to Coerce and the Duty to Obey*, Palgrave Macmillan, 2013; A. J. Simmons, The Duty to Obey and Our Natural Moral Duties, in C. H. Wellman and A. J. Simmons, *Is There a Duty to Obey the Law?*, Cambridge University Press, 2005; F. Wendt, *Authority*, Polity Press, 2018. また、遵法責務の諸理論を扱っている邦語研究としては、次を参照。瀧川裕英『国家の哲学——政治的責務から地球共和国へ』、東京大学出版会、二〇一七年；那須耕介『法の支配と遵法責務』、

勁草書房、二〇二〇年、第Ⅱ部；横濱竜也『遵法責務論』、弘文堂、二〇一六年。

（31）L. Green, Who Believes in Political Obligation?, in Sanders and Narveson (eds.), *For and Against the State*, p. 1.

（32）M. Greenberg, The Moral Impact Theory of Law, in *The Yale Law Journal*, Vol. 123, No. 5 (2014) p. 1314.

（33）J. Locke, *Two Treatises of Government*, P. Laslett, (ed.), Cambridge University Press, 1988, §119（加藤節訳『完訳 統治二論』、岩波書店、二〇一〇年）.

（34）D. Hume, Of the Original Contract, in K. Haakonssen (ed.), *Hume: Political Essays*, Cambridge University Press, 1994.

（35）次の研究を参照。R. Dworkin, The Original Position, in N. Daniels (ed.), *Reading Rawls: Critical Studies on Rawls' "A Theory of Justice"*, Blackwell, 1975.

（36）フェアプレー理論については次の研究を参照。H. L. A. Hart, Are There Any Natural Rights?, in *The Philosophical Review*, Vol. 64, No. 2 (1955) pp. 175-191; G. Klosko, *The Principle of Fairness and Political Obligation*, Rowman & Littlefield, 1992; G. Klosko, *Political Obligations*, Oxford University Press, 2005.

（37）Hart, Are There Any Natural Rights?, p. 185.

（38）Simmons, *Moral Principles and Political Obligations*, ch. 5.

（39）次の研究を参照。R. Dagger, *Civic Virtues: Rights, Citizenship, and Republican Liberalism*, Oxford University Press, 1997, pp. 72-78; Klosko, *The Principle of Fairness and Political Obligation*, pp. 39-48.

（40）D. H. Regan, Law's Halo, in *Social Philosophy & Policy*, Vol. 4, No. 1 (1986) p. 18.

（41）J. Zhu, Fairness, Political Obligation, and the Justificatory Gap, in *Journal of Moral Philosophy*, Vol. 12, No. 3 (2015) pp. 290–312.

（42）次の研究を参照。R. Dworkin, *Law's Empire*, Harvard University Press, 1986, ch. 6（小林公訳『法の帝国』、未來社、一九九五年）; J. Horton, *Political Obligation, 2nd ed.*, Palgrave Macmillan, 2010.

（43）次の研究を参照。J. Quong, *Liberalism without Perfection*, Oxford University Press, 2010, ch. 4; J. Rawls, *A Theory of Justice, Rev. ed.*, Harvard University Press, 1999, §19（川本隆史・福間聡・神島裕子訳『正義論（改訂版）』、紀伊國屋書店、二〇一〇年）; J. Waldron, Special Ties and Natural Duties, in *Philosophy & Public Affairs*, Vol. 22, No. 1 (1993) pp. 3-30; C. H. Wellman, Samaritanism and the Duty to Obey the Law, in Wellman and Simmons, *Is There a Duty to Obey the Law?*

（44）例えば次を参照。Simmons, *Moral Principles and Political Obligations*, ch. 6.

(45) Estlund, *Democratic Authority*, pp. 147-151; 瀧川『国家の哲学』、第Ⅳ部.

(46) N. Kolodny, Political Rule and Its Discontents, in D. Sobel, P. Vallentyne, and S. Wall (eds.), *Oxford Studies in Political Philosophy Volume 2*, Oxford University Press, 2016, pp. 49-50.

(47) この点で本稿は一般的権威を含まない正統性構想を擁護する先行研究と軌を一にしている。そのような研究としては例えば次を参照。M. Brinkmann, Legitimate Power without Authority: The Transmission Model, in *Law and Philosophy*, Vol. 39, No. 2 (2020) pp. 119-146; W. Edmundson, *Three Anarchical Fallacies: An Essay on Political Authority*, Cambridge University Press, 1998; J. Zhu, Farewell to Political Obligation: In Defense of a Permissive Conception of Legitimacy, in *Pacific Philosophical Quarterly*, Vol. 98, No. 3 (2017) pp. 449-469. これら先行研究と本稿の違いは様々だが、強調すべきは、既存の一般的権威なき正統性構想論のほとんどが、一般的権威なき正統性構想が概念的にあり得ることを示すだけである一方で、本稿は「実り多さ」の観念に訴えることによって、一般的権威なき正統性の優越性を示していることである。

(48) Klosko, *The Principle of Fairness*, p. 22.

(49) 単に経験的事実を変化させることによって間接的に義務を課すことと、権威を行使することによって直接義務を課すこととの違いについては、次の研究を参照。Enoch, Authority and Reason-Giving.

(50) マティアス・ブリンクマンは、同様のアイディアを一般化し、調整問題の存在は一般的にいって道徳的権威を正当化することができないと論じている。M. Brinkmann, Coordination Cannot Establish Political Authority, in *Ratio Juris*, Vol. 31, No. 1 (2018) pp. 49-69. またブリンクマンは別の論文で、道徳的権威の行使によって直接被治者の道徳的状況を変化させるのではなく、法的権威の行使を通じた法的事実の変化によって間接的に何らかの道徳的原理がトリガーされ、結果として道徳的状況が間接的に変化するモデルを「伝導モデル（transmission model）」と呼び、それを法制定によって道徳的状況が変化する仕方の通常のモデルとして擁護している。Brinkmann, Legitimate Power without Authority.

(51) 従来の政治的責務論が遵法責務を説明する単一の理論に焦点を当ててきたのは、一般的遵法責務を一挙に説明することができるグランドセオリーを探究してきたからであるように思われる。しかし、一般的遵法責務を説明する必要がないのであれば、遵法責務の根拠について多元主義を採らない動機は弱まる。遵法責務についての多元主義を擁護している研究としては例えば次を参照。J. Wolff, Pluralistic Models of Political Obligation, in *Philosophica*, Vol. 56, No. 2 (1995) pp. 7-27.

(52) 国家が権威を持たない場合にも、被治者が様々な理由から法に従う責務を負いうることについては次の研究を参照。H. M.

Hurd, Why You Should Be a Law-Abiding Anarchist (Except When You Shouldn't), in *San Diego Law Review*, Vol. 42, No. 75 (2005) pp. 75-84.

(53) この点については次の研究を参照。Green, Who Believes in Political Obligation?; Huemer, *The Problem of Political Authority*, ch. 6.

(54) Simmons, Justification and Legitimacy, p. 746.

(55) 一般的権威を保持していることが国家の自己イメージの一部であると考えている研究としてはGreen, *The Authority of the State*, p. 86が、また、国家の一般的権威の主張を適切に捉えられていないことが一般的権威なき正統性構想の弱みとなると考えている研究としてはWendt, *Authority*, pp. 102-103が挙げられる。

(56) 判断の服従の問題を正統性ないし権威の問題の核心と捉えている研究は例えばH. M. Hurd, Challenging Authority, in *The Yale Law Journal*, Vol. 100, No. 6 (1991), pp. 1611-1677; J. Raz, *The Morality of Freedom*, Oxford University Press, 1986; R. P. Wolff, *In Defense of Anarchism*, Harper & Row, 1970である。

(57) Simmons, Justification and Legitimacy, p. 753.

(58) さらなる反論として、一般的権威を持たない国家は機能不全に陥ってしまうため、「存続する請求権」は被治者の遵法責務に対応する請求権を含むことになるというものが考えられる。しかしながら、一般的権威を保持していなくとも国家は機能すると思われる。それは、仮に一般的権威が存在しなくとも、被治者は法に従う二種類の重要な理由を持つからである。第一の理由は、第一の批判への応答で書いたように、権威行使以外の方法で生ずる国家の法に従う様々な道徳的理由である。第二に、正統な国家は違法行為に対し刑罰を執行するため、被治者は法に従う打算的（prudential）理由も保持している。これら二つの理由の存在に加え、現実の国家が相当程度の違法行為を許容した上でも機能し続けている点に鑑みれば、一般的権威を保持していない国家は機能不全に陥ると主張する側が論証責任を負うと思われる。

(59) 正当化のハードルが低い一般的権威なき正統性構想の実り多さは、正統性判断が実践上喫緊の問題となる極度に非理想的な状況において際立つ。例えば、複数の政治勢力が権力を巡って闘争を繰り広げている内戦状態を考えてみよう。この状況で重要となるのは、現実のいずれの国家も保持できないほど要求度の高い一般的権威を各々の政治勢力は保持しているかという、一般的権威を含む正統性構想の問いではなく、規範的には理想から程遠い複数の政治勢力のうちのどれがこの地域で法の制定・適用・執行を行うことを道徳的に許容されているか、という一般的権威なしの正統性構想の問いである。この種の権力の空白状況において行為調整役に値する政治勢力の徴標となり、メタ調整問題の解決に貢献しうる点からも、一般的権威なしの正統性構想の実り多さは看取できる。

［政治思想学会研究奨励賞受賞論文］

「三酔人」の「進化論」

——中江兆民と一九世紀の「進化論」思想

大塚 淳

一 はじめに——問題の所在

本論稿は、明治期日本の「進化論」[1]受容の複雑な諸相が一人の知識人の一つの著作に内包されていたことを示すことを目的の第一義とする。本論稿では、先行研究[2]ではあまり触れられたことがなかった『三酔人経綸問答』[3]の「進化論」的な表現に着目して、中江兆民が「洋学紳士」、「豪傑の士」、「南海先生」という「酔人」をどのように造型したのか、各々がどのような「進化論」的な表現を使ったのか——三人それぞれに、ラマルク、コント、スペンサー、ダーウィン等の様々な「進化論」を彷彿とさせる議論が展開されている——、それらの表現を使うにあたって兆民はフランス語のテクストとして何を参照したか[4]、の諸点を考察する。

また、目的の第二義として、三人それぞれの「進化論」的な議論から、知識のあり方はどう捉えられていたのか、についても、併せ取り上げたい。「進化論」の「法則」の認識とアナロジーから、知的エリートによる支配・統治の議論が派生したことを論じる。

それでは、「洋学紳士」、「豪傑の士」、「南海先生」の順番に各々の言説を見て行こう。

二　「洋学紳士」――「進化神」と「進化宗僧侶」

1　「洋学紳士」の造型

中江兆民はどのように、「洋学紳士」という人物を造型したのか。「洋学紳士」は名前のとおり、西洋の学問被れ、最先端の政治学説、哲学学説、当時流行の「進化論」的言説をふりかざす、やや短絡的な人物として描かれた。「洋学紳士」の「進化」説は三つの特徴を備えている。一つには、生物のアナロジーを用いながら、不完全なものがよりよいものになっていく、というラマルクやスペンサーのような「進歩主義」的な「進化論」ともいうべきものである。次にそれを社会に応用することによって、三段階の発展を構想しているものである。最後に、コント的な「進化宗僧侶」による「文明の発展」という「法則」に即した「予見」によって、社会に大きな混乱が生じないように、ある種のコントロールを施す者を想定していることである。

2　「洋学紳士」の「進化論」イメージ

それでは、「洋学紳士」の「進化論」的な言説を具体的に見て行こう。「洋学紳士」は今日の欧州諸国の発展にはその基礎として「自由の大義」(5)があるとした。そして、「自由の大気」が社会を流通するときには、「学士」は「益々其議論を精にし」、「農工商賈百般の人」は「益々其事業を勉励し、上下共に利沢に霑ふて所謂殷富の勢をなすことを得るは亦自然の勢」であると論じる。(6)この「自然の勢」を説明するのに、「進化の理」が導入される。

> 夫れ所謂進化とは不定の形よりして完全の形に赴き、無粋の態よりして精粋の態に移るを謂ふ是なり。汎く之を言へば、初め醜なりし者終に美と成り前に悪なりし者後に佳と成るの義なり。即ち動物の類に在ては、其初若干元素の相ひ混融して粘滑の一凝塊を成して、消化機呼吸機等の構造無く唯蠉蠉然として縮張し、全身の表面よりして食

物を吸摂し又其背面よりして渣滓を排泄して僅に生を保ちしも、外間元素社会の刺衝力と自己細胞組織の発暢力と互に触れ交々接して、或は肺を生じ或は胃を生じ更に大に進漸するに及びては頭脳脊髄の霊なるより神経繊維の敏なるに至るまで具備せざる莫し、是れ動物的進化の理の発顕なり、人事も猶ほ此の如きなり、其初め穴居して野処し拾食して掬飲し男女の交有りて夫婦の契無かりしも、寖くにして木を架し石を累ねて屋宅斯に興り、或は逐猟し或は耕耨し男は外に操作し女は内に経営して子を養ひ孫を長ずるに至るが如きは、是れ人事的進化の理の発顕なり(7)〔傍線は引用者〕

この箇所では、「動物的進化の理」と「人事的進化の理」、人類社会の進化についての双方が述べられている。尚、「洋学紳士」の言葉は、『理学鉤玄』でも使われていた。「生物浸化ノ説」を「法国ラマルク之ヲ提唱シ、英国ダルワン之ヲ主張シ其旨趣益々精緻ニ趣キ、従前学習ノ面目ヲ一変スルニ至レリ(8)」としている。そして、有機物の発生から人類の誕生に至る迄の生物史が語られる。それを総括する形で以下のように述べられる。

凡ソ物ノ絪縕化醇スルニ単孤ヨリ豊復ニ入リ呰窳ヨリ完備ニ入リ、是ノ如クニシテ一区種中ノ一物寖ク以テ其区種中ノ他物ト異ナルヲ致シ、産殖ノ能ニ由リ其固有ノ機関ヲ以テ之ヲ児孫ニ伝ヘ是レニ由リ前ノ区種中別ニ又一区種ヲ成スニ至リ、是レ所謂物類浸化ノ理ナリ(9)〔傍線は引用者〕

「不定の形よりして完全の形に赴き」、「無粋の態よりして精粋の態に移る」、「初め醜なりし者なりし者終に美と成り前に悪なりし者後に佳と成る」、そして「完備」になる（しかも、ラマルクの「獲得形質の遺伝」についても述べられている）。不完全なもの、悪かったもの、醜かったものが、「獲得形質の遺伝」を通じて、完全なもの、良いもの、美しいものになる。ここには価値判断を伴った変化が記されている。つまり、「進化」そのものに「進歩」という価値観が備わっている。これこそが「洋学紳士」の「進化之理」の特徴の一つであった(10)。

続いて、第二の特徴として、「洋学紳士」は、その「進化」＝「進歩」を、社会に応用するに当たり、三段階の発展を考えていた。即ち、「政事的進化」の第一段階は「君相専擅の制」であり、第二段階は「立憲の制」、そして第三段階で「民主の制」に至る[11]というものである。最終段階である「民主の制」とはどのようなものか。

民主の制乎民主の制乎、頭上唯晴天有るのみ脚下唯大地有るのみ、心胸爽然として意気濶然たり、唯永劫を永しとして前後幾々億年所なるを知らず、始なく終なければなり、唯大虚を大なりとして左右幾億々里程なるを知らず、外なく内なければなり…人々自ら主として別に主人なき時は国名は唯地球の某部分を指名するに過ぎざるのみ、故に我は某国人なりと云ふは畢竟地球の某部分に居る者なりと云ふの意なり、我と人と畛域有ることなし敵讐の意を生ずることなし[12]〔傍線は引用者〕

「政事的進化」の最終段階である「民主の制」において、兆民は、各人が自らの主として自分以外に支配者がいない状況を想定する。その世界では、国境は無意味であり、「畛域」がない、即ちボーダーレスである。

ここでは、ハーバート・スペンサーの発展段階論が参照されている。兆民とその弟子たちがハーバート・スペンサーの仏訳本に馴染んでいたことは明らかである。「仏学塾教科書一覧」にも記されているとおり、兆民たちは一八八二年九月から一八八四年二月にかけて「スペンセル世態緒論」、「スペンセル大原」、「スペンセル人身窮理」の三冊をテクストとしていた。[13]また、ジャン＝マリー・ギュイヨーの *La Morale anglaise contemporaine*（仏学塾のテクスト名は『英儒道義論』。以下《*Morale anglaise*》と表記する）[14]を、塾生の島洲生が「スペンセル政治論畧」として翻訳掲載した。[15]それによれば、「洋学紳士」の「君相専擅」、「立憲の制」、「民主の制」の三段階の原型が示されている。また《évolution》の訳として、「化醇（エボルユシヨン）」と表記している。

「洋学紳士」が展開する「政事的進化」最終段階として、ある種のユートピアンな理想状況、即ち国境のないボーダーレスな世界を描いていた。しかし、そもそも「進化の理」とは何であるのか。どのようにすれば、人類はユートピアとしての「民主の制」に到達するのか。そこに、「洋学紳士」の進化論の三つ目の特徴が現出する。

洋学紳士又云ひけるは、凡そ政事家を以て自ら任ずる者は皆政理的進化の神を崇拝する僧侶と謂ふも可なり、…彼進化神は進むことを好みて退くことを好まずして、其進往するに方り幸に道路坦直にして清潔なる時は大に善し、即ち巌石凸立して輪を礙へ荊棘茂生して蹄を没すること有るも夫の進化神は略ぼ沮喪すること無く、更に益々奮激し趾を挙げて一蹴し踏過して顧みずして、頑迷なる人民が相共に脳を裂き肝を破り街衢上血を湛へて所謂革命の活劇を演ずるに至るも夫の神は当然の結果なりと看做して少も怯るゝこと無し、故に身を以て夫の神に奉事する政事家の僧侶たる者は当に務て予め巌石を去り荊棘を除き、夫の神をして威怒を奮ふことを要せざらしむ可し、此れ進化宗僧侶の本分の職なり、巌石とは何ぞや、平等の理に反する制度是なり、荊棘とは何ぞや、自由の義に戻る法律是なり、[16]〔傍線は引用者〕

「洋学紳士」は、「進化」を一方向に進む不可逆的な勢い[17]のようなものとして捉えている。そして、「進化神」の道程にある様々な障害物があるのを予め取り除くのが、「洋学紳士」のいわゆる「僧侶」である。これは、オーギュスト・コントの「すべての科学は予見を目的とする」[18]という言葉を想起させる。コントの「学者」及び「産業指導者」[19]が、「洋学紳士」にとっての「進化宗の僧侶」に該当すると考えられる。コントによれば、人間の力は微々たるものにすぎず、ただ、「人間にはどうすることもできない法則」に従うものである。その「法則」とは「人間に代わって作用する外力」なのである。[20]正に、「進化神」の不可逆的進行である。それでは、人間には為すことは何もないのか。コントは述べる。「文明の発展については、多かれ少なかれ、ただ、その速度を変えることができるのみである。しかも、予測可能ないくつもの物理的・精神的原因によって、ある範囲内の中でのみ、それが可能である」[21]と。そして、「実践的政治の目的」とは正にその文明の進歩を容易にすることにある。コントにとって、「知らずに文明の進歩に従う」〔傍線は引用者〕ことと、「その原因を知ってこれに従うことの間には大きな違い」[22]がある。勿論、「進歩」は不可逆的であり、人間の力ではどうすることも出来ないものである。しかし、それを「予見」し、それに備えることによって、「有害な動揺」や「変革の結果」としての「軋轢」の大部分は防ぐことができる。

言いかえれば、実践的政治の本質的目的は、正しくは、無知による障害が文明の発展を妨げることによって生じる暴力革命を回避させること、そして、その革命を可能な限り速やかに、平時に社会を静かに動かしている運動よりは、力こそ強いが、同等に規則正しく単純な精神運動に戻すことにある。(23)〔傍線は引用者〕

「洋学紳士」の「進化神」もまた、不可避的且つ不可逆的な「文明の進歩」であり、「進化宗僧侶」はその不可避的な「文明の進歩」の法則を予め見極め、障害を除去し、最小限のコストで、社会を導く精神的な指導者のようなものを想定していたのではないか。

3 「欧洲豪傑」

兆民が「豪傑」という言葉を使うときは、まず、『三酔人経綸問答』における、二人目の客、「豪傑の士」を想起されるであろう。しかし、実は、「洋学紳士」もまた、「豪傑」という言葉を使っていた。「豪傑の士」は自らの奇策を称し、「古今豪傑の士非常の変に遭遇する者は非常の計を出して以て大効を収めざる莫し」と言う。それに対して、「洋学紳士」はナポレオンやティムール大帝のような存在を「世運進歩の大妨害を為す…怪物」と表した。そして、そのような「怪物」としての「豪傑」と一線を画す「欧洲豪傑の士」を対比させたのである。

試に欧洲豪傑の士を把来りて之を我東方豪傑の士に比較せよ、僕が所謂怪物の豪傑は我東方に於て類似の人有るも真の豪傑は我東方に於て類似の人物甚だ寡し、是れ我東方の欧洲に及ばざる所以なり、看よ歴山徳(アレキサンドル)や愷撒(カエサル)や拿破崙(ナポレオン)や、若し劉邦、忽必烈(フビライ)、豊太閤の属を以て之を比する時は幾分相類する所有るを見るも、ニュートンやラウォアジエーやアタスミッスやオーギュストコントや、誰か類似の人物有る乎、一時猛暴の謀を出して目前を経営する者は皆百年の大計を害する者なり、[24]〔傍線は引用者〕

「洋学紳士」の「欧洲豪傑」は、「所謂怪物の豪傑」と区別される。「怪物の豪傑」は我が「東方」にも似たような人物がいるが、「真の豪傑」（即ち「欧洲豪傑」）は少ない。それは、ニュートン、ラヴォアジェ、アダム・スミス、オーギュスト・コントのような学者であり、百年の大計を考案する者である。我が「東方」ではそのような「百年の大計」を害する「一時猛暴」「目前を経営」する者ばかりである、と「洋学紳士」は嘆くのである。

兆民は、『三酔人経綸問答』に限らず、フイエの«*Histoire*»の翻訳書である『理学沿革史』及び自らの哲学書である『理学鉤玄』で繰り返し、「豪傑」という言葉を使っている。後者では「古来学術ノ大進歩ヲ催起セシ所ノ創見ノ説ハ多クハ豪傑ノ士ノ観察ノ効果ニ由リテ之ヲ得タリ」[25]（傍線は引用者）という表現を使った。また、『理学沿革史』でも次のように記した。

理学ノ歴史ヲ誦読スルトキハ、吾人直チニ古来ノ大家ト手ヲ挈リテ一堂ノ上ニ唔語スルガ如キコトヲ得、是ニ於テ彼ノ大家豪傑ノ情性ヨリ智慧ヨリ並ニ其貫習ニ至ルマデ、吾人自然ニ之ヲ習フテ知ラズ識ラズ其涵化スル所ト為リ、自ラ奮フテ豪傑ノ士ニ倣フテ亦真理ヲ愛好シ、且ツ之ヲ捜索スルコトヲ嗜ムニ至ル、[26]〔傍線は引用者〕

ちなみに、兆民が「豪傑」と訳したフイエの元の言葉は、« les Grands Penseurs », « les vrais philosophes »である。[27]兆民にとって、これらの「大思想家」、「真の哲学者」は、「欧洲豪傑」と同様、「百年の大計」に資する英雄的存在として認識されていた。但し、「理学」（哲学）を学ぶ者はただ先哲の教えを学ぶだけに留まり、そこに何の「発明」も加えないようでは十分ではない。また、「理学」の歴史を書く者も、「学士」に対して新規の「発明」を鼓舞し促さねばならない、と兆民は論じた。[28]

上記の兆民の「豪傑」観は、江戸の思想を継受しているように見える。平石直昭は江戸後期に「大事業、大功業をなす主体」としての「英雄」「豪傑」「非常人」への憧憬や自己比擬が、この時期に盛んに現われて来たと論じている。しかも、それは単に成就された大事業だけではなく、「その事業を支える認識論的な基礎への関心」を合わせ持っており、「既成の見地の外に立って、天地・人物を自ら観察し（「窮理」）、そこに従来とは異なる一定の「理」を発見することを通して、新しい学術体系を立てる」者こそが「豪傑」である、と論じている[29]（傍線は引用者）。平石はまた、「十八世紀前半に形成された徂徠学がその後の思想界に与えたインパクトという視覚から、江戸後期に接近し、一つの全体像を描く[30]」ことを当該論文で企図しているが、この流れに幕末の志士たちの「国事奔走」、中江兆民の「東洋豪傑」（『三酔人経綸問答』）や山路愛山の「英雄」論が現われたとしている[31]。又、江戸後期の史料からは、自分の名前を後世に遺したい、不朽にとどめたいと考える者が散見された。即ち、彼らは（兆民が使った「発明」と同様に）「既成の見地の外」に立って新しいものを「発見」し新しい学術体系を立てる自らこそを、「英雄」、「豪傑」と考えたのである。

島田英明もまた、『歴史と永遠』の中で、学問とは、「書斎のなかで真理を愛でる閑かな営み」ではなく、知識人同士が互いに「一番鎗」を競い合うものであった、と論じている。つまり、二番煎じを嫌い、独創性、新機軸を追究するものであった[32]。一八世紀の知識人たちにとって、学問とは書斎の中の独りよがりではなかった。また、二番煎じや「古人の字句を剽窃する古文辞」は「「奴隷」の文学」であり、「模擬剽窃を否定して真情を吐く」「豪傑的なもの」が対比されたと述べている[33]。

このように、平石、島田の研究は、江戸時代、一八世紀の学問、思想、文藝の世界で、二番煎じを嫌い、新機軸、「新しい学術体系」を立ち上げる、卓越した認識を有する者を「豪傑」と呼ぶ伝統があったことを示している。兆民の「欧洲豪傑」とは正にそのような伝統に立脚した表現であり、知的革新者を意味するものであった。「洋学紳士」の言説には、このような知的革新者たる「欧洲豪傑」が、「進化神」に仕える「僧侶」となり、社会を統制する知の在り方が含意されている。しかし、その知的革新者が「洋学紳士」やコントが想定しているような精神的指導者となり（「進化宗僧侶」となり）、進化の法則（「進化神」）どおりに社会を管理・統制することは、知的エリートによる支配を意味しないだろうか。それこそが、「南海先生」が「洋学紳士」を批判する論点となる。これについては四で改めて論じたい。

「洋学紳士」は西洋被れの知識人として造型され、その学説を披露する存在として描かれた。その細胞の「進化」のイメージは、フイエの《*Histoire*》等を通じて、ラマルクやスペンサーの間接的な影響があった。また、「君相専擅」、「立憲の制」、「民主の制」という発展の「三段階」説は、ジャン＝マリー・ギュイヨーの著作の翻訳を通じてスペンサーの議論を参照している。そのような「洋学紳士」にとっては、「（欧洲）豪傑」という言葉に体現される知的革新者こそが、国家百年の大計を考案するリーダーであった。「進化神」という法則に則って、社会を統制する「進化宗僧侶」である。それは、コントが想定した「学者」及び「産業指導者」という精神的な指導者の姿に他ならない。それは知的エリートによる社会の統制という問題を孕むものであった。

三　「豪傑の士」――「両間」・「恋旧元素」・「癌腫」

1　「豪傑の士」の造型

「豪傑の士」は人間と動物を同一視した。「洋学紳士」とは別の、弱肉強食、生存競争の契機を強調した「進化論」がその特徴であった。また、「豪傑の士」は、日本社会は、一部の例外を除いて、年齢と出身藩の石高で、「恋旧元素」、「好新元素」の二種が生じたと論じる。ここで、兆民が「豪傑の士」を造型したのは、自らを客観視し人間というものを環境や習慣によって規定されているものである、という論点を必要とした為であったのではないだろうか。「豪傑の士」が述べる「恋旧元素」とは「癌腫」である。「豪傑の士」は、この「癌腫」こそが「一大邦」侵略の尖兵として動員されるべきである、と論じた。更には、「豪傑の士」は、「洋学紳士」に対し、「天下の事は皆理と術との別」があり、「洋学紳士」に対して「君請ふ其理を講ぜ、僕其術を論ぜん」と述べる。どうやら、「豪傑の士」は、「洋学紳士」とは異なる知の在り方を論じているようである。それでは、「豪傑の士」の言説を見ていこう。

「豪傑の士」は、人間も動物も闘争を好むという点では同じである、という議論を行う。それは、生存競争のイメージであった。

2 「豪傑の士」の「進化論」イメージ

> 豪傑の客乃ち云ひけるは、抑も、戦争の事たる、学士家の理論よりして言ふ時は如何に厭忌す可きも事の実際に於て畢竟避く可らざるの勢なり、且つ勝つことを好みて負くることを悪むは動物の至情なり、虎獅豺狼に論無く虫蛾の類に至る迄苟も両間に呼息する者皆殺獲を以て事と為さざるは莫し、試に看よ、生物の中に就きて愈々霊慧なる者は愈々勇猛にして愈々蠢愚なる者は愈々怯懦なり、…忿怒は義気の発なり苟も義気ある者皆怒らざる者莫し、故に狸の鼠を捕ふるは狸の義気なり、狼の鹿を捕ふるは狼の義気なり、是二物豈不仁と為す可けん哉、是二物を以て不仁と為すは畢竟吾儕人類中の言語なるのみ、[34]〔傍線は引用者〕

ここで、「両間」とは、天と地の間の意味である。[35]「豪傑の士」は、人間を含めた動物は勝つことを好み負けることを嫌う、生きとし生ける者は皆闘争の世界にある、狸も狼も人間もそして国家でさえそうである、怒り戦うことを「悪徳」とする者は現実を見つめていない、そのように論じるのである。

このような「両間」として、人間を動物と同一視し、闘争するイメージは正に、ダーウィン的な進化論を髣髴とさせる。兆民は「ダルワン」というフランス語読みで、ダーウィンについて言及していたが、仏学塾で学習された教科書[36]にも『政理叢談』の翻訳論文[37]にもダーウィンの原著や仏訳[38]はない。兆民が「ダルワン」を知り得たのは、フイエの《*Histoire*》を『理学沿革史』として翻訳したからである。即ち、『理学沿革史』では、第四編「近代の理学」第十一章「近時英国ノ理学」において、次の文章がある。

ダルワン氏一タビ生物交闘ノ理ト自然淘汰ノ理トヲ提出シテヨリ、英国ノ学士輩事物ノ理ヲ論ズルニ於テ万事ニ係リ皆此二理ヲ当擬シ以テ推測シ言ヲ為ス、是ニ於テ乎此二理ノ及ブ所極テ閎博ニシテ到ラザル所無キヲ致セリ、…曰ク、体力最強キ者知慮最モ深キ者勝ヲ獲ンノミ、更ニ之ヲ言ヘバ、其体気並ニ其精神ノ機関最モ其生息スル所ノ境界ニ適スル者常ニ上ニ居ルコトヲ得、

夫レ是ノ如クニシテ強キ者巧ナル者既ニ勝ヲ占ムルノ後、其有スル所ノ良好ノ体機ヲ以テ之ヲ其児孫ニ伝ヘ、是ノ如クニシテ其後昆ニ至リ遂ニ別ニ一種類ヲ相為スニ至ル、是レ即チ種族ノ変遷ナリ

然レバ即チ生物ノ種族及ビ形貌ノ各々相異ナルヲ致ス所以ノ者ハ何ゾヤ、曰ク、自然ノ撰抜即チ所謂自然淘汰ノ理之ヲ致スナリ、(39)

兆民は（フイエに従って）「ダルワン」を「スペンセル」と共に、一九世紀の英国の「理学」、その中でも「世界全体ノ説」« cosmologie » 学説の代表者として説明をしている。特に「ダルワン」の「生物交闘ノ理」« lutte pour la vie » と「自然淘汰ノ理」« sélection naturelle » は英国の学問に広範な影響を与えた、としている。前者の説は、体力、精神力、知力が最も強く深い者が勝利する。種族が変遷し、「自然淘汰」が行われるのである。(40)

更に、「豪傑の士」は「恋旧元素」と「好新元素」の分断について語る。

抑も他邦に後れて文明の途に上る者は、一切従前の文物、品式、習向、情意を挙げて之を変更せざる可らず、是に於て国人中必ず旧を恋ふの念と新を好むの念との二者発生して、反対の観を呈するに至るは勢の自然なり、…恋旧好新の二者は此種の国民中氷炭相容れざる二元素なり、顧ふに此二元素は之を分析すること甚だ容易ならざるも、年齢と州俗とに由りて判断するときは大抵之を別つことを得可し、試に実際に就て点検せよ、齢三十以上の人物は往々皆恋旧家にして三十以下の人物は往々皆好新家なり、…又此両元素は亦州俗に由て分別することを得可し、大抵封建の時大邦を亨けて租額二十万石以上の者は、大率其四境を閉ぢて外国人の来入ることを禁ぜり、是を以て其

人士畢生の見聞する所は皆邦内の事物に出でずして終身の接遇する所は皆邦内の士女に過ぎず、是を以て其思想其習尚其被服並に其言語に至るまで自ら一定の態有りて儼然として別に一種族を為せり、即ち租額二十万石以下の小邦…夫れ四通八達の地に国せし者の如きは、其民常々四方の事物に接触し四方の人士に応酬し紛々擾々以て生を為せり、是を以て其俗皆華侈にして文を喜ぶ、是を以て其人多は敏慧にして縝密なり、(41)

「豪傑の士」は、年齢三十歳と自分の藩の石高二十万石を閾値として、それを超える者を「恋旧元素」、それを下回る者を「好新元素」に分類されることが多い、としている。(42)世代と生まれた環境で、その人物の思想、習慣、趣向が決定されるとしたのだ。「豪傑の士」自身は、自らさえをも客観視して、意図的に、「人間」というものの習性を生まれや世代によって、ある種社会学的な分類をしようとするのである。

このような「恋旧元素」と「好新元素」の対立は日本社会の至るところに見られる。既に見たようにそれは「氷炭相容れざる」ものである。

…一国中朝と無く野と無く両元素交々力を角し互に捷利を競ひ、一旦或は大に相抵激して互に勝敗を一挙に決せんと欲するに及では、国其れ殆ひ哉(43)

「豪傑の士」は、新旧両元素がぶつかり合い、内戦に陥ることを懸念する。彼はそこで、「洋学紳士」に新旧のどちらかを取り除くことを提案する。「豪傑の士」は意外にも「恋旧元素」を除去すべき、と言う。自分をも含めた「恋旧元素」を「癌腫」と呼び、「生肉」を生かす為にはこれを切除することを主張する。その方法こそが、「恋旧元素」をして「亜細亜だか阿非利加の一大邦」の侵略の尖兵とすることである。

豪傑の客笑ふて曰く、然り、君は純乎たる好新元素なり、民主の制に循ひ且つ兵備を撤せんと欲す、僕は固より恋旧元素なり、武震に頼りて国を救はんと欲す、君は唯生肉を肥やすことを知るのみ、僕は国の為めに癌腫を除くことを求む、癌腫を除かざれば生肉を肥やさんと欲するも得可らざるなり、

洋学紳士曰く、癌腫を除くの方法は如何、

豪傑の客曰く、割去らんのみ

…之を駆りて戦に赴かしむ是なり、[44]〔傍線は引用者〕

現代の我々からすれば、癌患者に対して手術を行い、癌を切除するという治療は常識であるが、『三酔人』が書かれた一八八七年において果たしてそれは「常識」だったのであろうか。フランスの医学史家ピエール・ダルモンによれば、一九世紀の終わりから二〇世紀の初頭にかけても尚、癌は感染症であるとする学説がまかり通っていた。[45] そうなると、兆民は癌の外科手術という治療法について知ってはいたが、もしかすると、それは「切除」というよりも「隔離」という処置をも含意していたのかも知れない。「豪傑の士」は、自分のような「恋旧元素」は「内治を修明し釐正し風俗を移易し後代文明の地を為す」ことの邪魔となるので、「阿弗利加か亜細亜の一大邦」に向けて「割去る」としている。しかも、「豪傑の士」は「事なれば地を略して一方に雄拠し別に一種の癌腫社会を打開せん」[46] としている。それは、ただ「癌腫」を「殺す」という意味ではなかった。むしろ、「恋旧元素」と「好新元素」という区分に、相違する「人種」を隔離・棲み分けするという考え方が忍び込んでいたのではないか。

3 「理」と「術」

もう一点、「豪傑の士」の言葉で、「洋学紳士」の議論と著しく対照をなす言葉がある。それは「理」と「術」である。

豪傑の客曰く、天下の事は皆理と術との別あり、力を議論の境に逞しくする者は理なり効を実際の域に収むる者は術なり、医道には則ち医理有り医術有り、政事には則ち政理有り政術有り、細胞の説や黴菌の論や医理なり、熱

> 病に幾尼（キニネ）を投じ黴毒に水銀を用ゆ、医術なり、平等の義や経済の旨や、政理なり、弱を転じて強と為し乱を変じて治と為す、政術なり、君請ふ其理を講ぜ、僕其術を論ぜん(47)〔傍線は引用者〕

かくして、「豪傑の士」は先の「割断癌腫の計」即ち、「恋旧元素」を日本国内から切り離し＝「隔離」し、「阿弗利加だか亜細亜の一大邦」に「一種の癌腫社会を打開」する「術」を提案したのである。提案内容の奇抜さに圧倒され見落とされがちな一節だが、これは『三酔人経綸問答』の登場人物のみならず、兆民が考える知の在り方としても重要な箇所ではなかったか。

では、この「理」と「術」はどこから出てきたのか。これについては、兆民は、J・S・ミルの『論理学体系』*A System of Logic*(48)（以下"*Logic*"と表記する）における"science"と"art"を参照したのではないか、と考えられる。宮村によれば、兆民と仏学塾は一八八二年、ミルの『自由論』の仏訳本を教科書として学習していた。(49)更には同じく、ジャン＝マリー・ギュイヨーの《*Morale anglaise*》も同年のテクストとし(50)、且つ『欧米政理叢談』にその部分訳を掲載した。(51)兆民と仏学塾が直接、"*Logic*"を読んでいた証拠はないが、特にギュイヨーの著書を通じて、その内容の一端に触れていた可能性がある。尚、上記「熱病に幾尼（キニネ）」はギュイヨーの引用(52)であったと考えられる。

それでは、"*Logic*"における「理」＝"science"＝「科学」と「術」＝"art"＝「アート」とはどのようなものであったか。

> 実際、学問の一分野としての政治は、ごく最近に至るまでその状態から殆ど抜け出していないのだが、ベーコンが非難した如く、科学として未発展な状態にとどまっており、その開発は実践者の手に委ねられていた。それは、思弁的な研究の一分野としてではなく、日々の実践の要請という観点にのみ基づいていた。従って、光をもたらす *lucifera* 実験は殆ど排除され、経験的実験 *frutifera experimenta* が志向された。生理学や自然誌が一般的な科学の一分野として深耕される以前の医学研究というものは、このようなものであった…かくして政治学を学ぶ者は、社会

的身体の生理学の必要な基礎に立脚する以前には、その病理学や治療術を学ぼうと企図した。つまり、健康の法則を理解することなしに、病を治療したのであった。[53]〔イタリックは原文どおり〕

ここで、ミルは一見、ベーコンの非難を受けて、"science"（光をもたらす実験）に基づかない政治を批判しているように見える。少なくとも、生理学の基礎に立脚しない治療「術」は正しい知識に基づかない、施術者の勘、手探り、未発展な手わざのような劣ったものとみなしているように見える。

ところが、"*Logic*" 第6編第12章に至り、ミルは、「道徳は科学ではなく、アートである」*Morality not a Science, but an Art* と論じる（イタリックは原文どおり）。更に、次のように論じる。

命令法はアートartの特徴であり科学scienceと区別される。事実に関わる所説ではなく、規則または準則について語るものは全てアートartである。倫理や道徳はアートartの領域であり、人間の性質と社会に関わる科学に対応するものである。[54]

ギュイヨーの《*Morale anglaise*》にも、同一箇所の引用がなされている。ギュイヨーはそれを次のように解説している。

アートはある到達すべき目的を示し、且つその目的を定義づける。その役割は以下のことを言うのに限定される。即ち、これは望ましい、よってこれを望むがよい。科学はそれとは反対に、既に目的が与えられ、研究する現象としてその目的を考察する。科学は諸原因――それは同時に手段でもあるのだが――を決定する。それは命題を作り上げる。その命題に対して、アートだけが、それを「規則」や「準則」に変換しつつ、実践的な価値を付与する権能を有するのである。

かくして、ある目的それ自体が追及されるべきか否かを知ることは科学の対象では全くない。それは直接の証明の対象ではないのだ。手段のみが科学の領域に属し、目的そのものはそこから逃れるのだ。[55]

先に述べたとおり、兆民は仏学塾の弟子たちと共に、《*Morale anglaise*》を教科書の一つとして学習していたので、上記ミルの引用とギュイヨーの当該解説の箇所を読んだのかもしれない。

更に、ミルは「目的論」*Teleology*〔イタリックは原文どおり〕について述べる。

> しかし、たとえ、それぞれのアートの目的や目標をその手段と結びつける推論が、科学Science〔イニシャル大文字は原文どおり〕の領域に属すとしても、目的の設定そのものは専らアートArt〔イニシャル大文字は原文どおり〕に属し、特別な領域を形成する。それぞれのアートはそれぞれの第一原理、または主要な前提を有する。それらは科学から借り入れたものではない。それらは目標とする対象を表明し、それらが望ましい対象であることを確言する。建築家のアートはその建物があることが望ましいと考え、（美術の）〔（ ）は原文どおり〕プロデューサーはその建造物を美しくまたは壮麗に見せたいと考える。衛生及び医療のアートは、それぞれ、一方は健康の保持が、他方は病気の治療が望ましい目的であると考える。これらは科学の命題ではない。科学の命題は、事実に関する事柄を主張する――存在、共存、遷移、類似といったように。今述べている〔引用者注、アートの〕命題とは、あるものは…である、とは論じない。しかし、何かしら、かくあるべし、と命ずるか、推奨する。かかる命題はそれ自体で一つの集合を形成する。*ought* または*should be*〔イタリックは原文どおり〕という言葉の述語の命題は一般に、*is* や *will be*〔イタリックは原文どおり〕という言葉の述語のそれとは異なるものである。[56]

「医療のアート」とは、正に「豪傑の士」の「医道には則ち医理有り医術有り」の言葉にある「医術」に他ならない。そして、ミルの含意するところを考えれば、"art"は"science"より劣っているものとは考えられない。それは、実践者の目的の価値づけを行う。一方、後者には価値判断の機能はない。そうだとすれば、「豪傑の士」は自らを「術」の実践者として、「理」の「洋学紳士」以上の誇りを持っていたと考えられる。

尚、「理」と「術」の対比が「洋学紳士」と「豪傑の士」の対比でもあるとするのなら、それはコントへのミルの批判とも重なる。ミルは『コントと実証主義[57]』において、次のように述べている。

> 組織された道徳の権威が必要とされるのは、単に、行為の原則を公布し普及させる為だけではなく、その一つ一つの細目を指図する為である。人々に諸義務を説くのではなく、各人にその義務を言明し、説き聞かせるのである。あたかも、中世の精神的な権威が行ってきたように。コント氏は自身の原則のかかる極端な適用にさえも、躊躇することがない。このような類の指導という機能は、疑いもなく、思想家階級の個々のメンバーによってこそ極めて有益なやり方でなされるであろう。しかし、もしも、それがある組織された団体に委託された場合、それは精神的専制以外の何物でもなくなるであろう[58]。〔傍線は引用者〕

> コント氏が晩年の著作で激しく説いた学説の一つは、次のものである。即ち、人間性の予備段階の進化――それは実証主義Positivismの設立によって完遂するのだが、その期間においては、あらゆる種類の我々人間の諸力の自由な発展は重要なことであった。しかし、それが完成した暁には、基本的に必要なことは、今度はそれら諸力を規制することである。当初、人間の諸力が不十分であったことが危機であったが、今や、それの濫用こそが危機なのである。…それら〔引用者注、知的諸力mental powers〕の濫用は、知識と精神的能力の増大に応じて増大するのとは真反対に、急激に減少するものである。但し、その際、常に知識と精神的能力の双方が同じ速度で成長するものである。知力の濫用が懸念されるのは社会が一握りの教養ある知識人と無智蒙昧な大衆に分断されているときだけである[59]。〔傍線は引用者〕

こうしてみると、「豪傑の士」とは、正に「思想家階級の団体」、「高度の知識人」による「精神的専制」を危険なものとして、それに対抗する知の在り方を「術」"art"に託す存在として造型されたとも考えることができよう。

ところで、兆民は、「豪傑の士」が「一大邦」への侵略を論じる段落に、「豪傑君時に後れたり」という読者が期待するであろう見出しを付けた。[60]しかし、それは兆民の諧謔であったとしても、その真意ではなかったのではないか。「豪傑の士」は「両間」という言葉を使いつつ、人間と動物を同一視した。また、人間を生まれと育ち、年齢によって「好新元素」と「恋旧元素」の二つの「種族」に分けて論じた。しかも、両者は放置すれば互いに争い内戦に至る可能性もあるので、一方の「恋旧元素」を「癌腫」のアナロジーで切除するという「医術」的「政術」を提案する。それは、ギュイヨー経由で知りえたミルの「理」"science"と「術」"art"の区分をわきまえたものであった。兆民は「洋学紳士」のみならず、「豪傑の士」をも、一九世紀の思想を代弁する存在として造型したのであった。

四 「南海先生」――漸進主義と「思想は種子」

1 「南海先生」の造型

「南海先生」は、「洋学紳士」と「豪傑の士」二人の極論を聞いて、それらに対する現実主義的なコメントを行い、それでは先生はどうなのか、と二人から逆に質問され、極めて常識的な見解を述べる、という役割である。「南海先生」は、「洋学紳士」という、ある意味、短絡的な進歩派へのコメントを加えつつ、「豪傑の士」にも理解を示した。また、その思想は漸進主義の契機を有している。「南海先生」はそのような人物として造型されている。興味深いのは、南海先生の「進化論」的なコメントは専ら、「洋学紳士」に向けられていることである。「洋学紳士」と「南海先生」は共に「進化神」という言葉を使ったが、その内容は異なるものであった。

2 「南海先生」の「進化論」イメージ

「南海先生」は「洋学紳士」の「思想的の専擅」につながる傾向を封じるような議論をしている。「進化神」が一元的な価値・方向を目指すものではなく、「多情」、「多愛」、「多嗜」、「多欲」であるという指摘である。

且つ所謂進化の理とは、天下の事物が経過せし所の跡に就ひて名を命ずる所なり…凡そ世界人類の経過せし所の跡は皆学士が所謂進化神の行路なり、欧洲諸国は死刑を廃せし者有り、是れ自ら欧洲諸国の進化なり、阿非利加種族或は人肉を食とする者有り、是れ自ら阿非利加種族の進化なり、夫の進化神は天下の最も多情にして多愛に多嗜に多欲なる者なり、(61)〔傍線は引用者〕

君主宰相たる者時を料り勢を察し其民の意嚮に循ひ其民の智識に適することを求め、自由権を恵与して其分量宜を得るに於ては、官民上下の慶幸何事か之に踰ゆる有らん、(62)〔傍線は引用者〕

「南海先生」のいう「君主宰相」に求められるものは、「洋学紳士」のいう「進化宗僧侶」のそれとどこが違うのであろうか。「洋学紳士」の「進化神」が怒るのはその道程に「巌石」「荊棘」があることであり、「進化宗僧侶」はそれを取り除かねばならない。「巌石」とは「平等の理に反する制度」であり、「荊棘」とは「自由の義に戻る法律」である。一方、「南海先生」の「進化神」が嫌うことは「其時と其地とに於て必ず行ふことを得可らざる所を行はんと欲すること」(63)であり、「南海先生」の「君主宰相」、「政事家」に課せられる任務とは正に、「時を料り勢を察」することである。即ち、文明の法則を見出し、現在の社会がどの発展段階にあり、どのような状況にあるのか正しく判断し、最もリスクが少なくスムーズに「進化神」の道程を確保することである。また、「南海先生」の「時勢」には、コントが論じているような「文明の発展」の紆余曲折を連想させるものがある。コントは言う。

以上をまとめれば、文明の進展は、正確にいえば、ある直線に従うものではない。それは一連の漸進的な、振動のような運動によって成り立つ。それは、中心線を基準にその上下を、ときに振れ幅が大きくなったり小さくなったり、ときにその進行速度を変えつつ進むものであり、生物の運動のメカニズムが示すものとも比較し得るものである。さて、この振動のような運動は、常に支配的であろうとする運動のベクトルの知識を基礎とした政治的術策があれば、振幅も小さく、動きも速くすることができる。(64)〔傍線は引用者〕

「洋学紳士」も「南海先生」も、日本が置かれた現状に対する認識は異なっていたとしても、各国の「文明」は(その度合いは多様であっても)ある方向に発展する、という点では共通であった。但し、「南海先生」には、そもそも進化論が有している漸進主義の契機がより強く強調されていた。コントの認識同様、「文明の発展」が「段階的、振動のような運動」であるとするからこそ、「恩賜的の民権」を、時間をかけて、「恢復的の民権」(65)へと進化させ、理想のゴールに辿り着けばよいのである。

その漸進主義を表す象徴的な言葉が「思想は種子」である。

紳士君紳士君、思想は種子なり脳髄は田地なり、君真に民主思想を喜ぶときは、之を口に挙げ之を書に筆して其種子を人々の脳髄中に蒔ゆるに於ては、幾百年の後芃々然として国中に茂生するも或は知る可らざるなり(66)〔傍線は引用者〕

「洋学紳士」が単純なものから複雑なものに分化するスペンサー的な細胞のアナロジー、「豪傑の士」が生存競争する動物と「癌腫」のアナロジーを展開したとすれば、「南海先生」は植物と田地のアナロジーを考案したのであった。

兆民は、刑法学者ベッカリーアの著作『犯罪と刑罰』の翻訳(重訳)から着想を得て、「思想は種子」という表現とした。兆民とその弟子たちは、ベッカリーアの *Dei delitti e delle pene* のエリーによる仏訳 *Des délits et des peines*[67] の重訳を『政理叢談』（後に『歐米政理叢談』）に掲載していた。「刑罪論」として訳出されたのは、エリーの仏訳のうち、§Ier : Introduction（「序章」）と§II : Origine des peines et droit de punir（「刑罰及び処罰する権利の起源」）の合計九頁分である。[68] ここで興味深いのは、文明の進歩を牽引するものが何であったかの説明である。『政理叢談』の重訳によれば、歴史を紐解けば、大部分の法律はごくわずかな人々の作ったものか、場当たり的なものでしかなく、すぐれた法律制定が出来た国は殆どない。[69] しかし、そのようなこと（すぐれた法律制定）を可能にする方法はある。

…但此ニ至ルニ道アリ方アリ夫ノ隠逸静處シテ深ク講シ遠ク究メ始メテ眞理ノ種子ヲ天下民衆ノ心田ニ施シテ之ガ憤發前往ノ気象ヲ生養擁揮セシ理學士ノ功徳ヨリモ大ナルハアラサルナリ[70]〔傍線は引用者〕

その方法とは、書斎の中で沈思黙考している「理學士」が「眞理ノ種子」を「天下民衆ノ心田」に施し、その「憤發」と前に進みたいという気象を「生養擁揮」することである、と論じられている。「南海先生」の「思想は種子なり脳髄は田地なり」という言葉を先取りしているようである。『政理叢談』の訳は続く。

夫レ君臣ノ關係及ヒ國民相互ノ關係ノ正道ヲ天下ニ明カナラシメタルハ皆理學士カ眞理ヲ發明セシノ力ナリ此眞理ハ印刷ノ手段ニ資シテ愈く人間ニ普及スルヲ得タリ爾來貿易ヲ盛ンナラシメ干戈ニ訴フノ争ヲ廃シテ巧技ヲ競フノ新戦場ヲ開クニ至ルモ亦是レ眞理ノ賜モノニ非スンハアラサルナリ、[71]〔傍線は引用者〕

正に、「理學士」が「正道ヲ天下ニ明カナラシメ」たのは、その功績である。この重訳が興味深いのは、「洋学紳士」のような「理學士」が「眞理」を「發明」し、それが、文明の進歩を導き出す、という議論となっていることである。[72] また、「南海先生」の論じた「思想は種子」ならぬ「眞理ノ種子」が人々の「心田」に普及する。更には、それによって、

「豪傑の士」のように戦いを好む「両間」の人々が、貿易を「新戦場」として競い合うようになる。短い部分訳に『三酔人経綸問答』の主題、即ち、コント的な「進化宗僧侶」のような卓越した認識を有する知的革新者、漸進主義的な思想普及のプロセス、更には、その知識を基とした貿易競争という「新戦場」（その含意は「干戈ニ訴フノ爭フ」ではないにせよ、「両間」的な競争のイメージ）という議論が盛り込まれていたのである。

3 「人々思想の相合して、一圓體を成す者」

植物のアナロジーに続いて、「南海先生」は漸進主義のイメージをより詳細に描く。それは、「洋学紳士」の知的エリートによる「思想的の専擅」を批判するものであった。

> 是故に人々の脳髄は、過去思想の貯蓄なり。社會の事業は、過去思想の發出なり、是故に若し新事業を建立せんと欲するときは一たび其思想を人々の脳髄中に入れて過去の思想と為ざる可らず、何となれば事業は常に果を現在に結ぶも思想は常に因を過去に取るが故なり、…万国の事迹は万国の思想の効果なり、思想と事業と迭に累なり互に聯なりて以て迂曲の線を画すること、是れ即ち万国の歴史なり、思想事業を生じ事業又思想を生じ是の如くにして変転已まざること、是れ即ち進化神の行路なり、是故に進化神は社会の頭上に儼臨するに非ず又社会の脚下に潜伏するに非ずして、人々の脳髄中に蟠踞する者なり、是故に進化神は、人々思想の相合して、一圓體を成す者なり、紳士君、君若し君一個脳髄中の思想を崇奉し因て衆人をして認て進化神と称して亦之を崇奉せしめんと欲する時は、是れ猶ほ紙上に一点の墨跡を下して衆人をして認めて渾然たる円画と為さしめんと欲するが如し、此は是れ思想的の専擅なり、此れ進化神の喜ばざる所にして学士の戒む可き所なり、(73)〔傍線は引用者〕

先の「田地」とは人々の脳髄に他ならない。「思想の種子」は「人々の脳髄」に蒔かれて、ある一定期間、発芽を待つ。それなくしては、「思想」は「事業」と「累なり」、「聯な」ることもあり得ない。それこそが、本来の「進化神」の「行路」なのである。

また、「人々思想の相合して、一圓體を成す者なり」は、兆民にとっての「集合意識」の置き場ということを現している。『理学鉤玄』において、それは、「一大円団」という言葉で現された。

〔引用者注、生知の意象は皆神の深く我が心性中に記し命令するので〕斯実物世界ノ外別ニ虚霊精神ノ世界有リテ、而テ吾人一タビ肉身ヲ擺脱スルトキハ必ズ当サニ進ミテ此虚霊世界ニ入リ以テ一大円団ヲ成ス可キナリ、此レ正ニ人心不滅ノ徴ナリ[74]

「肉体が死ねば精神は消え去るのか」という命題について、兆民は「虚霊世界ニ入」り、「人心」は「不滅」としている。ここで、兆民は「実物世界」とは別の「虚霊精神ノ世界」があると論じた。そこでは、人々の精神は「一大団円」を形成する。これは一見、死後の世界や彼岸というものを想定しているように読めなくもない。しかし、そうではなくて、兆民は、集合的な精神の存在を問題としていたと考えることは出来ないであろうか。[75]先に「南海先生」の「進化論」的なコメントは専ら、「洋学紳士」に向けられている、と述べたが、この箇所は、「豪傑の士」の「両間」的な存在である人間を捉えているものである。即ち、それは、「動物」同様、「種」としての「集合意識」を有する人間を想定しているのであった。

それを踏まえてみれば、「南海先生」の漸進主義は重要な政治的含意を有することが理解できる。「是れ猶ほ紙上に一点の墨跡を下して衆人をして認めて渾然たる円画と為さしめんと欲するが如し」の意味は、人々の「脳髄」という「田地」即ち、「集合意識」にゆっくりと漸進的に「思想の種子」が芽吹くのを待つのではなく、ある特定の「思想」という「一点の墨跡」を下して人々の脳髄を渾然と塗りつぶすことは当に「思想的の専擅」に他ならない、ということである。「南海先生」の漸進主義はそれを抑止するものである。

先に二で、兆民が「洋学紳士」をして「進化宗僧侶」を論ぜしめた箇所は、コントの「精神的権力」を想起させると論じた。兆民にも、コントの思想が知的エリートによる「専擅」を含意していたことは十分に理解されていた。何故なら、フイエが«Histoire»の中でそのように論じており、兆民自身がそれを『理学沿革史』の中で訳出しているからである。即ち、コントの「政術」は、「専ラ物理ノ学ニ藉リ」、「学士縉紳」をして「一切学術ヲ整調セシメント」欲し、更には「博士若干員ヲ以テ一貴族政治ヲ擁立シ万事ニ係リ専擅ノ権ニ拠リテ之ヲ措置シテ、各人独立自由ノ権ハ初ヨリ意ニ嬰ル無シ」と論じている（傍線は引用者）。結局、コントにとって「道学」とは、「各人当ニ有ス可キ所ノ理義ノ自由ヲ一掃シテ之ヲ斥除シ、又其政府タルヤ各人有スル所ノ権理ヲ抹殺シテ之ヲ留ムル無シ」[76]というものであった（傍線は引用者）。若干数の「博士」による「貴族政治」が「専擅ノ権」を実行し、人々の独立自由を奪い、「理義ノ自由」を一掃し、「権理ヲ抹殺」する図である。兆民は実際にコントの著作を読んではいなかったかも知れないが、フイエの翻訳を通じ、コントの「精神的権力」は寡頭制的「専擅」であることを認識していた。

「南海先生」は「洋学紳士」同様、「進化神」、「進化之理」を前提としていた。但し、「洋学紳士」のように短絡的・無批判に「進化神」の理想を一足跳びに追い求めることはせずに、コントの認識同様、「文明の発展」を「漸進主義」的に解釈していた。

また、「南海先生」の「思想は種子」は、ベッカリーアの『犯罪と刑罰』を兆民またはその弟子が一八八二年に重訳したことから得た着想である。但し、「心田」、「脳髄は田地」はその意訳（仏訳にはないもの）から生じたものである。「心田」、「田地」から導き出される「人々思想の相合して、一圓體を成す者」の一節は、「豪傑の士」同様、黎明期の社会学等から着想を得て「集合意識」を考えていたものであると思われる。[77]

そうしたことから「南海先生」の知の在り方は、卓越した精神を有する一者が自分の知識に基づき「思想的の専擅」を行うことを拒否するものとなった。それは三で論じたミルによるコント批判、本節で論じたフイエによるコント批判とも共通なものであった。

五　終わりに

一九世紀後半に、啓蒙主義から進化論に至るまで欧州の様々な思想が日本に流入した。兆民は発展段階論、進歩の思想、生存競争等様々なものを包含する「進化論」を二つに分け、『三酔人経綸問答』において、その一つを「洋学紳士」に、もう一つを「豪傑の士」に受け持たせた。即ち、前者には啓蒙主義、ラマルクの「進化論」、コントやスペンサーの「歴史法則」[78]的な思想を、後者にはダーウィン的（生存競争、自然淘汰的）「進化論」を担わせたのであった。また、それは「理」（"science"）と「術」（"art"＝実践知）の区分を内包するものであった。「洋学紳士」は「進化之理」に仕える「進化宗僧侶」を想定し、「豪傑の士」は「術」に基づく「政治的外科医」を自任する。後者の内容は、「癌種」を「隔離」するものであり、これもまた、「洋学紳士」とは異なる種類の知的エリートによる政策提言であった。一方、「南海先生」は「洋学紳士」の短絡的な急進主義を諫めながらも、コント（「進化神」）の漸進主義的な側面は肯定し、「豪傑の士」に対して一定の評価をしつつ、その対外観を「過慮」と諫めた。だが、二つのいずれをも否定しそれに代わるオルタナティブを提供することも、その両者を調停または止揚することも出来なかった。正に「胡麻化」す以外になかった。しかし、兆民があえて「南海先生」をして、「胡麻化」す役割を担わせたのは、この両者の相克を人物として造型する為であったとも言えるのではないか。

本論稿では、『三酔人経綸問答』という小冊子に、一八―一九世紀の様々な欧州思想が流れ込んでいたことを考察したにとどまる。中江兆民の思想の全体像に肉薄する為には、『民約論』の時期（一八七四年）から晩年の『一年有半』及び『続一年有半』（一九〇一年）に至る兆民の思想の変遷を時系列で辿る必要がある。しかし、それは本論稿の範囲を超えている。

（1）「進化論」といえば、ダーウィン、ダーウィニズムと一般には捉えられがちであるが、無論、ダーウィンだけが進化論ではない。本論稿での対象となる中江兆民の時代においては、むしろ、「非ダーウィン的」な「進化論」が優勢であったとも考えられる。英国の科学史家ピーター・J・ボウラーは次のように論じている。「ダーウィン学説は一九世紀進化論の中心テーマと見るべきではなく、進化論的世界への移行を助長した触媒と見なすべきものであり、しかもこの進化論的世界観は本質的に非ダーウィン的な概念枠の中で成り立っていたのである」（松永俊男訳『ダーウィン革命の神話』、朝日新聞社、一九九二年、一〇頁）。

（2）中江兆民の思想の哲学的な側面については、マルクス主義唯物論者である永田広志の研究（『永田広志日本思想史研究第三巻日本唯物論史』、法政大学出版局、一九六九年、第三篇第二章、第三章）を除けば、宮村治雄の『理学者 兆民――ある開国経験の思想史』（みすず書房、一九八八年）の「中江兆民における「ルソー」と「理学」」、「中江兆民と「実質説（マテリアリスム）」」の二論文を嚆矢とする。特に宮村は「「進化論」あるいは「社会進化論」思想との出会いが一八八〇年代の兆民にとって決定的な衝撃を与えるものであった」としている（上記「中江兆民と「実質説（マテリアリスム）」」論文。同書、一五〇―一五一頁）。しかし、宮村の研究も、フランスの哲学者アルフレッド・フイエの*Histoire de la Philosophie* (9ème edition), Librairie Ch. Delagrave, Paris. 1901. Reprinted by Forgotten Book. London: 2017. 以下《*Histoire*》と表記する）を兆民が翻訳した『理学沿革史』及び自身の『理学鉤玄』の哲学書二書を中心に論じられており、『三酔人経綸問答』についての言及は少ない。

（3）本論文中、兆民の引用は全て、『中江兆民全集』松本三之介他編 全十七巻、別冊一冊、岩波書店、一九八三―一九八六年からである。引用箇所を記す場合、注に『全集』＋巻数、必要に応じて頁数も併せ表記する。『三酔人経綸問答』については、『全集』八。

（4）兆民及び仏学塾の弟子たちが参照した仏文テクストについては宮村治雄「仏学塾教科書一覧」（上記『理学者 兆民』の「付録」補註8、同書二二一―二二七頁）、また彼らが翻訳した仏文諸論文の原典については、井田進也「『政理叢談』原典目録ならびに原著者略伝」（『中江兆民のフランス』、岩波書店、一九八七年の巻末）五―七五頁を参照した。但し、それでは特定出来ない場合も、比較の対象として引用・参照している。

（5）『全集』八、一九一頁。

（6）同上、一九四頁。

（7）同上、一九五―一九六頁。

（8）『全集』七、二五四頁。

(9) 同上、二六二―二六三頁。

(10) «*Histoire*»の翻訳である『理学沿革史』にもまた、進化論についての記述がある。『理学沿革史』は『理学鉤玄』とほぼ同じ時期に著されたものであり、兆民の当時の知的環境を彷彿とさせるものである。第四編「近代ノ理学」の「第十一章　近時英国ノ理学」でスペンサーとダーウィンについて述べられている。ここでは前者からは「化成ノ理」（進化）と「壊滅ノ理」が論じられている（『全集』六、三五八―三六五頁）。兆民のダーウィンの認識については、三の2で再度論じる。

(11) 『全集』八。「君相専擅」は一九六―一九八頁。「立憲の制」は二〇〇―二〇六頁。「民主の制」は二〇七―二一〇頁。

(12) 同上、二〇七―二〇八頁。

(13) 宮村治雄「仏学塾教科書一覧」（前掲『理学者　兆民』の「付録」補註8、同書二二四―二二六頁）を参照。宮村は「一八八〇年代における「スペンサー主義の流行」現象が「仏学塾」をも捉えていたことを示すものとして興味深い」と論じている（「中江兆民と「実質説（マテリアリスム）」、同書一五〇頁）。また、宮村は、兆民と同時代のフランスにおける「スペンサーの受容」の思想史的研究として、リンダ・クラークの研究を参照した、と同書の注（一八〇頁、注（23））で述べている（Linda L. Clark, *Social Darwinism in France*, The University of Alabama Press, 1984, pp.38-45）。

(14) 原典はJean-Marie Guyau, *La Morale anglaise contemporaine, morale de l'utilité et de l'évolution*, Paris, LIBRAIRIE GERMER BAiLLIÈRE ET C/, 1879. 本書からの引用の翻訳は、引用者の責に帰す。

(15) 『政理叢談』第一八号、日本出版會社叢談局、一八八二年、四七八―四八二頁。原典ではpp.181-183.

(16) 『全集』八、一八四―一八五頁。

(17) 徳富蘇峰の「勢ヒ」という言葉にもそのような意味合いがある。蘇峰は『将来之日本』で、「勢ヒ極レハ必ス變ス」と記し、「武備社会」から「生産社会」への発展を不可避的に表現した（徳富猪一郎『将来之日本』、経済雑誌社、一八八六年、五七頁）。

(18) « Toute science a pour but la prévoyance. », « Appendice générale —— Troisième Partie : Plan des Travaux scientifiques nécessaires pour réorganiser la société », p.118（Appendiceで独立のページが設定されているのでここにページ数を記す）, *Œuvres d'Auguste Comte Tome X, Système de politique positive, ou, Traité de sociologie* [par Auguste Comte], Éditions Anthropos, Paris, 1970.（以下« *Plan* »と表記する。）本書からの引用の翻訳は、引用者の責に帰す。

(19) コントによれば「文明の進歩はある自然的・恒常的な法則に拘束されている」ことは事実であり（« *Plan* », p.92）、それは神学的段階、形而上学的段階、科学的・実証的という三つの段階を経る。第三段階では「精神的権力は学者に、物質的権力は産業の指導者の手に委ねられる」（*Ibid.*, p.72）。

（20）*Ibid.*, p.94.

（21）*Ibid.*, p.93.

（22）*Ibid.*, p.96.

（23）*Ibid.*, p.96.

（24）『全集』八、二五〇―二五一頁。

（25）『全集』七、八〇―八一頁。

（26）『全集』四、一七頁。

（27）« *Histoire* », Introduction, p.III.

（28）「是故ニ理学ノ史ヲ叙スル者ハ、務テ古今大家ノ皆意ヲ創シテ大ニ発明スル所有リシコトヲ示シテ、以テ人ヲシテ之ニ倣フテ以テ自ラ振抜スルコトヲ思ハシム可シ、パスカル是ニ於テ言フ有リ、曰ク古今豪傑ノ士ハ前人ノ発明セシ所ニ於テ卑々トシテ之ヲ守ルコトヲ屑シトセズシテ、専ラ此ヲ以テ自家ノ発見ノ器具ト為セリ、而テ此果敢勇往ノ気ニ頼リテ、往々前人ノイマダ発セザリシ所ヲ発スルコトヲ得タリ」（『全集』四、一八頁）。

（29）平石直昭「「物」と「豪傑」――江戸後期思想についての覚書――」、『懐徳』第五七号、一九八八年、四九―五一頁。

（30）同上、四四頁。

（31）同上、五一頁。

（32）島田英明『歴史と永遠――江戸後期の思想水脈』、岩波書店、二〇一八年、四―五頁。

（33）同上、七五頁。

（34）『全集』八、二二七―二二八頁。

（35）たとえば、韓愈は天と地の間にある「人」の定義に、人間以外に「夷狄禽獣」をも含めている。韓愈「原人」の冒頭に次のように記されている。「形於上者謂之天、形於下者謂之地、命於其兩間者謂之人。形於上、日月星辰皆天也：形於下、草木山川皆地也：命於其兩間、夷狄禽獸皆人也」。「上に形るる者、之を天と謂ふ、下に形るる者、之を地と謂ふ、其の兩間に命ぜらるる者、之を人と謂ふ、日月星辰は皆天也、下に形るる、草木山川皆地也、其兩間に命ぜらるる夷狄禽獣は皆人也」（『漢籍國字解全書』第三〇巻「唐宋八大家亣讀本第一」、早稲田大學出版部、一九一四年）。

（36）宮村治雄「仏学塾教科書一覧」（前掲『理学者 兆民』）の「付録」補註8、同書二二二―二二七頁。

（37）井田進也「『政理叢談』原典目録ならびに原著者略伝」（『中江兆民のフランス』岩波書店、一九八七年）、巻末の五―七五頁。

（38）フランスにおけるダーウィニズムの受容については、Linda L. Clark, *Social Darwinism in France*, The University of Alabama Press, 1984及びJean-Marc Bernardini, *Le darwinisme social en France（1859-1918). Fascination et rejet d'une idéologie*, Paris, CNRS Éditions, 1997を参照。

（39）『全集』六、三六二―三六三頁。« *Histoire* » 原文では、pp.477-478.

（40）尚、同時代のフランスでも、人間を動物と同一視する視座は、アルフレッド・エスピナスなどの黎明期の社会学に見られた。ウィリアム・ローグは、「習慣や本能（それらは互いに密接な関係がある）ははるかに強いものである。人間とより下等な動物の間には連続性が見られるのであって、そこには質の差ではなく、程度の差があるに過ぎない」と、エスピナスの節で解説している（ウィリアム・ローグ（南充彦他訳）『フランス自由主義の展開 1870～1914――哲学から社会学へ』、ミネルヴァ書房、一九九八年、一六九頁）。また、エスピナスは『動物社会』（Alfred Espinas, *Des Sociétés animales, étude de psychologie comparée*, Paris, Germer Baillière, 1877, p.356）で次のように論じている。（拙訳）「実際、如何なる生物も、その母体集団を離れた種として生きながらえることは出来ない。その習性はその母体集団の一部を為す。」

（41）『全集』八、二三八頁。

（42）同上。

（43）『全集』八、二四七頁。

（44）『全集』八、二四八―二四九頁。

（45）ピエール・ダルモン（河原・鈴木・田川訳）『癌の歴史』、新評論、一九九七年、一八一―二一七頁。

（46）『全集』八、二四九頁。

（47）『全集』八、二五一頁。

（48）John Stuart Mill, "BOOK VI ON THE LOGIC OF THE MORAL SCIENSES", editor by J. M. Robson, *A System of Logic, Ratiocinative and Inductive: Being a Connected View of the Principles of Evidence and the Methods of Scientific Investigation*, University of Toronto Press, London: Routledge & Kegan Paul, 1974. 以下、本書からの引用の翻訳は、引用者の責に帰す。

（49）J. S. Mill（traduit par Dupont-White）, *La liberté*, Paris, Guillaumin, 1864. 宮村治雄「仏学塾教科書一覧」（前掲『理学者 兆民』、

「付録」補註8、同書二二四頁）を参照。

（50）同上。

（51）ミルを論じた箇所ではなかったが、先の「洋学紳士」の「三段階論」の展開で論じたとおり、『欧米政理叢談』第一八号に「スペンセル政治論畧」という部分訳が掲載された（『欧米政理叢談』第一八号、日本出版會社叢談局、一八八二年所収）。

（52）« *Morale anglaise* », p.196 に « pour se guérir de la fièvre, on doit prendre de la quinine »「熱病から快復する為には、キニネを服用せねばならない」とある。但し、「黴毒に水銀」は典拠不明である。

（53）"*Logic*", pp.875-876. 本文中の引用は拙訳だが、J・S・ミル（江口聡・佐々木憲介編訳）『論理学体系 4』、京都大学学術出版会、二〇二〇年、二二九—二三〇頁も参照。江口・佐々木編訳では、*lucifera, frutifera experimenta* はラテン語原語を示さず、それぞれ「成果をもたらす実験」、「光をもたらす実験」と訳している。

（54）*Ibid.*, p.943（江口・佐々木編訳では三三三頁）."art"について、引用者は江口・佐々木編訳同様、訳さずに「アート」とした。

（55）ギュイヨーによるミルの引用も解説も、« *Morale anglaise* », p.87.

（56）"*Logic*", p.949.

（57）J. S. Mill, *Auguste Comte and Positivism, reprinted from the Westminster Review*, Bristol: Thoemmes Press 1993. 本書からの引用の翻訳は、引用者の責に帰す。

（58）*Ibid.*, p.98.

（59）*Ibid.*, pp.170-171.

（60）『全集』八、二三四頁。

（61）『全集』八、二五八頁。

（62）同上、二六二頁。

（63）同上、二五九頁。

（64）« *Plan* », pp.97-98.

（65）『全集』八、二六一頁。

（66）同上、二六二頁。

（67）*Des délits et des peines* (Deuxième édition.) *Avec une introduction et commentaire, revus et augmentés des notes nouvelles par*

M. Faustin Hélie, Paris, Guillaumin, 1870.

(68)『政理叢談』第四号及び『歐米政理叢談』六号に連載された（『歐米政理叢談　自第壹號至巻ノ十五』、日本出版會社叢談局、一八八二―一八八三年）。

(69) *Des délits et des peines*, op.cit., p.9.

(70) 前掲『歐米政理叢談　自第壹號至巻ノ十五』、一六一頁。尚、エリーの仏文原文では、この箇所は《Qu'il est digne de toute la reconnaissance du genre humain, le philosophe, qui, du fond de sa retraite obscure et dédaignée, a eu le courage de jeter parmi la multitude les premières <u>semences</u> longtemps infructueuses des vérités utiles !》〔下線は引用者〕. エリーの仏訳には《emences》＝「種」という言葉は存在するが、「心田」にあたる言葉は存在しない。

(71) 前掲『米歐政理叢談　自第壹號至巻ノ十五』、一六二頁。

(72) エリーの仏訳原文と対照すると、この部分は、必ずしも《le philosophe》＝「理学士」の貢献を称えるものではない。一度、《le philosophe》によって発見された真理が印刷術によって広まっていく、というニュアンスになっている。また、「干戈ニ訴フノ争ヲ廃シテ巧技ヲ競フノ新戦場ヲ開ク」も邦訳者の意訳である。

(73)『全集』八、二六二―二六三頁。

(74)『全集』七、一二六―一二七頁。

(75) ウィリアム・ローグによれば、エスピナスは人間の「集合意識」は「絶対的なリアリティを持つ」と主張した、としている。そして「個々の人間の意識」もまたそれ自体、「一種の集合意識」の表れであった（南充彦他訳『フランス自由主義の展開 1870～1914――哲学から社会学へ』、ミネルヴァ書房、一九九八年、一六七頁）。

(76)『全集』六、二四〇頁。

(77) 黎明期のフランス社会学については、山下雅之『コントとデュルケームの間――一八七〇年代のフランス社会学――』（木鐸社、一九九六年）を参照。

(78) カール・ポパーの次の言葉を参照。「真の社会的法則は「一般的に」妥当するものでなければならないが、これは〈人類の歴史の一部にだけでなく、歴史の全期間を通じて適用できる〉という意味でしかありえない。しかし、ある一時期を超えて続くような社会的一様性はありえない。したがって、唯一普遍的に妥当する社会の法則とは、連続する時代をつなぎ合わせることに関する法則でなければならない。一つの時代から次の時代への移行を規定する歴史的発展の法則でなければならない」（岩坂彰訳）『歴史主

義の貧困』、日経BP社、二〇一三年、八〇—八一頁。

◆書評

政治学への思想史研究の貢献

●――山岡龍一

上村剛『権力分立論の誕生――ブリテン帝国の『法の精神』受容』（岩波書店、二〇二一年）

政治学の講義をする際、「権力分立」の説明は容易ではない。講義の準備にモンテスキューの『法の精神』と『フェデラリスト』の当該箇所を読んでも、おそらくうまい方策は見つからない。本書は、このようになる理由に光を当ててくれる。

『法の精神』の受容を鍵として、ブリテン帝国史の中に、権力分立論の「誕生」を探るのが本書の試みである。その成果が、第8章と第9章におけるマディソンとハミルトンの読解に現れる。そこでこの両者が権力分立論に積極的だったわけではないという、政治学の教員に戦きを与える解釈が提示される。『フェデラリスト』の熟読だけでは得られないこの洞察を著者は、憲法制定会議の記録等の一次資料の渉猟と、先行研究の綿密な批判により、手堅く論証している。つまり、帝国から独立した十三の共和国の上に、交戦権のような主権を行使する連邦政府を樹立することを正当化するという、極めて困難な政治的行為の遂行の中にある、二つの固有な思考の軌跡を追うことで、後に古典となる著作の意味を、政治的妥協の所産として開示しているのである。「マディソンもハミルトンも、共に権力分立論を擁護していたとは言い難い」（二八八頁）という記述が生まれたのは、部分的には、「権力分立論」という概念に、〈三権力の分立の主張〉という狭い定義が設定されたことに依る。例えば、マディソンの意図がむしろ連邦制論にあるという解釈は、広い意味での「権力分立論」に内包できる。しかし、この焦点化により、これまでは必ずしも明確にされてなかった権力分立論と混合政体論の関係が、歴史的に明らかになった。これによって我々は、権力の分離・独立と、権力の抑制・均衡の関係という、概念的問題を理解する上での、貴重な示唆を得ることができるようになったのである。

第1章から第7章は、以上の解釈を準備する、壮大で大胆な「やわらかな概念史」である。第1部は、『法の精神』に関する操作的な解釈となっている。つまり第1章は、モンテスキューの意図や、テクストの論理の追求ではなく、研究史を利用しつつ、『法の精神』の解釈の幅、受容の多様さを生む要因の明確化に専心する。第2章では、出版直後の仏英における評判を、イングランド論を鍵に概観し、高評価の多かったイングランドにおいて、その当初では必ずしも三権分立論に注目が向けられていなかったことが示される。この事実は、ブラックストンが、司法審査概念に否定的であったことと相まって、〈権力分立論の権威〉という我々のモンテスキュー観がいつ生まれたのかという、系譜学的な問いを生む。

第2部では、『法の精神』の受容という論点は維持されながら、探究の幅が大きく広げられる。つまり、資料対象がブリテン帝国史という、近年目覚ましい研究がなされているものとなり、分析対象が「権力分立」をめぐるイディオムとなる（「イディオム」というのは著者の用語ではなく評者のものである）。第3章では、植民地統治をめぐる言説において、その文脈の故に、混合政体論モデルが後退し、総統と参議会が中心論点となりながら、本国の国王大権論が介入することで、権力分立論に変容が生じたことが示される。第4章では本国の一七六八〜六九年のミドルセックス選挙における「ウィルクスと自由」の問題が検討され、議会主権論（混合政体論）と権力分立論のあいだの理論的緊張関係が顕わになった歴史過程が描かれる。そして、この傾向を明確に表したテクストとして、ドゥロルムの『イングランド国制』が解釈された。第5章では、一七七三年の東インド会社規制法成立に至るまでの政治言説が分析され、「政治的な司法権力」という構想の誕生が描かれる。ここでも、植民地という議会主権論の圏外において、帝国的統治機構が反映された「新たな司法権力論」を含む権力分立論の展開が見出される。そしてこの第2部において、一七六〇年代後半以降に〈我々のモンテスキュー観〉の確立があったと示されるのである。

こうして探究された権力分立論のイディオムの、建国期アメリカでの展開を描くのが第3部である。第6章では、一七七四年のケベック法をめぐる、本国と大陸会議での政治言説が検討される。法文だけからはわからない、権力分立論的思考の展開を、本国の議事録を当たることで浮かび上がらせながら、同時に植民地側における三権分立論的モンテスキュー活用の動態を描く分析は、本書の白眉だといえよう。第7章は一七七六年以降のアメリカ諸邦の憲法原理が分析される。アダムズやメイソンの思想の分析から、そこには三権の分立という表現はありながらも、合衆国憲法に結実する権力分立論はまだ確立されていないことが示され、その上で、邦政府における立法権の優位を抑え込むという、『フェデラリスト』が対峙した理論的課題の存在が確認される。これに、既に述べた第8章と第9章の解釈が続くわけである。

本書の顕著な特徴は、方法論的意識の高さである。特定の概念を設定しその「起源」を探るという営みには、スキナーのいう「教義の神話」や「予期の神話」の危険性があることを著者は強く意識している。政治概念のシュミット的把握に依拠する著者は、コゼレック流の概念史に好意的であるが、実際に援用されているのは、ケンブリッジ流の言語論的文脈主義である。権力分立論のイディオムを探求する様は、ポーコック的であり、マディソンとハミルトンの「真意」を問う様はスキナー的である。かかる方法の遂行には、膨大な一次資料の渉猟が不可欠であるが、本書はECCO等を駆使してそれを見事に達成している。結果として、政治理論が「政治的」であること、つまり、政治的原理の意味が、具体的な歴史の中ではじめて理解可能となるという、ケンブリッジ学派の主張が肯定されている。こうして、経験的・規範的政治理論の研究者が、歴史から学ぶことの意義が再確認された。

◆書評

「トランプ主義」の深層

●――古矢　旬

井上弘貴『アメリカ保守主義の思想史』（青土社、二〇二〇年）

トランプ大統領の登場という政治的衝撃を契機として編まれた斬新で問題提起的なアメリカ保守思想史である。この異形の大統領がともかくも四年間の任期をまっとうし、再選に失敗したとはいえ七千万票を越える支持を背景に、なお陰に陽に連邦政治に巨大な影響力を保持している現在、彼を押し上げた政治思潮をあらためて問い、「トランプ主義」の思想史的起源と射程とを見定める必要はますます高まっているように思われる。本書は、戦後アメリカの保守主義的政治思想の精細な見取り図のうちに、トランプの政治的主張を先取りする様々な細い流れを見出し、それらがしだいに合流し、アメリカ政治を席捲してゆく過程を解明することによって、こうした要請に応えようとするものである。

本書の出発点は、ちょうどトランプが生を受けた第二次世界大戦直後にある。それはまさにL・トリリングが、リベラリズムこそは「アメリカに唯一の思想的伝統」であり、「保守的あるいは反動的思想はいまやまったく姿形も見られない」と言い放った時代である。そこからトランプ時代までの、アメリカ保守思想の展開を、本書はおおよそ一九七〇年代後半の「レーガン革命」を境に前後二つの局面――統合期と分裂期――に分かって追っている。

その前期、不毛だったはずの保守はリベラルから連邦政治における アジェンダ設定の主導権を奪い、行政府と立法府での優位を確立してゆく。従来は、一九六四年のゴールドウォーター選挙を弾みとして活性化した「運動保守」の成功物語として語られることの多かったこの転換を、本書は「知的保守」あるいは「思想保守」台頭の側面から描き直している。それによると、この転換をもたらした決定的な思想的契機は、六〇年代までに起こった保守の統合とリベラルの分裂という二重の変化にあった。第一、二章では、W・F・バックリーJr、W・チェンバース、F・S・マイヤーら冷戦初期にニューライトと称された一群の知識人たちの論争をとおして、それまで圧倒的優越を誇るリベラリズムに対し、個々ばらばらな抵抗を余儀なくされてきた保守的諸潮流が、融合主義――本来的に相矛盾する経済的自由主義(リバタリアニズム)と道徳的な伝統主義とを反共主義をかすがいとして結びつける――の定式化を機にしだいに統合されてゆく経緯が描かれる。

第一章では、もう一つ戦後保守の出発点として、J・バーナムの『経営者革命』（一九四一）が取り上げられている。現代社会はおしなべて行政や経営にたずさわる少数のエリート的テクノクラートが無力な大衆に対する専横と支配を恣にする全体主義の危機に直面しているという同書の主張は、その後のアメリカ保守主義史の中できわめて長い射程をもつことになる。六〇年代中葉以降、それはI・クリストルやN・ポドレッツやJ・J・カークパトリックらネオコン第一世代による「偉大な社会」計画下の専門職官僚（ニュークラス）批判を呼び起こし、ヴェトナム戦争の失敗とあいまって民主党リベラリズムの分裂を促す要因となる（第三章）。バーナムの「経営者革命」論こそは、一九八一年レーガンの有名な言明――「政府は問題の解決にならない、政府こそが問題なのだ」――の源流として、以後アメリカ保守の中心的信条となる「小さな政府論」へと流れ込んでいったというわけである。のみならず本書によれば、その一〇年後には、バーナムの創見は、ペイリオコンの旗手、S・フランシスの中産階級（ミドルアメリカン）ラディカリズムによる「経営者国家」レジーム批判や「経営カエサル主義」批判へ（p. 205）と変奏され引き継がれていく。

こうして融合主義と反福祉国家論と強硬な反共主義外交によって、統合に向かいつつあった冷戦期保守思想のうちに、著者はすでにトランプ主義の胎動ともいうべき分裂の兆しを見ている。融合主義の中で最優先されたのは、冷戦下「ソ連という悪から西洋の価値を防衛する善なるアメリカという理念」であり、リバタリアニズムも伝統主義も反共主義の劣位に置かれざるをえなかった（p. 109）。それゆえ、たとえばM・N・ロスバードのようなアナーキストに近いリバタリアンは、すでに五〇年代から対ソ戦争を辞さないマイヤーらニューライト主流に対して反旗を翻す。一九九五年に死去するまで、戦争や対外介入を契機とする連邦政府の肥大化を批判し続けたロスバードのうちに、著者は、後のペイリオコンによるネオコン主導の湾岸戦争や対イラク戦争批判の萌芽を認めている。

ニューライトとネオコン第一世代とを結びつけたレーガン保守は、疑いなく戦後保守主義の絶頂期を画した。しかし本書の後半は、一転して頂点にあった保守の思想陣営の分裂と解体の過程を辿ってゆく。八〇年代以降の保守分裂は二層にわたる。一つは、社会的保守をめぐるH・V・ジャファとA・ブルームの対立に始まるシュトラウス学派の東西分裂であり、ジャファの衣鉢を継ぐ西海岸シュトラウス学派からトランプ支持の知識人集団が生まれてくる。いま一つは、レーガン保守の主流となったネオコンと政治的にはP・ブキャナン、思想的にはフランシスに代表されるペイリオコンとの分裂であり、後者の挑戦の中から、反グローバル化、反移民、アメリカ第一主義、中産階級重視といったトランプ主義の中核的政治信条が立ち上がってくる。この二層にわたる保守分裂から、トランプ登場の思想的条件が整えられてゆく過程を活写した第四章、第五章は本書中独創性の光る白眉といえよう。

運動保守と思想保守とのインターフェイス、保守主義とオルトライトに通底する右翼過激主義との異同や相互関係、人種問題を焦点とする南部保守政治思想の変容などが十分に掘り下げられていない憾みは残るが、本書により今後のアメリカ保守主義研究の発展に向けて新しい礎石が据えられたことを喜びたい。

◆書評

市民のあり方を義務の観点から掘り下げる

梅澤佑介『市民の義務としての〈反乱〉』（慶應義塾大学出版会、二〇二〇年）

●——関口正司

本書は、市民のあり方という意味でのシティズンシップに注目しながら、イギリスの政治思想を考察した労作である。取り上げられているのは、一九世紀後半から二〇世紀後半にかけての政治思想家——グリーン、ボザンケ、ホブハウス、ラスキである。これらの思想家のシティズンシップの捉え方を、権利と義務という観点から掘り下げることが、本書の主題となっている。

ただし、本書はシティズンシップのたんなる概念史ではない。各思想家の抽象的な議論の検討にとどまることなく、具体的な背景や問題認識を踏まえた丹念な思想史的考察が行なわれている。そのため、本書はそれぞれの思想家についての有益なガイドとして読むことができるだろう。実際、これら四人の思想家たちは、今日ではあまりよく知られていないし、専門的な研究の対象とされることも少ない。言及される場合でも、理想主義者・グリーン、ヘーゲル主義者・ボザンケ、ニューリベラリズムのホブハウス、多元主義・フェビアン主義・マルクス主義と立場を変えていったラスキ、というように、「イズム」のレッテルを貼るだけで済まされがちである。こういう状況であればなおさら、本書が提供している丁寧な説明や考察は有意義と言うべきだろう。

とはいえ、本書の狙いは、四人の政治思想家を横並びに紹介することではない。グリーン、ボザンケ、ホブハウスは、本書の主役であるラスキを理解するのに欠かせない思想家たちとして扱われており、この準備作業を前提にして、ラスキの政治思想が綿密に考察されている。

この考察は多岐にわたっているが、その中心にあるのは、本書のタイトルとしても採用されている「市民の義務としての〈反乱〉」という、ラスキの議論である。ラスキの言う「義務としての〈反乱〉」は、著者自身が認めるように「過激な名称」ではあるが、たんなる思いつきではない。国家への服従の義務を正当化する根拠を問う政治的義務論にもとづいた主張である。

ラスキだけではなく、グリーン、ボザンケ、ホブハウスのいずれも、国家への服従の根拠を、社会契約ではなく共通善への社会全般の意志に求めた。グリーンとボザンケは、立法者の役割をどうしても想定せざるをえないルソーの契約説的な一般意志論に代わる見方として、共通善への社会全般の志向が歴史の積み重ねの中で形成されてきた制度や慣習に多少なりとも体現されていると考えた。ホブハウスは、この考え方にともないがちな現状維持的傾向を拒む見地から、権利や義務の正当性を支える役割を、改善の可能性や現実性を裏付ける「進歩の形而上学」に求めた。

ラスキの場合は、権利や義務の基礎は個人の良心に置かれた。この見方は「反乱の義務」という概念にも反映している。この言葉自体はすでにボザンケが用いていたが、ボザンケの場合は特に強調されることはなかった。しかし、ラスキはこれを、積極的な気風をそなえた市民のあり方（シティズンシップ）にかかわるものとして力説した。ラスキの政治学上の関心対象は、著者によれば、国家統治の原則や格率ではなく、主体的に思考しながら積極的に行動し、必要とあれば国家に抵抗する市民のあり方と、そうした市民の創出を可能とする社会や政治の仕組みだった。こうした関心の前提として著者が指摘するのは、大衆民主主義に対するラスキの強い不信感である。

ラスキが危惧したのは、「多数の専制」よりも、むしろ、無関心のまま服従する「思慮なき多数者」だった。この見地から、ラスキは、被治者が治者を民主的に統制する仕組を取り入れる民主化だけでは、共通善は実現できないと考えた。

著者によれば、この危惧がラスキの政治思想の基軸である。ラスキがマルクス主義へと向かったのも、資本主義体制ではこの危惧を解消できないという確信に至ったためだった。さらに、晩年のラスキによる「権力の広汎な配分」や「計画民主主義」の追求も、「同意による革命」によって階級のない社会が平和的に実現したとしても、市民の気風を高めるための政治的な工夫は依然として欠かせないという考えからの企てだったと、著者は結論づけている。

以上のようなラスキ理解は、筋の通った入念な考察にもとづいており、評者にとっては非常に説得的だった。政治的無関心が進行する状況下での市民参加という論点は、今日においても切実であり、ラスキを「ダークサイド」から救出する糸口になるだろう。また、著者の以上のような議論全体が、単線的発展という図式に頼らずに多様な思想の並存や相互関係を記述する、という思想史のあり方を示していることも、注目すべき重要な点である。

最後に、著者自身の考察の当否とは無関係な点だが、あえて一言。国家権力への不服従という意味での「反乱」が避けられない場合があるとしても、そうした「反乱」を「市民の義務」とするラスキの義務観には、評者はやはり違和感を持たざるをえない。義務とか良心といった言葉がわざわざ使われるのは、抽象理論はともかく、経験レベルで言えば、すべきだが気が進まないといった葛藤が自他の内心にあって、それを振り切る必要が感じられる場合である。他の個人や社会全般の死活的に重要な利益を害する行為に関しては、道徳的義務の感情や良心の介入は必要かつ正当である。しかし、ラスキの場合、著者も示唆しているように、高次の自我による自己抑制という見方を、人格全体の個体性という見地から批判する立場と、義務の内面性を強調する立場とのあいだを調整する原理が欠けているように思われる。難点は内的確信の主観性だけではない。自発的で主体的であることは「義務」だという発想は、ダブルバインドの形で当事者を苦しめることになりかねない。反乱の「権利」ならともかくも、反乱の「義務」という言葉に評者がどうしてもなじめないのはそのためである。

◆書評

戦間期「不戦条約」に関する貴重な実証的研究

●――千葉　眞

牧野雅彦『不戦条約――戦後日本の原点』（東京大学出版会、二〇二〇年）

（1）牧野雅彦会員の筆になる本書は、二〇世紀初頭の国際政治史において重要な役割を果たした、戦間期の「不戦条約」（The Kellogg-Briand Pact）に関する詳細かつ厳密な政治史的実証研究である。この戦間期の「不戦条約」については、近年の世界では研究が下火になっているのは否定しがたい。しかし、わが国では近年においても、「不戦条約」や「戦争違法化」（outlawry of war）に関する研究には、篠原初枝『戦争の法から平和の法へ――戦間期のアメリカ国際法学者』（二〇〇三年）、三牧聖子『戦争違法化運動の時代――「危機の20年」のアメリカ国際関係思想』（二〇一四年）などに代表されるすぐれた蓄積がある。戦間期の平和保持に関するこれらの主題への関心の高まりは、戦後日本において一貫して維持されてきた。その理由は、とくに日本国憲法第九条一項の「戦争放棄宣言」の解釈と二項の「戦力の不保持」や「交戦権の否認」の思想的淵源であることにある。

各国の自衛権は留保しながらも、「国策手段としての戦争を放棄する」と謳い、国際政治史上はじめて国家間の戦争が否認された「不戦条約」は、一九二八年にパリで調印された。だが、その調印にいたるまで、米仏の間で、米国と欧州諸国や日本の間で、またアメリカ国内においても、その解釈をめぐり対立や緊張や綱引きが見られた。本書の特質は、この重要な国際条約の成立過程を歴史実証的に丹念にたどり、その成立への錯綜した道のりとプロセスを立体的な描写において分析し考証している点にある。

（2）国際連盟は、アメリカが不参加のまま一九二〇年に発足したが、軍縮、集団的安全保障、平和保障という三つの柱を保持していた。フランスは潜在的な軍事大国のドイツとの国境問題をかかえ、国際連盟の平和保障に不安を覚えており、ドイツを抑え込むために、何とか国連に加盟しなかったアメリカとの二国間の平和条約の締結を強く望んでいた（本書二一―二三頁）。当時、フランスの外相のA・ブリアンは、軍縮問題で亀裂が入り始めたアメリカとの関係を打開するために、一九二七年四月六日にアメリカ由来の「戦争違法化」をアメリカに呼びかけ、アメリカとの平和条約の締結を求めた（一五―二一頁）。

興味深いのは、アメリカ国民の平和主義的な世論を代表した一方のS・O・レヴィンソン、J・デューイそして議会内でその受け皿となったW・E・ボラーなど、すべての戦争（いわゆる「自衛のための戦争」を含む）の違法化の流れと、他方の自衛のための各国の交戦権を留保するブリアンの考えと親和性のある立場を代表していたカーネギー平和財団のN・M・バトラーやJ・T・ショットウェルとの間の温度差と確執である。さらにこれらのアメリカ国内の世論のズレに、モンロー・ドクトリンを基本的に維持する当時のクーリッジ大統領を中心としたアメリカ政府の思惑との微妙な姿勢もそこには加わり、こうした二重、三重のズレが、この問題に微妙な影を投げかけていた（一九―四一頁）。

（3）仏側の平和条約の締結の呼びかけに対する米政府の対応は、鈍く消極的だった。しかし、ブリアンはたたみかけるように、同年六月二一日には三ヵ条からなる「二国間恒久友好条約」を提示した。第一条によれば、両締約国は、「人民の名において」、「国家の政策の手段として戦争を放棄する」と記されている。戦争違法化の上述の米国の二陣営（レヴィンソン派とバトラー＝ショットウェル派）および米国民は、このブリアン提案を熱狂的に支持し、クーリッジ政権も対応を次第に余儀なくされていった。米国の議会では各国の自衛戦争への権利を留保するバトラー＝ショットウェル的立場のキャッパー決議案と「制度としての戦争の廃止」を主張するレヴィンソン的立場のボラー決議案の二つが上院に提出された。結局のところ、米国政府は、ケロッグ国務長官の指導の下、新仲裁条約を抱き合わせにして、米仏の二国間ではなく多国間の「戦争放棄」条約案を仏側と世界に提示することで決着をつけようとした（五六―七三頁）。

（4）アメリカは、フランスの了承を得た上で、一九二八年四月一三日に日本を含む主要国にアメリカ側不戦条約案を送付した。これに対してフランスが改訂案を出すなどしたが、紆余曲折を経て、各国の自衛の権利を自明の前提とする最終案が六月二三日に提示され、最終的には四八ヵ国の賛同を得た。「制度としての戦争の廃止」への傾きを多少とも保持するアメリカと各国の自衛権を前提とするヨーロッパ諸国および満州問題をかかえていた日本などとの間には、かなりの温度差があった（六一―一〇一頁）。不戦条約の締結は、明らかに国際連盟とアメリカの間の妥協の産物であった。つまり、「国家主権に対する制約と侵略国に対する制裁を要求する集団安全保障の原則と、政治的な解決に主眼を置きながら仲裁と調停を通じた紛争解決を意図するアメリカの立場との間の妥協の産物」だった（一〇〇、一九九頁）。

（5）戦後日本の憲法第九条をめぐる改正論議は一部、その一項と二項の双方について、この九五年ほど前にさかのぼる戦間期の「不戦条約」との関連において議論されてきた経緯がある。この成立の経緯に関する本書の綿密な歴史的考証は、今日の憲法論議にも貴重な光を投げかけている。明らかに核兵器の時代は、いかなる戦争にも勝者がいない時代、正戦（just war）の理論が正統性を保持しにくい時代である。それにもかかわらず、「核不拡散条約」（NPT）が長らく「死に体」にある現在、核開発を進める国、核ミサイルの実験を継続する国がある一方、核保有諸国は核軍縮や核廃絶の歩みを止めつつある。そうした状況下で、「制度としての戦争の廃止」の目標が国際政治史において初めてアジェンダに上がった戦間期の「不戦条約」は、その解釈をめぐる対立を含めて、今なお燦然と輝く重要な歴史的事例であることをやめない。

◆書評

愚かさの政治学は可能か

●——宇野重規

Nobutaka Otobe, *Stupidity in Politics: Its Unavoidability and Potential*, Routledge, 2020

本書は「愚かさ（stupidity）」をめぐる政治学的考察である。人はしばしば政治における愚かさを問題視する。ポピュリズムが論じられ、フェイクニュースが話題になる今日、このことはますます日常的な事柄になりつつあると言えるだろう。誤った情報に踊らされた結果、人々は理性による正しい判断が不可能になり、情念の虜となって愚かな決断をしている。このような評価を耳にすることも珍しくない。しかしながら、はたして賢明で健全な判断と、愚かな判断とは、そこまで明確に二分できるものなのだろうか。両者を明確に区別する絶対的な基準が前もって存在するのだろうか。

この問題に対し本書は、ドゥルーズ、ルソー、ミル、トクヴィル、カント、アーレント、そして小林秀雄を論じることによって、思考、さらには政治において愚かさが不可避であること、さらにはそこに可能性すら秘められていることを論じる。あたかも愚かさの弁証のごとき本書は、一見すると実に意外な、場合によっては時代の課題に反した研究に思われるかもしれない。愚かさを愚かさとして当然の前提とし、これを政治、あるいは民主政治からいかに除去するかを考える方が、時代の課題に合致しているとする考えもありうるからである。

しかしながら、本書のねらいはむしろ、西洋政治思想の歴史において愚かさの問題が正面から扱われてこなかったのではないか、ということを正面から問題提起することにある。そしてそのような問題意識に基づき、およそ外在的な基準に基づく判断を否定する結果、思考や批判、さらに政治そのものに不可避的につきまとう愚かさの問題を直視しようとする。さらには哲学的考察と政治的判断の二分法を否定し、両者の不可分性、さらには思考の本質的な政治性を問題化する。その検討はスリリングであり、扱われている存在の多様さ、そして意外さと相まって、極めてオリジナルかつ本質的な政治的考察を読者に提供してくれる。

本書が依拠するのは思考をめぐるドゥルーズの洞察である。著者によれば、ドゥルーズの『差異と反復』が示しているのは、愚かさが思考に内在する問題であり、思考する以上、我々は愚かさの問題を免れられないという事実である。さらに愚かさは政治にとっても内在的であり、思考は不可避的に政治的であると指摘する。第一章では『差異と反復』におけるドゥルーズの断片的考察を再構成することで、アーレントがアイヒマン批判を通じて検討した無思考性と愚かさとを対比し、愚かさの根底に他者性の問題が不可避的にあることを明らかにする。

続く第二章は、愚かさの問題と民主主義の関係を取り上げる。興味深いのは、ここで登場するのがルソーだということである。『社会契約論』で人民主権を論じ、一般意志は「つねに正しい」としたルソーであるが、その一方で現実には民主的な政府形態の困難さを指摘している。個人の意志と判断こそに正当性の基準を置いたルソーであるが、同時に彼は政治におけるコミュニケーションの問題を重視し、いわゆる「立法者」の問題を導入した。ここに本書は、諸個人の平等な自由に基礎を置く民主主義においてこそ、それ以前のあらゆる政治体制と比べても、愚かさの問題がもっとも顕在化することを見出す。

本章はさらに、この問題系に正面から取り組んだ思想家としてミルとトクヴィルを取り上げる。著者によれば、ミルの「多数の専制」こそ民主主義における愚かさの問題を検討した議論であり、トクヴィルもまた同じ問題に直面し、これを乗りこえるために結社の可能性に着目したとする。にもかかわらず、愚かさの問題は両者によって完全に解決されたわけではなく、民主主義において愚かさの問題が不可避であることが結論づけられる。

第三章ではカントの判断力論が論じられる。カントの批判哲学は、いわゆる「理性のスキャンダル」から開始している。相矛盾する命題を共に正しいとしてしまうアンチノミーは、カントもまた愚かさの問題から出発していることを示唆する。そこから本章では、アーレントの独自なカント解釈を素材に、彼の『判断力批判』を検討する。しかしながら、著者によれば、思考の内生(endogenous)性を承認するカントは、判断力の問題を共通感覚論へと導き、結果として政治理論を否定的な役割へと追い込んでしまった。

この問題を乗り越えるため、本書ではドゥルーズによるカントの読み替えを目指すが、同時に第四章では小林秀雄に着目する。批評『様々なる意匠』から出発した小林は、言語の問題を分析することでマルクス主義に対抗し、対象に内在する思考の可能性を模索した。しかしながら、戦時下における戦争肯定の言説を展開した小林は、戦後、「無智な一国民として事変に黙って処した。それについて何の後悔もしていない」として自己批判を拒絶した。この点についての政治学者丸山眞男らの批判を検討しつつ、まさに愚かさを問題化した小林の思考の両義性を読み解くのが本書の白眉である。

多様なテキストの分析を通じて、愚かさが思考に内在する問題であること、他者の問題を排除できない思考が必然的に政治的になること、そして民主主義において愚かさの問題がもっとも顕在化することを、本書は説得的に論じている。思考の他者性と政治の複数性を直視し、外在的な正しさの基準を適用するのではなく、まさに愚かさを内在的な問題として正面から扱うことが、民主主義の政治理論にとっての最重要の課題であると同時に可能性であることを示したのが、本書の最大の意義である。民主的社会における常識(共通感覚)の位置づけや、クリシェ(決まり文句)の頻出の問題を含め、考えるべき素材に満ちた本書は、政治における愚かさという新たな問題設定に見事に成功していると言えるだろう。

◆書評

ポスト基礎付け主義的デモクラシーという希望

山本圭『アンタゴニズム——ポピュリズム〈以後〉の民主主義』(共和国、二〇二〇年)

●——有賀　誠

山本氏のデビュー作『不審者のデモクラシー』は、ともすれば「熟議デモクラシー」を補完するものとなってしまいがちな「闘技デモクラシー」を超えて、「ラディカル・デモクラシー」を、それらとは決定的に異なる、十全なアイデンティティを持ちえない「欠如の主体」たちの取り結ぶものとして再構成しようとする野心的な試みであった。

本書『アンタゴニズム』へとつながるその理路を、簡単に振り返っておこう。熟議デモクラシーは、集合的決定を行う際、そのプロセスが理性的な討論によって進行し、各人の選好が変容することで、合意へと至ることを重視する。しかし、闘技デモクラシーの旗手であるムフは、その熟議モデルが、予め合意の可能性を前提としており、合意を生み出すために暗黙のうちに行使している排除に自覚的でないことを批判する。そして、「政治的なもの」のメルクマールを「友／敵」に見たシュミットを参照しつつ、「敵対性」をデモクラシーから消去不可能なものとして取り戻そうとするのである。とはいえ、ムフは、シュミットの言う「敵」を「対抗者」へと置き換えてしまっており、対抗者はあくまでリベラル・デモクラシーという枠組の中で、それを支える諸価値——諸個人の権利や平等といった——の実現をめぐって闘技するものとされている。このように熟議モデルと闘技モデルは、対抗的な位置関係にありはするのだが、実のところ、両者は、ともに「自ら公共圏に参加し、意見と利害を表明する強い意志を有した政治アクター」をその担い手として想定しているのである。ムフと等置されてしまうことの少なくないラクラウが、そのラディカル・デモクラシー論で問い直そうとしているのは、まさにこの点なのだ。ムフの「アゴニズム」においては、対抗者こそが、「われわれ」のアイデンティティの十全を妨げるものとされている。つまり、対抗者は、どこまでも、「われわれ」のアイデンティティの外部に措定されている。しかし、「われわれ」のアイデンティティの十全を妨げているのは、実は、「われわれ」の内部にある否定性なのではないか。外部の敵と見えたものは、「内部それ自身が抱える否定性の投影された小片にほかならない」のではないだろうか。もしそうなら、主体が欠如を抱えている以上、どのような象徴化がなされようとも、そこからは零れ落ちてしまうある残余があることになるだろう。

本書『アンタゴニズム』の最終章で提起される「ポスト基礎付け主義的デモクラシー」論は、このような理路の延長線上にある。それは、熟議であれ、闘技であれ、現代のデモクラシー論が構造的に見落としている「象徴化されない文字通りの否定性としてのアンタゴニズム（敵対性）」の存在を汲み取ろうとする「最小限の制度化」の試みなのである。とはいえ、たとえ最小限のものであれ、どのような制度化も、制度化されざるものを生み出してしまうはずである。だから、「ポスト基礎付け主義が挑戦するのは、社会を基礎付けると同時に、それが一時的な基礎付けに過ぎないことを認めるという逆説的な課題」にならざるをえない。ここで採られるべき戦略は、「基礎付けを擬制（フィクション）と捉えることで、暫定的な基礎付けを確保すると同時に、その基礎付けをつねに論争に開いたものにしておくために、アゴニズムの民主主義によって多元主義と偶然性を可視化する」ことなのである。

　しかし、固定した基礎付けを取り除いてしまうことは、あのお馴染みの問いを呼び起こしてしまう。すなわち、すべてをヘゲモニーをめぐる闘争に還元してしまい、制約のない「何でもあり（エニシィング・ゴーズ）の政治」を許してしまうなら、そこから反民主主義的な構想が立ち現れる可能性を排除できないではないか、という問いである。この問いに対して、氏は、ラクラウを援用しつつ、「真実らしさ」こそ、望ましい構想と望ましくない構想を識別する分水嶺となりうるとしている。そして、その「真実らしさ」の手がかりとなるのは、「共同体」の伝統や慣習だというのである。もっとも、ここで依拠されている共同体は、ローティの場合にそうであるような地理的な配置を指し示したものではなく、それ自体がヘゲモニーをめぐる闘争の表現である言説的な空間ではあるのだが。しかし、たとえそうだとしても、共同体への依拠が保守的な含意を持ち、革命的な変革を排除することは回避しがたいのではないだろうか。バディウのような思想家が、歴史の連続性に垂直に介入する「出来事」の到来にあれほど固執するのも、こうした理路に、革命的な変革からの隠微な撤退を嗅ぎつけてしまうからであるように思われる。評者は、氏が、バディウのような議論にどのように対峙されるのか、に強く興味を引かれている。

　前著『不審者のデモクラシー』は、ラクラウのラディカル・デモクラシー論をその可能性の中心で読み解くという明確な自己制約のもとに遂行されたプロジェクトであった。また、博士論文の骨法に忠実に書かれていることもあって、その構成の緻密さに感心しつつも、いくぶん息苦しさを覚えるところがあった。しかし、本書『アンタゴニズム』は、氏の位置付けでは、デビュー作で「扱うことができなかった多くの論点についてフォローする」いわばアペンディックス的な意味を持つ著作とのことだが、かえってそのような制約から解き放たれた、「風はおのが好むところに吹く」ような闊達さに溢れているように評者には感じられた。もはや、その内容を紹介する紙幅はなくなってしまったが、本書では、「政治と精神分析の関係」、「ロールズ理論における嫉妬の扱い」、「政治的なものとしてのゾーエー」、「政治的紐帯としてのポピュリズムの可能性」といった魅力的かつ多彩なテーマについて、どのような理論的立場に立つ者にとっても示唆を与えてくれるに違いない鋭利な考察が繰り広げられていることも、最後に付言しておきたい。

◆書評

政治思想としての朝鮮儒教を求めて

――「愛民」という思想伝統

●――李セボン

井上厚史『愛民の朝鮮儒教』（ぺりかん社、二〇二一年）

朝鮮王朝は儒教、とりわけ朱子学を建国当初から受け入れ、それが統治の正当性を支えたと言われる。その点で、近世日本において儒教が果たした役割と鮮明な差異がある。周知のように、徳川政権は政治的な理念を用いて自らの統治を正当化したことがない。科挙試験もなく、したがって経書解釈の標準学説（朱子学）となるものもなかった。勿論、徳川日本における朱子学が政治思想史の展開の基軸をなしたことは認められるものの、隣国の儒学史における朱子学の圧倒的存在感とは比べ物にならない。

しかしながら、従来、日本の研究では、そのような日韓の歴史に見える儒教の異なる在り方を、優劣の差として捉えがちであった。本場（！）である中国の儒教に比べても、朝鮮儒教には独自性がないと見なされがちだったのである。実は、本書の著者も研究を始めた三十年ほど前は、以上のような通説を鵜呑みにしていたという。そして、いまなお同様の通説が広く日本で共有されているのではないか。そうした問題意識のもと、この三十年間、著者が進めてきた朝鮮儒教研究の集大成が本書である。

十二章からなる本書は、その内容上、三部構成になっている。まず、序章から第二章までは、日本における朝鮮儒教研究の諸問題、次に第三章から第七章までは、著者の朝鮮儒教研究の各論、最後に第八章から第十章までは、朝鮮儒教と近代の関係が論じられている。終章の「「愛民」と君主論」では、以上の内容を踏まえて次のような結論が提示される。著者の見るところ、朝鮮儒教に内在する最大の特徴は、「愛民」の思想であった。「王（君主）と民の間に「愛民」という社会契約が成立していたために、朝鮮における近代的市民意識の形成はかえって阻害されたとも言える」が、「朝鮮＝韓国の国民」はまさにその「愛民」を時の権力者に要求し続けてきた。言い換えれば、「愛民」こそが、「朝鮮王朝そしてその後の近代的国家形成においても絶えることのない思想的伝統として堅持され」たのである、と整理できよう（四〇〇頁）。

著者は、朝鮮儒教に対する偏見、すなわち、朱子学一辺倒で、伊藤仁斎や荻生徂徠のような独自の思想家を輩出できず、党争を繰り返した結果、近代化のための変革に後れをとった、という評価の始まりに井上哲次郎がいると見る。そして、それに起因する日本人研究者の朝鮮儒教に対する通説を批判的に検討するために、丸山真男の『日本政治思想史研究』における「朱子学的思惟方法」の問題点を分析する必要性が説かれる。また、朝鮮儒教を論じる上で、井上の儒教理解の図式を受け継いだ高橋亨のような植民地期の朝鮮研究者への言及も欠かさない。とはいえ、著者の主眼はあくまで政治思想としての朝鮮儒教理解に置かれているため、植民地期の朝鮮研究をめぐる言説には深入りしない。その点も、本書の特徴として挙げられる。

詰まるところ、本書は、朝鮮儒教ならではの独特さがいかに政治思想として表れたのかを論述することに主眼を置いている。そうした問題関心から著者がまず取り上げる論点は、朝鮮儒教の起源が朱子学であるという言説に対する問いである。ここでいう「朱子学」とは具体的に何を指しているのか。著者によれば、それは朱熹をはじめとする宋代の儒学者たちの言説ばかりを指すものではない。朝鮮は建国して間もない頃から、前王朝である高麗とモンゴル（元朝）との強い結びつきを意識していた明朝中国の憂慮により、正規漢語の使用や『性理大全』をはじめとする三大全の学習などを命じられていた。ところが、朝鮮の儒学者たちは、それらのテキストにある宋儒の学説だけでなく、許衡や呉澄など元朝儒学者らの言説（「江西心学」）にも強い関心を示したのであった。朝鮮儒教において「仁民」と「敬」がとりわけ重視されたとする著者は、その原因として元朝儒学からの影響を確信する。

そして、第四章から第七章にかけて著者は、以上のような「朱子直系でない朱子学」も「朝鮮儒教のルーツ」にあるとする前提の上で、「朝鮮儒学における「心学」の位相」、「李退渓の「誠」と王陽明の「誠」」、「鄭霞谷の「心」の解釈」、「「愛民」と「安民」の政治学」についてそれぞれの章で論じる。特に第七章では、著者が朝鮮儒教の最重要概念の一つと見なす「愛民」を中心に、「民」をめぐる朝鮮の統治論の特徴を描き出すことで、その政治思想としての性格を浮き彫りにしようとする。結論的に、朝鮮儒教では朱子学に内包された「愛民」の思想が重視されたが故に、「民衆は統治されるべき民として認識され、政治主体として成長する機会を与えられなかった」（二九一頁）という。「安民」を核心とする、「「武士」による国家主義的統治論」が展開された日本儒教の政治論とは決定的な違いである。万物の起源である「天」の理解についても、両国の儒学者は異なる理解を示し、さらに近代以降、そうした差異は両国におけるナショナリズムの性格にも一定の影響を及ぼした（第八章）。植民地期には、亡国の原因を朝鮮儒教に見出す日本の知識人に対抗する形で、それこそが朝鮮の誇り高き伝統であるという認識が生まれる（第九章）。儒学の教えは、やはり東アジアの「〈共通の基盤〉」として有効であり、「東アジア共同体」の「紐帯」を支える力を持ち合わせているのである（第十章）。

本書は、朝鮮儒教をめぐる長い偏見の歴史から脱皮し、その統治論から朝鮮ならではの特徴を引き出した上で一つの政治思想として捉え直した力作である。両国の学界に跨って活躍されている著者だからこそ可能である比較分析も示唆に富むものが多い。ただ、全体として近年の韓国における朝鮮儒学の研究成果と本書の関係が明確に見えないように思われた。著者は、自らの主張を現在の韓国学界においてどのように位置づけられると考えているだろうか。今後の研究に、その答えを期待することとしたい。

◆書評

「神がかり」と擬制のはざまに

●――齋藤公太

西田彰一『躍動する国体――筧克彦の思想と活動』(ミネルヴァ書房、二〇二〇年)

筧克彦は明治期から昭和前期にかけて活動した憲法学者であり、東京帝国大学教授を務めた人物であったが、「古神道」や「神ながらの道」と称する特異な思想を唱え、授業のはじめに柏手を打つといった奇矯な言動で知られる。一部に信奉者はいたものの、戦前からすでに毀誉褒貶が激しく、現在では「神がかり」や「ファナティック」といったイメージが定着している。著者の博士論文に基づく本書は、この筧を主題として取り上げ思想史的研究を試みたものである。以下、まずは本書の内容を概観したい。

序章で述べているように、著者は筧の思想を単に「神がかり」と決めつけ、あるいは断片的に取り上げて論じるのではなく、近年研究が盛んな近代国体論の歴史のなかに筧を位置付け直し、その思想形成過程と影響の諸相を明らかにすることを目指す。

第一部では国体論と宗教の関係という観点から筧の思想形成過程が取り上げられる。初期の筧はギールケとディルタイに影響を受け、人々の表現行為である「活働」が国家を発展させると考え、個人による自由の追求と国家への貢献の一致を説いた。そこで国家の象徴的表現であり、人々の表現を総覧する天皇の存在、そして国民の精神を統合する「宗教」の意義が浮上する(第一章)。

筧は当初仏教に着目していたが、過度の思弁性や民衆との距離を問題とし、一九一二年からは「古神道」へと関心を移していく。筧のいう「古神道」とは他の宗教を包摂しつつ、古代から暗々裏に日本人の精神を規定している神道のあり方を指す。その教えは、天皇の導きのもとで人々が己の職務にはげみ、「神」になるというものである。筧はそこに個人の表現と共同の秩序との理想的調和を見出す。そして「古神道」を国教に制定し、日本が「世界救済」の使命を果たすよう主張するに至る。国家法人説に立つ点で筧は美濃部達吉と共通していたが、国体の解釈に関しては美濃部や上杉慎吉とも立場を異にしていった(第二章)。

第二部では筧が国民教化に乗り出していった過程が明らかにされる。貞明皇后が筧の思想に心酔したことをきっかけに、筧は信奉者の教え子たちとともに雑誌を発刊し、思想の普及活動を進めていく(第三章)。昭和期に入ると神社制度調査会や教学刷新評議会の委員を務めるなど、神社行政にも関与した。しかし神道を明確に国教とし、祭祀と教学の専門機関を設けることを説く筧の主張は受け入れられなかった(第四章)。

第三部では多様な経路を通じた筧の思想の影響が俎上に載せられる。筧は神話の象徴を取り入れた体操「やまとばたらき」を考案してその普及に務め（第五章）、また警察官僚の教え子、水上七郎の発案により、「五箇条の御誓文」の記念碑を各地に建設する運動も行う（第六章）。

さらに筧は朝鮮半島、台湾、満州でも講演活動などを行い、植民地の教化啓蒙を目指した。しかし満州国皇帝溥儀など現地の人々からは失笑を買い、東亜協同体論や大東亜共栄圏といった理念を抱くようになっていた満州国首脳部にも、筧の思想は受け入れられなかった（第七章）。このことが示しているように、一九三〇年代以降に社会のラディカルな変革を目指す新たな国体論が登場してくると、筧の思想は時代遅れと見なされていく。筧の側も天皇主権説を取り入れるなど軌道修正を図るが、結果的に戦争へと向かっていく時局に引きずられていった（終章）。

以上のような本書の意義は、何より筧の思想を手堅い思想史的手法により解き明かした点に求められる。著者の結論によれば、筧の思想は日露戦争以後に高まった国民の政治参加要求を受け止めつつ、その意欲を「国家共同体」への参与に導き、宗教によって「国家と国民の生命力」を活性化させることで「国体」の内実を「躍動」させようとするものだった（二四七～二四八頁）。すなわち筧の思想は「既存の秩序の枠組み」を前提とした「穏当」なものだったとし、これまでのイメージを覆している。本書のこうした成果は今後の筧研究の前提となるだろう。

ただし著者の解釈は、冒頭で引かれる森鷗外『かのやうに』が示すように、筧の言説に見られる「神がかり」性を一種の擬制と見なすことに基づいている。しかし、それによってはたして筧の不可解さは解消されるのだろうか。著者は筧が記紀の神話を事実から峻別し、国民の「理想信仰」の表現と見なしたことを証左とする。だがその「理想信仰」自体、筧の主観の産物に他ならない。筧による記紀の解釈は、国学者の古典研究とは異なり実証性という外部の準拠点を持たず、専ら自らの独断によっている。そこから導き出された「神ながらの道」と奇妙な図解によって世界を説明し尽くそうとする筧の文体は、冷静なアーキテクトというよりは「狂気」を思わせるものがある。

とはいえ著者が戒めているように、筧の言説を個人的「狂気」のみに還元することは適切ではないだろう。河野省三の評言が述べているように（六八頁）、筧の言説には大正期から昭和初期の「時代思想の一傾向」と相即する面がある。たとえば「神道」をより包括的なシニフィアンとして使おうとする傾向は、同時代の加藤玄智などにも見られる。その背景には、国家や社会を包括的に説明しうるような言説を求める時代状況があったと考えられる。著者は「古神道」への接近を筧の内在的論理によって説明するが、むしろ当時の外在的な言説状況との関連から考察する必要もあるのではないだろうか。それは本書の議論をより広い可能性へと開くことにもつながるはずである。

いずれにせよ、近代国体論の歴史の新たな水脈を明るみに出した本書の価値は改めて強調するまでもない。本稿では十分に触れえなかったが、第三部で論じられているイデオロギー的身体技法や記念碑建設運動の問題も含め、本書は政治思想史研究の観点からも参照されうる意義を持つものといえよう。

二〇二二年度学会研究大会報告

◇二〇二二年度研究大会企画について

企画委員長　山岡龍一（放送大学）

二〇二二年度（第二八回）の政治思想学会研究大会は、「新時代のデモクラシー」を統一テーマとして、五月二一日（土）と二三日（日）の二日間にわたり、Zoomを使った同期型リモート開催という形態で行われた。

本来は、九州大学伊都キャンパスでの開催であったが、新型コロナウィルスの感染拡大を受けて、次善の策としてこの形態を取ることになった。前年は同様の理由から、ウェブ開催形式を取ったが、幸いにしてというべきか、Zoomのような機器のリテラシーが急速に研究者に陶冶された結果、今年はこの形態で開催となったのである。ぎりぎりまでオンキャンパス開催の可能性は探られたが、既に各種研究会や他学会の大会においてこの形式が採用され、リモート型の学問的交流の作法が共有されていく現状を見て、企画委員会の判断で理事会の承認を経てこのような開催となった。

新型コロナのインパクトは、開催方法のみに限られなかった。既にその詳細の一部はニューズレター（第五一号）に記されているる（統一テーマに関するわたしの理解も、ここに記されているので、参照していただきたい）が、統一テーマから独立した、「緊急特別シンポジウム」が組まれ、「パンデミック以降の政治思想」について、特に学問研究の在り方をめぐる報告と討論がなされた。実は統一テーマそのものも、理事会で最初に案が提示されたときには「デモクラシーの制度と思想」というものであったが、危機的な現状への対応というニュアンスを入れて、今回正式に採用されたものに変更されたのである。この最初の案が出た頃、既にコロナ禍は始まっていたが、まだ短期の終息も可能ではないか、という予想が可能な段階であった。かくして、今大会の企画の実施準備は、そのすべての過程においてコロナ禍の予測不可能性と直面しながら進められてきたのである。

実際、大会登壇者の候補が決まった頃、状況が深刻なパンデミックと呼べるものであることが判明したため、企画委員のあいだで、統一テーマそのものを一から考え直すべきではないかという審議がなされた。それはこうした変更が可能なギリギリの時期であったが、真剣な討議の結果、今回の形態を取ることが、ある種の妥協として、決定された。このような経緯があったため、各報告者への依頼に際して「新時代」の概念に込められた意味を伝えながら、必ずしもそれを明示的に反映する必要はないという、両義的な依頼をすることになってしまった。というのも、統一テーマの本来の趣旨はデモクラシーをその根本から再検討するというものであったのに、無理に時事的な関心をそこに重ねるわけにはいかなかったからである。かくしてシンポジウムⅠでは、「デモクラシーの原義とその変容」というテーマの下、古典的、近代的デモクラシーと、その日本における変容をめぐる議論がなされ、主題に関する基礎的な理解の深化が試みられた。そしてシンポジウムⅡは「デモスとは何か？」という問いが掲げられ、デモクラシーの主体に関する動態的な理解が、一八世紀フランスから明治期日本を経て、現代の政治理論に至る議論を通じて探究された。

国際シンポジウムに関しては、オックスフォード大学のジョナサン・ウルフ教授の招聘が、当初は来日を前提に進められた。刻々と変化する情勢のなか、ウルフ氏とは連絡を取り合い、結果として、大きな時差があるにもかかわらずZoomによる参加をお願いすることになった。ウルフ氏は統一テーマの変更の経緯も理解して、論題を最終的に'Democracy, COVID, and the Open Society'とすることで、緊急特別シンポジウムと通常シンポジウムとをつなぐ、基調講演的な役割を果たしていただいた。パートナーとの来日とついでの中国訪問を楽しみにしていたウルフ氏には、コロナが落ち着いた後にいつか、改めて何らかの協力を依頼できればと願っている。

自由論題報告に関しては、研究環境が厳しい状況にもかかわらず、六名の応募があり、企画委員会での慎重な審議を経て、二つのセッションでの発表がなされた。例年に比べ、総数は多くなかったが、内容の濃い報告が集まり、充実したものになったと思う。

同期型リモート開催という形態を無事に遂行できたという経験は、本学会にとって貴重なものである。遠方のゲストを含む、様々な人びととの参加を、比較的安価に可能にする方法という選択肢が得られたことは、非常に喜ばしいことである。だが、マイナス面がないわけではない。今回はZoomによる懇親会という試みがなされ、そこでは普段と異なる仕方での交流がなされたが、やはりリアルな懇親会がないことは、公私の曖昧なフェーズで偶然の会話を享受する機会の喪失という、大きなコストとなった。何よりも、例年ならある程度実感できる、大会そのものへの反応が、企画者をはじめとする関係者に伝わってこないという残念さがある。学問的議論の客観的な共有はかなり実現されたが、それは各自の主観にとどまり、予想しえない反響を生む機会が生まれにくい。会場の人びとの表情や目の輝きが、学術大会にとってどれほど貴重なものなのか、改めて痛感させられた。もう一つ残念なことがある。当初の企画では、（由々しき事であるが）長年応募のない公募企画に、何らかの梃入れをすることが構想されていた。しかしながらコロナ対応で企画を調整する過程で、この構想は尻すぼみとなった。この点に関しては、今後も再考を期待したい。

不確実性の下で微調整を繰り返した企画運営をする過程で、政治思想研究がその涵養をしばしば自負する実践的思慮が試されている思いがした。かかる思慮の実行においては、関係者のあいだでの信頼が不可欠である。委員長からの提案に即時に反応し、適切な審議を重ねてくれた企画委員会のメンバーに深く感謝したい。そして、変更や修正に対して対応していただいた、代表理事、事務局、そして理事会のメンバーにも御礼を申し上げたい。本来の開催校であった九州大学の岡﨑晴輝会員と蓮見二郎会員には、Zoomのコントロールを担当していただいた。大会が無事遂行できたのは、彼らのおかげである。もちろん、報告者、討論者、司会者等、今大会を支えていただいた方はたくさんいる。すべての方に改めて感謝を申し上げる。

【緊急特別シンポジウム】

パンデミック以降の政治思想

司会　山岡龍一（放送大学）

パンデミックという現在進行形の危機に直面し、政治思想研究の在り方をどう考えるべきか、という問いをめぐる、木村俊道会員（九州大学）の「政治思想の「振舞い」——統治のアートとシヴィリティをめぐって」と、大澤津会員（北九州市立大学）の「規範理論の規範的岐路——パンデミックとポスト・ロージアン・コンセンサス」という報告と、討論者の千葉眞会員（国際基督教大学）とフロアからのコメントと質問に応じた討論は、様々な意味で前例のない試みであったが、非常に充実したものとなった。

木村会員の報告は非常事態への対処という観点から、実践知や政治的思慮に連なるテーマを取り上げ、思想史研究と理論研究を架橋するという希望を示すものでもあった。初期近代の政治思想における統治のアートをめぐる言説を探ることで、現実の危機や運命に対抗する際に経験と歴史に依拠する思想群の存在が確認された。他者との交際における思慮として思念できるシヴィリティについても、初期近代の言説を通じて、その重要性とともに、「市民性」「丁寧さ」「政治的な秩序」「文明」といった多義性が確認され、それがある種の理念として、現代政治理論にまでその痕跡を辿れることが示された。さらにこの観点が、現代政治における危機を認識するうえで有効であるという主張が展開された。これらのテーマは、寛容という主題に総合され、最後にロジャー・ウィリアムズとデヴィッド・ヒュームの解釈が提示された。こうして、危機に対する具体的な処方箋を示すものではないが、思想史研究には危機に対抗する可能性があることが示された。

大澤会員の報告は、政治理論研究の現状と展望を表す一つの整理枠組を提示するものであった。規範理論の現状を、アメリカ（的）社会の理想的モデルに依拠するロールジアン・コンセンサスとしてまとめた上で、既に変化の萌芽（政治的リアリズム、政治的行為や政治心理の実像に注目する規範的研究、エピストクラシー、公共的理性論）があることを指摘するこの報告は、かかる意味での保守と変化を考察する際に、パンデミックという状況が生み出す「不確実性」に着目する。この認識に依拠した規範理論研究の戦略的岐路の分析は、現代の研究状況の簡潔なリビューでありつつ、若手の研究者にとってパンデミック後の世界状況に対処しながら、研究を構築するうえで大いに参考となるものであった。その大まかな趣旨は、長期理論におけるラディカリズムと、短期理論における現状制度への配慮、といったものになる。

討論者やフロアからの質問により、コロナ禍におけるシヴィリティの意義、災害ユートピアとの関連、経験知の限界、人知を超えたものへの振舞い、ロールズ規範理論の可能性、ロールズ理論の徹底的な援用が生むその終焉、といった論点が論じられた。

前例のない趣旨のシンポジウムであったが、その役割は十分に果たされたと思われる。今後もこうした試みが必要かどうか、さらなる反省が必要であろう。

【シンポジウムⅠ】

デモクラシーの原義とその変容

司会　鏑木政彦（九州大学）

シンポジウム1は、デモクラシーの制度的な側面に重点を置きながら、古代の民主政、現代の代表制デモクラシー、戦後日本の天皇制デモクラシーという三つの方面から「デモクラシー、戦後日本の原義とその変容」に迫った。報告は、稲村一隆会員（早稲田大学）「アリストテレスの動物分類学から観察する民主政」、早川誠会員（立正大学）「代表に抗する代表制―ポピュリズムの中の代表制デモクラシー」、原武史会員（放送大学）「皇太子明仁・美智子夫妻による「懇談会」と戦後デモクラシー」である。その後、討論者の川出良枝会員（東京大学）からコメントが提示された。

最初の稲村会員の報告は、アリストテレスの生物学の認識が民主政理解にどのように働いたのかに注目する。アリストテレスは政治学を技術の一例として理解しており、政体分類論は現実の国制に資することを目的としている。そのために当時の政体分類論を受容しつつ、多様な視点で熱心に分類を試みたが、特に原因に基づく分類において生物学との関係がよくみえる。すなわち、民主政の根拠（原因）は「自由」として捉えられるが、それは「よい生まれ」とほぼ同一視されており、奴隷との違いは理性的なもののともに「身体的」な違いからも説明される。稲村報告は、アリストテレスの生物学的認識が政治的文脈の中でどのように活用されたのかを分析することにより、デモクラシーの原義に刻まれた支配と排除に光を当てる。

次の早川会員の報告は、現代民主政の特質である代表／代表制に注目し、代表と区別される代表制固有の問題領野を解明する。代表が論じられる背景には政治家と市民との代表関係の喪失があり、代表論の関心は代表者と被代表者の回復に置かれるが、注意すべきは代表論と代表制論の差異である。代表論は代表者と被代表者をどのように結びつけるかという議論に収斂するのに対して、代表制論は代表関係を実際に機能させる具体的な制度や慣行、価値等を含む代表制統治全般に係る。近年問題となるポピュリズムは代表が代表制の拘束を逃れる「代表制デモクラシーの代表化」と呼べるものだが、これに対して代表制論は、本人―代理人関係の周囲に存在する熟議や行動の空間に目を向け、政府、政党、国会のほか治安や司法に係る機関や王室など諸機関による、多元的な代表の複雑な総体として代表制デモクラシーを捉え直す。早川報告は、このような代表制に固有な問題の識別を通して、代表制デモクラシーの再生のための制度や運動を評価する視点の提示を試みる。

最後の原会員の報告は、皇太子明仁・美智子夫妻による地方の若者との「懇談会」を通して、日本の戦後デモクラシーの逆説に光を当てる。懇談会は一九六二年から一九七七年にかけて皇太子夫妻が地方を訪れた際に行われ、特に皇太子妃がリーダーシップをとり女性の声を聞き取ることが多かった。日本は農村人口の減少と都市化が進む高度経済成長期であり、女性議員は極わずかであった。この時代に皇太子夫妻が地方の若者、特に女性の声に耳を傾けた懇談会は「デモクラシーの実践」とも言える。懇談会が廃止された後も皇太子夫妻は地方を訪れ国民との対話を継続したが、原会員はここに戦後デモクラシーの逆説をみる。すなわち人々の声を聞くという意味のデモクラシーの原理を実践したのが、憲法において政治への関与を禁じられた天皇の一族であり、そしてその実践を続けた平成の天皇が、退位にあたって民意を動かすまでの力をもつにいたったという逆説である。

討論者である川出良枝会員は三つの報告をふまえて「民主政の純化は民主政を破壊するのか」と問題意識を述べたうえで、デモクラシーの本質とは何かという共通質問を投げかけた。これに対して稲村会員からは、デモクラシーの「本質」が問題なのではなく、混合政体が大事である、早川会員からは、代表制デモクラシーをデモクラシーの一類型として考えるのが妥当なのかどうかを考えなければならないとの応答があった。（原会員は時間の都合でこの質問には回答できなかった。）

討論者と報告者との間ではさらに次のような個別の質疑応答がなされた。第一報告については、奴隷やバルバロイといった排除する外部を設けることなくして、古代ギリシアのデモスは成り立ち得なかったのかという質問に対して、農業中心・都市中心の古代ギリシアにおいて、人間が世界を飼いならす、生命体の支配という観点からデモクラシーを再検討する必要があるのではないかとの回答があった。

第二報告については、代表／代表制論において、政党民主主義は健全で観客民主主義は不健全と理解してよいのか、むしろ政党の機能不全という政党政治そのものへの批判もあるのではないかとの質問に対して、政党民主主義が健全で観客民主主義が不健全ということではなく、両者は代表制デモクラシーの変化の枠に収まっている、問題はその変化にどう対応するかである、政党民主主義と観客民主主義の違いではなく、議会と議員の役割において政権交代可能性があるかどうかが重要な区別となる、との回答がなされた。

最後の第三報告については、若き皇太子夫妻は保守的両親への反抗者であったか、シナリオを書いていたのは誰かとの問いに対して、明治天皇と大正天皇との関係と比べて、昭和天皇と平成の天皇との間にそれほどの対立があったとは考えにくく、むしろ賀川豊彦が昭和天皇に勧めた弱者に寄り添うことを、平成の天皇はより徹底していったと考えられる、またシナリオライターが誰かはわからないが、新しいスタイルを作るときに美智子妃が主導権をとった可能性が高い、との回答があった。

フロアとの間でも活発な応答がなされたが一つだけ紹介しておきたい。原報告に対して、天皇がデモクラティックなものを体現していたというが、西洋のデモクラシー以外の日本的なデモクラシーがあると考えられるか、との質問がなされた。原会員からは、日本には話し合いの習慣はあったがそれは個人の対立を回避したものであり、デモクラシーとはいえないとの応答があった。

【シンポジウムⅡ】

デモスとは何か？

司会　鹿子生浩輝（東北大学）

シンポジウムⅡでは、「新時代のデモクラシー」という研究大会の統一テーマをさらに深く検討するために、「デモスとは何か？」というタイトルを設定した。もちろん、「デモス」というものが実体的に存在するわけではない。何をデモスと呼ぶのかについては論者や分析者の定義に基づいており、その定義は、対象のどのような性質を浮き彫りにしたいかという主観的見地と不可分である。この観点からシンポジウムⅡでは、われわれのデモスないしデモクラシー認識を深めるために、時代や空間の異なる様々なデモス理解を明らかにすることを企図した。

井柳美紀会員（静岡大学）には「デモクラシーにおける理性と感情：一八世紀フランス政治思想の視点から」、尾原宏之会員（甲南大学）には「統治エリートと「民情」世界の間」、山本圭会員（立命館大学）には「指導者とデモス：シティズンシップからフォロワーシップへ」と題して報告をいただいた。

井柳報告は、近代デモクラシーの形成期において人々の「理性」や「感情」が政治の領域においてどう捉えられたのかという問題を扱っている。一八世紀は、しばしば「理性の世紀」と称されるにもかかわらず、民衆の感情の有する意義や価値をめぐって活発に議論が交わされた時代でもあったという。その背後には、同世紀後半に政治的主体としての民衆に関心が高まったという事情もあった。

井柳報告は、モンテスキューやルソーに目配りしつつも、ディドロの思想における理性や情念を正面から取り上げ、民衆に対する彼の知的態度の変化に注目している。すなわち、ディドロは当初、他の多くの思想家と衆愚観を共有していたが、晩年になると理性に対する疑念を抱き、それゆえに、君主が理性的真理の実現を目指し、賢者が彼を導くという自らの論理構成に修正を迫られた。同時に彼は、民衆の経験や本能が政治上の真理探究において必要な要素だと考えるようになった。ディドロは、たしかに晩年においても民衆の統治能力には悲観的であり、特に革命への大衆の熱狂には否定的であったが、同時代の一般的な思想家たちとは異なり、想像力やそれを生み出す芸術を高く評価するようになったのである。

尾原報告は、一八七八（明治一一）年の議法機関元老院と一九〇〇（明治三三）年の帝国議会・衆議院を主たる考察の対象とし、当時どのように選挙権・被選挙権が定められていったかを明らかにしようとしている。エリートと民衆の中間地帯の思想を解明するという観点から着目されるのは、「智識」という言葉である。

選挙権と被選挙権の関係は、「誰が誰を選ぶか」という問題である。争点は、例えば、選挙人が府県会議員を自らと同じ群区内から選ぶか、あるいは、より広く府県全域から選ぶかという問題であり、さらには、選挙権と被選挙権の双方の納税要件であった。こうした問題を決着に導く過程では、たしかに不平士族の反乱や民権派の躍動に対する懸念があったが、元老院議官の多くは、議員になる条件として「智識」が必要だと考えていた。「公共の利益」を調整しうる知識と能力を財産の多寡とは別個の問題として焦点化したのである。一九〇〇年の帝国議会では、被選挙権の納税要件を廃止する一方で、議員ではなく選挙人に「智識」を求める改正も提起されていた。その際の基準は、帝大を頂点とする学校体系での序列を前提とする「学歴」であった。学校体系の価値基準は、議会にも持ち込まれたのである。

山本報告は、「フォロワーシップ論」の展開に注目している。現代民主主義論では、リーダーシップにおける垂直性がデモクラシーの求める水平性と衝突するというジレンマから、指導者の問題を正面から扱うことが十分でなかった。例えば、シティズンシップ論では、それが強力な指導者への反発から現れた経緯もあり、指導者抜きの民主主義論を展開する傾向が強い。しかし、強力な指導者の志向という現代の政治状況を踏まえるならば、民主主義的な平等を担保しつつ、垂直的な次元を導入する「民主的リーダーシップ」が重要になるのではないかという。

山本報告によれば、これまでリーダーシップ論は、指導者の資質や振る舞いに対する強い関心を抱いてきたためか、フォロワーをたんに指導者に従属する存在として理解しがちであった。しかし、近年では、フォロワーが果たす肯定的な役割にも関心が集まり、例えば、リーダーシップの成立にフォロワーがかなりのところ寄与しており、さらには、フォロワーの振る舞いが指導者に影響を与え、そのリーダーシップを民主的にするかどうかに決定的な意味をもっていると考えられるようになっている。フォロワーシップのこうした再評価がシティズンシップ論ないし民主主義論にとって有する含意は、強い政治的なコミットメントを求められる市民とも、デマゴーグの扇動対象たる受動的な大衆とも違う、いわばその中間的な仕方で政治家との関係を持つ新しいデモス像の提示と言えるかもしれない。

これらのそれぞれの報告に対し、討論者の田村哲樹会員（名古屋大学）から多くの重要な疑問やコメントが示されたが、いずれの報告にも共通する疑問としては次のような問題が提起された。例えば、どの報告もデモクラシーが国家に限定されているように見えるが、国家以外の場があるのではないか。デモスには何らかの資質が必要か。デモスだけでデモスたりうるのか、そのままでよいという理解もあるが、これをどのように考えるか。自由民主主義の政治体制を前提としないラディカリズムの立場からデモスについてどう理解しうるか。

紙面の制約上、これらの質疑と応答を詳述することはできない。また、いずれの報告も非常に刺激的であったため、討論者以外からも多くの貴重な質問・コメントが寄せられた。若干時間を延長したものの、時間的制約がなければ、さらなる質疑応答が続いたことであろう。今回の研究大会は、リアルタイムでの質疑応答が設けられなかった前回とは異なり、こうした活発な議論が交わされたため、充実した大会となったと思う。

〔自由論題　第1会場〕

司会　森川輝一（京都大学）

本分科会では、相川裕亮会員（広島大学）による「世俗化批判と現代アメリカの分極化——神学者フランシス・シェーファーの事例から」、佐藤竜人会員（東京大学大学院）による「ウィリアム・コノリーの絡み合ったヒューマニズムについて」、百木漠会員（関西大学）による「始まりのための嘘——アーレントの「政治における嘘」論再考」、の三つの報告がおこなわれた。

相川報告は、近年の米国政治で大きな存在感を示している福音派の思想的源泉をさぐり、一九六〇年代末より福音派のブレーン的存在となったF・シェーファーに着目する。シェーファーは、ルネサンスを画期とする信仰からの人間理性の自律（「世俗的人間中心主義」）を批判し、ルターやカルヴァンの聖書主義への復帰を説くのであるが、批判の矛先が理性の自律に向けられていることに留意せねばならない。信仰と理性を分離せず、理性的に聖書の教えにしたがうことがシェーファーのめざす信仰なのであり、この点、信仰体験を重んじる福音派との齟齬が見られるという。質疑応答でも、この点が注目を集め、活発な議論が交わされた。

佐藤報告は、ポストモダン的な伝統的真理（観）の解体が、真偽の区別を無効化する悪しき相対主義を帰結しかねないという陥穽を見すえつつ、新たな真理の捉え方をめざすW・コノリーの理論的展開を跡付ける。目的論的な真理の体制に定位するテイラーに対し、そうした体制は言説的に構成されたものであり従って抵抗可能であるとフーコー的立場にたつコノリーであるが、近著ではホワイトヘッド哲学を参照しつつ、言説外部の物や自然との絡み合いをも視野におさめた、ひらかれたヒューマニズムを展開しているという。質疑応答では、コノリー独自の真理観や思想史理解の妥当性、およびその政治理論的含意が論点となった。

百木報告は、「ポスト真理」時代と呼ばれる今日の状況を念頭に、「政治における嘘」をめぐるH・アーレントの思想の射程と意義を再考する。晩年のアーレントは、同時代の米国政治に、自己イメージに合わせて事実の操作を組織的に反復したあげく、虚構を現実に置き換えてしまう、という「現代的な嘘」を見いだし、激しく批判した。しかし、嘘をつく能力は、自由な活動によって世界を変える能力と通底しており、ジェファソンが、みずから奴隷の所有者でありながらも独立宣言で「生まれながらの平等」という嘘をついたように、そうした「始まりのための嘘」をアーレントは肯定していた、という。質疑応答では、よい嘘と悪い嘘を判断する基準はあるのか、そもそもアーレントが独立宣言を「嘘」と看做したというのは誤読ではないか、という指摘が寄せられた。

三つの報告は相互に独立したものであるが、いずれも「ポスト真理」時代とも呼ばれる今日におけるデモクラシーの条件を問い直す内容であり、大会の統一テーマを掘り下げるものとなった。Zoomによるオンラインでの開催となったが、にもかかわらず（だからこそ？）、どの報告にも多くのコメントや質問が寄せられ、多様な議論が交わされた。オンライン形式の可能性を大いに感じさせてくれた充実した報告、活発な質疑応答に感謝したい。

〔自由論題　第2会場〕

司会　大久保健晴（慶應義塾大学）

本会場（オンライン）では、小林卓人（早稲田大学大学院）「〈公正としての正義〉における政治的不平等」、松尾隆佑（宮崎大学）「経済デモクラシー再考――共和主義・財産所有・当初分配」、大塚淳（立教大学大学院）「「三酔人」の「進化論」――中江兆民と一九世紀の「進化論」思想」という三つの報告が行われた。

小林報告は、J・ロールズの正義構想〈公正としての正義〉における政治的不平等の正当化可能性を探究する試みである。ロールズは『正義の理論』において、J・S・ミルが提言した複数投票制を肯定的に評価する。報告では、この評価を導く原理として、一定の非理想状況下で適用される「自由の格差原理」が提示された。この原理のもとでは、基本的諸自由のスキームの最大限の保護に資する限りで、不平等な政治的諸自由が正当化される。小林会員は、とりわけエピストクラシーの正当化論を展開する近年の理論家たちが着目する政治的知識の極端な不均等分布といった状況下で、同原理が適用されうることを論じた。出席者からは、ロールズのミル理解や、公正としての正義における政治参加の意義について質問がなされ、政治理論と政治思想史を架橋する視座から討議が展開された。

松尾報告では、現代における経済デモクラシーの構想が検討され、次の三点が論じられた。第一に、混合経済の現実を踏まえるなら、資本主義か社会主義かの選択を問題にするより、諸権利を保障された市民の参加に基づく経済のコントロールを追求するべきであり、これは共和主義的な自己統治の要請と一致する。第二に、資本を広範に拡散させることで富と権力の集中を防ぐ財産所有デモクラシーは、共和主義的に正当化可能な体制である。第三に、財産所有デモクラシーの具体化手段は、教育への公的支出拡充、累進的な相続税・贈与税、公正な賃金、ベーシック・キャピタル、ベーシック・インカムなどを含む当初分配の諸施策に求められる。質疑では、現実社会の価値が反映する教育の不平等や、グローバルな分配的正義と共和主義との関係について討議された。

大塚報告は、中江兆民の『三酔人経綸問答』における三酔人の発言の「進化論」的側面に着目し、それぞれに十八―十九世紀の様々な西洋思想が流入していることを明らかにした。大塚会員によれば、この鼎談で兆民は、発展段階論、進歩の思想、生存競争など多様な要素を包含する「進化論」を二つに分けて、啓蒙主義、スペンサーの発展段階論、コントの知的エリート統治の思想を「洋学紳士」に、ダーウィン的（生存競争、自然淘汰）「進化論」＋実践知（J・S・ミルの「理」と「術」の区分）を「豪傑の士」に受け持たせた。その上で、二人の議論を調停し得ず「胡麻化」す「南海先生」を通じて、両者が分裂し相容れないことを示した。質疑では、『荘子』など漢文脈との関係や、「豪傑」像を巡る徳川期との連続と不連続、ならびに兆民のミル理解について議論がなされた。

三つの報告は、相互に主題は異なるが、「共和主義」や「ミル」など重なる論点も多く、示唆に富む刺激的な研究会合となった。

【国際シンポジウム】

ジョナサン・ウルフ教授講演

Democracy, COVID, and the Open Society

司会　松田宏一郎（立教大学）

本年度の国際シンポジウムでは、オックスフォード大学のジョナサン・ウルフ教授が、オンラインで基調講演をおこなった。ウルフ教授は、『「正しい政策」がないならどうすべきか』（*Ethics and Public Policy*, Routledge, 2011. 大澤津・原田健二朗訳、勁草書房、二〇一六）で知られるとおり、公共政策の倫理的正当化に関して多くの著作・提言をおこなっている。英国時間では早朝の開始となったが、快く講演をお引き受けいただいたウルフ教授に感謝したい。討論者は施光恒会員（九州大学）と遠藤知子会員（大阪大学）であった。

ウルフ教授の講演は、“Democracy, COVID, and the Open Society”と題し、パンデミックの脅威にさらされた世界におけるリベラル・デモクラシーの危機について考察したものである。コロナ対策にあたっては、リベラル・デモクラシーの原則に沿った制度をもつ国家においても、行政権力の命令による施策が、厳密な立法手続きや市民による討議を待たずに遂行される事例がめだった。これがカール・ポパーのいう「開かれた社会」に対する挑戦・脅威となるのか、という問いがこの講演の柱である。

まず、「開かれた社会」の原則のどの部分が危機的なのかが確認される。そもそも、代表制の歪みにより、選挙で選ばれた政権保持者が実は一部の市民の利益しか代表していないのではないか、権力へのアクセスには特定の階層が有利であり、自由な競争ができていないのではないか、といった問題がある。さらに重要なのは、権力の裁量が強まるにつれ、思想・言論の自由、政府批判の自由が制限される危険性、個人の自由選択の領域が侵害される可能性である。これを防ぐには選挙だけでは不十分で、基本的人権の保障、法の支配、正当な反対者の権利が社会の共通了解として尊重されること、分権的制度による権力集中の抑止といった、慣行と制度の「生態系ecosystem」が不可欠であるが、そのシステムの中でも、市民社会の自律的な活動が最も肝要である。

ところが「開かれた社会」は、その基本的価値を尊重しない指導者を選んでしまうことがあり、それを完璧に防ぐ制度的装置はない。かつて英国ファシスト同盟のモーズリーは、「開かれた社会」の穴を利用する意図を隠さなかったが、民主的手続きを経てその地位についた政権指導者が暴力や恐怖を利用して反対意見を抑圧しようとする事例は、現在我々がしばしば目撃するところである。興味深いのは、ドナルド・トランプのコロナ対策のように、恐怖をあえて過小評価してみせるという、一見過去のファシストとは逆の策が採用されることがある。ＳＮＳが普及した時代にあっては、私に従っていれば大丈夫、というメッセージの方が大衆の支持を得やすいからである。

ウルフ教授は、ポパーが目撃した一九三〇年代のリベラル・デモクラシーの危機と現在の事態との比較による考察を導入する。周知のとおり、ポパーは『開かれた社会とその敵』で、プラトンを論じたが、そのポイントとして、民衆への不信と、「指導者の敵は歴史的道程の敵」という発想が重要な意味を持つ。ウルフ教授はこうした歴史の悪用をhistoricismと呼ぶ。トランプの「アメリカを再び偉大に」やブレクジット派の「主導権を取り戻せ」といったスローガンは、指導者に従えば歴史的に本来そうなるはずだった未来が開けるという論法で、一九三〇年代の権威主義的指導者と共通したところがある。富の偏在の被害者である階層の不満に対し、問題の原因は移民や外国にあると吹聴し、排外主義を煽る点も、ナショナリズムを利用した意識操作と考えれば三〇年代と似ている。しかし、三〇年代との大きな違いは、輝かしい未来を約束する大きなイデオロギーが提示されない点である。コロナ危機はイデオロギーなき大衆扇動と権威主義に依拠する権力を可能にした。コロナ下において、ポピュリスト型指導者は、経済活動を制限することは避けようとする。しかし、通常の政治過程を無視し、緊急対応の名の下に権力の恣意的な行使や腐敗に関与する危険性は高まる。開かれた社会が必要とする、権力への公正な競争という原則も無視されるかもしれない。

ウルフ教授による、一九三〇年代と比較した現代におけるリベラル・デモクラシーの危機の分析に対して、討論者達は、以下のような論点を提起した。まず施会員は、ウルフ教授の分析が、リベラル・デモクラシーの弱みを利用して支持を調達するポピュリストの手法に重点を置いていたのに対し、市民が分断され社会的凝集力が失われているために、むしろ好んで独断的な指導者を求めること、またイデオロギーは退場したのではなく、グローバリゼーションが新しい「大きなイデオロギー」の役割を果たしていることを指摘する。グッドハートのいう"somewheres"(ここにしかいられない人たち)が抱くグローバルなエリートへの怒りが、権威主義的指導者を利用しようとする動きは、コロナでむしろ加速したのではないかという問題提起である。

次に遠藤会員は、労働条件や所得の格差が社会的条件の格差にも連動しており、コロナ感染の危険性や医療へのアクセスについても格差が生じていることから、こういった不平等を是正する制度構築が実現可能か、他方、コロナ危機はむしろポスト・トゥルース政治の限界を露呈させたという点で、将来に新しい可能性を開くものではないか、という論点を示した。いずれの討論者も、市民社会の側にリベラル・デモクラシーを掘り崩す原因があるが、そうであるなら、危機を打開する手がかりも市民社会の側にあるかもしれない、という問題を提起した。

討論者に加え、司会者を含め、フロアからの質問も、市民社会の側からリベラル・デモクラシーの弱みを強みに変換する方法はあるのかを問うことに関心がおかれていた印象がある。日本の状況を日々実感しているオーディエンスには、そもそも市民社会の力と役割に対して、政治指導者も市民もあまり関心も危機感も持たない日本の状況は、ウルフ教授の警告する危機よりも深刻なのではないかという意識が共有されていた。

執筆者紹介〔掲載順〕

早川　誠
一九六八年生れ。立正大学法学部教授。博士（法学）。『代表制という思想』（風行社、二〇一四年）、「非主権的政治体は可能か――政治思想におけるcommunitas communitatumをめぐって」（『年報政治学』２０１９―Ⅰ、二〇一九年）。

原　武史
一九六二年生れ。放送大学教授。『平成の終焉』（岩波新書、二〇一九年）、『空間と政治』（放送大学教育振興会、二〇二二年）

尾原宏之
一九七三年生れ。甲南大学法学部教授。博士（政治学）。『娯楽番組を創った男――丸山鐵雄と〈サラリーマン表現者〉の誕生』（白水社、二〇一六年）、『軍事と公論――明治元老院の政治思想』（慶應義塾大学出版会、二〇一三年）。

木村俊道
一九七〇年生れ。九州大学大学院法学研究院教授。博士（政治学）。『文明の作法――初期近代イングランドにおける政治と社交』（ミネルヴァ書房、二〇一〇年）、『想像と歴史のポリティックス――人文主義とブリテン帝国』（風行社、二〇二〇年）。

上村　剛
一九八八年生れ。日本学術振興会特別研究員PD（法政大学）。博士（法学）。『権力分立論の誕生――ブリテン帝国の『法の精神』受容』（岩波書店、二〇二一年）、「アメリカ啓蒙と陰謀論」（『日本一八世紀学会年報』第三六号、二〇二一年）。

松本彩花
一九八九年生れ。日本学術振興会特別研究員CPD。博士（法学）。「カール・シュミットにおける民主主義論の成立過程――第二帝政末期からヴァイマル共和政中期まで」（『北大法学論集』第六八巻第六号～第六九巻第三号、二〇一八年）、「指導者・喝采概念と民主政――ヴェーバーとシュミットの思想史的関係」（『政治思想研究』第一八号、二〇一八年）。

長島皓平
一九九四年生れ。慶應義塾大学大学院博士課程。「ジョルジョ・アガンベンの高度資本主義批判」（『法学政治学論究』第一二四号、二〇二〇年）、「統治性・政治神学・統治機械――フーコー・シュミット・アガンベンの主権と統治をめぐるカコフォニー」（『政治思想研究』第一九号、二〇一九年）。

板倉圭佑
一九九二年生れ。慶應義塾大学大学院法学研究科後期博士課程。「デリダ歓待論におけるカント的展望」（『法学政治学論究』第一一九号、二〇一八年）、「戦争と友愛のはざまで――ジャック・デリダと政治的なもの」（『法学政治学論究』第一二六号、二〇二〇年）。

岡崎弘樹

一九七五年生れ。亜細亜大学国際関係学部多文化コミュニケーション学科専任講師。『アラブ近代思想家の専制批判——オリエンタリズムと〈裏返しのオリエンタリズム〉の間』（東京大学出版会、二〇二一年）、「シリア現代思想における世俗主義と権威主義体制の結びつきの発見」（『社会思想史研究』第四五号、二〇二一年）。

福島　弦

一九九一年生れ。早稲田大学大学院政治学研究科博士後期課程。「コンバージェンス公共的理性リベラリズムに対する自己論駁批判の検討」（『早稲田政治經濟學雜誌』第三九六号、二〇二〇年）。

大塚　淳

一九六三年生れ。立教大学大学院法学研究科博士後期課程。

山岡龍一

一九六三年生れ。放送大学教授。Ph.D.（ロンドン大学）。『西洋政治思想史——視座と論点』（共著、岩波書店、二〇一二年）、『現実と向き合う政治理論』（共著、放送大学教育振興会、二〇二二年）。

古矢　旬

一九四七年生れ。北海道大学名誉教授。Ph.D. in History.『グローバル時代のアメリカ』（岩波新書、二〇二〇年）。

関口正司

一九五四年生れ。九州大学名誉教授。法学博士。

千葉　眞

一九四九年生れ。国際基督教大学名誉教授。『資本主義・デモクラシー・エコロジー』（筑摩選書、二〇二二年）、「テイラーの世俗化論の一断面」（『思想』第一一七三号、二〇二一年）。

宇野重規

一九六七年生れ。東京大学社会科学研究所教授。博士（法学）。『トクヴィル　平等と不平等の理論家』（講談社学術文庫、二〇一九年）、『民主主義とは何か』（講談社現代新書、二〇二〇年）。

有賀　誠

一九六〇年生れ。防衛大学校人文社会科学群公共政策学科教授。『臨界点の政治学』（晃洋書房、二〇一八年）、『徳と政治』（共編著、晃洋書房、二〇一九年）。

李セボン

一九八〇年生れ。延世大学講師。学術博士。『「自由」を求めた儒者——中村正直の理想と現実』（中央公論新社、二〇二〇年）。

齋藤公太

一九八六年生れ。神戸大学大学院人文学研究科講師。博士（文学）。『「神国」の正統論——『神皇正統記』受容の近世・近代』（ぺりかん社、二〇一九年）。

●政治思想学会規約

第一条　本会は政治思想学会（Japanese Conference for the Study of Political Thought）と称する。

第二条　本会は、政治思想に関する研究を促進し、研究者相互の交流を図ることを目的とする。

第三条　本会は、前条の目的を達成するため、次の活動を行なう。

（1）研究者相互の連絡および協力の促進

（2）研究会・講演会などの開催

（3）国内および国外の関連諸学会との交流および協力

（4）その他、理事会において適当と認めた活動

第四条　本会の会員は、政治思想を研究する者で、会員二名の推薦を受け、理事会において入会を認められたものとする。

第五条　会員は理事会の定めた会費を納めなければならない。会費を滞納した者は、理事会において退会したものとみなすことができる。

第六条　本会の運営のため、以下の役員を置く。

（1）理事　若干名　内一名を代表理事とする。

（2）監事　二名

第七条　理事および監事は総会において選任し、代表理事は理事会において互選する。

第八条　代表理事、理事および監事の任期は二年とし、再任を妨げない。

第九条　代表理事は本会を代表する。

理事は理事会を組織し、会務を執行する。

理事会は理事の中から若干名を互選し、これに日常の会務の執行を委任することができる。

第十条　監事は会計および会務の執行を監査する。

第十一条　理事会は毎年少なくとも一回、総会を召集しなければならない。

理事会は、必要と認めたときは、臨時総会を招集することができる。

総会の招集に際しては、理事会は遅くとも一カ月前までに書面によって会員に通知しなければならない。

総会の議決は出席会員の多数決による。

第十二条　本規約は、総会においてその出席会員の三分の二以上の同意がなければ、変更することができない。

付則　本規約は一九九四年五月二八日より発効する。

【論文公募のお知らせ】

『政治思想研究』編集委員会では、第二三号の刊行（二〇二三年五月予定）にむけて準備を進めています。つきましては、それに掲載する論文を下記の要領で公募いたします。多数のご応募を期待します。

1　投稿資格

査読用原稿の提出の時点で、本会の会員であること。また原則として修士号を取得していること。ただし、『政治思想研究』本号に公募論文もしくは依頼論文（書評や研究大会報告などは除く）が掲載された者は、次号には応募することができない。

2　応募論文

応募論文は未刊行のものに限る。ただし、インターネット上で他者のコメントを求めるために発表したものはこの限りではない。

3　エントリー手続

応募希望者は、二〇二二年七月十五日までに、編集委員会宛（jjpt2023@gmail.com）に、①応募論文のタイトル（仮題でも可）、②執筆者氏名、③メールアドレス、④現職（または在学先）を知らせること。ただし、やむを得ない事情があってこの手続きを踏んでいない場合でも、下記の締切までに応募した論文は受け付ける。

4　審査用原稿の提出

原則として、電子ファイルを電子メールに添付して提出すること。

締切　二〇二二年八月三十一日

メールの「件名」に、「公募論文」と記すこと。

次の二つのアドレスの両方に、同一のファイルを送付すること。

jjpt2023@gmail.com　nenpoeditor@yahoo.co.jp

5　提出するもの：ファイルの形式は、原則としてWord形式にすること。

（1）論文（審査用原稿）

審査における公平を期するために、著者を特定できないように配慮すること（「拙稿」などの表現や、特定大学の研究会や研究費への言及を避けること。また、電子ファイルのファイル情報（プロパティ欄など）の中に、作成者名などが残らないように注意すること）。

ファイル名には、論文の題名をつけること。題名が十五文字を超える場合には、簡略化すること（ファイル名には著者の名前を入れないこと）。

例：「社会契約説の理論史的ならびに現代的意義」→「社会契約説の意義.docx」

（2）論文の内容についてのA4用紙一枚程度のレジュメ

（3）以下の事項を記載した「応募用紙」

（「応募用紙」は本学会ホームページからダウンロードできるが、任意のA4用紙に以下の八項目を記入したものでもよい）。

①応募論文のタイトル、②執筆者氏名、③連絡先の住所とメールアドレス、④生年、⑤学部卒業年（西暦）月、⑥修士以上の学位（取得年・取得大学）をすべて、⑦現職（または在学先）、⑧主要業績（五点以内。書誌情報も明記のこと）。

6　**審査用原稿の様式**

（1）原稿の様式は、一行四〇字、一頁三〇行とし、注や図表等も含め、全体で二七頁以内とする（論文タイトルとサブタイトルを除く。また、この様式において、字数は、改行や章・節の変更にともなう余白も含め、三万二四〇〇字以内となる）。二七頁を超えた論文は受理しない。なお、欧文は半角入力とする。

（2）論文タイトルとサブタイトルのみを記載した「表紙」を付けること。

（3）本文及び注は、一行四〇字、一頁三〇行で、なるべく行間を広くとる。注は文章末にまとめる。横組みでも縦組みでもよいが、A4用紙へのプリントアウトを想定して作成すること。詳しくは「執筆要領」に従うこと。

（4）図や表を使用する場合には、それが占めるスペースを字数に換算して、原稿に明記すること。使用料が必要なものは使用できない。また印刷方法や著作権の関係で掲載ができない場合もある。

7　**審査**

編集委員会において外部のレフェリーの評価も併せて審査した上で掲載の可否を決定する。応募者には十月下旬頃に結果を通知する。また編集委員会が原稿の手直しを求めることもある。

8　**最終原稿**

十二月初旬に提出する。編集委員会から修正要求がある場合には、それに対応することが求められるが、それ以外の点については、大幅な改稿は認めない。

9　**転載**

他の刊行物に転載する場合は、予め編集委員会に転載許可を求め、初出が本誌である旨を明記すること。

10　**ホームページ上での公開**

本誌に掲載された論文は、原則としてホームページ上でも公開される。

以上

【政治思想学会研究奨励賞】

本賞は『政治思想研究』に掲載を認められた応募論文に対して授与されるものである。

・ただし、応募時点で政治思想に関する研究歴が一五年程度までの政治思想学会会員に限る。
・受賞は一回限りとする。
・受賞者には賞状と賞金（金五万円）を授与する。
・政治思想学会懇親会で受賞者の紹介をおこない、その場に本人が出席している場合は、挨拶をしてもらう。

【執筆要領】

1　入稿はWord形式のファイルで行うこと。ただし特殊なソフトを使用しているためPDF形式でなければ不都合が生じる場合は、PDF形式も認める。

2　見出しは、大見出し（漢数字一、二……）、中見出し（アラビア数字1、2……）、小見出し（⑴、⑵……）を用い、必要な場合にはさらに小さな見出し（i、ii……）をつけることができるが、章、節、項などは使わないこと。

3　注は、文末に（1）、（2）……と付す。

4　引用・参考文献は、以下のように示すこと。

①洋書単行本の場合

著者名、タイトル（イタリック）、出版社、発行年、を明記する。なお、邦訳書を併記する場合は、カッコを付して③の要領で示す。

（例）Habermas, J. *Legitimationsprobleme im Spätkapitalismus*, Suhrkamp. 1973（ユルゲン・ハーバーマス『後期資本主義における正統化の問題』山田正行・金慧訳、岩波文庫、二〇一八年）.

②洋雑誌掲載論文の場合

著者名、タイトル、掲載誌（誌名イタリック、および巻・号等）、発行年、を明記する。

（例）Tokei, F., "Lukács and Hungarian Culture", in *The New Hungarian Quarterly*, vol. 13, no. 47, 1972.

＊編著掲載論文等の場合も、同様に示す（編著の示し方は①に準じる）。

（例）Pocock, J. G. A., "Theory in History: Problems of Context and Narrative", in *The Oxford Handbook of Political Theory*, (eds.) J. S. Dryzek et al., Oxford University Press, 2006.

③和書単行本の場合

著者名およびタイトル（『 』）、出版社、発行年、を明記する。

（例）丸山眞男『現代政治の思想と行動』増補版、未來社、一九六四年

④和雑誌掲載論文の場合

著者名およびタイトル（「 」）、掲載誌（誌名『 』、および巻・号等）、発行年、を明記する。

（例）坂本慶一「プルードンの地域主義思想」、『現代思想』第五巻第八号、一九七七年

＊編著和書掲載論文等の場合も、同様に示す（編著の示し方は③に準じる）。

（例）福田有広「共和主義」、『デモクラシーの政治学』福田有広・谷口将紀編、東京大学出版会、二〇〇二年

5　引用・参考文献として欧文文献を示す場合を除いて、原則として数字は漢数字を使う。

6　「、」や「。」、また「 」（ ）等の括弧類は全角のものを使う。

7　校正は印刷上の誤り、不備の訂正のみにとどめ、校正段階での新たな加筆・訂正は認めない。

8　『政治思想研究』は縦組みであるが、本要領を遵守していれば横組み入力でも差し支えない。

9　「書評」および「学会研究大会報告」は、一ページの字数が二九字×二四行×二段（すなわち二九字×四八行）という定型を採用するので、二九字×〇行という体裁で入力する。

10　その他、形式面については第六号以降の方式を踏襲する。

二〇二〇―二〇二一年度理事および監事（二〇二〇年度第一回総会において承認）

［代表理事］

松田宏一郎（立教大学）

［理事］

伊藤恭彦（名古屋市立大学）
井上彰（東京大学）
梅田百合香（桃山学院大学）
大久保健晴（慶應義塾大学）
岡﨑晴輝（九州大学）
小田川大典（岡山大学）
鹿子生浩輝（東北大学）
苅部直（東京大学）
木村俊道（九州大学）
菅原光（専修大学）
辻康夫（北海道大学）
長妻三佐雄（大阪商業大学）
萩原能久（慶應義塾大学）
森川輝一（京都大学）
山岡龍一（放送大学）

犬塚元（法政大学）
宇野重規（東京大学）
梅森直之（早稲田大学）
大澤麦（東京都立大学）
岡野八代（同志社大学）
重田園江（明治大学）
鏑木政彦（九州大学）
木部尚志（国際基督教大学）
権左武志（北海道大学）
田村哲樹（名古屋大学）
堤林剣（慶應義塾大学）
野口雅弘（成蹊大学）
早川誠（立正大学）
安武真隆（関西大学）

［監事］

川添美央子（慶應義塾大学）
中田喜万（学習院大学）

新時代のデモクラシー（政治思想研究　第22号）

2022年5月1日　第1刷発行

編　　者　政治思想学会（代表理事　松田宏一郎）
学会事務局　〒101-8425　東京都千代田区神田神保町3－8
専修大学1号館914号室
E-mail：admin-jcspt@senshu-u.jp
学会ホームページ：http://www.jcspt.jp/
発 行 者　犬塚　満
発 行 所　株式会社 風　行　社
〒101－0064　東京都千代田区神田猿楽町1－3－2
Tel.・Fax. 03-6672-4001／振替 00190-1-537252
印刷／製本　中央精版印刷株式会社
装丁　古村奈々

ISBN978-4-86258-143-3　C3031　Printed in Japan